高貴的失敗者

日本史上
十個悲劇英雄的殞落

The Nobility of Failure

Tragic Heroes in the History of Japan

Ivan Morris

伊文・莫里斯 ———著

李靜怡 ———譯

「英雄必須為高貴的生命終點做好準備。
最終面對命運的那一刻，
將是生命中最重要的篇章。」

——伊文・莫里斯

目錄

推薦序

數年前，我參加了同志社大學新生與教職員入學典禮，當時日本牧師正在向基督教同仁與學生解釋基督教的精神。可想而知，「愛鄰如己」與「如果有人打你右臉，就把左臉也給他打」等等，乃為人人朗朗上口的基督教精神，但令我印象最深刻的，卻是牧師以「敗戰」解釋基督教教義。雖然我對牧師的說法感到詫異，但由於先前讀過伊文．莫里斯的《高貴的失敗者》一書，我得以理解牧師的觀點如何與日本精神契合。事實上，對於西方人來說，奮不顧身地加入崇高而毫無勝算的絕望戰鬥並非人生之道，但是當時滿堂的參與者，無不顯露肅穆的神情。我再次很高興地感到自己從此書受益良多。

儘管位於太平洋兩側的日本與美國，文化與傳統大為迴異，但是各自對英雄人物擁有深刻而強烈的欽慕。博學、文筆流暢、時而幽默的伊文．莫里斯認為日本偏愛悲劇或「失敗」的英雄，他們因真誠而純潔的目的奉獻生命，並且無法得到成功的冠冕。他講述了十個歷史人物（或說十組，最後一章為二戰時期神風特攻隊隊員的故事），他們都在澈底的努力之後，得嘗苦果。奇妙的是，在西方人的眼光看來，日本英雄的失敗能夠越澈底越痛苦越好，而與他們相關的傳說更如雨後春筍般湧現，許多英雄的傳說都具有神話成分。

當然，在日本傳統中，失敗本身並未帶有任何崇高的意涵。許多日本英雄人物是戰士；許多人甚至是頑固的傳統分子或大膽的反叛分子；也有人是無辜的受害者。他們常常相當孤獨、遭遇背叛，甚至樂於擁抱死亡與命運。他們的生命（或說他們的死亡）中最特殊的部分，在於其榮譽、正直與精神意志，他們如此從一而終地步向無可避免的結局。

莫里斯用令人信服的同理心講述每個故事，結合歷史學家的研究精神與小說家的眼光，察究人格殊異及細節。他起筆於遠古神話，終至二戰時期的歷史。在莫里斯的筆下，我們認識了浪漫的傳奇英雄，他在與惡敵悲慘的相遇後，獨自死在荒郊野外；我們認識了默默無聞的戰士，為了外來的佛教信仰困鬥、為了避免受俘選擇自我了斷，最終陪伴他的僅有忠犬；年少而遭誣陷反叛的皇子，死於堂兄弟的絞繩；因罪遭流放的政府官員兼學者孤獨度日，僅有「自九州乘風而來的梅花，前來相伴孤主」；年輕、絕頂聰明的軍事家，成為親兄的人質，獲准切腹而死；失敗的保皇烈士將生命獻給皇室，並啟發了後代的神風特攻隊；失敗的天主教革命青年領袖所率領的起義釀成慘烈的大屠殺，甚至讓天主教幾乎從日本絕跡；浪遊四方的武士哲學家，期望革除社會不公、拯救飢貧百姓，他擁有崇高的理想，卻如同三島由紀夫所描述的「以澈底的失敗告終」；失敗的反叛武士，因作為叛徒遭到社會鄙棄，卻在死後享有無上榮耀，並成為明治維新時期的英雄人物；以及，數千名年輕的飛行員志願以死亡換取榮耀，卻得到完全無望的結果。

莫里斯以第一手的資料、當代文件、詩歌、文學作品，包括詩詞、歌舞伎與能劇劇本，說明英雄人物的歷史背景。他的分析與解釋相當透澈，筆觸敏銳且引人入勝；此書對一般讀者與日本文化研究者而言同樣有意思。此書的註釋占全書近三分之一左右，書中並引用許多英雄所書寫的詩句、日記摘錄，讓人得以窺探英雄內心最深刻的情感與激情。在此，節錄大和武尊在臨終前所留下的文句：

在大津海角
直面尾張
你站在那裡
嘆，孤獨的松樹
嘆，我的兄弟
你是男人嗎
嘆，寂寞的松樹
我會用劍束縛你
我會給你穿長袍
嘆，孤獨的松樹
嘆，我的兄弟

而勇敢並且願意為了國家犧牲一切的西鄉隆盛則寫道：

我正如惡水上的船
為了我的國家
若風激盪，則激盪罷
若浪陡升，則陡升罷

本書最終章則收錄了在菲律賓組織神風特攻隊，並讓無數年輕飛行員接受赴死任務的男人所寫的三十一言詩，哀嘆生命的消逝：

今日之花
明日在風中飄零
如我們生命之燦
花之香氣何能永恆

最後，莫里斯是否成功地讓通常對成功更有認同感的西方讀者，理解日本人對悲劇英雄之偏愛？我認為答案是肯定的，至少，我認為他比任何人都更具說服力。當然，西方社會自難擁抱如此的日本價值。莫里斯輕描淡寫地稱日本人偏愛悲慘的結局，尤其是那些無法返家的英雄，「他們擁有如此獨一無二的想法」。然而，莫里斯的筆調飽含尊敬，並以明確、微妙與深刻的筆觸，刻畫對日本文化的觀點。他確實理解書中的人物為何備受日本人敬愛，他甚至一度稱呼這些人物為「我的英雄」。當然，我們必須記得，莫里斯撰寫此書的其中一個原因，正是因為其友人、也就是另一位失敗的英雄三島由紀夫於一九七二年自殺（編按：應為一九七〇年），此書在其死後三年完成。更令人痛心的是，莫里斯本人也在此書出版後約一年即死於癌症。

無庸置疑，日本不乏許多成功並且人生璀璨的英雄。我近年參與翻譯，司馬遼太郎的經典著作《坂上之雲：日俄戰爭》即是一例。日本在此戰役中擊敗俄國，並且成為第一個擊敗西方勢力的亞洲國家，全世界更為此深深震懾。然而，如同司馬遼太郎所言，儘管此戰成就非凡，卻導致了恐怖的太平洋戰爭。在宏大敘事以及無數的愚蠢故事與英雄主義傳奇中，我無法忘懷那注定失敗的俄羅斯波羅的海艦隊之故事，他們穿越半個世界，只為了奉行沙皇打的賭，並給「那些猴子一點教訓」。此艦隊遭遇了無數艱險，並於對馬島戰役中慘敗，沉入大海，他們的攻擊並未為敵方帶來絲毫損傷。俄羅斯的船員與莫里斯筆下的英雄截然不同，如果可以選擇，他們必然寧可保全性命；然而，那些勇敢航向死亡的俄羅斯船員，難道不是和莫里斯筆下的「失敗者」擁有相似的崇高目的嗎？我為他們的命運愕然。

司馬遼太郎總結道：「如果失敗讓人變得理智，而勝利使人瘋狂，那麼回頭看日本的每一場戰爭，其失敗與成功，都帶有更為神祕的意義。」莫里斯描述了經典日本人物的失敗與勝利，以及他們在日本英雄傳奇中的地位，他不但成功地揭露了日本魂的本質，更提醒我們：「人類努力之無用」。

茱麗葉・溫特斯・卡本特
Juliet Winters Carpenter
二〇一三年八月　京都

獻詞與致謝

三島由紀夫曾說過，我對日本宮廷文化之美和源氏意境的寧靜之傾慕，很可能遮蔽了日本歷史殘酷與悲劇性的一面。近年來，我將研究重心移往反叛角色之上，其信仰和生命與爭鬥、動盪息息相關，或許如此一來，個人的研究也因此有所平衡。謹以此書獻給我所熟識的三島。雖然我們的意見往往相左，特別是對於政治的觀點截然不同，但這絲毫無損我珍視他的心意與友誼。

事實上，我對日本英雄傳統的著迷始自第二次世界大戰，當時我對失敗者的特殊狀態產生興趣，儘管這澈底悖反日本極其崇拜成就的刻板印象。然而，直到一九五七年認識三島後，才開始理解其背後的心理因素。儘管三島已得到世界級的成就，但他真正私心崇仰的卻是大鹽平八郎等人物（大鹽平八郎為管理民政事務的警察，在一八三七年起義失敗後自刃殞命）、一八七六年壯烈犧牲的神風連成員，和在對抗美國之戰爭中自殺的年輕飛機機員。對勇敢的失敗者所懷抱的強烈同情心，並非三島個人獨有，而是普遍存在於日本文化信仰之中；自古代以來，日本社會即認同赤誠而慘烈的自我犧牲。

一九七〇年十一月二十五日，三島在日本陸上自衛隊東部總監部所展演的最後行動，亦澈澈底底地與本書中所描繪的英雄主義情境互相呼應。事實上，三島所宣稱的自殺原因遠比大鹽平八郎或神風連叛亂分子更為虛無飄渺，然而，儘管我們可以批評他的動機，但是他採取行動背後的道德與實質勇氣，並不亞於其他人物。至於，三島是否可被視為英雄人物（時任首相佐藤榮作曾簡短地以「瘋狂」一詞形容他的自刎），理當交由後人決定，然而，或多或少，世人的決定仍可能受到過去歷史的影響。

藏匿於菲律賓叢林，並且頑固拒絕接受戰敗事實達三十年的小野田寬郎，於一九七四年返回日本時，在社會上激起的普遍懷舊之情，似乎多少說明了日本的心理狀態，戰後大規模的社會轉型後，仍舊猶有遺緒。當時西方媒體認為小野田寬郎根本是「日本精神的瘋狂實例」。但是《每日新聞》的社論卻將小野田尊為英雄，並如此描述：「小野田讓我們了解生命的意義遠超過物質與個人的追求。我們似乎早已遺忘心靈的意義。」當然，廣大的人群恐怕難以遺忘小野田在靖國神社前緊閉雙眼，並且為在災難性的戰爭中失去性命的同袍深深一鞠躬的畫面。

在此，我想感謝在多年的研究路上曾經相助的人。在所有的朋友、同事、同儕之中，我特別想感謝以下人士的鼓勵與批評：畢司禮教授（W. G. Beasley）、麥可・庫柏（Michael Cooper）神父、愛爾文・庫克斯（Alvin Coox）教授、莎拉・昆敏（Sarah Cumming）、羽毛田義人教授、雪莉・赫莎特（Shirley Hazzard）、唐諾・賀特（Donald Hutter）、馬利厄斯・詹森（Marius Jansen）、康斯坦斯・喬登（Constance Jordan）博士、唐諾・基恩（Donald Keene）教授、凱倫・康奈爾利（Karen Kennerly）、雅恩・路伊斯（Arne Lewis）、愛德塔・莫理斯（Edita Morris）、穆瑞爾・墨菲（Muriel Murphy）、彼得・諾斯科（Peter Nosco）、坂元盛秋教授、芭芭拉・史鮑爾（Barbara Sproul）教授、保羅・瓦萊（Paul Varley）教授、赫胥爾・衛伯（Herschel Webb）教授。感謝東京中央公論新社的編輯群，協助取得此書所使用的相片與地圖。日本國際交流基金慷慨支持我前往鹿兒島、島原、衣川等地，我的英雄在上述之地轟轟烈烈地結束了一生。

作者序

在這張牙舞爪、人人掙扎著求生存與地位的世界，所謂的英雄往往是取得成功果實的男男女女。而成功向來伴隨著犧牲，許多時候，甚至賠上英雄的性命。然而，不管是保有性命並享有成功榮耀的穆罕默德、邱吉爾或華盛頓，或是榮耀戰死的納爾遜或聖女貞德，以最務實的眼光來看，他們的犧牲與努力，都將被後人所珍視。

同樣的，日本也有成功的英雄，不管是（根據傳說所言）在西元前六百六十年驅逐蠻族，並建立朝廷延續至今的日本開國天皇（神武天皇）、為受辱的主君復仇含恨而死的四十七士、日俄戰爭時證明太平洋小島上的帝國也能擊潰西方主要強權的東鄉平八郎（日本的納爾遜），以及較為近期的科學天才湯川秀樹與野口勇——兩人的發明證實日本也能運用和平、務實的手段，與西方文明並駕齊驅。

對複雜的日本歷史而言，還有另一種英雄生於動盪的反亂時期，而其存在也與所謂的功成名就背道而馳；其單純的忠忱之情不允許任何迂迴與妥協，也因此難以獲得絕對的成功。一開始，他憑藉著勇氣與膽識向上竄升，但失敗卻尾隨而來，並就此前功盡棄。他站在痛苦的命運之前，並且拒絕如其他人般從俗，直至敵方——也就是「成功的生還者」——將之澈底推落谷底，而勝者在無情的現實政治情境下，設法施行新的、穩固的世界秩序。當英雄面臨潰敗之時，往往選擇自盡，以避免受擒拿後所伴隨而來的羞辱，並最後一次宣告自身的赤忱。英雄的死亡並非一時的挫敗，他的追隨者將蜂擁而至，然而這也證明了他所懷抱理念之徹底崩壞。以實際情況而言，抵抗宣告失敗，並且毫無希望。

儘管西方歷史中不乏無法企及畢生夢想的重要人物，但是獲得英雄稱號與潰敗之間仍舊**沒有**太大關聯性。擁護拿破崙的人很少著墨滑鐵盧之後的時期，假若拿破崙生於日本傳統時代，那麼他的敗北與慘烈下場，將成為其英雄傳說的完美點綴。

日本對於無法得其所願的英雄之偏愛，使我們得以了解其價值與感性，甚至間接地讓我們了解自己。對於相對從眾的社會而言，人們對於受到權威角色與體系壓制的坦率、傲慢或情緒坦白的人物如源義經、西鄉隆盛，懷有無限憧憬。對於保持沉默但心懷不滿的順從大眾而言，他們在情緒上很能夠認同內心澈底絕望，但仍舊堅強面對險惡的角色。當這些英雄所有的努力都結成失敗的果實，人們為窮極努力仍舊毫無結果的命運感到悲傷，並讓此類英雄成為最受喜愛並獲得共鳴的人物。

儘管我們身處於成就至上的社會，亦能理解看似衝動、激情與不顧一切的英雄的高貴與淒美，他們懷抱著近似透明的動機，也因此走上悲劇性的坎坷道路。雖然西方歷史中的英雄往往是為贏家，我們亦無認同歷史性失敗的傳統，但是在文學領域裡，《伊利亞德》與《伊底帕斯王》讓我們理解了「悲劇英雄」的概念，近年來我們更傾向於尊敬那些不為名利低頭屈服的個人。「現在，事實呼之欲出」，葉慈曾寫信給一位面臨困境的朋友：

低調地反擊
眾口欺凌……
此事艱險之難
遠勝成功，返身離開
如同暢笑的弦
瘋狂地手指搭著弓
隱身石間
低調而歡騰
因為此事
難過萬事

本書中的主角來自不同年代與社會階級，並且各自懷抱迥異的行為模式與理想，然而，他們都面臨「艱險之難」，並且呈現了各種不同的失敗樣貌與失敗者可能懷有的高貴情操與理由，以及何以在日本傳統中具有特殊吸引力的原因。

第一章

小碓尊

英雄的光榮敗戰之路

小碓尊為孤獨、憂鬱的日本英雄原型，他以祕密、醜陋地殺害雙胞胎兄弟揭開個人生涯的序幕。一日，皇子的父親景行天皇質問小碓尊，為何其兄並未前來與皇室成員共餐。定期參與朝廷朝會為顯示忠心的重要活動，景行天皇希望年輕皇子可以懲戒其兄。

五日之後，皇兄仍舊不見蹤影。天皇再次質問：「汝之皇兄為何消失如此之久？汝難道未能盡提醒之用？」小碓尊回應：「吾已叮囑兄長。」天皇問：「汝如何叮囑？」小碓尊回覆：「今早，皇兄早起入廁時，吾已潛伏多時，立將皇兄擒下、折其頭部與四肢，將兄裹於草蓆內，並拋棄遺體。」[1]

不管以任何標準審視，小碓尊的懲處都過於嚴厲，而天皇對其子「粗魯而無所畏懼的本性」感到驚駭。景行天皇立刻派遣浮躁的小碓尊前往九州討伐反叛的熊襲部落，以避免他繼續在朝廷生事，同時妥善運用其狂熱天性。

行為狂暴的年輕小碓尊，在十四年後孤獨、憂鬱而不乏帶著浪漫色彩地死去，他戰死到最後一刻，並失去活下去的欲望。小碓尊的最後形象觸動了日本人的感性，讓他成為神話英雄的並非「粗魯而無所畏懼的本性」，或是血氣方剛的年輕性格和南征北討的成就，那些所謂的功績往往與詭計和爭鬥有關。編年史明確記載的小碓尊初期生涯所展現的暴力，與後期較為詩意的人格特質似乎互相悖反；如此多重面向的英雄並非刻板的歷史人物，而為呼應其時代的多重角色。《日本書紀》記載小碓尊生於西曆之西元七十二年，並活躍於隨後的近三十年間。他身為皇室成員，南征北討，擊退不少朝廷逆黨，直至敗戰於近江國一役，最終於尾張國殞命，該時為景行天皇在位第三十年。[2]事實上，小碓尊的故事正反映、象徵了許多將領的命運，這些將領自大和地區受命前往九州與東部地區，負責平定心懷二心的部落，但最終都死於戰役中。然而，該時代並非第一世紀，而是史稱「謎世紀」的第四世紀；該時期充滿戰亂與紛爭，而朝廷則戮力平定騷動，於大和地區建立統治的正當性，並讓日本本島人民為之臣服。謎世紀所流傳的無數傳說與傳統，以及其他神話、詩歌與中國文學所交織，形塑出「勇者日本」的形象，小碓尊更被編年史視為該時代最偉大的人物。

或許，小碓尊正是不同文化裡的傳說英雄典型，他們的身影流竄於正史和野史之間。然而，小碓尊代表某種日本的感性，而研究其傳說，或許將為我們開啟悲劇英雄的神祕門扉。[3]透過不同編年史之書寫，我們可以想像他在一千六百年以前生活、掙扎並死去。他的故事為典型的傳說英雄事蹟，不管在哪個國家、哪個世紀都有過類似的風采與身影；唯獨結局有著相當不同的意義。[4]

根據部分史料記載，英雄的父親景行天皇在兼併的動盪時期退位，他是日本第十二代天皇（第一百二十四代昭和天皇為其直系後裔）。但是，如同早期的天皇一樣，景行天皇的真實性相當模糊，儘管據傳他在位六十年，享壽一百零六歲，但對於他的功績或性格則毫無記載。

景行天皇最令人吃驚的舉動，為與自己的曾曾孫女締結婚姻關係。此家譜之亂起因於他將一位公主，也就是兒子小碓尊的曾孫娶進門。景行天皇的八十位子女中，有一對男性雙胞胎，其中較晚出生的正是小碓尊。兩名雙胞胎不僅「同一天生，還由同一個胎盤獲得營養」。景行天皇對此事感到訝異，並登上宮廷中的米杵臼，高聲宣布兩子為大碓尊（大杵臼）與小碓尊（小杵臼）。大碓尊生性叛逆，並死於非命。[5] 編年史對雙胞胎弟弟有著如此評價：「當他年幼時，就顯露出勇敢的情操，成年後則擁有非凡的美貌。」這位未來的英雄不僅身材魁梧健碩，史書更以非常中國式的筆法描繪他可以單手扛舉起一鼎。[6]

小碓尊自相當年輕的時候就被派遣至西邊討伐熊襲。「熊襲」與「蝦夷」一詞相似，都代表西方與北方的部落族群。儘管與日本主要人口屬於同樣的種族，但他們叢聚於偏遠地區，除被隔離在主流日本文化與社會發展之外，更被視為外族與原住民，並在大和家族強勢的文明控制下，受到平定、融合。自半傳說的小碓尊時期開始，粗魯而多毛的部落民族，受到征討的時間長達近四百年，最終至西元八百年左右時，部落民族被徹底殲滅、綏靖與同化。[7]

討殺熊襲為英雄小碓尊的重要「戰功」。在小碓尊西征以前，當時尚且年輕的他拜訪了姑姑，也就是伊勢最高的祭祀神，姑姑給了他一條繩子、一條裙子與一把劍。

> 當他抵達熊襲梟雄之家時，看到主屋外建有三層房舍，並有戰士守衛。當時梟雄準備大開筵席慶祝占領成功，大家準備著食物，場面歡鬧。小碓尊在屋外徘徊數日，等待筵席之日。當日，他讓

自己長髮披肩，並梳整成女性的模樣，把姑姑所交付的繩子與裙子穿戴整齊，以女孩的妝髮出現，並尾隨著其他女性進入主屋。[8]

兩名熊襲的主帥[9]對眼前這名女子大為稱奇，並邀請她坐在兩人中間，筵席繼續進行。小碓尊靜待筵席眾人酒酣耳熟之際，終於從衣領間取出寶劍，捉住熊襲主帥哥哥的衣領，刺入他的胸膛。年輕的弟弟驚恐地奪門而出，小碓尊狂奔追至階梯末端，從後攔截他，欲出劍刺穿其背。接著，熊襲主帥說道：「先別出劍。我有話對你說。」

小碓尊緩了一緩，同意讓他說話。[10]熊襲主帥問：「請問主公何人？」「我乃天皇之子，原居於日代宮治大八島國，天皇明言汝等熊襲兩兄弟不服朝廷，派我前來收伏。」「此說肯定為真。西方國沒有能比擬我們勇武之人，但是大和之國肯定有矯健的對手。我得獻御名給主公。你該當稱為大和武尊！」[11]

熊襲主帥語畢，小碓尊立刻將他刺死，像是切瓜般碎屍萬段。自此，小碓尊又稱大和武尊。[12]

小碓尊大功告成，年輕的皇子立刻動身前往大和區域。在他返京前，經過西部區域出雲國，並企圖擊殺當地叛黨。為此，他展開行動，以非常卑劣的詭計誘敵上當。他蓄意與出雲建（意為「出雲之勇」）結交，彼此建立了在原始社會時期相當神聖的友誼之情，接著他偷偷按照自己隨身佩刀的樣子，打造了一把木刀。一日，他邀請出雲建同去河邊洗澡，當他們準備上岸時，他撿起了朋友的武器說道：「我們來交換短劍吧！」小碓尊之舉深刻地代表盟友之情，出雲建毫不猶豫地拾起了對方的假劍。接著，小碓尊邀請對方進行友誼性的比試。出雲建同意，但那把木劍當然毫無用武之地，而小碓尊逮住機會，立刻將對方擊斃。為慶祝自己的成功，小碓尊作了生平第一首名詩，他在三十一個字的短歌（tanka）裡，譏笑出雲建的刀沒有刀刃。[13]

當小碓尊終於返京時，他已精疲力盡，既沒有受到熱烈的英雄式歡迎，也無暇沉浸在成功的喜悅裡，天皇囑命他立刻前往東方，擊退蝦夷。小碓尊再次出征的理由是原應扛下此任的大碓尊驚駭而逃，並藏身密林。然而，從另一方面看來，景光天皇不願讓小碓尊於京內久待，也許是出於另一番私心，因為沒有什麼比「無事英雄」更危險的了。總而言之，此時關於小碓尊的描述已從大膽、草率的年輕小伙子，轉為孤獨、疾病纏身的漫遊者，儘管他在戰鬥中顯現出無比的忠心與善戰，但失敗與過早凋落的命運已然悄悄成形。

當他授命討伐時，小碓尊向天皇如此表明：「僅僅數年前我才擊敗熊襲，如今又得擊殺東邊蝦夷叛徒。大和之地終於獲得平和了嗎？我對戰鬥感到疲倦。然而，我會戮力討伐，平息叛亂。」景行天皇賜予其皇子相當具有《日本書紀》風味的中國式戰斧，以及較近似日本規格的《古事記》的長矛，並高談闊論「山區蠻夷、平原流竄的惡徒，不僅阻絕、搗毀道路，更讓人民苦不堪言」。[14]很明顯的，超自然生物與崇拜神物的部落族群似乎密不可分；景行天皇繼續說道：「在東方蠻族中，最強大的為蝦夷。」他如此形容蝦夷原始的文化：「男女雜處，茹毛飲血。」他下令小碓尊平定蝦夷，以維繫皇室的安全與穩定。

在小碓尊動身前往最後的任務時，再次拜訪伊勢神宮。他對天皇的粗率對待了然於心，小碓尊向天皇的姊妹說道：「天皇是否希望我早早離世呢？一開始要我斬除西方蠻族。接著，自一復返，即刻派遣我進行另一任務，現在又要斬除東方十二個區域內的蠻夷，天皇甚至不願派遣軍隊支援。除了希望我早早戰死外，無法想像為何他會如此授命。」伊勢最高祭祀神為了安撫姪子的悲傷，交付他一把寶劍，這把劍正是日後出名的天叢雲劍（即草薙劍），以及唯有緊急時刻得以使用的一錦囊。[15]

小碓尊在東行時行經尾張國，並與宮簀媛訂婚，但他決定在完成天皇使命後，再返回尾張成婚。當他抵達駿河國時，一名部落首領騙他說此地有許多野獸，而小碓尊也聽信了對方的話，跑到原野上尋找野獸。於是，此人放火焚燒原野，打算趁機殺掉小碓尊。當時小碓尊發現情勢不妙，連忙拔出天叢雲劍以劍斷草，並以錦囊中的火石起火開路，最終才得以保命。

小碓尊在「試煉路」上的另一場挑戰最富盛名，顯然是因為他在這場戰鬥中的姿態，鮮明地留在世人心中。當他穿越相模國和上總國峽灣（今日的東京灣）時，引起了海峽之神的憤怒，海神欲翻覆小碓尊的船隻。此時，陪伴小碓尊的公主弟橘媛（令人感到混淆的是，她被視為小碓尊的皇后），明白處理此狀況的方法，她說道：「我願意為你跳入海中，而你，我的天子，請完成天皇賦予你的神聖使命，並向他秉告。」[16]此刻八層蘆葦、八層皮革與八層絲綢地毯出現於海面上，公主弟橘媛平躺其上，隨後沉沒於海。暴風立即停止，小碓尊得以穿越海峽。七日後，公主弟橘媛的梳子漂流至岸上，眾人細心地將其埋葬。

在英雄生涯的初期，小碓尊被視為絕情的莽撞小伙子，如今他已改頭換面，為女性的自我犧牲感到深深地觸動。他為公主弟橘媛的死去永遠地感到悲傷。一日，當他攀登上烏蘇希山山頂時，遠眺東南方並長嘆三聲：「我的妻子。」據傳，此山即為「吾妻山」。[17]

英雄最末旅程的對手並非長毛的蝦夷，而是地方惡神。如今，小碓尊的對手已非凡人，地位已不可同日而語。當他進入群山密布的信濃國時，行入一高山叢林，「勇敢地在迷霧中尋找出路。」[18]當他抵達山巔時，感到一陣飢餓，並靜坐山林中，獨自飲食。山神藉此機會化身白鹿來到他的面前，企圖迷惑小碓尊。小碓尊雖然為幻影感到困惑，但卻靈機一動，拿起備糧裡的蒜頭，誘惑白鹿，並擊中牠的眼睛，白鹿登時一命嗚呼。[19]小碓尊的舉動相當有文化意涵，當他斬殺猛獸時，也同時拯救了所有未來的旅行者，免受山神惡毒的侵襲，而信濃山一帶的危險向來惡名昭彰。他與白鹿的相逢並非毫髮無傷，小碓尊感到暈眩，並亂了腳步，直到一隻白犬前來帶領他走向山的另一頭。

小碓尊決定此時該當返回皇宮，並向皇上稟告東征成果。當他返京時，在尾張國停留，並與公主宮簀媛成婚。不過，小碓尊卻難以享受新婚甜蜜，因為聽說近江國的五十葺山有荒神。他誇耀地說將赤手空拳地制服荒神，並將天叢雲劍留給妻子護身，就此踏上擒拿荒神之路。當小碓尊攀上五十葺山時，荒神化身巨大白蛇出現（又有一說荒神化身為「堪比牛大」的白豬現身），並盤據路中央，阻撓小碓尊。此時，英雄又再次被詐術所欺。他不相信眼前猛獸為主神現身，而僅將之視為主神的使者。他對大蛇解釋，若你只是主神僕人，實在不該耗費曾與許多惡神交手的英雄之氣力。小碓尊接著繼續爬山，但此舉卻導致致命的錯誤。《日本書紀》曾記載：「此蛇並非主神使者，而為主神化身。」他對待超自然力量的輕率態度，觸犯了禁忌。[20]「接著，主神聚集雨雲，降下冰雨。山巔被迷霧包圍，而山腰則深不見底。小碓尊無法前行，並在山裡失神，但他仍舊勉強逃出生天，走出雲霧。」[21]

然而，英雄受到超自然神力的欺瞞，早已精疲力盡。當他抵達山腳下時，感到一陣眩暈，「彷彿酒醉。」[22]此時，小碓尊發出了前所未有的喟嘆：「我心裡總是深深相信，終有一日，我會升天。但是現在雙腳不聽使喚，連站都成了問題」。[23]此時，他了解自己的野心已難完成，絕望而蹣跚地用一根拐杖支撐著自己行動。[24]他啜飲山腳下的神奇春日山泉，並恢復了一點氣力。[25]但是原本守護英雄的超能力現在已經遠去。他的舊疾（現代醫藥學者普遍認為是腳氣病）復發，小碓尊知道自己來日無多，他在返京的路途上甚至放棄前往尾張國，一別妻子，反倒直直趕赴皇宮，期望能向天皇進行最後的報告。他沒能成功。[26]當他行至伊勢北部的濃尾平原時，整個人精力大失，他留下了最後的幾句思別詩句，並用以下數句話道別：「我曾經以為終有一天我能向父皇稟告我的任務，但是我的生命卻如此戛然而止了。光陰似箭，歲月如梭，萬事難以預料。因此，現在我得獨自躺在平原上，無人相伴聆聽詩句。然而，我就要消逝於此了嗎？唯一的遺憾是未能再次見得父皇一面。」[27]

故事於此完結。小碓尊生年三十歲。當父皇聽聞小碓尊逝世的消息時，難以自持。[28]天皇難以進食，難以成眠，終日以淚洗面，並且無比自責。當他回憶起小碓尊時，已不再是那個「粗魯而無所畏懼」的年輕人，而是一名英雄：

當東方蝦夷滋擾時，我沒有任何人選能夠平定此禍，儘管自己深愛皇子，卻必須將他送往反叛之邦。我無時無刻不思念他；我每日每夜在他的房裡踱步，期盼他早日復返。我受到了何等的詛咒，我犯下了何等的罪惡，為什麼他得如此突如其來地離去。如今誰又能安穩皇朝？

景行天皇下令在濃尾平原建造皇家陵墓，並（符合普世英雄習俗）將小碓尊葬於殞命之處。[29]故事的終了或許正是最獨特之處：

[30]如今小碓尊化身為一隻白鳥，並從陵墓中飛出，飛向大和區域。[31]當群臣開啟棺木探頭望時，只見棺木內空無一物，無見屍骨。使者奉命前往追尋白鳥。一開始白鳥停留在大和一帶的琴彈，因此人們在那兒設塚。接著白鳥飛往高知古墳區，又一陵寢在此建蓋。最後，白鳥攀升高空。[32]王子

陵寢中空無一物，僅有長袍與皇朝禮帽置於其中。

白鳥傳奇很可能與道教的靈魂永恆概念有關。[33]當然，這與白色動物擁有神奇力量等傳說亦可能有所連結。[34]然而，小碓尊故事的關鍵在於他最終騰空飛翔並且逃脫，英雄實現了「我將升天」的夢想，也就是超越世俗限制，擺脫挫折與失敗，自死亡找到永恆的解放。[35]這與小碓尊後期英雄生涯中的浪漫形象不謀而合：憂鬱的年輕英雄穿越東方區域的艱險，勇猛地擊退惡敵與部族，直到受到山神詛咒而死於荒瘠的平原，他成為命運與自我驕傲浪漫對決的犧牲者。

小碓尊能夠成為勇敢、浪漫的傳奇英雄，也與他對詩詞的熱愛有關；在日本文化裡，無論男女皆對詩歌所能表達的感性，充滿無限的憧憬。日本武者與西方的軍事將才大不相同，後者醉心於酒精、女性與屠殺，而日本武者則對詩歌表達強烈的喜愛。在漫長的爭戰歷史中，武士對藝術的喜好平衡了他們的殘酷日常。日本與西方社會不同，愛好兵器與藝術在道德上並未有所高低，日本社會從不認為兩者無法相容。相反的，戰士在詩歌中所傳遞的情感，反倒能證明其澄澈心志。以普通的詩歌架構而言，短歌簡短的音節語句，被視為表達深摯情感的最高境界。日本的悲劇英雄，其生命的情感層次遠較多數人更高，他們藉由短句表達強烈的思緒，特別是在其生涯達到高峰時。訣別詩的歷史久遠，幾乎所有的日本英雄，不管是小碓尊或自殺特攻隊隊員，都以訣別詩句向世界揮手道別。上述詩句或許不見得擁有極高文學價值，但是，不論訣別詩句是否優雅或符合音律，都無損英雄的真摯情感。[36]

小碓尊有一首詩與其浪漫的英雄生涯無關，[37]寫詩的當下他正前往東征。當時他仍懷抱著對公主溺斃的悲傷，然而一件突發意外，激起了他對詩歌韻律藝術的景仰。小碓尊經過甲州時，突然忘記了時間，他問道，自從行經筑波（常陸國中的一多山區域）後，過了多久時間。他以詩的首句作為問句，而路旁生火的一名老人竟用完美的韻律結構（五、七、七音節）作為回覆。英雄對此名飽讀詩詞的謙虛勞動者感到歡欣，並且封他為東方區域的首領。[38]

在小碓尊所創作的許多浪漫詩詞中，下面一首詩據傳作於他患病末期，小碓尊發現一把寶劍被遺忘在松樹下。對早期日本詩歌而言，將松樹擬人化相當罕見，小碓尊表達了對人生最後時光的失落感：

在大津海角
直面尾張
你站在那裡
嘆，孤獨的松樹
嘆，我的兄弟
你是男人嗎

嘆，寂寞的松樹
我會用劍束縛你
我會給你穿長袍
嘆，孤獨的松樹
嘆，我的兄弟[39]

目前為止，小碓尊最有名的詩句莫過於人生末期時所寫的「思國歌」，以下詩句正是唯一、也是小碓尊最後的詩句：[40]

啊，大和，最美的土地
像層疊的綠色樹籬一樣將山環繞
大和的美麗對我來說多麼寶貴
啊，那寶劍
我在娘家床邊留下的東西
啊，我的那把寶劍[41]

根據《古事記》所述，「當他結束詩句時，皇子就此逝世。」

◆

圍繞著皇子的末日光環，奠定了他注定成為日本悲劇英雄與傳說的典型人物。[42] 在多數的文化裡，「如果神話有其必要，那麼該當顯現的絕非人類的失敗或超自然力量的成功，人類的成功才是其主要命題」。在此，日本傳統悖反了人類中心思想的單一原則，英雄**沒有**獲得歡呼，榮耀地返回故鄉。在日本古代編年史裡，除了小碓尊以外，僅有一人擁有如此強烈的性格，那正是擁有暴烈性格的風神須佐之男，由於無法控制的天性與反叛性格，須佐之男受到眾神賤斥，並且自天堂驅逐而出。同樣的，祂被描述為不快樂與邊緣的角色。儘管他也受到不少阻撓與挫折，但是須佐之男仍為真誠的人物，甚至有著特殊的魅力。再加上祂四處流浪的淒美故事，以及披著蓑衣尋找落腳處的形象，須佐之男幾乎成為完美的日本典型英雄。[43] 然而，須佐之男卻公然破壞了社會規則，更糟的是，祂安全地結束自己的英雄生涯，並躲藏在出雲宮內，享受眾妻子的陪伴，並養育眾多子女。[44] 相反的，小碓尊的一生顯得更為榮耀，他在早期一連串的光榮勝利後遭逢慘敗，並在驚心動魄的敗戰後，試著歸鄉大和，向景行天皇稟告戰果。在此，他走上了其他重要歷史人物如源義經或西鄉隆盛一般，在初期勝利後，邁向光榮敗戰的道路。[45]

1《古事記》（意為「日本古代事件之記書」），出自《日本古典全書》，東京，一九六三，卷二，頁一二八。（除特別標示外，本書中的日文內文皆由作者翻譯）《古事記》是日本最早的現存編年史（亦為最古老的日本書籍），並於西元七一二年撰於朝廷。請見本章註三。

2 尾張國平原：此地名與其他本書所用之地名請參照日本地圖。

3 主要參考典籍為《古事記》（西元七一二年），以及《日本書紀》（日本編年史，西元七二〇年）。較之於《古事記》的謹慎，在《日本書紀》中，英雄的父親景行天皇擁有更為鮮明的「鎮壓反叛者」的角色，並且更具神祕色彩，好比他授與小碓尊的任務，明顯地借鑑於中國歷史（請見卷七，頁二二）。《古事記》的風格較為簡短而清晰，強調英雄任務之神聖性並將敵方描繪為神靈（例如山神、河神與海灣之神，《古事記》，頁一二九）。《古事記》時常使用特定的動詞（例如idemashiki，頁一二八，以及kamuagaritamaiki，頁一四三），暗示小碓尊為天皇。《古事記》中的小碓尊性格更為激越和浪漫；而在《日本書紀》中，小碓尊則顯得柔和、端莊，並具有「中國」氣質。我兼容兩典籍的說法，僅在關鍵的差異時刻補充說明。編纂於八世紀的《常陸國風土記》曾簡短提及小碓尊征服東蝦夷，並成為倭武天皇，此為唯一將小碓尊被形容為天皇的史料；請見《常陸國風土記》，武藏野書院版本，東京，一九五六年，頁二。

儘管在傳統編年史中，小碓尊並沒有被視為天皇，但卻與傳說中建立日本朝廷的神武天皇與延伸至後世的裕仁天皇有著直接

〈圖表一〉

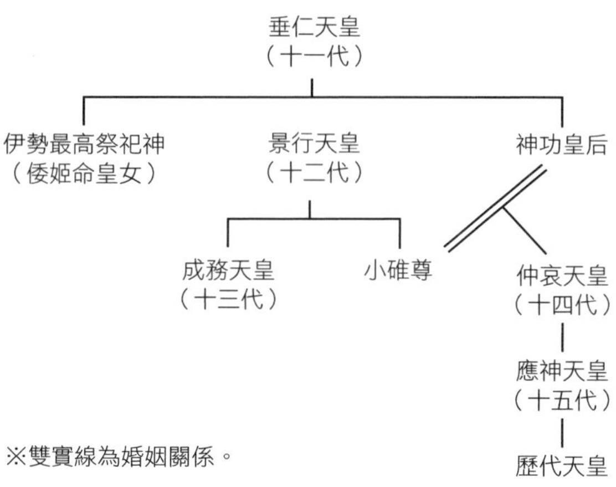

的關聯。根據《古事記》模糊的記載（頁一四八），小碓尊擁有六名妻子，並與每位妻子懷有一子，他似乎沒有與任何妻小同住。確實，英年早逝並東征西討的小碓尊難以擁有家庭生活。小碓尊的主室妻子（景行天皇父親垂仁天皇的女兒）實為他的伯母，她生下了美麗、身長十呎的仲哀天皇。可能的編年史請見前頁（圖表一）。

4 若對普世神話有興趣，請參考喬瑟夫．坎伯（Joseph Campbell），《千面英雄》（*The Hero with Thousand Faces*）紐約，一九五六年。

5 根據《日本書紀》所寫，大碓尊不名譽地於便所中遭到謀殺，被描述為懦弱地苟延殘喘著，並將征討軍功等大任移交到雙胞胎弟弟的手中。

6 **「……英雄總是被描繪為自出生就展現無比強健的生命力，甚至從受孕的瞬間就已顯現不凡，英雄的生命史往往被描繪為華麗的旅程，並將其主要功績視為生命之高潮。」**坎伯，《千面英雄》，頁三一九。

7 直到近幾年史學家才對熊襲與蝦夷稍有了解。從前熊襲被視為來自婆羅洲和其他南部島嶼的原始移民。而蝦夷的來歷仍舊相當模糊，即便在英文世界裡最具代表性的日本史作者喬治．貝利．桑塞姆（Sir George Sansom），也認為蝦夷為阿伊努人——來自北高加索的原住民，與日本人隸屬於完全不同的種族。

8 書中以「婉約、端莊的陰柔特質」用來對比小碓尊原本「粗率」的性格。《古事記》，頁一二七。

9 兩人都名為熊襲武（熊襲之勇者），兩人應為兄弟。然而在《日本書紀》之中，僅有一名熊襲武。

10 日本古名中較為詩意的選擇。

11 大和武尊意指日本之勇。大和原指朝廷首次於本州建宮時的特定區域，但慢慢成為日本本島代名詞，然而就此意境，此名仍舊相當具有詩意與語境意義（例如大和魂）。在此，皇子小碓尊首次被稱為武尊，此名顯然為九州、出雲與其他日本西部勇者的頭銜。

12 《古事記》，頁一二八至一二九。

13 在《日本書紀》中，此段故事被放入早期統治時期，並成為出雲國傳說之一環，但上述詭計來自兄長用以對付其弟，後者因為洩漏出反叛之心，遭天皇御命賜死。《古事記》中，儒家教誨的影響尚淺，詭計被用以證明小碓尊的足智多謀。當然，施行詭計與一般英雄的形象不符，也因而此說未被收錄在關於小碓尊的正統編年史之內。

14 《日本書紀》，《日本古典全書》版本，東京，一九五三年，卷二，頁一六四。除非另外提及，本書所指《日本書紀》皆為此版本。

15 此劍最初由脾氣暴烈的神明須佐之男自大蛇尾巴內發現，並將之奉獻給天照大神。天叢雲劍為三神器之一，此劍（或其複製品）供奉於名古屋附近的厚田。此神器具有神道象徵，重點是交予小碓尊寶劍的並非父皇，而為代表日本宗教神力的伊勢最高祭祀神。當英雄勇敢赴戰時，寶劍才得以展現實力（請見本章），他也得以應驗神力。好比湖中女神將寶劍交予亞瑟王，而當國王死後，寶劍重新由貝迪維爾爵士歸還給她。小碓尊拜訪伯母可被視為日本軍事領導者拜謁女性薩滿的早期傳說，她們給予軍將護身符與祈福儀式。以坎伯的普世神話論點來看，此舉代表針對「冒險行動」所進行的「超自然力的加持」，並將「帶來重要護持」。小碓尊幾乎要「拒絕皇命」（坎伯，《千面英雄》，頁五九），但最終仍遵照皇命，並面對厄運。以普世神話而言（《千面英雄》，頁七二至七三），英雄首征必定擁有守護神，並擁有守護神交付的護身符與器具。在愛爾蘭的龍森島（《千面英雄》，頁一〇五），少年英雄在前往杜伯蒂蒂取得三瓶水的路上，偶然得到**具有神力的伯母**的建議。在英雄踏上「充滿試煉的道路時」，他將遭遇一連串超乎尋常的挑戰與考驗。小碓尊的首次挑戰來自相模國大沼。他排除萬難，但卻受到山神阻撓（請見本章）。

16 《古事記》，頁一四〇。「政」原指神聖任務，後來改指政府，但其原初意指宗教祭典或崇拜。任何受到天皇指派的任務，好比小碓尊清剿蝦夷，都理所當然視為宗教行動。

17 《日本書紀》，卷二，頁一七〇。「吾妻山」仍為日本主島東部區域富有詩意的代名詞，但是其詞源當然是虛構的。

18 《日本書紀》，卷二，頁一七〇。

19 在中國、日本（甚至蘇格蘭），大蒜能驅邪、避厄，以及驅趕其他不祥生靈。當然許多國家的人也會吃大蒜以避免感冒，或是預防發炎等等。在小碓尊勇旅之後，每當人們經過信濃步道時，總會口嚼大蒜，並在自己或所帶的動物身上沾染蒜味，「以此免於山神之侵襲」。《日本書紀》，卷二，頁一七一。此傳說自然不符合邏輯，畢竟已知英雄殺害山神。

20《古事記》，頁一四二。

21《日本書紀》，卷二，頁一七四。

22 同前。

23《古書記》，頁一四二。

24《古書記》的字詞往往相當古樸，好比濃尾平原的「濃尾」一字，亦有搖搖晃晃之意，「杖衝坡」則有拋擲出手杖之意。

25 或者說，「他變得清醒了」。上述細節為普世英雄冒險中的「神奇復原」。坎伯，《英雄》，頁二〇〇。

26《古事記》記載了四首詩；《日本書紀》記載了三首詩，並表明為小碓尊為景行天皇所作，據傳詩作寫於多年前的九州之行。其中的告別語具有強烈的中國風格，並僅記載於《日本書紀》，卷二，頁一七四至一七五。

27 英雄傳記的最末正為此死亡之行。此乃他一生的縮影。當然，英雄本就不懼怕死亡；面對死亡的最佳態度正是與之和解。坎伯，《千面英雄》，頁三五六。

28 以西方算法為二十九歲。根據武田教授的算法，他實為三十二歲（以西方算法為三十一歲）。《日本書紀》，卷二，頁一七三。

29 同前，頁一七五。

30 根據《古書記》為「八噚高的白鳥」（相當巨大的鳥），頁一四三。

31「隨扈探頭一望，發現陵墓內僅有衣物，但是他沒有向前走近。接著，賽蒙．彼得（Simon Peter）隨其腳步進入陵墓，發現裡面僅有衣物平放，而頭巾則另放一處。」（《約翰福音》20:5-7）。早期日本宗教對偉人（天皇、戰士等等）的死後靈魂並未特別著墨。然而典型的日本英雄小碓尊則被描述為如同拿撒勒

（Nazareth）的耶穌一般復活，而陵墓僅剩衣物與頭巾。事實上，《日本書紀》在多處可見得受到基督教的影響，聖德太子（六世紀末）的傳說還提及頌報、在馬房（附近）出生，而原墓穴主人為一擁有拉撒路（Lazarus）死後復活形象的人物。聶斯脫里教堂從七世紀開始擴展到中國，很有可能《日本書紀》成書於約西元七二〇年時，部分的耶穌傳說流入日本，並影響當地英雄人物的傳奇故事。此處所出現的白鳥很可能與傳統的聖靈之白鴿形象有所關聯。

32 其中一點與年代不符：用以辨別階級的皇朝禮帽，直到西元六百年左右才出現。

33 黑板勝美，《國史研究》，東京，一九三六年，卷一，頁四七。

34 在日本神話中，白色動物經常被賦予神奇的力量，請參考第二章的白犬傳說與本章的白蛇或野豬。

35 請見本章。

36 請見第二章，關於情感的部分。

37 請見本章。

38 事實上，沒有此等頭銜，即便有，老人的詩句也沒有優美到足以得到欽等封號。

我日夜等待　九晚如九晚　十日縱十日

不過與老人交換詩句的平淡無奇的經過，被視為創造連歌的文學傳奇，此種詩歌在中世紀時期為相當流行的詩歌形式，並稱為「筑波之道」，以紀念連歌與英雄的關聯。

39 《古事記》，頁一四二。

40 同前，頁一四三。請見本章註二十六。

41 此處所指的自然是天叢雲劍，他在前往執行最終的任務時，愚蠢地將天叢雲劍留給妻子（請見本章）。對於日本武士而言，天叢雲劍為幾近宗教性的崇拜對象。

42 坎伯，《千面英雄》，頁二〇七。在一本目標讀者為西方世界的書裡（他們並未擁有日本人對悲劇英雄的偏好），尾崎．西奧多菈女士（Theodora Ozaki）改寫了小碓尊的故事結尾，使其更為符合標準的西方英雄模式：「當他返回後，疾病纏身，雙腳如火燒般炙熱，因此他知道必定是使者毒害了他。小碓尊雙腳疼痛，難以步行，甚至無法移動，因此他遣人將自己抬到以溫泉著名的山間，火山的高溫讓泉水近乎滾燙，小碓尊在此浸泡溫泉數日，恢復氣力，疼痛也逐漸消除，最終一日，他感到自己已然復原，並趕往伊勢神宮，讀者們應當記得這正是他遠征前祈求神助之處。他的伯母，也就是曾為他祈福的伊勢神宮祭祀神，在此歡迎他的復返。小碓尊告訴她數樁艱險任務，以及如何神奇地避險保命。她讚許小碓尊的勇氣、戰力，接著在天照大神的庇護下，披著自己最華美的神袍回來，兩人都認為，小碓尊的神奇復返與天照大神的庇佑有關。而這正是日本皇子小碓尊的故事結尾。」《日本神話故事》（*The Japanese Fairy Book*），東京，一九〇三年，頁三五至三六。

43 根據其中的一個版本，須佐之男遭眾神驅逐後，應當前往朝鮮，這對日本神祇而言，是相當駭人的任務。《日本書紀》描述須佐之男捲起狂風暴雨，並祈求眾神給予庇護之所。由於祂的狂亂行為，所有的神明都將祂拒之門外，祂不得不穿上蓑衣與草帽，以流浪者之姿四處漂蕩。這正是「流離話」（關於英雄在異鄉或異地單獨流浪）的緣起，如同其後小碓尊與源義經的故事。

44 舉例來說，他毀壞稻田界線、以排泄物汙染聖地，並與自己的姊妹亂倫。

45 不過最終小碓尊平定大和區域之蝦夷，以及他們所崇拜的神祇（請見本章）。他在此得到「後世追贈的榮耀」，與多數的日本戰敗英雄不同，他們多為「永久的失敗者」（畢竟他們戰敗了）。真正奠定小碓尊成為日本英雄典型的關鍵，在於他的情感與結束生命的方式。

第二章

捕鳥部萬

日本首位潰敗英雄代表

日本武士英雄深知，不管贏得多少戰鬥、多少勳章，人生最終必然以悲劇落幕，所謂的悲劇並非因錯誤而生，也與膽怯、不幸並無必然關係，一切可說，與其宿命有關。

英雄必須為高貴的生命終點做好準備，當那一刻來臨時，他必須知道如何舉止，並且拒絕為本能求存或因其他弱點而豎起降旗。最終面對命運的那一刻，將是生命中最重要的篇章。如果他能持續戰鬥，面對一切難題，並為人生劃下精采的句點，那麼此生的所有努力與犧牲都將有所償報；而若他選擇荒唐地死去，那麼其存在將毫無意義。「持續思考死亡！」這句話為忠誠的英雄楠木正成的遺言，據說他在一三三六年切腹時，向兒子如此交代。十二年後，那名年輕的男子步上了父親的後塵，在戰鬥中喪失性命。[46]

西方的英雄同樣不懼怕死亡，[47]事實上，不管在任何文化脈絡下，英雄從不害怕面對死亡。然而，對日本勇者而言，死亡有其心理層面的意義，畢竟死亡體現了英雄的存在。一名知名武士學者曾寫道：「一個人死亡的方式，可以證明其一生。」[48]面對潰敗所展現的高貴人格，再一次突顯了命運的乖舛，以及真誠面對一生終點的英雄氣度。此觀念可見於日本最重要的軍事論文裡：「武士之道展露於死亡之中。」[49]

對英雄而言，在所有殘酷的死亡方式中，最為痛苦的莫過於被敵軍俘虜與處決；此難以忍受的羞辱不僅危及英雄自身，更將嚴重危害其先祖與後代聲譽。最具災難性的挫敗，也難以損害英雄與其家族的聲譽。事實正好相反，在日本英雄主義之中，失敗反而帶來成就。但是，儘管英雄的處境或許相當無望，但是受俘則為難以補救的災難。在西方戰爭史初期，受俘戰士的可敬地位早已確立，包括重要戰俘的特殊處遇、贖金等等，然而這對日本文化而言則是聞所未聞。任何受俘者代表自動喪失其戰士尊嚴，因此面對他們的是極為殘酷的對待：囚犯虐待、帶有侮辱意味的處決、凌虐屍體，最悲慘的，莫過於外虜。[50]

由於對戰士而言，戰敗難以避免，而受俘又代表莫大恥辱，因此可想而知，自決成為悲劇英雄的尊貴之舉。[51]而在西方世界裡，幾乎沒有英雄以自殺的方式結束生命。[52]但是，從日本史上最早的紀錄來看，戰士可透過自我毀滅來避免受辱，此舉不但受到世人敬重，也代表絕對的勇氣，甚至可證明其氣節。[53]自十二世紀血腥內戰時期開始，武士切腹的傳統就此蔓延開來，此種極其殘酷的自我虐待手段，象徵其身體之勇氣、決心與誠心，並成為悲劇英雄能夠贏得友人與敵人尊敬的方法。然而，早在十二世紀以前，日本戰士即以自殺的方式，避免受俘虜。當時最常見的方式為用匕首或短刀割喉、截斷大動脈；後來許多孤兵也運用如此難堪但是簡單的方式盡快結束生命。[54]

好比捕鳥部萬。他是日本史上首位因戰敗而自殺的英雄，同時也是第一個潰敗英雄代表。五八七年時，一場戰役改變了日本早期歷史，捕鳥部萬為保護國家傳統而戰，然卻慘遭挫敗，並招致慘烈下場。

捕鳥部萬並非知名人物，他之所以流傳後世，乃出於他的死亡。他出身平凡，史書並無記載其來路與生平，我們僅知他戰敗之日的傑出軍事表現，以及堪稱英雄壯舉的終局，而此類故事一再地出現在日本英雄傳奇裡。

捕鳥部萬的榮耀之戰為當時兩大部族——物部氏與蘇我氏之間曠日持久的戰役。在敏達天皇逝世後兩年間，兩大族派的爭鬥更趨惡化。《日本書紀》記載了兩敵對黨派之間的戰鬥，[55]兩部族各以物部守屋與蘇我馬子為首。其用字暗示了此爭鬥為相當低階層的政治鬥爭：

當殿下的遺體橫躺在廣瀨的臨時陵墓時，蘇我氏前來弔念。當他進入陵墓時，身上配著劍。物部守屋看到蘇我氏時，立刻大笑並稱道，「他看起來像是隻被箭刺穿的小鳥兒。」[56]當物部守屋發表悼念詞時，近乎全身顫抖，蘇我則取笑道：「他是全身掛滿鈴鐺嗎？」

兩人的互嘲被視為兩族派互相敵視的起因。這或許是這場延續了十五年的戰役唯一可能的原因，在此之後，兩人各自成為部族的領導將領，並各有管轄的領土範圍。日本六世紀的政治歷史由幾個勢力逐漸增長的部族所控制，儘管理論上而言，他們的位階仍低於皇室階層，但勢力又龐大到足以決定關鍵事務，好比高麗的政策、攻打蝦夷之決策，甚至皇室繼承等等。不同部族間的爭鬥益發嚴重，甚至最終削弱了日本在高麗的地位，破壞日本皇室的俗世權威，在世紀末時，皇室甚至淪為了僅僅是爭奪權力的工具。

在世紀中期，兩大領導部族為物部氏與蘇我氏。前者在上一世紀已經初嘗權力的滋味；一開始，該部族負責掌管神道教儀式，但是卻逐漸具有司法職能地位；五世紀中期，當雄略天皇在位時，物部氏開始擔任皇室護衛。[57] 物部氏成為強大君主的重要輔佐，並且負責清剿反黨以擴大中央朝廷之權勢，而當皇權式微並受外族操控時，蘇我氏則趁勢而起。兩部族都是深諳操控個人與群體，以符合自家族利益的政客。該時他們兩家族甚至創造了相當聰明的「婚姻政治」系統，後期當藤原氏與其他家族以皇室之名掌管土地時，便沿用此一做法。當時皇子與蘇我氏女性成婚，以確保未來皇室成員擁有蘇我氏母親，以及（更重要的）蘇我氏岳父，六世紀時，奠定氏族偉大基業的蘇我稻目開始採用此做法，並且證明了比起軍武實力外，婚姻政治更能有效固守政治霸權。[58]

蘇我氏與其他較悠久的部落最爭執不下的議題，為日本官方是否應與佛教結合。自第五世紀以來，印度區域的知識透過朝鮮半島滲入日本，但是佛教實際的傳播時期為第六世紀，當時朝鮮王國向大和宮廷進獻了金銅佛像、佛教祭儀的佛經與器具。上述厚禮（據傳出自於朝鮮王國渴望獲得大和朝廷之軍事協助）迫使宮廷正式承認了佛教，並且無可避免地引起宗族競爭。[59] 物部氏與其他向來掌管原生神道教祭儀的古老部族，自然希望維繫舊有制度，並且對任何可能動搖其地位的變革加以反對。而後起的蘇我氏則成為反傳統部族，並主導佛教事務。

由於對國外具備相當知識以及與高麗的連結，蘇我氏早在佛教傳入以前就熟習佛教，而其領袖或許也已於私下成為信徒。[60] 此時，蘇我氏更運用龐大影響力說服日本天皇接受外來宗教，因佛教不但能為現實難題提供超自然解決之道，更能詮釋存在與死亡之謎，而這正是神道教所無法解釋的。

在接下來的幾個世紀裡，一場傳統主義者與創新者的角力就此展開，兩方都以自然災難作為攻擊對方的理由。舉例來說，西元五八五年時，物部氏與藤原氏勸說敏達天皇禁止佛教；而蘇我馬子在其寺廟中所設置的佛像被投入水中，其寺廟遭到摧毀，和尚被帶到市街鞭打。此暴行發生後，爆發了一連串疫情，蘇我氏將其歸因為佛之震怒。據說蘇我馬子得以繼續禮佛，而和尚也復返寺廟。數年後，蘇我馬子成功於用明天皇病危時將法師引入宮廷，當時傳統派的部族領袖對此大感震慄，但是由於蘇我氏的「婚姻政治」（天皇為馬子之外甥），蘇我氏在朝廷的地位已不可同日而語。據說用明天皇極端轉化，成為日本首位接受佛教信仰的天皇。[61] 雖然此傳說並不可信，而朝廷一開始對佛教的排斥也應比編年史所言更為激烈；然而，在時間的洗禮下，外來「新興」宗教確實帶給日本相當程度的收穫，不管是在精神上或文化上皆然，原生的神道教系統難以匹敵，而試圖捍衛傳統之人也節節敗退。

日本史初期的紛爭往往以繼承爭奪戰作結。日本皇室的繼承規則相當模糊，皇室成員得病或過世時，擁護天皇不同的弟兄或兒子繼承大位的派系，彼此間便展開廝殺。當皇室勢力薄弱，而掌權派系勢力龐大並開始爭權時，甚至會演變成腥風血雨的內戰。五八五年，敏達天皇過世時，日本陷入混亂，而他的繼承者用明天皇（屬於蘇我氏派系）在即位不久後立刻駕崩，而穴穗部皇子（物部氏派系的繼位人選）則遭屠殺。蘇我氏再一次使用慣常手段，不久後蘇我馬子對物部守屋展開全面攻擊，此時物部派已經為蘇我派唯一的敵人，並極力防範該族派奪權。當時物部氏毫無料想終戰將會來得如此迅雷不及掩耳，以至於未能即時防禦。當時兩方交戰兵力落差懸殊，蘇我馬子謹慎地挑選了數個重要的大和支系參與作戰，而透過蘇我精明的政治手段，幾乎所有的年輕皇子都站在他這一邊，其中最著名的應為厩戸皇子，日後厩戸皇子（編按：以聖德太子為名，成為推古天皇的攝政）成為日本史上最出名的統治者之一。

當時物部守屋最重要的支持者為傳統的區域氏族，但是傳統自治的本質代表了勢力之分散以及無法即時動員，參與關鍵決鬥。由於沒有足夠的外部勢力支援，物部守屋僅能仰賴自己的部下與奴隸。儘管其軍力遠遠不及蘇我氏，但是物部一派堅決勇猛地投入戰鬥。在戰鬥之中，物部守屋一度攀上樹梢，並讓「箭如雨下」。他的士兵占據了敵方屋舍，並且將勢力推向平原一帶。「皇子們的軍隊與高階皇室成員的士兵受到驚嚇，並且三度撤軍。」[62]

當物部守屋中箭而亡時，情況驟然轉變。物部氏的其中一旅軍隊澈底潰頹，他們甚至將自己打扮為僕役，以求躲過追捕；而其他成員則易名並躲往鄉間。物部氏輸得澈底。[63]儘管該戰役規模尚小（甚至沒有正式名稱），但卻成為日本史上的關鍵戰役。蘇我氏得到絕對的勝利，澈底殲滅叛黨，並堅決執行相關政治手段。蘇我馬子的姪子迅速登上皇座，成為崇峻天皇。此時佛教之宗教信仰終能澈底公開活動，並且得到皇室的支持，宏偉的寺廟與佛塔相繼興建，並成為新秩序的鮮明標誌。傳統的部落系統第一次遭受了致命的威脅。此時，日本不再為分裂的勢力所割據，相反地，所有的派系皆以蘇我氏為中心，他們以天皇為名，征服其他頑強的地方黨眾與派系，保存日本在朝鮮半島的地位，促進與中國的關係，並透過佛教與其他亞洲區域所傳入的思想，強化日本的文化深度。蘇我氏幾乎是未來的化身，而他們的成功也為下一世紀的大化埋下種子。[64]

然而，西元五八七年戰役中最令人折服的人物，並非蘇我馬子或得勝的聖德太子，而是一名慘招挫敗的戰士。我們所唯一得知捕鳥部萬的故事來源為《日本書紀》，此書絕無偏袒物部氏，畢竟該族派反對中央化、文化進展與日本未來發展之走向；捕鳥部萬的故事之所以脫穎而出，在於他短暫的生命裡，催化了悲劇英雄的神祕。以下為捕鳥部萬的戰鬥過程與死亡敘述：

[65]物部守屋的追隨者捕鳥部萬，負責帶領守衛物部守屋駐紮於難波大宅的軍隊。當捕鳥部萬得知守屋挫敗時，立即連夜騎馬脫逃。他奔向茅渟縣的有真香邑，越過妻子家，躲藏於山丘之間。朝廷得知此事並且宣告：「由於捕鳥部萬心懷不軌，因此藏匿於山中。我們該即刻處死其家人！眾應當服從此令，不得有議。」

此時，捕鳥部萬獨自步出樹林，身上配戴著寶劍與弓。他衣衫襤褸、全身髒穢，滿臉倦容。朝廷派來上百人馬包圍捕鳥部萬。捕鳥部萬相當驚駭並且躲在竹林內，他在竹林內繫上繩索，製造聲響惑敵。當竹林搖曳時，一士兵受到欺騙而大喊：「捕鳥部萬在此！」捕鳥部萬立刻發箭擊斃對方。此舉讓士兵餘黨不敢輕舉妄動。接著，捕鳥部萬把弓收起，並奔向山丘。眾士兵在其後追趕，自河的另一側發箭攻擊，但沒有人能制服捕鳥部萬。此時，一士兵奔向捕鳥部萬前方，並側身躺在河岸邊，向他的膝蓋發箭。捕鳥部萬立刻拿出弓，將該箭射還給對方。接著，他伏在地上大喊：「任何有勇氣的人都應當成為守衛天皇殿下的寶盾，這正是我想做的。但是沒有任何人問我緣由，而現在我發現自己被困於艱險之中。請來與我對話吧，讓我知道自己該被處死或受俘。」此時士兵衝向捕鳥部萬並紛紛向他射出弓箭，捕鳥部萬為了護衛自己，開弓並且至少擊斃三十逾人。接著，他拿起寶劍，把弓鋸成三截，再將寶劍折彎，丟入河裡。最後，他拿下一直配戴在寶劍旁的匕首，割喉自盡。

河內國司將捕鳥部萬自刎一事稟告予朝廷，而朝廷主事者則下令：「將捕鳥部萬的屍體大卸八塊，並送往八省，以此示眾效尤！」當聽命者準備要肢解屍體時，突然雷鳴大作，天降暴雨。

捕鳥部萬所飼養的白犬仰望天空，接著低下頭來，繞著主人屍身打轉，最後牠把主人的頭叼起，放入古塚之中。白犬伴隨著屍身，最後活活餓死。[66]河內國司對白犬的怪異舉止大感驚奇，並將此回報給朝廷。當時朝廷官員深受此事感動，並再度發令：「白犬的舉止相當罕見，我們應將此事廣為流傳，讓後世知曉。我們該讓捕鳥部萬的家人造墓，人犬共葬！」捕鳥部萬的家屬在有真香邑建立了墳墓，並將白犬與牠的主人共葬於此。[67]

捕鳥部萬的故事寫於日本武士道源起之前；事實上，這則故事先於任何武士人物數百年之久。然而，他的精神日後成為悲劇英雄之準則。顯然，日本戰士的準則遠遠早於任何其他規則與原則

（編按：在《日本書紀》關於捕鳥部萬的部分，一開始便提到他是物部守屋的資人（しじん），此一職位，指的是古代在親王或上級貴族身邊的警護或雜役，由朝廷派給，不屬於家臣。後來，資人發展成為武官的代稱，推測因此讓作者認為捕鳥部萬是武士）。

當捕鳥部萬遁入山林並面對包圍時，確實產生了恐懼與退怯，但這一切只彰顯出他在人生最後時刻的尊貴；藉此，捕鳥部萬提醒了我們，他並非帶有神力的英雄，並且也受到人類恐懼與退縮的折磨，作為一介凡人，他與其他生命一樣，期望求存，但在面臨危機時，他卻展現了無窮的精力與勇氣。當捕鳥部萬決定了最終的命運，便毫不動搖地前進，他在竹林中以匕首自刎時，如同日本後世的其他戰敗英雄，顯現出了無比的勇氣。

當他的膝蓋中箭，深知已經無路可逃，捕鳥部萬盡可能地擊退包圍者，並且自行摧毀了兩件重要武器，武器自然代表他的軍事武備，並且選擇自我了斷，免於受俘虜的屈辱（假如捕鳥部萬生於五百年之後，他或許會選擇切腹，但在五八七年時，切腹尚未成為武士的選擇之一）。在此，戰役的勝負已經無關緊要。真正重要的絕非勝利或失敗，而是直到最後一刻仍舊追隨高貴舉措的情操。

捕鳥部萬短暫而炙熱的生涯，讓他奠立了初期日本英雄的特質。[68]所謂的「誠」，通常意指「真誠」，但其含義則遠比英文字義來得更為深遠，甚至可說是近乎湯瑪斯・摩爾（Saint Thomas More，西方歷史上著名的高貴失敗者）所代表的「將你的世界置於無處可去」的意義。

儘管真誠在不同時期有不同的定義，但其最終指向仍與動機的純粹有關，真誠代表人類對於時間之極致追求，並且理解社會與政治現實的腐敗，純粹的精神與真實必然有所隔閡。

崇尚真誠的人並不受邏輯辯證、務實情理所制約的物質世界所束縛，也不若旁人受到「時代走向」的影響，他僅追隨自身真誠的感覺而走。[69]他並不仰賴謹慎、理智的計畫而行，真正驅動他的往往是無可置疑的自發性。如此純淨的真誠表現在淨土宗、禪宗與王陽明派哲學裡，以及其他日本傳統哲學所護持的思想。以西方觀察者的說法，真誠代表了「願意排除任何讓自己無法保持絕對的純粹與難以預料的本性之事物，並維持自身絕對的存在。」[70]

無私奉獻，或是以更為精準的心理學詞彙來講，相信自身的無私則為真誠之人的特質。現代的民族主義烈士（不以任何虛假的謙虛掩飾自己的勇氣）宣稱：「我致力於忠義，儘管你們更在意的是功業。」[71]真誠的人早已將自己從自我主義的迷茫罪過與社會野心中解放出來，他更不在意自身風險與犧牲。[72]他意志的純粹性表現在行動之中，通常具有高度危險性；言語，除非透過行動表現，否則僅被視為不真誠與虛偽之舉。[73]

真誠遠比既定權威的實際規範與傳統的正直而重要，因為其最終標準不僅是客觀的正義，更在於英雄本身之誠實。因此，即便十九世紀遭處決的搶劫犯鼠小僧，也可能因為其動機純粹而被視作英雄。[74]

當面對貪腐的政治權力時，英雄的真正武器為決斷的誠意。[75]雖然一開始或許英雄可能取得令人稱奇（甚至宛如奇蹟般）的結果，但是他將高尚地棄絕任何不純粹而斷裂的決定，以致敗亡。[76]

儘管真誠可能會招致災難，但是失敗的英雄因其純粹的靈魂贏得了永恆的敬意，這點遠非他的「成功」同儕足以比擬。[77]

捕鳥部萬（如同日本武尊的原型）的終局似乎相當孤獨。當他被軍隊圍捕追趕時，沒有任何忠心的部下在他身邊，自殺前也沒有人給予安慰。他唯一的伴侶是一隻白犬，這隻神奇的動物直到主人遭斬首死後才出現在故事之中。當然，捕鳥部萬最終的孤獨與日本悲劇英雄的感傷有關，而在最後他被代表成功的「社會律法與秩序」所追捕緝拿。白犬的怪異舉止添加了捕鳥部萬之死的淒美，甚至連敵人都為之動容。

當捕鳥部萬出場時，他的戰役已經失敗；他的角色為失敗者，我們唯一不確定的，是他是否會遭到無罪釋放。戰役的失敗與意外或厄運無關。捕鳥部萬的目標本不可得，不管是懸殊的軍隊實力或是蘇我氏的皇室盟友，本就代表著勝戰的絕對可能。重要的是，日本史上的第一個戰敗英雄應當為保護傳統宗教與社會價值而戰，反對那些受到國外影響而較有企圖心與前瞻性的團體，並彼此為敵。日本失敗的英雄不盡然都代表「保守」或「被動」，舉例來說，大鹽平八郎與島原的傳教士，就因為無可容忍的社會狀況選擇與政府對決。然而，在多數的情況下，通常他們與傳統的日本理想與思考模式相近，遠勝於受到創新思維或外來勢力的影響。因此，毫無意外地，捕鳥部萬理當為維護古典神道教儀典的一方奮戰，抵禦外來宗教的傳播。

作為日本傳統的堅定支持者，英雄多半絕對擁護帝國。在所有的日本英雄中，最令人矚目的就是十四世紀時支持天皇，並且反對幕府的英雄。因此理應站在朝廷這一邊，支持聖德太子等其他皇室天子的捕鳥部萬，其立場或許令人感到奇怪。由於「婚姻政治」的策略，蘇我派幾乎將整個皇室都拉攏到己方，而在穴穗部皇子過世後，物部氏幾乎沒有任何有力人脈的支持。然而，無論物部氏與蘇我氏的爭戰，或是其他日本史上的其他衝突，兩方或許都將自己視為忠誠的一方。物部守屋與其同黨肯定認為自己在保衛古老的神道教以及傳統的皇室家庭，防止蘇我氏與佛道新教的腐敗滲透。同時，在實際的鬥爭中，皇室並沒有給予任何一方合法性，因此，僅能以鬥爭的結果證明誰才是真正的效忠朝廷。[78]日本古代諺語有言，「勝者成皇軍，敗者為寇」，此等寬鬆的忠心概念說明了一切。捕鳥部萬最後的哀嘆稱自己為「天皇陛下的寶盾」。[79]

英雄的心裡或許沒有特定君王，但是捕鳥部萬的臨終之言（或者為負責編纂編年史的史官所加諸的）承認了自己的忠實，他的忠實並不限於特定個人或領土，而為日本皇室家族所代表的古老傳統，儘管事實上與之對決的正來自此家族的成員，也無損其作為之坦然。當物部氏輸掉了最終戰役後，他們的跟隨者立刻成為「叛軍」，這道理對蘇我氏亦然。然而，捕鳥部萬作為物部氏旗下最具特殊意義的一員，則是澈底的忠誠，好比十三世紀後率軍與朝廷對決的西鄉隆盛，也被視為英雄人物。此般不容質疑的忠誠，讓朝廷立馬允諾將捕鳥部萬（與白犬）安葬於墳墓之中，假若捕鳥部萬被視為叛軍，則此事絕無可能發生。

46 參見武士學者大道寺友山（一六三九至一七三〇）著名的《武道初心集》開場白：「自新年清晨開始，武士必須將死亡放在腦海中，直至此年將盡……」

47 請見第一章註二十七所討論西方文化中英雄對死亡的態度。

48 大道寺友山，《武道初心集》，頁五四。

49 出自《葉隱》，請見第十章註一二六。不僅僅對傳統武士而言，死亡代表終極的真誠性，即便對平民英雄甚至流行戲劇中的男女英雄（好比十八世紀早期的近松門左衛門）而言，他們短暫的生命透過死亡得到了尊嚴與意義，特別是其勇敢、自我犧牲的自殺手段。

當代作家曾寫道：「死亡對日本人而言不僅是生命的終點，它還具有特殊的意義。從容地面對死亡為生命中重要的一部分。在此意義之下，或許對日本人來說，死亡正是生命的一部分。」岸本英夫，《日本人的心靈》（*The Japanese Mind*），火奴魯魯，一九六七年，頁一一九。

50 在此特指第二次世界大戰時，受到日軍俘虜並凌虐的同盟國軍隊士兵。

51 關於日本人的態度，請參考第十章。

52 當然，蘇格拉底和塞內卡等古典的自殺之舉來自於上層統治階級的命令。

53 對日本戰士而言，死亡帶有莫大的吸引力，因此中世紀時，日本戰士時常在非必要的時刻決定自殺，也就是尚未戰敗的時刻。在幾個世紀的洗禮下，自殺之舉從武士階級擴展至其他社會階級，甚至影響城裡的中產階級。對近松門左衛門劇作中的男女英雄（或是該時代的人）而言，自殺是面對互相牴觸的義務與侮辱的唯一逃脫方式。

54 請參考一九四五年大西次郎的自殺（請見第十章）。通常切腹的戰士將由其同袍或隨從進行介錯。事實上，切腹帶來極大的痛楚，但卻無法造成死亡（請見第五章註二三〇）。

55 《日本書紀》，《日本古典全書》版本，東京，一九五三年，卷四，頁一九二（除非另行標註，本書使用此版本）。日本所用的 no 一詞，幾乎等同於歐洲所使用的 von 與 de 兩詞。no 一詞之前往往為部族或家族姓氏，之後則接其名。

56 他或許嘲笑蘇我欠缺軍事紀律；對物部氏戰士而言，蘇我氏僅僅為平民，而配戴刀劍的蘇我馬子看起來荒謬可笑。而我們無法得知物部守屋全身顫抖的原因是因為疾患或是對天皇之死感到激動莫名。不管如何，蘇我的說法（他配戴鈴鐺以至於身體搖晃時叮噹作響），相當費解。

57 直木孝次郎在《日本古代國家的成立》（東京，一九六五年）頁二六至二七中，將物部氏與戰前極端國族主義時期的特別高等警察（特殊的政治警察）相比；儘管兩者間截然不同，但是在雄略天皇治下，物部氏確實被賦予更近似於警察的角色，而非宗教祭儀，確實，宮廷祭祀之職務多半由中臣氏和忌部氏擔任。

58 請見〈圖表二〉。

59 所謂的神道一詞（神之道）出現於佛教引入日本之後，而該詞字源以抗衡佛道（佛之道）而起。而神道，如桑塞姆所說的，並非一種宗教或一套思想體系，而為國家性格之表現。（喬治．貝利．桑塞姆，日本，《精簡文化史》〔*A Short Cultural History*〕，紐約，一九六二年，頁四九至五三）。而在異文化引入以前，神道教澈底融入日本情感之中，以至於根本無須命名。直到佛教傳入以後，原生宗教才開始自我覺察。

60 蘇我氏確實帶有相當的「外來」色彩，相較於物部氏與其他大和部落，蘇我氏很有可能自四世紀時才自朝鮮半島移居日

〈圖表二〉

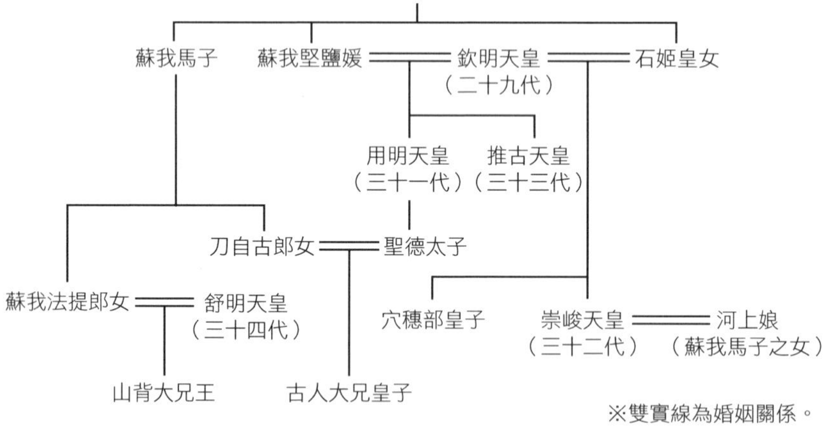

※雙實線為婚姻關係。

本。但是在所有的官方記載中，蘇我氏與其他組群都被視為與日本神祇有血緣關係。

61 此段歷史主要來自《日本書紀》，該書期望建立日本天皇為信仰之守衛者的形象。然而根據護國寺相關記載（七世紀初期），敏達天皇無情地迫害佛教，而用明天皇則否。

62 《日本書紀》，卷二，頁二〇九。

63 在《日本書紀》卷二，頁二〇九的模糊書寫中，暗示了物部守屋的失敗來自女性異心：「（當他們聽聞消息時）人們奔相走告：『蘇我馬子的妻子是大將物部守屋的姊妹。她策動了顛覆物部氏的計畫，而蘇我馬子則愚昧地聽信所言，並殺了物部。』」人們的話語，暗示了物部守屋的姊妹很可能貪圖其財產。她可能為此協助蘇我，但是很明顯的，物部氏與蘇我氏的分歧遠不僅限於此。

64 事實上，蘇我氏一族成為大化運動中首當其衝的受害者，但那是起因於馬子的繼承者明目張膽篡奪特定的皇權，甚至讓人誤以為（或許並非誤會）他們期望成為新的天皇。五八七年時，倘若物部氏獲得關鍵性的成功，勢必可延遲甚至阻止蘇我、聖德太子、天智天皇、藤原鎌足或其他親中繼承者所推動的類似政治或文化改革。

65 捕鳥為眾多日本部落世襲職業之一，甚至可說是古代日本人數最為廣大的部族。通常捕鳥氏負責追捕並且飼育野鳥。捕鳥部萬屬於皇室部族一員，並且可能由皇室成員將他賜給物部守屋，並且擔任隨從一職。我們無法得知捕鳥部萬本人是否有從事該部落所擅長的捕鳥工作。但若觀察西元五八七年時他在戰鬥中所表現出的能力，或許可推測他花費了更多的時間擔任物部守屋的武裝隨從。

66 當英雄遭到處決時，往往有異象發生；好比一二六三年當日蓮遭受斬首時，「天宇盡黑」，暴風雨突如其來地發生。

針對白色動物的神奇力量，請見第一章註三十四。動物在日本武尊與捕鳥部萬故事中，都帶有榮格色彩：「……不論在原始意涵或無意識層面，（牠的）動物觀點都沒有任何貶義，畢竟從某些觀點看來，動物比人更為高貴。牠尚未陷入意識之中，也沒有帶有自私、自我的意涵。相反的，牠以完美的方式完成其意志……我們一再地在傳說之中遇見助人的動物的故事。牠們的作為如同人一般，並且像是使用人類的語言，甚至展現了超越人類的知識與機智。在此情況底下，我們可說某種精神的原型透過了動物的肉身予以傳達。」卡爾・榮格（Carl Jung），《心靈與象徵》（*Psyche and Symbol*），紐約，一九五八年，頁二一七，斜體字加註。

67 《日本書紀》，卷二，頁二〇九至二一〇。

68 真誠、真心與真實三詞基本上可以互換。前兩字為純日語，真代表純淨、真實與絕對，誠代表事務，心意指精神與靈魂。真實一字比較具有中國意涵，「至」帶有超越、絕對的意義，這可說是中、日文對於真誠的多重解讀。

69 關於「追隨自身真誠的感覺而走」請見第六章註一〇五。

70 肯特．辛格（Kurt Singer），《鏡子、劍與珠寶：日本特質研究》（*Mirror, Sword and Jewel: A Study of Japanese Characteristics*），紐約，一九七三年，頁一六。

71 引自奈良本辰也所著《每日新聞》武士道的系譜（第五篇），一九七一年，二月十九日。

在紛擾、充滿著失敗的生涯結束後，一八五九年吉田松陰（滿懷問題的烈士）犯下最後的大錯，使得顛覆幕府的陰謀洩漏，並遭處決，得年二十九歲。

「他滿懷崇高理想、視野與雄心抱負，但是卻在幾乎每一場大大小小的戰役中，慘遭失敗，或許他確實能力有所不足。或許外人難以理解為什麼吉田松陰能夠如此深刻地影響當時思潮，並讓後世讚嘆其行動。但是很明顯的，他生命中有某種特質成功地召喚了當時的人……」喬治．貝利．桑塞姆，《西方世界與日本》（*The Western World and Japan*），倫敦，一九五〇年，頁二八四。

當然，所謂的某種特質正是真誠。松陰的真誠性格與衝動注定了他的命運。由於他廣泛的演講與公開的書信，讓他的計畫早在得以執行前就洩漏。原本預謀殺害的對象（幕府高官）成功地獲得皇室支持，進行對外國的制裁，並返回江戶，而這正是松陰大加反對的政策。松陰也前往江戶；但是他的目的地則是大獄，經歷了三個月的監禁後，慘遭斬首。桑塞姆如此描述他的最後書信：

「在獄中的最後兩天，松陰草草寫下詩句，他稱之為《留魂錄》，松陰寫下無法實現的夢想與計畫。過往的獄中日記往往成為鮮明的歷史證據，而松陰的話語最為悲傷。他深知自己的失敗但仍舊表現出某種驕傲的悔

悟，他所說的話證明了其初心：『我寧可付出而死，也不願得償卻偷生；我寧可錯死，也勝過錯生。』」《西方世界》，頁二八九。松陰的遺言可被視為全日本懷抱著真摯情感的英雄的宣言，正如同他本人著名的戒律：「當行動秉持著美德而行時，武士不應當思考其後果。」引自約翰．羅伯特（John Roberts），《三井》（*Mitsui*），紐約，一九七三年，頁六一。儘管松陰不斷遭到挫敗並且擁有慘淡的結局，但是他卻在後世成為舉世傳奇，並且成為明治維新時期勇敢、自我犧牲的標誌。

72 奈良本辰也（見前註）稱松陰為純潔的典範，他的行動出於「純粹的無我」。他繼續寫道：「大部分的人，僅有在實際評估情況後才會採取行動，但是松陰則沒有任何實際的概念。」

73 第八章將詳細討論被視為真誠的「行動」（大鹽平八郎）。

74 關於英雄所懷目的的客觀價值請見第四章。鼠小僧為日本歷史中最受人景仰的竊賊，於一八三二年被捕、遊街、斬首，而頭顱甚至在江戶被公開懸掛示眾。日後，他的故事被戲劇化為數種小說與歌舞伎劇目，由於他總是竊取富商財富，因此成為民間傳說的英雄，正如同羅賓漢一般，鼠小僧時常將所得贈與貧窮之人。「雖然吾為竊賊，」他在遭逮捕後說：「但從未行使不義之事。」引自一九七一年二月十五日，「正義之味方」專欄，《每日新聞》。「鼠小僧能夠如此受到廣大歡迎，來自於他被官方斬首的下場。」作者如此寫道。

75 關於英雄生涯的驟起驟跌，請見第五章。

76 如同希拉瑞．波蘭克（Hilaire Belloc）在一九四九年倫敦箴言出版社（Cautionary Verses）所出版的《道德字母表》（*A Moral Alphabet*）頁九的解析，雖然帶點非日本感的滑稽：「**在必要時採取行動，成為英雄，但無所謂成功。**」

77 日本傳統裡關於真誠和現實主義的潛在二分法如下：

真誠	現實
情緒衝動造成危險行動	聰明算計達成明智的平衡
絕對的理想主義	平庸的實用主義
人類同理心	冷漠、缺乏人性情感
無私、自我奉獻	自我中心、貪婪、追求私利
同情失敗者	為俗世的權力與成就讚嘆
為不平等的權力奮戰	臣服於權威之下，好比「不與權威角力」、「明哲保身」、「樹大招風」、「勝者恆勝」

有關日本思想中不同價值體系的詳細討論（可能有些混亂），請見河原宏所著《西鄉傳說》，東京，一九七一年，頁五六至六〇。

78 雖然蘇我馬子為擁皇派的領導者，但是史書很明確地表示，他不僅效忠於皇室或擁戴和平的宗教，更懷有發展個人與其家族的野心。蘇我所支持的崇峻天皇在物部氏敗退並即位後，僅擁有天皇身分，但卻沒有統治實權。崇峻天皇與蘇我馬子互相牽制，兩人的嫌隙越發不可收拾。五九二年，當時一頭野豬被獻給天皇，他尖銳地問道，何時他的敵人也能如同豬首一樣被斬殺。如此銳利的言論傳到了蘇我馬子的耳中，他很快地知道天皇所指何人，馬子立即派遣刺客刺殺崇峻天皇，而崇峻天皇則成為日本史上唯一在位時遭殺害的天皇。在一種相當馬克白的情境下，馬子又藉口刺客誘惑河上娘，而殺害了被指派前往暗殺天皇的刺客。然而蘇我馬子與馬克白不同，他繼續掌權了三十四年之久，反覆出現於日本歷史中，成為擊潰英雄的佼佼者。

79 對於生活在西元五八七年那個時代的捕鳥部萬來說，實在很難想像他稱自己為「天皇陛下的寶盾」。身為戰士，他真正該效忠的對象理應為物部守屋，也就是他所侍奉的派系。然而當我們理解日本的英雄概念後，在此，重要的是官方編年史將反叛分子的赤誠情感納入其中，再來，在此所謂的英雄竟是來自敗戰一方。

此句「天皇陛下的寶盾」也出現在八世紀時所編選的愛國詩集《萬葉集》（二十：四三七三）中，後來也流行於參與二次大戰的士兵之間：

自此以後

我將不復返

我將成為天皇的盾牌。

一九六七年，當三島由紀夫組織私人武裝團體時，稱此團體為「盾會」，在此意指相同的淵源。

第三章

有間皇子

純真而又不幸的憂鬱皇子

法國路易十四的財政大臣富凱（Fouquet）下臺後，詩人拉封丹（La Fontaine）在《馮克斯悲歌》中這麼寫道：「不幸，也是一種純真。」[80]而在日本，有間皇子的故事則可被視為另外一種英雄主義。

怪異、孤獨的年輕有間皇子被其堂兄指控謀叛，並判絞首刑。有間皇子從未有機會表明其意，甚至就連為他帶來絞刑的密謀計畫，幾乎都可以肯定是出於捏造。在有間皇子短暫的生命裡，他幾乎一直是個受害者，而非積極進行判斷或冒險的決策者。然而，無能為力的有間皇子在死前寫下悲傷的詩句，彌補了他的無能，並讓自己成為日本人的幻想投射對象。八世紀的知名宮廷詩人喟嘆有間皇子的命運；一九六〇年，他成為著名作家福田恆存筆下的英雄人物。[81]有間皇子的堂兄中大兄皇子為日本歷史上推動大化革新的重要人物，性格果斷並且成就過高，難以成為浪漫英雄。沒有任何偉大的詩人謳歌中大兄皇子，而在戲劇中，他被描繪成冷血、工於心計的政客，透過精準聰明的算計取得大位。

六四〇年有間皇子誕生時，蘇我氏仍舊掌握著大權，而且看似能世世代代的藉由掌控皇室來控制著國家。然而此時，蘇我氏的領袖似乎傲慢過頭，將過往的政治策略與調度拋在腦後，時常採取直接的行動。任何潛在的政敵，只要擋住蘇我氏的勢頭，即便貴為皇室成員，也會遭到剷除。[82]更糟的是，現在蘇我氏甚至壟斷了特定的宗教儀式，好比向來本為天皇職責的祈雨儀式，這對向來高度重視儀式與傳統的日本社會而言，自然是滔天大罪。蘇我氏讓所有人認為他們將剷除掌管古代日本的氏族，並取而代之。事實上，我們無法得知蘇我氏是否曾有此意：他們的目的在於控制皇室，而非成為皇室。然而，蘇我氏傲慢而嚴厲的政策轉變，讓皇室家族與其他重要氏族群起攻之。六四四年，一密謀突襲蘇我氏的計畫悄然成形，計畫的兩名重要人物在宮廷角力戰中談判細節，其中一人為中大兄皇子，也就是前任天皇之子，以及在上一世紀抵抗蘇我氏的另一重要傳統氏族領袖，中臣鎌足（編按：藤原鎌足為西元六六九年病逝前由天智天皇〔即位後的中大兄皇子〕所賜之名字，在此之前為中臣鎌足）。六四五年，此計畫大舉成功，[83]蘇我氏領袖遭處死，而最高領袖則在中大兄皇子的天皇母親見證下於朝廷被砍成碎片。

在蘇我氏本家悲劇性的崩毀之後，政治實權還交至皇室手上。新時代初始，天皇決定退位，讓其弟主掌大權，有間皇子的父親便即位成為孝德天皇。雖然原本中大兄皇子作為兩位前任天皇之子理應繼承皇位，但他因為個人因素而選擇成為皇太子。[84]

在中大兄皇子繼位的漫長期間，他將所有的精力放在大化革新，效法中國體制，進行一連串的社會政治改革。大化革新成為一個國家選擇實施完全迴異的他國之政治、經濟、法律與軍事制度的佳例，並是日本史上最重要的改革之一。六四五年至六五〇年間為第一階段的積極改革，所謂偉大的改革階段；但是當時不似明治維新或是美國占領時期，有著相當急迫的改革感，而是以將近五十年的時間進行改革，直到第八世紀出現法規彙編為止。

當時日本追隨著以幾乎完全不同的社會結構、傳統與情感的模式來對國家進行重建。可預期長遠來看，此實驗將以失敗告終，舊日本與其機構的中國化，儘管盡顯粗糙與不完善，卻仍舊協助延遲了封建制度的發展。透過破壞地方部族勢力以鞏固皇權，如同中國一樣，帝皇擁有土地與其上人民，改革者奠立了穩健繁榮的朝廷社會基石，並在奈良與平安京（京都）創造了偉大的時代。可以肯定的是，儘管日本多數人仍舊過著貧窮、骯髒、野蠻而短促的人生，但是人類歷史上最細緻而獨特的文化也就此誕生。

在大化革新最活絡的時期，中大兄皇子負責計劃並執行改革。理論上來看，他大有機會成為帝王，但卻用了將近二十年的時間選擇僅當個王儲。我們或許有數種方式理解他的緘默，其中一個最為可能的傳統解釋，是中大兄皇子和他偉大的前任者聖德太子一樣，認為沒有皇位的包袱，將更能有效推動改革，畢竟宗教與儀禮等活動皆為君主的主要職責。[85]日本歷史學者也推斷，他與他的主要大臣藤原鎌足都認為，唯有當大化革新能夠證明其成功後，才可將之與天皇連結；此外，中大兄皇子所參與的蘇我氏屠殺有可能玷汙他的宗教純潔性，也因此不適宜成為天皇，並主禮重要的神道教儀式。

此外，若我們仔細閱讀編年史，或可發現此時期的隱晦祕密。在大化革新時代，中大兄皇子持續與孝德天皇的皇后間人皇女有曖昧關係，她也是中大兄皇子同母異父的姊姊。年輕的有間皇太子，也就是孝德天皇的獨子，肯定對此關係有著諱莫如深的感受。[86]

我們對日本的腐敗的第一層理解，來自中大兄皇子與舅舅孝德天皇之間的緊繃關係，儘管孝德的即位與蘇我氏之滅殺，皆是受到中大兄皇子的大力幫助。編年史將這位老君子即位與新時代初始的情境描寫得相當迷人：（孝德天皇）性格溫和，並且熱愛學習。他對尊貴或貧微出身之人一視同仁。他頒發的法令向來福佑人民。[87]在孝德天皇即位的初期，中大兄皇子表現得相當忠誠與尊敬，但是隨著時間的移轉，兩人的關係越發惡劣。究其原因，應為中大兄皇子與皇后間人皇女之間的曖昧，已經明顯到難以忽視。六五三年時，情勢更壞，中大兄皇子建議移都浪速（現今的大阪一帶），該區域為孝德天皇在位初始所建立的城都與飛鳥時代的古代朝廷首府。編年史並沒有為此突兀的提議賦予解釋，但是一切顯然與中大兄皇子密結黨眾有關。[88]毫無疑問的，孝德天皇駁回此議，而中大兄皇子則帶著母親皇極天皇、數名年輕皇子立即搬往飛鳥區域的行宮，當然，同行的自有皇后間人皇女。有間皇子留下來陪伴父親，但是幾乎所有明瞭當前權力布局的高官與貴族，都捨棄了老天皇，並追隨中大兄皇子前往新都。如同西方諺語所形容的，隔年，連老鼠都動身出發：「第五年、春天、首月，鼠輩（淹沒了浪速），並且通往大和。」[89]

大規模的叛逃或許加速了孝德天皇死期的到來。「他飽受痛苦折磨，並且期望能捨棄王座。」[90]事實上，他並沒有退位，反倒移往了新宮，或許，他只是想遠離浪速以及與之有關的痛苦回憶。他在新宮哀怨地懷念年輕、移情別戀的妻子：

脖子上繫著韁繩
有人見著牠嗎？
我從未帶牠遠門[91]

日本古代使用的「見」字，與英文聖經中的「知道」（know）都有著同樣的性暗示，孝德天皇恐怕在此意指他的皇后與中大兄皇子之間的關係。[92]隔年，中大兄皇子聽聞舅舅重疾在身，因此前往探視。他帶著大批隨從，也包括了皇太后，更令人詫異的是，當中居然還有皇后間人皇女。九日後，孝德天皇駕崩。

中大兄皇子自然是繼位人選，但是他再一次拒絕了。另一位可能的人選則為孝德天皇的兒子。然而，有間皇子當時僅有十四歲，在這之前，日本仍未有年輕男孩登基為王的先例。此外，從隨後的事件得知，中大兄皇子也盡量避免讓孝德天皇的嫡系繼承人有任何繼承的可能，好斬除他自己未來繼任天皇的任何變數。最終，中大兄皇子與大臣決定讓他的母親前皇極天皇重新即位。[93]皇極天皇已六十一歲，在當時屬相當長壽，中大兄皇子的計畫屬權宜之計，目的是將王座掌握在手中，而他本人終將接手。儘管前任天皇重新即位之事從未發生於日本歷史上，但是編年史並未對在十年前將皇位讓予孝德天皇，但又再次繼任的皇極天皇之舉動提出任何解釋。[94]這或許是因為真實原因實難以官方語言記載於冊。數年來，中大兄皇子與間人皇女早已公開以夫妻的身分現身。當然，這對於間人皇女之繼子有間皇子，以及其他忠心於老天皇的朝臣而言，自然相當難以承受。然而，以日本朝廷傳統而言，沒有任何律法足以阻止中大兄皇子欽選間人皇女為皇后，唯一尷尬的是他與間人皇女出自於同一個母親。[95]日本古代社會對關係的包容度相當高，而同父異母的兄弟姊妹通婚，在皇室之中是受到認可的（對普遍社會而言也是），只要共同的親長為父親即可。[96]然而，真正受箝制的，則為同母後代之間的婚姻，中大兄皇子擔心成為天皇後，他與間人皇女的關係將被迫公開，從而影響到自己的權力地位。[97]中大兄皇子和間人皇女的情愫，很明顯地成為影響他事業的因素，事實上，一直到間人皇女過世後，他才決定成為天皇。

當舅舅安葬，母親重祚，中大兄皇子繼續掌握全日本最重要的政治實權，並且執行大化革新中的數項龐大政策。然而，他的地位仍舊相當擺盪。除了他與間人皇女微妙的關係外，他也受到了來自數個無法從新政變動中獲得好處的派系杯葛，後者自然本能地攻擊他透過外來文化形塑日本制度；而新政所帶來的公共工程之勞力與耗費，也引來了強烈的反彈。[98]新天皇積極建蓋造首都與周邊區域，以向人民彰顯中央政府的實力與穩健度。這對於在七世紀仍然相對原始的日本經濟狀態而言，無疑是相當沉重的負擔，儘管編年史向來極度支持政府，但也記載了社會大眾普遍瀰漫的反感之情：

此時（六五六年）政府對公共建設相當積極。皇室海軍受命自天香久山以西至石上山間建造運河。兩百艘駁船裝載了來自石上山並拖運而下的岩石，順著水流送往宮殿，以建造城牆。[99]人民批評如此浩大的工程：「如此誇張的運河耗費至少三萬人力，建造城牆還要再另外消耗七萬人力。[100]想一想那些為了建造宮殿的木頭已經腐爛，以及被石頭掩埋的山頂！」其他人則批評政府，「願那石頭在築起的瞬間即刻崩塌！」[101]

人民的反彈不僅僅是口頭的抱怨而已；在齊明天皇當政時期，新建築頻繁遭到祝融之災而損壞，實難相信如此頻繁的火災為正常現象。[102]排山倒海而來的不滿，轉移到用力推動新政與開啟繁重公共事業的皇太子身上，而中大兄皇子自然知道自己的改革相當具有爭議。中大兄皇子生性機敏，但也相當多疑，因此對反對浪潮相當敏感，並且時刻謹慎地避免任何足以傾覆其寶座的反彈事件發生。在他作為皇太子的期間，中大兄皇子對任何可能的政敵往往反應迅速而強烈，不惜除之而後快。六四五年時，他懷疑其兄古人大兄皇子密謀反叛，並且下令處決。然而事實上，古人大兄皇子唯一的不妥之處，即在於他曾受蘇我氏擁護，並為繼位天皇的人選，此外，古人大兄皇子也可能是反大化革新的領頭人物。從事實看來，殘存的蘇我氏根本不可能有任何反叛計畫。中大兄皇子往往早在潛在敵人產生威脅以前，就下手為強。如果為無辜之人捏造罪證有任何合理解釋的話，那麼或許就是為求新政運動得以在關鍵的初期順利進行吧。

六五八年時，當中大兄皇子的政策又再次逼近民意反彈之高點時，此時唯一一息尚存的皇室成員、並可能成為反對政府聲浪領袖的正是堂兄孝德天皇之子。當時有間皇子十八歲，這正是中大兄皇子謀起殲滅蘇我氏的年紀。儘管沒有任何事實足以證明孝德天皇之子有意批判新政，更別說顛覆政府，但是不難想像當民意波濤洶湧時，年歲漸長的皇子很可能被推舉為繼任人選。身為前任天皇之子，他在朝廷擁有僅次於中大兄皇子的權力，這是無庸置疑的。長遠看來，除非中大兄皇子排除萬難自行登基，否則直接抹殺有間皇子繼位的可能，則是更為可行的方法。

此外，在中大兄皇子的心中恐怕還有著更為私人的因素：年輕堂兄恐怕懷有痛苦的怨恨之意。顯然，有間皇子必定明瞭身為老天皇的父親，在中大兄皇子和間人皇女的醜聞中所扮演的可悲角色，而他定然知道，當堂兄中大兄皇子決議率領朝廷眾臣與間人皇女遷都時，會帶給老天皇什麼樣的劇烈悲痛，甚至很可能因此導致他的驟然去逝。如果最終有間皇子決定透過加入叛黨，摧毀中大兄皇子所帶領的大化革新，為死去的父親報仇，甚至教訓罪惡的繼母，也不令人意外。

如果中大兄皇子已經對有間皇子抱持著無可避免的懷疑，有間皇子的個性則是更讓這個狀況情勢雪上加霜。六五七年的書寫記載著有間皇子性格陰險，史書甚至認為有間皇子「裝瘋」。當然，編年史多半站在朝廷一方，很可能刻意醜化有間皇子，以合理化中大兄皇子隨後的動作。[103] 事實上，這位年輕皇子早失雙親，並且獨自生活於宮中，不但處處受到心懷惡意的掌權堂兄控制，這位堂兄甚至還誘拐繼母、羞辱父親。年輕皇子日益憂鬱、神經質。或許，他的裝瘋根本不是詭計，而是其人格破裂所致。當他觀察到父親的另一半與其情人公然敗德，有間皇子有絕對的理由懷疑他身邊的「長輩」。他的「狡猾」，或許僅僅是對充滿惡意與危險的世界的防禦機制。

秋天時，他離開首府前往紀伊半島岸邊的牟婁溫泉，以期治癒身心。[104]編年史認為此為藉口，事實上，有間皇子早已決定推翻政府，並以久病不癒為由，在人跡罕見的安全之處與同夥密會。然而，我們沒有任何證據足以證明有間皇子有所預謀；他很可能處於極度哀傷、消極的狀態（如果在今日，他可能被視為罹患憂鬱症或精神崩潰），並期望遠離朝廷，以撫平情緒。牟婁溫泉之旅似乎真的頗有療效，在返回的路上，有間皇子不但向老天皇姑媽讚美溫泉之美，甚至說：「我的病情在一抵達牟婁時，已好了大半。」[105]

一年後，當天皇因為孫子辭世而極度哀傷時，她決定與皇太子同訪牟婁溫泉。有間皇子決定留在飛鳥，並陷入敵人的陷阱之中。[106]接下來的過程，一五一十地記載於《日本書紀》中：

六五八年十二月三日，蘇我赤兄受封（於皇后與皇太子離府期間）主掌大權，他向有間皇子表示，「皇后的政權之下有三大敗績，首先她擴充國庫，向人民搜刮財富。再來，她耗費人民血汗錢建造龐大的運河。最後，她搬運無數巨石，建造山丘。」如今，有間皇子才理解到蘇我赤兄對自己的忠誠，他為此感到滿意……[107]

六五八年十二月五日，有間皇子拜訪蘇我赤兄屋舍，兩人同行前往高樓，並與鹽屋連鯯魚（以及他人）合謀。「我們先縱火焚燒皇宮，」有間皇子這麼說：「接著動員五百人，阻絕牟婁港一日兩夜，並以船艦包圍淡路，如此一來，島上形同監獄。我們必能輕易地成功。」但有人反對，並如此說道：「行不通。計劃容易，但你沒有實力執行。陛下僅有十八歲大，尚未成年。首先你必得先成年，才能取得需要的權力。」有間皇子回覆：「我已經年長，足以率領自己的軍隊。」（當眾人議論紛紛之際）此時一椅子手把突然斷裂。眾人認定此乃不祥之兆，決定終止討論。有間皇子打道回府。

夜半時，蘇我赤兄命物部朴井鮪率建造宮殿之人丁，包圍有間皇子的屋舍。[108] 接著，派遣信使稟告天皇。

六五八年十二月九日，有間皇子與鹽屋連鯯魚（以及其他兩名成員）遭到逮捕，並且送往牟婁溫泉……當他抵達時，中大兄皇子親自審問他。「你為何密謀叛變？」中大兄皇子問道。「天堂與蘇我赤兄會有答案，」有間皇子回答：「我本人毫不知情。」

六五八年十二月十一日，丹比小澤連國襲受令於藤白坂絞首有間皇子。[109] 同日，鹽屋連鯯魚（以及另一名成員）同於藤白坂遭斬首，他在行刑前說道：「我是否可保有右手，以為國增添福分？」[110]

此處編年史的記載省略了有間皇子著名的兩首詩作。編年史作者將有間皇子視為叛國者，並且避免激起任何對他不必要的同情，以慣例而言，編年史裡描述關於有間皇子的受刑，並非為日本英雄所得之對待，[111]然而約七六〇年代編寫的《萬葉集》詩史則不受此囿限，並將年輕皇子視為浪漫的七世紀悲劇英雄，有間皇子所著兩詩描繪了其命運與遭綁縛的松枝，兩首分別為：

在磐代岸邊
我把松樹枝綁在海岸邊
假如命運眷顧我
我或許會回返並再次看到此結

現在我將遠行，以草為枕
我不再需要飯盒
因此將此獻給天神
在橡木粗潤的葉上[112]

此詩撰寫於磐代，位在偏遠孤立的紀伊半島，距離牟婁溫泉約十哩。有間皇子於十二月六日被逮捕，並於當日被遣送至首都。三日內，他從牟婁溫泉行進約九十哩，並由中大兄皇子親自審判。或許，十二月八日夜晚，有間皇子身處磐代，離終點尚有半日旅程，而他在聽聞自己的審判結果後寫下詩句。通常，遭困的人會以松枝打結，以祈求好運。在此，松枝並沒有為皇子帶來好運，畢竟他在數日後即遭處決。但是松枝纏結的畫面讓讀者聯想到他最後的五日路途，並感懷皇子之一生。當朝廷詩人長意吉麻呂於二十五年後造訪磐代時，當地人向他指認有間皇子當時受絞首刑的松樹，他寫下兩首哀悼詩詞，被收錄於《萬葉集》。第一首詩與英雄原詩有所呼應：

啊，他確實返回了
看此樹結
他被纏繞於此
在磐代岸邊

第二首詩則將松樹擬人化，成為死去皇子的化身：

松結在磐代之地生長
無法忘懷過去
他的心仍舊糾結痛苦

數十年後，《萬葉集》中最偉大的詩人之一山上憶良再次寫詩提及松樹，感懷有間皇子淒涼的一生：

儘管他的心念仍在岸邊飛舞
人們無感他的存在
僅有松樹知曉

事實上，人們依舊感念有間皇子。從《萬葉集》如此不尋常地收錄三首關於有間皇子的詩歌可知，人們對他抱有無限想像，他被視為七世紀權力政治底下的典型無助受害者，而他的單純與純粹帶來了無可抹滅的悲痛。當然，官方編年史視他為叛國之徒，而世人無法公開質疑此安排。毫無疑問的是，有間皇子確實心生他念，但在知曉中大兄皇子的手段之後，我們發現他真正的獵物並非政府，而是那位年輕皇子。

本來，如此纖細並在朝廷孤僻而居的皇子意圖要推翻朝廷與傲慢儲君，仿若天方夜譚。有間皇子唯一的好友鹽屋連鯯魚，本身為身分地位渺小的地方官員，明顯缺乏任何權勢與資源足以支持顛覆政府的活動。儘管當時全國上下有許多對大化革新相當反彈的派系，但是沒有任何官方紀錄顯示有間皇子與任何潛在支持者有所往來。

如此一來，我們該如何解釋他與蘇我赤兄的對話往來？以我的觀點來看，蘇我赤兄應當受到中大兄皇子的指示，刺探有間皇子，並且誘使他同意合謀、推翻政府。中大兄皇子肯定深信年輕堂親很有可能在未來的某個時刻，成為推翻自己與大化革新的重要推手，也因此，他運用對付無辜的古人大兄皇子的相同手段，逼迫蘇我赤兄誘騙有間皇子，以除掉最後的潛在政敵。而誘敵之說很顯然與隨後發展相符，當中大兄皇子登基為天皇（天智天皇）時，蘇我赤兄受封為當時最高朝臣的左大臣，假使他真的被視作密謀推反皇室的一員，絕無可能攀此高位。

或許有人會懷疑，為什麼有間皇子會相信與朝廷要人如此親近，甚至受皇太子指派為殿下離府時的主管大臣。有間皇子可能認為，蘇我赤兄必定對中大兄皇子摧毀蘇我氏懷恨在心，儘管蘇我赤兄已位高權重，但仍舊可能抱著不惜玉石共焚的心，為家族復仇。此外，有間皇子相當年輕，且在朝廷中沒有任何可仰賴之人；他對折磨自己父親的堂兄懷有深刻不滿，也過於天真地洩露了自己對政府的質疑。但是他也很開心「蘇我赤兄對自己的忠誠」。最終他有了可倚靠的人，或許他作如此想，甚至以為蘇我赤兄和他一般怨恨朝廷，如此才會在隔日與蘇我赤兄同行。

然而他所提出的顛覆政府的計畫，更似來自他人的捏造。當時何來五百男丁包圍牟婁港，也沒有艦隊足以切斷淡路的對外聯繫。[113]一切的指控恐怕來自蘇我赤兄或是編年史史官，以此加強判處有間皇子絞首刑的合理性。然而在充滿模糊用字與捏造事實的官方記載裡，有間皇子對中大兄皇子的回應卻相當地真實：「天堂與蘇我赤兄會有答案。我本人毫不知情。」他沒有為密謀一事狡辯或為自己辯護，有間皇子表現出的是任何人瞬間掉入敵方巧妙的陷阱時，所感到的迷惑之情。

當然我們無從得知全部的真相，但是，不管有間皇子是否被羅織顛覆朝廷的罪嫌，但是他確實擁有足以引來不幸命運的純真性格。假如他確有密謀，恐怕也成為政敵的籌碼。他與那位來自丹麥的憂鬱對比角色不同，對方最終成功地羞辱了母親，並且刺殺她的皇室情人；而我們的年輕日本英雄則毫無扳回一城的可能，他年少時的苦痛，沒有為他帶來滋養的養分，反倒淪落上了絞首場。中大兄皇子如同該劇中的克勞迪（Claudius），最終將具威脅性的角色斬草除根，並與間人皇女共居，享受權威與成就。[114]

◆

有間皇子和其他數個世紀以來年輕、不幸的英雄一樣，對日本人充滿特殊的吸引力。他們的不幸不僅來自純真，甚至可說，純真正是他們的不幸。這似乎與世人如何看待生命的觀點有關，也與主流的西方態度大有差異。以猶太基督徒讓人較感欣慰的觀點來看，他們似乎更傾向讓為只要人信了主，主就會護持他，而他或至少他的事業終將獲得成功。因此，儘管羅蘭（Roland）丟失了戰役，但卻從未被上帝棄絕，並最後獲得基督教式的勝利，打敗撒拉森人（Saracen）。

在西方世界裡，特別是最為擁護西方價值觀的國家，向來抱持著過度的樂觀主義。好比美國傳統總是抗拒面對人生的悲劇元素，甚至在悖反現實的狀況下，過分相信人性本善，又或者認為人性中的善將會恆久存在。「我了解美國，」某認總統總愛這麼說，「而美國之心正是良善。」[115]當我們回想起說話的人時，我們知道這絕無諷刺之意；然而，這句話背後的假設所反映的價值觀被世人普遍認同並接受。當然，美國人民亦懂得絕望，但是此感性並非來自對人類存在限制的哲學理解，而是在過度相信全然的幸福後所感到的失望。

而光譜的另一端則是日本人，自古以來，他們始終認為世界與人類處境**絕非**全然良善。儘管日本向來充滿活力地蓬勃發展，但是他們對自然懷抱著強烈的消極主義，他們深信不管我們多努力面對艱險，失敗的一日總是會來臨。總有一日，所有人將嘗到失敗的滋味；就算克服了險惡社會所設下的陷阱，仍會受到年齡、疾病與死亡等自然力量的羈絆。人生，詩人所感嘆的「世間」，總是充滿著悲劇感的滄桑、轉瞬即逝，並且與四季一樣無常。無望與失敗最是伴隨著人生，而（如同日本諺語時常提醒我們的）所謂的無能為力，正代表一切難以達成，毫無成功的可能。

日本人觀念背後的消極意識來自大乘佛教（此宗教扮演日本最重要的宗教與情感依歸，遠勝過其他國家），以及地震與其他天然災害所帶來的感受。日本對災難的著迷向來十分引人注目，並且擁有歷史漫長的災難文學，好比早期的《平家物語》與其他的古代戰爭編年史，或當代小說如《野火》。[116]

然而儘管世間充滿了無常與苦痛，日本人仍舊擁有積極的特質。他們認識消逝、世間的不幸以及物哀之中所縈繞的美，以此取代西方信念中對於「幸福」的汲汲追求。[117] 如此對「事物的眼淚」（lacrimae rerum）的理解，反映在對悲劇英雄的同情之中，而他們的崩裂往往象徵醜惡世界以極端戲劇化的方式，體現了人類與之的抵抗、苦難與死亡。儘管我們注定會倒下，但是當不幸發生在年輕、純粹與純真之人身上時，仍舊激發出強烈的感傷之情。[118] 他的失敗呼應了日本人對人類生命的根本理解，如同飄散的脆弱櫻花。[119]

80 「他受到嚴厲的懲罰，不快樂正是無辜」，引自拉封丹，《馮克斯悲歌》（*Elegy to the Vaux's Nymphs*），一六六一年。

81 《有間皇子》，東京，一九六一年，文學界出版。在福田波濤洶湧的劇作中，具有野心的蘇我赤兄被刻畫為陰暗的人物，與有間皇子的母親有染。

82 六四三年時，蘇我入鹿（馬子之孫）決定剷除可能的皇室繼承者山背大兄王，以維護蘇我氏勢力。山背大兄王遭到襲擊，其家族被迫集體自殺。

83 請見第二章註六十四。

84 請見〈圖表三〉。

皇朝	其他日期標記	
舒明天皇 六二九至六四一年	六四五年七月十日	蘇我氏領袖遭殲滅
皇極天皇 六四二至六四五年	六四五年七月十二日	孝德天皇即位
孝德天皇 六四五至六五四年	六四五年七月十四日	中大兄皇子即位為皇太子

〈圖表三〉

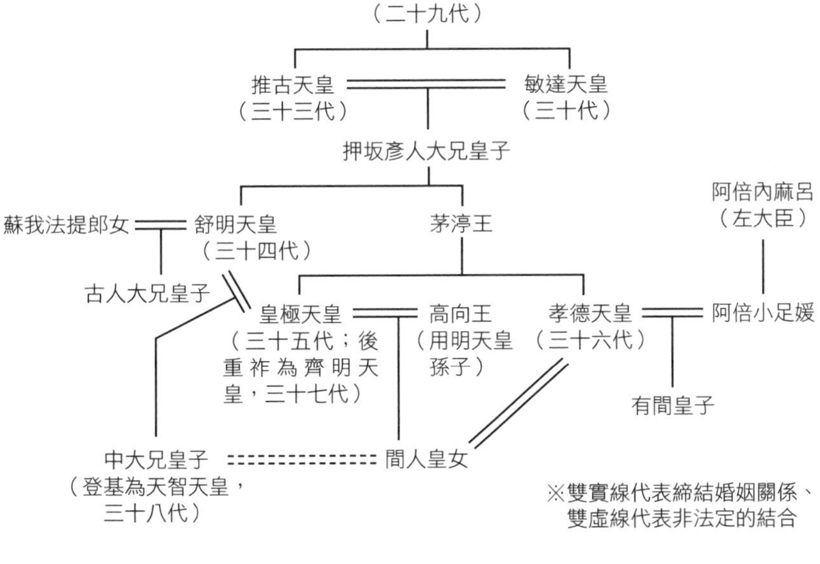

皇朝	其他日期標記	
齊明天皇 六五五至六六一年	六四五年九月廿八日	古人大兄皇子遇刺
天智天皇 六六八至六六一年	六四九年五月十二日	蘇我倉山田石川麻呂自殺
	六五五年五月十四日	齊明天皇登基，中大兄皇子為皇太子
	六五八年十二月九日	有間皇子遭逮捕
	六五五年十二月十二日	有間皇子處決

85 舉例來說，著名的戰前歷史學家黑板勝美寫道：「如果他繼位為天皇，必將負擔無盡的儀式與宗教責任，他根本無法插手國內與國外政策之改革。為了能推動大化革新，他最好身為皇太子。」《更訂國史的研究》，一九三六年，東京，卷一，頁一三〇。

86 黑板勝美在內的戰前史學者從未提及此推測，畢竟亂倫一事相當難以啟齒。更仔細的討論，請見吉永登所著《日本古代政治與文學》，東京，一九五六年，以及直木孝次郎所著《日本古代國家的成立》，東京，一九六五年，頁二二二至二四三。

87 《日本書紀》，朝日新聞社編輯，東京，一九五六年，頁五一。如此讚頌君主的方式顯然來自中國之影響，因此無須太過認真看待。在此，天皇的性格被意外地描寫為相當仁慈，這點值得關注：一個率性、獨斷的人（例如雄略天皇）便難可能容忍自己的妻子與中大兄皇子偷情。

88 一直到八世紀中期，新的天皇即位時，多半會規劃遷都，可能的原因或許有策略性的考量、母系婚姻的習俗，或前任天皇駕崩所帶來的儀式穢玷有關。直到八世紀將奈良視為半永久首都的律法頒訂後，所謂的「首府」一字才有實質意義。在前奈良時期，首都為圍繞著天皇居所的木製建築，而在天皇退位後，建築物多半早已搖搖欲墜。直到精緻的中國式政府系統之發展，以及隨後大化革新帶來新式政府機構的激增後，首府才更像個組織中心，而非城市；從一個城市移往另一個城市似乎為相當輕鬆的決定，畢竟幾乎所有的早期朝廷中心多分布在狹小的大和區域內。「宮殿」一詞可能會帶來誇大的錯誤想像：早期皇室居所往往為簡單的木頭與茅草混合的建築物，與西方宮殿所指的華麗、壯觀意涵有相當大的差距。

89 《日本書紀》，《日本古典全書》版本，東京，一九五三年，第四卷，頁一二二（除非另外提及，本書所指《日本書紀》皆為此版本）。孝德天皇統治初期，編年史同樣記載了類似的鼠群往難波移動的事件。在兩次的事件中，據說「老人」認為鼠群的移動預告了遷都等重大改變。《日本書紀》，卷四，頁一二六。

90 《日本書紀》，卷四，頁一二六。

91 同前。

92 由於天皇妻子現在已經公開地與其兄居於飛鳥行宮，所以問題或許僅在於修辭。吉永教授如此詮釋天皇最後的詩句：「另一個男人把妳自我身邊奪走，那個我深愛的妳。妳是否拋棄了我，迎向了另一個男人的懷抱？」

93 在她重祚時，被稱為齊明天皇。天皇的兩字漢字名號（孝德、皇極、齊明）都為死後冠稱，以做區別。天皇在位時，擁有日文的極長名號（舉例來說：皇極天皇與齊明天皇為天豐財重日足姬尊），但是不管在書寫或口語上，直呼天皇名號都屬禁忌。

94 直木孝次郎，《日本古代國家的成立》，頁二二七。

95 在古代日本，遺孀再嫁相當普遍，也廣為接受，而嫁給新天皇也非意外之舉。因此皇極天皇在嫁給舒明天皇之前，也曾嫁給用明天皇之孫孝德天皇。請見本章註八十四。

96 舉例來說，六世紀時，敏達天皇可以與推古天皇成婚，儘管兩人都是欽明天皇的子女。請見本章註八十四。

97 另一著名先例，中大兄皇子可能也知情的近親通婚發生於五世紀時，允恭天皇帥氣的兒子木梨輕皇子熱烈地愛上了貌美的妹妹輕大娘皇女。據傳木梨輕皇子的愛十分爆烈，並且處於瀕死邊緣；最後他領悟，決定如此一死實在沒有任何意義，不如與所愛結合，因此儘管相當罪惡，木梨輕皇子仍舊與母親的女兒結合。此對情侶祕密地結合，也讓皇太子的病情立刻轉好。不久之後，允恭天皇的碗中熱湯突然瞬間結冰，此異象被解釋為宮中必有敗德之事，而旁人向允恭天皇稟告木梨輕皇子的亂倫行徑。最終，木梨輕皇子被剝奪繼承皇位的合法性，並且流放至伊豫。根據其中一條史冊記載，木梨輕皇子在伊豫寫了兩首情詩給妹妹後，自殺而死。

98 六七二年，對大化革新的不滿浪潮迎來了壬申之亂，此內亂可說是前所未有的激烈，幾乎所有遭革新排拒在外的保守勢力群起集結起來，並擁戴中大兄皇子的弟弟大海人皇子為首。黑板勝美（《更訂國史的研究》，頁一四二至一四三）將此反對浪潮對比十二個世紀後的明治維新，該時改革亦遭遇了高呼「國粹保存」的反對大浪，而政府的西化政策引起強烈反彈。此後，當美國占據日本時，也遭遇了類似的反對外來勢力的浪潮。

99 《日本書紀》，卷四，頁一二九。在大和區域的飛鳥一帶，距離新都不遠，此運河可能達十英里長。

100 或「他們稱之為瘋狂運河並言……」。

101 《日本書紀》，卷四，頁一三二。對照編年史得知，當運河尚在建造時期，就已飽受批評。然而政府無動於衷，下一句話讓我們得知建造工程始於吉野宮附近的新宮殿。

102 黑板勝美，《更訂國史的研究》，頁一四二。

103 《日本書紀》，卷四，頁一三三。

104 此時皇室成員開始造訪溫泉休養與遊憩。有間皇子的父親特別喜歡有馬溫泉（鄰近今日的神戶），傳聞有間皇子的名字來自此地（兩者發音皆為Arima）。

為何有間皇子選擇前往牟婁溫泉，而非受到皇室成員喜愛的有間溫泉呢？除了編年史暗示的原因外，還有許多猜測存在。假使如我所信，有間皇子確有疾病，他或許排斥較受歡迎的景點；而鄰近海邊的牟婁溫泉或許比有間溫泉更具療效，後者為山泉。此外，如同直木孝次郎在《日本古代國家的成立》頁二三五所提到的，有間皇子唯一的盟友鹽屋連鯯魚負責掌管牟婁區域的公共鹽業（他的名字約略意指鹽屋魚之神），或許是他向憂鬱的年輕朋友介紹此遙遠的溫泉。

105 《日本書紀》，卷四，頁一三四。

106 同前，卷四，頁一三四。作者在此加入補充（自《日本書紀》頁一四一），在「……同謀」以及「我已經年長」之間，如此一來前後文邏輯較為相符。否則有間皇子形容自己已經足夠成熟以率領軍隊的段落，看起來似乎前後不符（以此作為對蘇我赤兄否定政府的回應），在此看起來適合作為別人輕視他年紀與經驗的回文。所有日期按照儒略曆（Julian Calendar）編列。

107 有趣的是，政府的三大錯誤決策都應與經濟有關。前兩個錯誤決策與大化革新所帶來的新稅有關：米稅或其他穀物的稅收，而另一種稅收則與勞務役有關。雖然蘇我赤兄聲稱自己批評（或假意批評）的是天皇，但是他所指稱的內容卻針對中大兄皇子與其他負責推動革新的同黨。

108 以常理而言，蘇我赤兄應當派遣普通男丁捉拿有間皇子，而非皇室護衛或士兵，而在他被正式抓拿前，似乎還度過了漫漫三日。

109 此為絞刑，代表以繩索絞首。以中國古法而言，絞首刑僅比斬首稍微不那麼屈辱。丹比小澤連國襲應為受令執行，但沒有親自執行絞首。

110 此處他的字詞應為：「請赦免我，讓我繼續為國服務。」《日本書紀》原英譯者雅思頓（Aston）則優雅地譯為「我是否可保有右手，以為國增添福分？」然而鹽屋連鯯魚的最後請求顯然沒有獲得應允。

111 請見第一章。

112 第二句相當奇異。請見《萬葉集》，日本學術振興會編輯版本，東京，一九四〇年，頁九。此處亦可解釋為有間皇子在此極度苦痛的旅途中，受命者以橡樹葉包裹其白飯，而非室內使用的紙盒。但是此詩基本上而言，為自哀自憐，而非對神的淒美奉獻。

〈圖表四〉

※雙實線代表締結婚姻關係、雙虛線代表非法定的結合

113 直木孝次郎教授提到，在直木孝次郎《日本古代國家的成立》頁二四〇中，有間皇子的友人鹽屋連鯯魚可運用自己在鹽業的勢力，動員漁民並組成包圍艦隊，但一切聽起來實在太過偏離現實。

114 請見前頁〈圖表四〉。

115 「……**美國之心是良善的，美國的本質相當強壯，而我們將一直是個偉大的國家。**」尼克森總統於一九七四年二月十八日在阿拉巴馬州杭斯頓鎮發表演說，《紐約時報》，一九七四年二月十九日。

116 關於《平家物語》請見第五章。關於當代小說《野火》中所描寫的災難，請見筆者於企鵝出版社所出版版本中所撰寫的序文，紐約，一九六九年，pp.viii ff。

117 伊文．莫里斯，《光輝王子的世界》（*The World of the Shining Prince*），倫敦與紐約，一九六四年，頁一九六至一九八。

118 （悲劇英雄）的本性讓我們理解無常，河原宏所著《西鄉傳說》，東京，一九七一年，頁五〇。

119 關於櫻花綻放的象徵意義，請見第十章註七九四。

第四章

菅原道真

流放烈士的純真與情感

日本的悲劇英雄，往往以極其暴力的方式結束生命。有些人割喉、自焚、絞死、斬首，或被敵人以劍、矛刺死，以子彈貫穿身體、被炸彈或魚雷轟成碎片。通常，他們以痛苦的方式過早地離開世間，而且時常自行了斷。菅原道真則是於五十八歲時安逝於自宅（具體而言，死在他的小棚中的草蓆上）。然而直到數十年後，他的英雄地位才被予以確認，並被尊為神道教神靈。

正式來講，菅原道真被尊為詩歌與學問之神，兩者正是他生前所擅長之領域，但是他本人對文學的貢獻與追求，絕無可能為他迎來享譽數百年的舉世名聲和愛戴。[120]他在數百年後仍受到祭拜，甚至到了一九七〇年代，所有學校學子都知道他的名聲，乃因為他面對政敵的迷惑招數時，所展現出文化修養與道德上的澄澈。

在日本歷史上的任何其他時代裡，甚至在世界上的其他國家中，任何抵抗統治階級但遭受失敗的人，往往都不會有好下場。菅原道真很幸運，沒有遇上太壞的敵人。當時，控制著平安時代（八世紀晚期至十二世紀時）日本政府的藤原家族，儘管飽受批評，但是卻擁有避免肉體虐待與暴力的美德。[121]藤原氏消除政敵的慣用手法並非監禁或處決，而是透過指派政敵管理遙遠邊疆，直到他們毫無二心時再召回京城，或如菅原道真的情況，留守邊疆直到死去並終結任何威脅的可能為止。幾乎所有平安時期的政治受害者都以這種堪稱溫文爾雅的流放做處置，包括日本最傑出的虛構英雄光源氏，就被藤原家族的政敵放逐到內海。[122]

那是個屬於平民的年代，也是在日本歷史上唯一一次統治階級不以武德自尊的年代；在此漫長、和平與變化緩慢的時期，政治權力中心集中於平安京（和平與寧靜的城市），而軍事主義則與此時代所推崇的文化標準毫不相符。儘管不時有政敵提出挑戰，但多半來自政治層面而非軍事層面，因此藤原氏往往禁止使用武力，崇尚反武手段，運用和平方式削弱外部威脅勢力。藤原氏得到了相當的成功，而藤原北家更在幾個世代裡，證明了自己絕佳的政治手腕。[123]

擁有如此相對良善競爭模式的平安時期，實在難以產生奔放極端的英雄主義，此類型風格在後繼時代則頻繁出現；也因此，在此一平和時代遭遇失敗的英雄菅原道真，對比以自殺轟轟烈烈結束短暫生命的源義經或楠木正成，應當顯得平淡無奇、毫不引人注意。菅原道真本質上的英雄誠摯情感，主要來自於平安時期君子形象所著墨的美學，而與後繼時代所強調的行動分子以及軍事型英雄的真誠較為不同。

當菅原道真於九世紀末期突然崛起，當時藤原氏當道於政壇，並運用多種手段控制政府事務，討好皇室以期擴大、保有自身的影響力，澈底箝制皇室。[124]該世紀中期，當時的藤原派主導者藤原良房藉由推動清和天皇登基以穩固自己的實力，僅有八歲的清河天皇為藤原良房之孫，自然需要太政大臣輔佐。八五八年時，原本應當由皇室家族成員擔任的重要職位被藤原良房取得，接著，他透過繼任天皇取得藤原氏族的世襲控制。在後來的幾個世代，當世襲系統完全純熟，理想的狀態為「北方」藤原支系可成為年輕皇太子的太政大臣，他們多半為他的孫子或女婿，而在皇太子成年後，可繼續擔任大臣。為了防止某些頑強的主權者企圖挑戰此機制，藤原氏多半讓天皇提早退位、接受聖職；而天皇的宗教與神職意義則傳交給年輕的兒子，而新的政治勢力將圍繞在新的太政大臣身上，而此角色將來自藤原一族。

直到約一百年後，政府實權最終落入藤原氏手中。在九世紀時，仍有許多非藤原氏家族身任政府高官，同時有許多家族對當時仍未穩健腳步的藤原氏造成了極大的挑戰。真正的危險在於成年或心思聰敏的天皇很可能支持其他部族高官，並削弱藤原氏對政府的控制。

而事實上的確也發生了。八八七年時，飽讀詩書而進取的年輕皇子登基為宇多天皇。當時的宇多天皇澈底破壞了藤原公式，他的母親並非來自藤原家族，也與在位的太政大臣毫無關聯。充滿幹勁與固執的政客藤原基經繼承了藤原良房的位子後，對宇多天皇繼承一事感到悔恨，畢竟宇多天皇與前五任天皇不同，他對統治一事充滿了野心，期望可以恢復平安時期承傳的君主官僚系統。儘管藤原基經著手將藤原家族成員安插為朝廷高官與大臣，但是宇多天皇也決心透過爭取傑出外戚的支持，以重整藤原氏對政府的壟斷。皇室與藤原氏北方部族間的鬥爭為移都平安京後最驚險的一次宮廷之爭，這也是藤原氏兩百年來遭遇最嚴重的挑戰。但是，如同平安時期之名所暗示的，政爭仍以相當平和的方式進行，甚至可說相當莊嚴：沒有任何人在政爭中失去性命，即便是著名的菅原道真也毫髮無傷。

登基初始，宇多天皇就尋求非藤原家族之有力人士的支持，以重建皇室地位。他最親近的為滿腹學問、秉性正直、屬於橘氏部族的橘廣相。儘管橘廣相沒有執掌任何重要官職，但是藤原基經卻已心生警戒，並且展開了典型的藤原氏行動。通常，新天皇即位時，傑出的官員會率先辭職，再由新朝廷重新任命官位，此儀式意在保有皇室的獨立性。當藤原基經按規矩辭去職位時，宇多天皇之朝廷眾臣無人認真看待。隔日，皇室朝廷做出回覆，並簡略地任命藤原基經為「阿衡」（Akō）。「阿衡」一詞約略意指「修正他人錯誤」，遙遠的古代中國以此詞代表朝廷主要大臣，然而阿衡一職對於九世紀的日本來說，並沒有任何重大意義可言。

藤原基經認為宇多天皇受到文學家橘廣相之影響，授與他如此意涵模糊的官職，如此一來，即便稍微動搖先例，也可能釀成龐大的災難。他憤憤不平地爭辯，認為阿衡意指某個官階而非特定職位，此一任命有損於自己的尊嚴，因而無法繼續勝任朝廷官銜，直到此事明朗。此為著名的阿衡事件，圍繞在如何確實地解釋「阿衡」這個源自中國的詞彙。此次政爭仿若史威夫特派（Swiftian）狡辯如何打一顆煮熟的蛋，而加入戰場的則是當時最優秀的學者。由於眾人嫉妒橘廣相，並且忌憚藤原基經的權勢，因此彬彬有禮的官員多半支持後者的說法。新任的太政大臣拒絕負責此項國家事務，而由於宇多天皇尚未有能力澈底解除藤原氏的職位，因此最終他同意將此事送往法庭，可想而知，阿衡一字被視為有誤。此時，藤原基經得到全面的勝利，並且身任大臣。而橘廣相雖擁有崇高學問，卻被精明的政治計算所打擊，儘管沒有受到任何懲罰，卻也備感屈辱；橘廣相遭到罷免，並在一年後過世。對宇多天皇而言，阿衡事件成為他第一次的政治挫折。

幸運的是，對新天皇而言，獨裁的大臣無法享受勝利的滋味太久。八九一年藤原基經過世，此時距離他的勝利不過半年，而由於藤原的兒子藤原時平僅二十歲，因此宇多天皇得以讓太政大臣一職保持空缺，並且試圖以自己的力量平衡權力真空狀態。新的朝廷局勢讓年輕天皇擁有罕見並且無人預料得到的機會──重建皇室權力。首先，他拒絕任命任何藤原氏家族成員擔任太政大臣，並讓此位空缺。按照先例，藤原時平應可擔任參議，而宇多天皇也在藤原基經過世後數個月，授與時平此位，但為了箝制藤原氏的勢力，宇多天皇讓源氏成員進宮擔任太政大臣。[125] 數年後，宇多天皇更無視藤原氏的「婚姻政治」，選了敦仁皇子為皇太子──他的母親並非來自藤原氏北部氏族。新的藤原領導者藤原時平也因為無法成為下任天皇的祖父，被剝奪了特權。同年，宇多天皇指任兩位外戚人選擔任參議。第一位為藤原保則，朝氣蓬勃並且善政的保則來自較邊緣的藤原氏南方部族；另一位則是學者、詩人，菅原道真。

種種手段讓當時的權力體系嚴重損害：天皇即位兩年後，藤原氏失去了原先壟斷於手中的朝廷布局，太政官內僅剩不到一半的官職受到藤原氏北部氏族的控制。透過政府高階官員職位的布局與氏族平衡，宇多天皇再一次重新調整自己的影響力，並開啟數項重要改革，削弱地方權勢，重整中國式的天皇中央集權制度。[126]

宇多天皇最決定性的任命，在於繼不幸的橘廣相之後，選擇菅原道真作為他的主要顧問。宇多天皇選擇非藤原氏主要成員為顧問一舉，相當尷尬地表示他將把藤原家族排除在主要大臣支系之外，這是在藤原基經過世前，藤原家族向來享有的地位。菅原道真當時為在阿衡事件中唯一支持橘廣相說法的學者。這代表他支持的是搖搖欲墜的事實，畢竟阿衡事件自始至終即為政治事件，而非學術之論，就政治而言，藤原氏力掌朝廷權勢。當菅原道真願意因理想與純真而捨棄宦途時，無疑地贏得了宇多天皇的仰慕。

菅原道真的性格與強硬的藤原氏政客如藤原基經截然不同，這也讓年輕天皇對他十分親近。當我們檢視數百年前的神格英雄人物時，實在很難分辨何為事實、何為傳說。但是，即便數世紀以來世人可能對菅原道真過度崇仰與讚美，我們仍舊可相信他應為相當溫柔、仁慈而認真的人，或許有點沉默，並且熱愛詩歌與學習。

從上述的描述可聯想到，菅原道真與宇多天皇有著相似之處，儘管年輕天皇充滿想法、滿腹野心，但仍有著微微的隱世傾向，此外，他對詩歌也相當傾心。宇多天皇很早就失去了父親——無能的光孝天皇，因而聰明年長的學者菅原道真就此成為了父親般的角色。[127]兩人的共同興趣為對典籍的研究，而數年來菅原道真引領宇多天皇研究中國古典文學，並書寫中文詩詞。宇多天皇也相當尊敬菅原道真，並請他編著《日本三代實錄》最末的六國歷史，以及修訂《類聚國史》，此書以分門別類的編排方式，歸納日本史。[128]

上述著作與當時的其他重要著書都以中文寫成，而中文也是當時學者所推崇的語言。傳說八世紀時，菅原道真的祖先是日本相撲的始祖，並且通曉孔學，當時其家族首領被指派為朝廷的中國典籍之師。[129]九世紀時，菅原道真的祖父已經成立了屬於自家族的儒學私塾；菅原道真的父親菅原是善為有名的古典學者，並成為首府之文章博士。

這位未來的神格英雄，菅原是善的三子，據說也是個神童，自嬰兒期就會朗讀詩歌。英雄傳說中往往伴隨著此類過早純熟的天才事蹟，讀者不必太過認真看待；但是，我們確實可知菅原道真自年幼起就熱中於漢文學（他十歲作了第一首中文詩歌），並在相當年輕的時候就身兼作者、教師與官員的多重身分。[130]九世紀對所有熱愛文學的人來說，無疑是最美好的年代。數個親中天皇強化了尊崇漢文研究之傳統，而唐朝的文化影響在此世紀更為深刻。因此，在學校修習儒學可謂最精深博學之領域。在朝廷裡，具有皇室身分的男子依規定必須身著唐裝；當時最受敬重的詩人紛紛著作漢詩選，儘管僅有極少數的人曾經聽聞中文的實際發音。

年輕的菅原道真嫻熟中文書寫、韻律與書法。他在十四歲的成年儀式之後便被召喚入宮，並擔任數名高階官員的幽靈寫手，負責以優美的中文詞句撰寫請願書信與文件。後來，他以專業學者之姿身任大臣，光孝天皇會詢問他中國歷史知識，他的職位好比太政大臣。在學校裡，他講授的儒學講座深受歡迎並擁有相當影響力，他在三十二歲即被授與文章博士，此為當時日本的最高學歷，全國限額兩名。[131]菅原是善相當自豪兒子的天賦，並命他撰寫《日本文德天皇實錄》序文，也就是六國史之第五章，此書為他與藤原基經共同編著之書。當父親在隔年過世時，菅原道真繼承其多項官職，包括菅原家的家族私塾。

菅原道真四十一歲時，他在首府的政治地位不保，被貶至四國島任讚岐守，留滯此地四年。據傳言，他在讚岐相當受到人民歡迎，而在他返京之時，道途兩旁都是低聲啜泣的百姓。如同其他感人的菅原道真故事一樣，此傳言也不大可信，事實上，菅原道真相當不適合擔任地方官職，他對庸碌的行政事務興致索然，反而將心力都投注在漢文學。在讚岐時，菅原道真撰寫一系列相當優雅的詩，其名如《路遇白頭翁》，他在詩中感嘆農民之苦境；然而，就目前所知，菅原道真在任讚岐守期間，從來不似藤原保則曾經試圖在地方進行改革，改善人民生活。

宇多天皇即位後不久，菅原道真被召喚回京，並被要求對阿衡事件提出見解，他撰寫優雅文詞支持橘廣相的立場。雖然此文並沒有帶來任何實質的政治影響，但是菅原道真與宇多天皇之間的距離似乎拉近了。八九三年，宇多天皇任命九歲兒子敦仁皇子為皇太子。由於此事等同於正面挑戰藤原氏之家族利益，當時天皇唯一的請益對象即是菅原道真，而在任命後不久，菅原道真也正式成為皇太子的老師。[132]同年，菅原道真的女兒衍子成為宇多天皇的妻子，如此一來，宇多天皇與其顧問間的關係日益加深。但是此安排刺激了藤原家族，畢竟他們向來認為，唯有我族得以獨斷安排如此的婚事，他們透過締結婚姻取得政治武器，並且得以有效制服政敵。

隔年，菅原道真被任命為遣唐使。此任命為菅原道真生涯上相當懸疑的一筆。這或許為宇多天皇個人的決定，讓自己的至交與導師擔任重要使節，畢竟身為文章博士，擔任遣唐大使並引領文化任務，將是相當適切的安排。但是同樣的，此舉也可能來自藤原家族，透過將政敵安排至遙遠區域，以削弱其政治實力。不管如何，儘管菅原道真向來熱愛漢文化，但是如同現代學者雅瑟・威利

（Arthur Waley）拒絕造訪遠東區域，菅原道真也婉辭了此任務。[133]

自七世紀以來，日本定期指派遣唐使造訪中國，但是在移都平安京後，遣唐使團變得斷斷續續。雖然商人與僧侶仍舊經歷千辛萬苦穿越海峽，以期得到多方交流，但是自八三八年後，已沒有任何遣唐使出訪。此時日本刻意地與外界隔離，專注於日本本土文化與將先前輸入的文化日本化，以取代直接的借用。

此外，高麗海盜的橫行與遠洋航行的危險，讓平安時期的優雅官員越來越排斥遣唐任務。八三六年時，被派遣的使節在劇烈暴風後送返九州，並且直到三年後才重新出發。而當使團準備出航時，當時的副大使，一名著名的漢詩詩人裝病，並且滯留九州，逃避遣唐任務。結果，詩人被貶黜，並遭流放。然而，此詩人在一年後受到赦免，並返回首都，並為自己的抉擇額手稱慶。在接下來的五十年間，沒有任何遣唐任務啟航。

八九四年，宇多天皇決定派送遣唐使的原因，在於首都對文學材料的渴求，以及應付兩名具有佛學背景，並且不斷要求政府派遣官方使節取得佛經與交換僧侶的領袖。然而直到一個月後，朝廷才指派使節，但是身為遣唐使的菅原道真則勸告朝廷取消任務，他撰文建議所有的遣唐任務都應暫時取消。表面上看來，主要原因在於唐朝盛世已經進入了尾聲，也因此日本朝廷最好暫時停止外交往來，直到唐朝政府重掌國家，又或者進入下一個朝代。這聽起來或許相當可信，但顯然菅原道真本人是相當不樂意踏上唐朝領土。

作為當時日本最知名的漢學家，有件事情或許讓菅原道真感到非常遲疑，那就是讓唐朝朝廷與其他使節知曉他的漢文口語能力之薄弱疏淺。儘管他自十歲以來就能以優美的中文字詞撰寫詩詞，倘若日常生活還需要仰賴平凡之人進行翻譯，恐怕會相當尷尬。除此之外，菅原道真畢竟也是個凡人，會懼怕長途遠航之危險。

不管是他的英雄名望或死後聲譽，全與體魄無關，而遭遇沉船、海盜以及被武裝中國人攻擊的可能性，對日後其他極具膽量的英雄如西鄉隆盛來說，可能相當刺激，但是對於一個活在平安時代舒適首都生活圈的朝廷官員而言，則絕對不然。最重要的，當時菅原道真正與藤原氏進行政治角力，而任何過長的缺席（使節往往數年後才會歸返），都顯得相當危險。

由於菅原道真當時在朝廷的地位，特別是他與天皇的關係相當穩固，因此他可以棄絕任何任務，無須懼怕遭到譴責。這對日本歷史而言可說是一重要的轉捩點，日本與中國政府的關係一直要到數個世紀後才得以恢復。在此漫長的時期裡，日本文化在遠離中國的影響下大幅開展，不管在任何方面，都以自己的方式逐漸進化。因此，十世紀時，幾乎所有的重要詩人都以日文（而非中文）寫詩、賦辭；散文成為日文最重要的文學形式，《源氏物語》更為其大成，並成為全世界第一部關注於主角心理狀態的小說，此發展與早期中國文學毫無相似之處；十世紀時，出現了第一部繪卷，此形式成為日本文化的重心之一。相當諷刺的是（這與悲劇英雄情結相當呼應），菅原道真作為日本史上傑出的漢學家，卻成為日本脫離中國影響的象徵人物。

目前看來，菅原道真的政治路途相當順遂，並安然地居住於首府。遣唐任務停止數年後，政府宣告了一連串的官位晉升。藤原時平與菅原道真並駕齊驅，年輕的藤原領袖被封為主要大臣，而菅原道真也獲得了本質上相同的職位。由於當時太政官以及其他高階職位都處於空缺狀態，因此兩人成為宇多天皇治下最重要的大臣。此外，菅原道真受封為民部卿。在日本朝廷內，高階官職多半受到天皇青睞的家族圈所掌控，對學者或知識分子而言，要晉升到最高階職位幾乎是不可能的事。[134]相較於中國朝廷的文官體系，日本朝廷的組成方式截然不同，儘管藤原氏熱愛藝術與學習，但是在此之前，從未出現任何僅以學者身分便取得政治實權之人。不過由於菅原道真與天皇相當親近，又身為皇太子的老師，最終成為朝廷重臣。他常常被召喚入內宮，不但提供學問見解與漢詩建議，也對皇室及國家事務發表看法。對藤原氏與其黨眾而言，菅原道真肆意破壞了潛規則，藤原氏總有一天必將除之而後快。藤原時平輕易地就獲得了其他貴族的支持，畢竟他們都難以容忍一介渺小的地方官瞬間竄升成朝廷高官，而菅原道真的家族更無人曾居此高位。菅原道真除了在文武百官間不得人緣以外，更有傳言指出他曾打藤原菅根耳光；我們無法得知此說是否為真（從我們對他的個性了解來看，實難可能），但是我們確知，藤原菅根日後也加入了控訴菅原道真的行列。

菅原道真敗落的機會很快地到來，奇怪的是，此事卻與他最忠心的支持者宇多天皇的安排有關，也導致菅原道真的敵黨有機可趁——宇多天皇不時討論退位並讓兒子敦仁皇子繼位的可能。在過去，退位天皇與皇后多半不再過問國內事務，但是這顯然不是宇多天皇的打算，他希望退位天皇能更有效地主導國內事務，並且保持獨立不受干涉。卸下所有的宮廷儀式責任能讓年紀漸長的他更有時間沉浸在詩詞、書法與其他文化追求上（這點深刻地與其他日本史上所有的重要人物的追求相同）。[135] 菅原道真積極地阻止他的好友退位，認為應當等待更適宜的時機。然而宇多天皇心意已定，並且在三十一歲急忙退位，隆重地讓位給年僅十三的敦仁皇子。在退位前不久，宇多天皇親筆準備建言給年輕的繼任天皇，也就是著名的《寬平御遺誡》，其書包含了相當廣泛的主題，包括政府政策、顧問擇選，甚至還與家務相關，好比如何保衛朝廷宮殿免於失火。[136]《寬平御遺誡》也對該時的主要政治人物做出評論，宇多天皇詳細點出藤原時平的政治敏銳性，而此書最重要的主題，在於指派他的學術好友繼續輔佐新天皇，並擔任主要的皇室顧問。菅原道真最重要的美德在於對皇室的忠誠，而宇多天皇暗示了忠誠遠勝過政治能力或行政效率。

當醍醐天皇即位時，菅原道真與藤原時平仍然為朝廷的兩大主臣，兩人的關係越發緊張，而緊繃的對峙很顯然將招致災難。當菅原道真拜訪太上天皇（編按：退位天皇的尊稱）的居所時，藤原時平的猜疑不免沸騰到了最高點，當時，太上天皇仍舊頻繁地詢問菅原道真詩詞問題，並邀請他參與詩詞聚會，詢問如何輔佐醍醐天皇並強化皇權等問題。終於在八九九年時，宇多天皇運用自己的權力，讓菅原道真晉升右大臣。這對「外來者」而言，絕對是過於危險的高位，而宇多天皇此舉似乎必然會為自己的好友引來攻擊。當時菅原道真在外政官裡的處境相當危險，他被夾在兩政敵之間，藤原時平已接受左大臣之高位，而身為皇子之子的源光，除了率領戰鬥力極強的源氏外，也高升右大臣。[137]同年，宇多天皇剃髮出家後，更無法在緊急時刻給予菅原道真任何實質幫助。

近九〇〇年年末，另一位知名學者三善清行親筆去信給菅原道真，提到未來一年的星象將為他帶來危險，建議即刻退隱，於首府安享天年。[138]我們無法得知此建議乃出於嫉妒（此為普遍解讀）或是對同儕知識分子的關愛。不管動機為何，菅原道真忽略此信，並且繼續於朝廷擔任右大臣與主要皇室顧問。此時，據傳年輕天皇與其父正共論兼併左右大臣兩職位，以和緩當時的政治僵局，給予菅原道真統掌朝廷的職權。或許此乃藤原氏放出的傳言，以煽動朝廷眾臣對菅原道真的不滿。無論如何，菅原道真的政敵於隔年年初發動攻擊。

針對菅原道真策劃的政變顯然相當隱密與細緻，不管是他本人或宇多天皇都大感震驚。由於相關的文件均已佚失，我們無法確切得知菅原道真被控訴的罪名。然而根據最為可信的說法，藤原時平祕密警告醍醐天皇，菅原道真聯合太上天皇，並將罷黜醍醐天皇，協助皇孫齊世親王即位，為能預先掌控局勢，醍醐天皇應當立刻將菅原道真逐出首府。[139]藤原時平以平安時期的普遍觀點，提及數週前的日蝕現象。他告訴年輕天皇：預兆指出月亮（女性主宰）將遮蓋太陽，此意味著菅原道真將讓自己的女兒，也就是齊世親王的母親，取代現有皇權。

藤原時平提出的陰謀顯然出於虛構。菅原道真對皇室忠心不二，假若他讓自己的女婿取代原本他忠誠侍奉的天皇，明顯違反師尊與其個性。儘管藤原家族向來喜好運用較不明目張膽的手段，但此計謀恐怕正是來自藤原氏，為的是鞏固在朝廷上的位置與地位，他們很可能甚至以此為樂，於是採用如此澈底違反菅原道真性格與信念的計謀。

然而，指控奏效了。不知出於何故，十七歲的年輕天皇深信危險近在眼前，並且在沒有詢問父親的情況下同意時平的說法，罷黜菅原道真，從太政官貶為大宰權帥，流放至當時尋常的流放之地九州。時平與源光合謀，認為應即刻派遣軍隊緊密包圍宮殿。儘管年老的菅原道真向來不具任何軍事實力，時平的目的顯然在防止宇多與其他可能的支持者與菅原道真聯繫，甚至製造緊急狀態，好讓「計謀」更具可信度。事實上，一直到數天後，太上天皇才對羞辱好友之行動作出反應，而菅原道真也在此時書寫求救詩句：

如今吾已成為水沫，
願您，上皇，
成為阻止我下沉之堰！

菅原道真之流放令於二月十六日宣告；而直到二十一日，宇多天皇才趕往宮殿想向兒子為好友求情。當他抵達時，遭到藤原氏高官阻擋，太上天皇在宮門外草蓆苦坐一日，最終折返。宇多的行動失敗後，菅原道真最後的渺茫希望也就此滅絕，於是辭去官職。儘管他深切知道自己遭受不正義的對待，但絲毫沒有抗拒年輕天皇的政令。

在宇多天皇的營救失敗後，菅原道真邁上痛苦的道路，在武裝護衛的隨行下一路往西。[140]此時，他被迫與家人告別。菅原道真有二十三個兒女（即便以儒家的觀點來看也相當多），未免節外生枝，藤原氏下令其妻與女兒留於平安京，而其他身有官職的兒子則遭到革除或停職，僅有兩名年輕的孩子獲准與父親一同踏上流放之路，而菅原道真向兩位兒子傾訴以下詩句，描述世間功成名就的脆弱。儘管表面上他說書寫此書是為了「安慰小女兒與兒子」，但是詩句以古典漢文寫成，這對孩子而言，實在缺乏撫慰效果：

眾姊摠家留，諸兄多謫去。小男與小女，相隨得相語。
晝飡常在前，夜宿亦同處。臨暗有燈燭，當寒有綿絮。
往年見窮子，京中迷失據。裸身博奕者，道路稱南助。
徒跣彈琴者，閭巷稱弁御。其父共公卿，當時幾驕倨。
昔金如泥土，今飯無饜飫。思量汝於彼，被天甚寬恕。[141]

在菅原道真離開京城，踏上路途以前，藤原氏拒絕讓他與最摯愛的友人宇多天皇見面。當菅原道真抵達流放之處時，他寫了哀傷的詩給宇多，描述他從首府離開的經過：

哀嘆，我回首望向你庭園中的樹梢，
從我眼底悄悄離去，
我繼續踏上路途。

不過，菅原道真得以和自己的梅樹道別。[142] 十三世紀最優美的繪卷畫曾經如此詮釋菅原道真的一生，這位失敗的英雄坐在五院所的陽臺，最後一次凝視珍愛的梅樹，此時，梅樹正綻放著白花。[143] 他曾經在擔任大臣任內以中文寫成的日記提到：「每至花時，每當風便，可以優暢情性，可以長養精神……」[144] 菅原道真遭貶官後，曾經在最著名的詩句中哀嘆同一株梅樹：

東風若吹起，
務使庭香乘風來。
吾梅縱失主，
亦勿忘春日。

根據傳說，此株忠誠的梅樹不但乘風將高雅的香氣送到菅原道真身邊，甚至連株而起，飛往九州，伴隨不幸遭遇貶謫的主人。目前，菅原道真所流放的太宰府外圍仍舊驕傲地盛放著「飛梅」，而其周遭尚有千株由愛戴菅原道真之人所種植的梅樹。

太宰府位於平安京西部約五百哩遠之外，不但邊緣寥僻，也毫無平安時期貴族所熱愛的文化活動。對於菅原道真這般的學者而言，堪比西伯利亞，而在多年勞心勞力侍奉皇室後，最終的落腳點竟然是如此之境，菅原道真的心情想必相當悲涼。[145]太宰府外觀殘舊，屋頂漏水、地板腐朽，這對比菅原道真在平安府的官邸，無疑相當侮辱。他所擔任的職務沒有任何正式職權，而且儘管當地政府相當有禮地以接待高官身分的方式對待菅原道真（此官階類比朝廷官級之第三級），但在這裡的菅原道真活得更像是個囚犯。

我們對菅原道真在悲傷的流放之地如何生活無所知悉。他身患胃疾與腳氣病，其妻甚至得從平安京捎來藥物，因為在九州如此蠻荒之地，連藥品皆不可得。在菅原道真抵達九州後不久，他的小兒子驟然過世，此事加深了他的憂愁。根據傳言，菅原道真總會就近爬上天拜山，面向東方那代表天皇的方位祭拜，藉以聊慰。在繪卷上，菅原道真站在山頂（此山在畫作中以中國山水的陡峭方式呈現），並面朝平安京。他身穿黑色並綴有深紅色花紋的優雅朝廷官袍，臉型圓潤、膚色白皙的他帶著尖頂漆帽。他莊嚴地高舉笏板，上頭黏著公文，辯白自己如何遭到誣陷。幾隻梅花鹿在山腳下吃著草，其中一隻則驚訝地抬頭望向這詭異、孤絕的身影。

菅原道真在如此寂寥之時，創作了一系列的漢詩，其中不乏相當憂鬱的字詞：

離家三四月，
落淚百千行，
萬事皆如夢，
時時仰彼蒼。

去年今夜侍清涼，
秋思詩篇獨斷腸，
恩賜御衣今在此，
捧持每日拜餘香。

脂膏先盡不因風，
殊恨光無一夜通，
難得灰心兼晦跡，
寒窗起就月明中。[146]

上述的第二首詩激發了繪卷中的畫面。我們可見菅原道真尊敬地獨坐在繪有黃色菊花的漆器前，盒上綴有黑色的菊花紋章，代表此為來自皇室的禮物。漆器內工整疊著紅色宮廷官袍，讓菅原道真回憶起快樂的往事。

據傳說，菅原道真在流放兩年後因心碎而死。他此生最遺憾的事情之一，就是在流放之中，老友宇多天皇從未有半字半句的關懷，也未曾針對他的詩句做出任何回應。這對平安時代的君子而言，似乎相當失禮，或許，太上天皇確實曾將書信寄往九州，而藤原氏官員卻攔截其書信，以防止敵手醞釀任何計謀。

當菅原道真的棺木運送至墳場時，據傳運馱遺體的牛因為過於悲傷而停下腳步，躺在路中間。[147]因此大家決定將菅原道真葬於該處，繪卷描繪村民悲傷地開始建造墳塚，而身上仍舊背負著牛軛的牛，則悲傷地望向天空。

此時，藤原氏已經重掌平安京政府大權；其領導者藤原時平將自己的女兒許配給年輕的醍醐天皇；不久後，向來行事迅速的藤原氏皇后果然生下了男孩，藤原時平安排將此男嬰命為皇太子，以確保家族能夠繼續掌控新天皇。[148]自菅原道真從政壇跌落以來，隱居的宇多天皇也從政治舞臺消失，並全心投入宗教與文學的懷抱。昔日他對藤原氏的仇恨也已日漸消逝，甚至邀請藤原時平參加原本由菅原道真所主持的詩詞聚會與其他娛樂活動。

原本由宇多天皇發起的改革，在藤原氏攝政下有了更為蓬勃、有效的發展，藤原時平決定實行土地法，以避免獨立而不用繳納稅賦的地方勢力，逐漸削弱中央的實權。其中的一項初期法規要求進行人口普查，並按照舊有的均等分配制度重新分配稻田。所謂的延喜之治（此名來自菅原道真流放後的年號），遠比宇多天皇和菅原道真的政策來得更為澈底。儘管部分區域仍舊頑強抵抗，藤原時平與其同僚在醍醐天皇的強力支持下，嚴格考核部分貪腐的地方政府，並且特別打擊直訴活動，因其往往醞釀非法結黨。九〇九年時，藤原時平過世，並對延喜之治帶來了重創；中央政府的權力日益萎縮，最終迎來了平安時期政府的崩解。

據信，藤原時平如此早逝的原因正是前右大臣菅原道真——儘管當時對方早已過世近六年。藤原氏成功地將菅原道真驅逐流放，並且重掌大權，但是道真死後的名望卻遠超過生前的威望，顯然藤原氏難以嚥下這口氣。當菅原道真悄悄地死在流放之地時，平安京幾乎無知無覺，但是在他死後，一連串的詭奇事件不斷發生，如同湯瑪士．貝克特（Thomas à Becket）死後一週年，塔樓突然崩塌的詭異事件相當頻繁地發生。[149] 首先，年僅三十八歲並且時值人生高峰的藤原時平突然猝死。菅原道真的另一政敵源光（在他之後成為右大臣）也在數年後死於狩獵意外。接下來則是藤原的姪子崇象皇太子隨之過世，數年後，新的皇太子（時平的另一位孫子）則在襁褓中夭折。當時的社會普遍相當迷信，一連串的死亡事件，讓人認為怨靈正在向敵人報仇。由於所有的受害者都來自藤原支系，因此世人認為，被藤原一族流放抑鬱而終的著名學者菅原道真已經成為怨靈。為了阻止災害繼續發生，菅原的神靈必須受到謹慎祭祀，因此醍醐天皇政府決定，在九二三年時恢復其右大臣之位，並追贈正二位。同年，醍醐天皇下令將所有與之受誣陷有關的資料付之一炬。

怨靈憤恨復仇的著名事蹟還有一件。某日，一朵不祥的烏雲自西方逼近平安京，並伴隨著強烈的雷鳴，不久後，皇宮宮殿遭遇雷擊，一名藤原氏官員當場死亡，另一位公卿的臉則嚴重灼傷。此時，菅原道真的怨靈以威力無窮的雷神之姿現身，並讓醍醐天皇與其高官驚懼萬分，宮廷中的文武百官皆不敢作聲，僅有藤原時平發聲。他勇猛地拔劍，迎向鬼魂，並說道：「汝生前官位低於吾。儘管汝已成鬼魂，但理應以禮相待……」聽到此言後，雷神知難而退。據傳，在此皇居意外後，醍醐天皇元氣大傷，三個月後駕崩歸西。[150]

在一連串詭祕的地震與天災後，政府依神諭興建神社，以尊崇過世的學者菅原道真。此令被格外謹慎地執行，九四七年時，平安京北方興建北野神社。[151]神社裡除供奉菅原道真的神靈外，亦收納他的文學著作。皇室不時造訪北野神社，後來也成為平安京時代的流行景點。[152]

約莫四十年後，在紫式部與清少納言的時代，該時天皇在藤原攝政的建議下，授與道真「天神」之身分，自此，菅原道真成為日本史上第一位被官方尊奉為神明之人物。數百年來，天神菅原道真被視為守護學習、文學與書法之神祇，每年八月，天滿宮會舉辦著名的神道教祭典，以紀念菅原道真。世人為祂在天滿宮四周種下茂密的梅樹，而不少擁戴菅原道真的遊客與人群紛紛前往祭拜。除了戰神以外，祭祀天神的神社遠比其他神祇繁多。[153]

北野神社對菅原道真的供奉讓祂的靈魂感到寬慰，藤原氏重拾家族良知，菅原道真的靈魂也沒有再製造更多的死傷事件或天災。九十年後，藤原氏更追贈菅原道真「正一位」，此官級僅次於皇室，並封為左大臣。數個月後，甚至追贈太政大臣，以中國式官階標準而言，此時菅原道真在人間的官職已與其神格同等崇高。

藤原氏確實有理由好好地向他們可憐的敵手致上敬意；但是日本人對菅原道真的熱愛與崇拜實難以理性解釋。在此我們必須將菅原道真的官途與傳說劃分開來。根據傳說，菅原道真是個早熟的天才，展現了超凡的天賦，成為日本文化史上非常重要的人物，並且守護學習、文學與書法。他在耀眼仕途中展現了出類拔萃的理想主義、無私，以及對天皇的澈底忠心，儘管天皇運用他瓦解藤原氏的勢力，並以此修復皇室的權力。為了支持宇多天皇的政策，勇敢的菅原道真冒險犧牲自己的事業，甚至身家性命，直到被藤原氏擊敗，並且成為流放的烈士。

在傳說裡，惡人由政敵藤原時平所扮演，他被刻畫為具有野心、毫無原則的流氓，並且嫉妒對手的聰明才智與成就。透過一連串的陰謀，藤原時平摧毀敵手，並讓自己的家族重獲實權，掌控政府。在描述九〇一年發生的事件時，一位著名的二十世紀史學者如此比較兩人：

> 此時藤原時平約二十八歲，而菅原道真約五十七歲，兩人一起掌管日本。菅原道真擁有非凡的才智，性格也相當不俗。藤原時平不但年輕，並且毫無才華。可想而知，菅原道真備受愛戴。此事讓藤原時平坐立難安，並決心讓菅原道真步上毀滅的道路……[154]

《菅原書法之祕》為日本史上的人氣劇目，劇中推崇神祇般的學者之神，並將他的敵手描繪得十惡不赦。[155]冷酷無情的惡棍時平不但密謀讓菅原道真垮臺，更安排兩名祕密殺手在他流放之途上動手。但最終被殺害的卻是時平。當菅原道真過世時，怨嘆政敵們仍舊掌控政府，他的兒子暗中返回平安京，並殺害惡臣，以報父仇。

事實上，藤原時平為其偉大家族中的優秀人物。除了重要的學術活動以外，時平還是個精力充沛、具有政治才能的政客，不管是宇多天皇或是後繼的天皇都為之認可。在他領導寬平延喜之治的十五年間，以最高的行政標準改革了地方與中央政府，而據我們所知，他的過世為改革帶來了致命的影響，因為延喜之治完全仰賴時平的領導。[156]他的確一手摧毀了道真的事業，但他追隨的不過就是藤原家族獨攬朝政的手段，而劇目中對他心性殘忍的描述，也確實並無根據。放逐道真並非正義之舉，但是亦不如傳說所描述的那般可惡。如同多數的藤原領導者，編年史中的時平更似公眾人物，而非活生生的個人；但是我們仍舊可知他的聰明、膽識，以及作為攝政者的勇於負責。

假如宇多天皇的計畫成功，菅原道真也確實取代時平成為太政大臣，或許政府行政並不會有此程度的改革。事實上，菅原道真在平安京高享官位時，似乎並未展現出特殊的行政才能；當他受派居於四國與九州時，也似乎對該區域毫不在乎，僅是無止盡地沉迷在漢詩世界中；而當他有機會領導極具重要性的遣唐任務時，同樣拒絕出使，並守護自己在京府的政治地位。雖然他身為宇多天皇最重要的顧問，卻幾乎未在改革運動中扮演關鍵角色，當他卸職時，也對政府運作毫無影響。反之，當藤原時平過世時，造成了歷史的巨變，儘管傳說裡菅原道真的死彷若國之大災，但事實上卻恰好相反。

菅原道真在文化上的名聲似乎有其根據，但是傳說又再一次地加油添醋。對日本當代的讀者，甚至是西方讀者而言，實難真正評斷他的漢文詩詞造詣。[157]然而，或許他的詩詞涵養確實豐富，但事實上除了僅少數的學者與專家以外，多數人根本沒有機會閱讀他的著作，而菅原道真在文學上的地位，卻如此氾濫地廣為文化界接受。他的日文短歌儘管被許多文學選集所收錄，但是多半為平庸的景象書寫，詩人將白花與白浪或楓葉與錦緞相比，唯有在他遭到放逐後所寫就的詩詞，能從表面的優雅窺見詩人的情緒起伏。[158]

菅原道真的書法才華同樣無法接受客觀評論，畢竟作品早已佚失。對傳統東方文化而言，書法是藝術之首，而對菅原道真如此的學者名家而言，要取得書法上的讚譽並不是很困難的事，甚至能以其名作為一種流派。[159]我們永遠無法得知他的書法是否真如傳說所言的非凡，畢竟作品早已不可親睹。[160]

真正說來，他最主要的貢獻應為學術與編輯官方歷史。儘管如此，他在此領域所享有的聲譽似乎也該重新檢視，許多從史料研判應為菅原道真所編輯的重要著作，如今，作者的真實性同樣被打上了問號。[161]

但是，菅原道真的忠心耿耿似乎不容懷疑，確實，不管是宇多天皇在位或退位後，他都以一片忠心輔佐皇室；假使他有機會服務醍醐天皇也應當義不容辭。然而，如此的奉獻似乎與楠木正成等英雄，犧牲自身生命支持天皇、抵抗敵軍大不相同。菅原道真無須面對後世英雄所面臨的危險。此外，他對宇多天皇的忠貞也與自身的晉升有關，畢竟原本由藤原家族主攬的高位，在宇多天皇令下，由菅原取代。他的政治生涯完全仰賴自身與皇室的關係，也唯有忠心輔佐皇室，才能滿足其政治上的任何野望。

菅原道真的政治雄心為自己招惹了麻煩。假如他潛心治學並且讓政客處理政事，那麼應當可在平安京安然度日，並教授皇室詩學與儒學，與孩子欣賞梅樹並共享天倫之樂；甚至還可前往唐朝，開展壯麗璀璨的旅程，沉浸在他一心嚮往的漢文化裡。當然，如此一來他也不會成為火雷天神。

那麼，為什麼菅原道真的傳說如此深植人心，甚至違背了許多歷史事實呢？為什麼一位使用多數日本人根本無從閱讀的中文寫作學者，能成為日本萬神殿中的傳世英雄？[162]他並沒有日本史上其他知名英雄所擁有的波瀾壯闊而驚險的一生，也無須身處險境。[163]雖然，他的確讓掌權家族滿腹怨氣，導致自己步上流放之路。然而，這不足以為他贏得英雄高位，畢竟，在平安時代，許許多多傑出的人物（包括詩人），都因為惹怒藤原家族而受到懲罰。菅原道真特殊之處，在於他死於流放當下，除此之外，菅原道真一開始即享有優越的宦途發展，隨後卻目睹藤原家族再度重返權力中心。換句話說，菅原道真的英雄概念之本質與其所受歡迎的原因，來自其最終失敗的命運。他艱苦的流放生涯與九州的蠻荒，讓他登上了日本英雄殿。

雖然，菅原道真以失敗者之姿離世，但他卻在死後重返高位，甚至成為神祇。菅原道真的辯駁（不管他本人是否知曉）相當驚人：在死後透過神力向政敵索仇，並享有將近千年的歌頌與愛戴。

菅原道真生前，特別是其死後，所代表的悲劇英雄迷思，展現了日本版本的墜落人間的神祇，他在重生以後進入完美的世界，也就是他在人間所嚮往之處。對於日本英雄而言，他們死後並無天堂或極樂世界，以彌補他們在人間所受之苦，但是卻能永恆地活在國人心中。英雄所遭受的對待或許並非世人緬懷他們的原因，真正重要的為其無私與無我之心。日本的悲劇英雄或許可說是半神之人的概念。由於日本文化並沒有「官方」的耶穌人物，透過死亡達到下一個階段的超凡入聖，並表現異於人間的完美，或因其完美的純粹，而在腐敗的現世遭到折損與毀滅。[164]

日本將悲劇英雄視為受到腐敗世界摧毀的半神半人之概念，激起了情緒與美學上的物哀感，並且暗示了假如菅原道真成功地在政壇驅逐藤原家族，他或許便無法享有如此神聖的英雄地位。[165]

以淺白一點的話來說，菅原道真的陰魂難以屬實，然而藤原氏也確實地安撫了道真的靈魂。讓藤原大臣記起道真的犧牲，追贈其官位根本無須任何政治成本，而藤原家族的勢力比過去任何時候都要更加壯盛，在菅原道真過世後的數百年間，藤原氏家族達到了前所未有的政治顛峰。[166]當他們失勢時，也與任何類似菅原道真等流派的保皇運動無關，而是因為中央政府體系（宇多天皇和菅原道真所護持的體制）已然崩塌。在此階段，不管中央政權是否受到藤原家族或其他家族、個人，甚至天皇本身所掌控，皆已不再重要；真正的政治勢力在他處蓬勃。

◆

雖然菅原道真的人生與其他日本軍事英雄截然不同，但是他的失敗路徑卻有著隱約相似的行走軌跡。他以堅決姿態守護著自己的目標，以此證明了道德上的純潔無瑕。此外，他的政治方向尊崇日本傳統，未受當代浪潮動搖。他期望歷史能夠回返到藤原氏掌權以前，回到最原初（或至少日本人所深信的）由天皇掌權的時代，也因此受到宇多天皇的重用，成為政治人物。[167]另外，很重要的一點是，菅原道真真正受注目的詩句並非在其宦途順遂時的抒發，而是他在人生晚期被流放九州時，所書寫的淒美而俐落的詞句，好比向自己庭園的梅樹告別之辭，當時他不但受到新天皇的羞辱，更被多年至交宇多天皇冷淡拋棄；該時期的詩句顯現了悲劇英雄的純真與情感。[168]

最後，儘管民間傳說將藤原時平描繪地相當醜惡，但如此說法似乎與史實不符，這或許僅僅說明了過於成功的得勝者，儘管得到了舉世無雙的成就，卻往往無法在傳統的日本英雄神話裡，取得光明潔然的地位。

120 他成為火雷天神，並守護那些因為自身的純粹而受到不公對待的人。

121 藤原政權堅決反對任何形式的血戰。他們不相信暴力，寧可透過自身的規劃與勸服達成目的。他們表現得謹慎而溫和，因為假如動用武力，那麼其政權很可能因此粉碎。他們相信平民式的美德與教養，並且推崇沒有政治目的的學者。喬治．貝利．桑塞姆，《一三三四年前的日本史》（*A History of Japan to 1334*），倫敦，一九五八，頁一五〇。

藤原氏對敵人的寬大處置來自其意識形態。當時佛教的禁殺令也仍有一定影響，而藤原氏家族中多有虔誠的佛教信徒，並且（除非萬萬無法避免）排斥殺生所帶來的靈魂玷汙。另外一個同樣重要的原因為對怨靈的懼怕，當政敵被處死時，他們充滿怨恨的靈魂可能會迴返並且折磨加害者。如同菅原道真的例子，即便政敵以平靜的方式退隱、病逝，他死後仍有可能成為怨靈。那麼假使以處決或殘酷的方式對待政敵，那麼結果之可怖可想而知！

122 在紫式部的小說中，光源氏被召喚回宮，重掌政治勢力，並削弱藤原氏。但是在史實中，所有被流放的政敵，最終都無能挑戰當權者。光源氏人物所參照的原型，多半為史上挑戰統治家族的政治流放者。自古至今，最可能扳回一城的為年輕、受歡迎的貴族藤原伊周，他在九九六年時受到藤原領導者驅逐，擔任九州官員（伊文．莫里斯，《光輝王子的世界》，倫敦與紐約，一九六四年，頁五六至五七）；藤原伊周和光源氏一樣，在兩年內就被召回，但其政治生涯已經告終。自十四世紀《河海抄》開始，《源氏物語》評論者開始將菅原道真視為光源氏的角色雛形之一，而十八世紀的《紫家七論》中，則認為菅原道真**確為**其角色模型。雖然此說似乎相當牽強。光源氏與菅原道真之間最重要的相似處，在於兩人都有深厚的文化涵養，並且皆為政治流放分子；但是，這兩點條件對平安時代來說，其實相當尋常。然而對研究日本英雄的學者而言，真正重要的在於數世紀以來的學者**認為**日本小說中最傑

〈圖表五〉

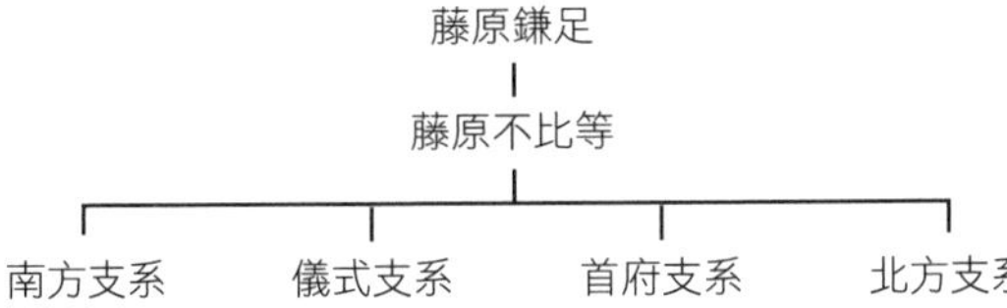

出的英雄範本為流亡者，換句話說，受崇敬的是遭受痛苦的人。

123 巨大的藤原氏家族四個派系源自藤原鎌足，而藤原兩字則由他的好友兼盟友天智天皇所賜姓（請見第三章註八十四），以紀念兩人曾經共同謀論推翻蘇我氏之地。而在九世紀初期，經過漫長的角力，藤原氏北方支系終於大獲全勝，主導藤原氏一族。請見〈圖表五〉。

124 關於藤原氏如何運用政策控制政府，請見伊文．莫里斯，《光輝王子的世界》，頁二〇〇至二一二。

125 根據大化革新時所建立的中國式權力階級制（見第三章），一國之政由太政官掌領，並且直接聽命於天皇。太政官中的長官包括左大臣、右大臣與內大臣；大納言、中納言與參議；太政大臣（皇室顧問）。通常太政大臣並非常設官職。也因此，依規定有四位大臣、三位中臣與三位少臣與八省。請見伊文．莫里斯，《枕草子枕邊書》（*The Pillow Book of Sei Shōnagon*），卷二，附錄七；關於平安時代的史實細節，請見《光輝王子的世界》，第三章。

126 宇多天皇所開啟的革新稱為寬平之治（寬平年間的政治體系），並延續至宇多天皇之子醍醐天皇之延喜政體達成主要改革。基本上而言，兩者皆為保守的政治手段，企圖保存大化律令，當時中央政府新制所造成的地方政府弱化，以及官方土地分配系統之崩壞，已大加損害大化革新。而寬平之治的主要實際措施為：(1) 派遣官吏前往地方鄉鎮，聽取民間疾苦，調查鄉村人口變遷，並且重新透過中央指派建立地方官僚體系；(2) 透過合併特定官府，減少中央政府預算，並刪減皇室護衛之人數。

127 以平安時期的標準看來，確為長者身分。當二十一歲的宇多天皇登基時，菅原道真的年紀為他的兩倍。

128 當時最重要的文學著作《日本三代實錄》乃奉宇多天皇之命編寫，但直到醍醐天皇時才完成。藤原時平與菅原道真為主筆者，諷刺的是，就在藤原時平逼迫菅原道真流放後數個月後，共計五十冊的《日本三代實錄》被獻給朝廷。八九二年，《類聚國史》由菅原道真獻入宮廷。原本共兩百卷的類聚國史現僅存六十一本。菅原道真的另一偉大著作為共計二十八冊，由他、他的父親與祖父共同編收而成的中國詩集選。他還為著名的圓仁高僧所撰寫的著作寫下博學的導文。八九三年，宇多天皇令菅原道真編輯日本詩歌選《新選萬葉集》。此書與《類聚國史》是否來自菅原道真的手筆，已被許多當代學者質疑。

129 菅原的傳奇先祖為野見宿禰（西元三世紀），當時野見宿禰居於西部之出雲市，垂仁天皇召喚他與當時冠軍比試。野見宿禰重踢對方肋骨與腰部，對手立刻斃命，野見宿禰旋即接收對方的土地與財產。此傳說被視為當今相撲的源起，一種相當溫雅（而且安全）的武術比賽。在野見宿禰獲勝的二十年後，據傳聞道，他展現溫和的天性，提議以泥塑雕像取代活人用以陪葬名人。

130 請見第一章註六。

131 菅原道真似乎相當關心學生的生活狀況，即便面對較不優秀的學生亦然。八八二年時，菅原道真撰寫十首漢詩，描述十名當時從皇家學堂畢業的學生，此有趣的詩選流傳至今。在一首描述來自學術背景淺薄家庭的學生的詩中，菅原道真點出對方已經失敗十三次，「請祈禱，我將看到你憂鬱的面容於今朝放鬆。」另一位學生（來自橘氏）則為「永遠的學生」，歷經二十年都無法通過考試。下面的詩句選自《日本書紀》，《日本古典全書》版本，東京，一九五三年，卷十七，頁一五〇：

直到四十一歲
你自塾院獲得自由
莫懊悔
聰智晚熟

其他在文昭院（菅原家私塾）的較為成功的學生，則可能獲得朝廷重要官職，根據某一說法，這正是菅原道真死後獲得名望的主要原因。對藤原家族而言，菅原道真的學生對老師的敬重代表潛在的危機，也因此在九〇一年菅原道真失勢後，許多學生被貶至邊疆地區。

132 根據黑板勝美在《國史研究》，東京，一九三六年，卷一，頁二五五之書寫，宇多天皇曾經急於冊立皇太子為繼任者，因為他擔憂藤原基經之女藤原溫子將會生下兒子，再藉由藤原氏的「婚姻政治」取代任何可能的繼任者；他也希望能夠在藤原氏新領導者藤原時平之前選任繼承者，以保衛自身。這或許可以說明了為什麼宇多天皇在三十一歲時退位，而繼任者年僅十三。

133 然而某傳說曾言，菅原道真確實前往中國，並轉信禪宗。十五世紀的僧侶宣稱，菅原道真曾於宋朝時期前往中國，並且向禪師學習，儘管在菅原道真死前，宋朝根本尚未建立。有一幅關於菅原道真的畫作名為《渡唐天神》，畫作中一名禪師身著衣袍，手捻花苞盛開的梅枝，而此畫像成為菅原道真的傳說性象徵。坂本太郎，《菅原道真》，頁一六二至一六三。

134 唯一珍貴的例外為吉備真備（西元六九三年至七七五年），一位才智過人、精力充沛的學者。據傳吉備真備為發明片假名之人，他於七一六年至七三五年間造訪中國，傳說在他返回日本時帶回了琵琶、刺繡技術與圍棋。七六六年時，吉備真備受封為右大臣，並展現其廣博之影響力，直到藤原氏家族勢起，並開始擅權。基本上看來，吉備真備對日本文化的貢獻勝過菅原道真，但是由於他從未死於流放，因此也難獲得英雄之封號。

135 關於宇多天皇其他可能的動機，請見本章註一三二。

136 黑板勝美，《國史研究》，頁二五五。

137 藤原氏越來越仰賴源氏，將其視為爪牙，當藤原家族無法運用溫和手段達成目的時，源氏的軍事力量將為其助力。

138 九〇〇年末時，三善清行於朝廷講演，警告來年（九〇一年）為辛酉年，也就是中國天干地支第五十八年，代表著危機與轉變。三善清行警告菅原道真由於攀升官職過速，因此在來年的動盪中，他的職位將招引危險，應當在尚有餘力之際引退。不管三善清行的本意為何，他的預言確然成真。

139 請見〈圖表六〉。

140 據傳政府為讓菅原道真的流放路途加倍辛苦，特意禁止地方官員提供食物、居宿與其他生活用品。某夜，菅原道真無法尋得歇息之處，被迫呆坐在一條盤繞的粗麻繩之上。這就是著名的網敷天神的由來，又稱繩座天神與天滿大神，描繪了坐在繩圈裡的老大臣，手持神杵，一臉怒容。這種兇猛的英雄形像在早期很常見，並與雷神的角色有關。

〈圖表六〉

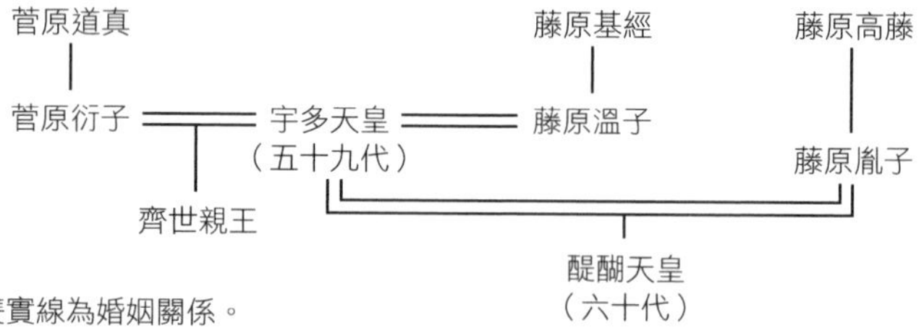

※雙實線為婚姻關係。

141 博頓．瓦森斯（Burton Watson）與唐諾．肯恩（Donald Keene）翻譯，取自《日本文學選集》（*Anthology of Japanese Literature*），紐約，一九五五年，頁一六五。

142 此樹為梅樹，通常被誤稱為日本杏（Japanese apricot）；因其獨自在冷冽的冬天綻放白色小花，在東方被視為堅毅的象徵。引自博頓．瓦森斯於《日本季刊》（*Japan Quarterly*）第十一期，第二號（一九六四年），頁二一七至二二〇，一篇〈菅原道真與梅〉（Michizane and the Plums）文章中曾提及。

143 《北野天神緣起》為第一幅描繪菅原道真生平的繪卷，繪於一二一九年。此宗教繪卷目的在於描述北野天滿宮的緣起與重要意義，而天滿宮在菅原道真死後約半世紀時，開始祭祀菅原道真之靈。繪卷第一部分栩栩如生地描繪了著名學者的生平；第二部分的重要章節則解釋他如何成為神靈。十四世紀至十七世紀之間，菅原道真淒美的一生成為土佐派畫家熱愛的主題。布萊德利．史密斯（Bradley Smith）所著《藝術史》（*A History in Art*），紐約，一九六四年，頁六七至七一，可見最常被複製的十三世紀手繪卷軸。

144 菅原道真，《書齋記》，引自池田龜鑑，《平安時代的文學生活》，東京，一九六七年，頁七二。

145 九州的前太宰府距離今日的工業城福岡約需一小時令人疲勞的車程。

146 北山茂夫，《平安京》（東京，一九六五），頁三五二至三五三，引述自黑川道祐。此詩句在原書版本由博頓．瓦森斯翻譯，摘自《菅原道真》，頁二一九。

147 請見第一章。

148 當時藤原時平尚未知曉菅原道真鬼魂的力量，請見本章。

149 一二四一年，湯瑪士．貝克特死亡一年後，亨利三世在倫敦建造的高塔突然崩塌，據傳湯瑪士的鬼魂立於城垛之上，以手杖將石頭擊落。一二四二年，國王下令重建高塔，並以湯瑪士為名，紀念此烈士。隨後此塔安然無事，甚至在閃電戰中完好無缺。

150 北山茂夫撰寫《平安京》（東京，一九六五），頁三五四。由於此幻影事件，菅原道真被封為雷神。直到他的怨靈平息無邊無盡的暴戾怒氣後，我們才得以追念他溫柔的文學貢獻；他從暴怒的雷神化身為仁慈的學問與文學之神，並且守護遭遇不公正對待的受苦之人。最終他被人民稱為觀音，一種在佛教中代表仁慈的神祇。坂本太郎，《菅原道真》，頁一六〇。

151 在日本歷史上，政府也曾經在八世紀藤原廣嗣死後以及十世紀平將門死後追贈官位。兩人都曾抵抗中央政府，並且遭到皇室軍隊鎮壓。藤原廣嗣的靈魂在死後立刻展開報復行動；平將門的靈魂則因為皇室立即興建神社，而沒有任何行動。

152 瓦森斯如此描述神社：「目前的神社主建築為距今約三百五十年左右建造，並為典型晚期桃山建築風格；神社外觀壯美，屋簷錯綜複雜並且綴有紅色與金色裝飾，讓我們誤以為此神社年代並不久遠，然而實際上，其興建時間為十世紀中期。主建築物周圍環繞著其他小型神社、立碑與各種形狀的石燈籠。此外，天滿宮最出名的梅花花群，小巧的樹群以驚人的方式受到擠壓與彎曲，讓人感覺其堅毅不拔、頂立不搖，這也就是為什麼每年梅樹在凜冬盛放白花時，總讓人感到溫柔堅忍的淒美。」瓦森斯，《菅原道真》，頁二一七。

153 十七世紀時，德川幕府於首都江戶（東京）建立新的重要神社，以紀念菅原道真，當時幕府特別崇敬其孔學學者之地位。

154 《大鏡》，引自《史料中的日本史——古代篇》，東京，一九六〇年，頁一三九。

155 《菅原傳授手習鑑》（劇名意味「揭露菅原道真書法秘密的鏡子」）為一七四六年由竹田出雲所寫成的人形淨瑠璃劇目。此作的英文解說請見奧本利．赫伏德（Aubrey Halford）所寫的《歌舞伎手冊》，東京，一九五六年，頁三〇六至三二一。

156 保則於八九五年過世後，藤原時平成為延喜之治的主要推動者，直到他於九〇九年過世為止。他特別著力於經濟改革，其中最著名的為莊園制度的改革與土地分配問題的修正。

157 博頓．瓦森斯教授為少數將菅原道真漢詩翻譯為英文的外籍學者，他在《菅原道真》頁二一七至二一八如此描述他的作品：菅原道真的漢詩超越了該時代所有的日本作者，他有能力書寫非一般皇室學者所擅長的平庸主題與情感，好比《告別渤海使者》、《宴觀菊花》等等，並用漢詩描述他所見的世界與情感……

158 《古今和歌集》，二七二篇、四二〇篇，於《日本古典文學》版頁八五、頁一一二，四二〇篇。菅原道真於八九八年時，描繪前宇多天皇出遊景象的詩成為所有日本學子朗朗上口的詩詞，因該詩被收錄於著名的《百人一首》詩選之中。

159 伊文．莫里斯，《光輝王子的世界》，頁一八三至一八五。

160 直到德川時代，菅原道真（死後約七百年之久）才廣泛地被稱為書法之神。我們必須注意，他在一七四六年淨琉璃劇作中的身分並非詩人、學者，而為書法大師。

161 請見本章註一二八。

162 「或許日本史上從未有人如菅原道真一樣，飽受愛戴如此之久。」《古代與近代日本人物傳記》，東京，一八九〇年，匿名作者，且無頁碼標註。

163 在所有日本知名的悲劇英雄中，唯有以茶道聞名的平民千利休（一五二一至一五九一）也活到相當的歲數，儘管最後他以自殺離世。菅原道真是少數以平和方式過世的悲劇英雄。

164 在基督徒的概念裡，向來對凱薩是否擁有純粹的靈魂與精神感到矛盾，並且常常為此做出妥協（好比二戰時期的梵蒂岡），但是這個問題始終未被解決。日本的悲劇英雄迷思則更圓滿地展現了神與人之間的巨大差異，對比西方文化，似乎讓歷史更接近神意。

165 請見第三章。

166 藤原氏家族分支如近衛氏，仍舊在當代日本皇室史扮演重要角色，而他們的女兒依然成為皇室妻子，並以此持續進行藤原家族的「婚姻政治」手段。

167 請見第二章。

168 請見第一章、第三章。

第五章

源義經

英雄的完美生命拋物線

源義經經歷了戰功顯赫的前半生，最終卻在兄長無情的追捕下成為俘虜，直到三十歲時切腹自盡為止，就此成為完美的悲劇英雄典範。假如歷史上並無其人，那麼創造源義經的恐怕正是日本人。事實上，幾乎我們所知的關於這位偉大年輕人的一切，都來自數個世紀以來所虛構的燦爛傳說與故事，並透過修飾後的史實建構出的日本英雄典範。

或許源義經對日本社會與文化的進步毫無貢獻，但他絕對是日本史上最受景仰與形象鮮明的英雄。即便在一九七〇年代，武士精神已然沒落之時，學生仍能津津樂道源義經的故事，而他倒臺失勢的慘烈，也讓日本上下不分老少感同身受。[169]

源義經的歷史名聲主要來自其軍事戰功，但是他會成為家喻戶曉的人物，主因還是在於他短暫的政治生涯仿若一道澈底符合日本人想像並極具戲劇性的劇烈拋物線。他在攀升到極高的政治地位後，於全盛時期遭到猛烈攻擊，並瞬間陷入毀滅的地獄。他因為個性的純粹而吃盡苦頭，並被更世故的對手擊潰、接連遭逢親信背叛。因此，忠心的源義經透過判官贔屓（意味著對判官的同情，而判官正是源義經的官職）實現英雄主義之崇高理想，而該詞也成為描繪失敗者的用字。[170]對比其兄長，源賴朝雖為日本史上更為重要的領導者，但卻在源義經的傳說裡被降格為背景人物，他被刻畫為陰鬱、多疑、惡毒的角色，嫉妒光芒四射的英雄，並且企圖追殺源義經。

源義經、源賴朝兄弟倆所處的時代，正好是日本史的轉捩點，原本由傳統朝廷掌控的政府轉為由軍事幕府將軍所操控的封建社會，後者占據日本史極長的時間——直到七百年後，西方國家「開國」為止。基本上所有最受歡迎的日本英雄，都在此開創時期度過燦爛而悲愴的一生。

當代日本史學者努力排除源義經傳說中的杜撰成分，並專注於確有零星史料佐證的段落。在源義經生命初期的前二十一年間，沒有任何史實流傳下來，以至於大量的故事與杜撰的傳說被用來填補史料真空的時期。[171]我們知曉源義經過世前四年的稀薄歷史事件，但是其餘的則多半來自綴飾、漫談與空想。這代表我們所能掌握的僅僅為英雄人生中的五年：自一一八〇年源義經加入源賴朝軍隊準備討伐平家，至一一八五年他逃奔出首都，四處流走，並驚險地躲過源賴朝所派來的暗殺使者為止。

當然，對任何歷史工作者來說，軼事奇聞並不在主要研究守備範圍之中，但是對當前的討論而言，也絕非壞事。夢想、幻想或虛構故事雖然無法告訴我們歷史人物所經歷的真實事件，但能讓我們勾勒出他個人的輪廓。對於神祕的悲劇英雄而言，迷思、傳說與史實可說是同等重要。[172]

在眾多描寫源義經戰功的文學作品裡，最著名的為十三世紀寫就的《平家物語》。透過琵琶法師的傳頌，《平家物語》與音樂傳遍了全日本。在《平家物語》中，三場激烈的戰役讓平家潰散，而戰功彪炳的源義經則成為日本最優秀的將軍。然而，針對源義經傳說的演變，描述得最詳盡的則是《義經記》，該書寫於事件後近兩百五十年，並記載了數世紀以來關於源義經所創造的重要傳說。當此匿名事記所描繪的源義經戰敗悲歌成為其傳說的一部分時，故事已經錨定了方向；我們必須注意到，儘管《義經記》企圖描繪英雄的一生，但是全文僅用寥寥數句帶過他的戰功，並且將重心放在落難時期。在《義經記》內，伴隨著源義經一起落難的左右手武藏坊弁慶，則逐漸成為故事主角，野蠻、衝動的武藏坊弁慶在主子日漸憂鬱、心灰意冷之時，成為較為主動的角色。不管是《平家物語》或是《義經記》，都為文學，甚至流行小說、戲劇舞蹈、能劇、人形淨琉璃與歌舞伎，帶來了許多的靈感啟發。[173]

關於源義經的早期生活，唯一精準的是他的出生年分，一一五九年，這一年為日本史相當重要的一刻——兩大軍事武家平氏與源氏爆發衝突。當時日本的權力結構歷經關鍵轉變。十二世紀初始，藤原氏早已竊奪宮廷政治之核心控制權，天皇制名存實亡；該時皇室得以掌權的實為退位天皇，太上天皇擁有超脫於皇室官僚制與鋪天蓋地的藤原氏勢力的獨立行政空間。

平安時期晚期的政府猶顯笨重而毫無效率，原本看似能因循苟且一陣，但是一一五六年所爆發的軍事衝突，揭示了貴族統治制度的過時，當時反對皇室的力量相當不明智地各自選擇擁護不同的軍事領導者。在該時期，幾乎所有地方權力都快速地轉移至武士手上。數個世紀以來，貴族利用那些經常被鄙視的粗野武士解決土地紛爭，並維護地方與首都秩序，但是此時，武士的領導者決意將權力收回。儘管天皇仍舊因其宗教地位以及太陽女神後裔身分而擁有權威性，藤原家族也仍在朝廷擁有一席之地，畢竟在將近一個世紀內，藤原家族成為日本政府體制內最有力的派系，並透過掌控稻田鞏固其經濟地位。

十二世紀時，日本朝廷政治已經無能實際掌控行政權，不管是動亂的東邊地區，甚至連首都與主要區域都已脫離其管轄。儘管武家仍舊企圖讓皇室保有特權以及源於道德權力的政治實權，但是毫無疑問地，日本歷史已經進入新的篇章。一切重要的決定將由武士階級作主，因為武士才是擁有執行力的角色。

真正關鍵的問題為，究竟是掌控東方平原（現今東京一帶）的源家大將源義朝，又或者是掌握西日本的平清盛，能夠以天皇（或者個人）之名，掌握新的時代？兩宗族都繼承早期平安時代天皇的後代血統，此貴族身分對他們的地位實屬重要；但是在過去的兩個世紀以來，兩宗族各自鞏固了地方豪族勢力，並且建立了地主與附庸之間的封建關係，他們逐漸排拒平安時代的宮廷模式，甚至可說是推崇一種反《源氏物語》式的特殊武家精神。新時代的精神被稱為「弓馬之道」，而盤據東日本的源氏則不管在地理位置或心理狀態上，都比平氏更自外於首都，也更難感受到皇室微薄的影響力。然而，平氏在一一五九年的激烈衝突中取得全面性的勝利，在接下來近二十五年裡，平清盛與其家族以天皇為名，在京都行使統治權。

可以想見，平安時代的溫和手段立刻被取而代之，隨著平清盛的勝利而來的，是一連串殺戮與處決，平氏家族一舉殲滅所有的潛在敵人與對手。作為源氏的主權者，源義朝詭譎地在沐浴時遭到家臣暗殺（日本武家教誨中一再強調的忠誠，恐怕正因為如此頻繁的叛主行為一再發生），不久，他的長子源義平被捕並遭到斬首，首級被高掛在京都六條河原的獄門前示眾。

平清盛向來絕不手軟，但是奇妙的是，源義朝的兒子幾乎都在此災難後倖存下來。其中最著名的源賴朝，在父親遇刺時年僅十三歲，而源義經則未滿一歲。源賴朝被流放到東方省分，並且由兩位重要封臣保護。源義經隨母前往首都，根據傳統習俗，他在一歲之前僅跟平清盛家族往來。如此的氣度卻為平氏一門招致不幸，兩名男孩在家門遭滅的地方長大成人。二十年後，平清盛在病危之際，拒絕了佛教儀式，唯一的願望是有人能拿下源賴朝的首級，並將之放於自己的墓前。當然，一切為時已晚，源氏旋風已然復返，而平家也莫可奈何。

源義經為源義朝的第九個兒子（么子），以社會地位來看，源義經遠比其同父異母的源賴朝低下，這點自然影響了兩人之間的關係，源賴朝從不願與源義經平起平坐。[174] 源義經的母親常盤御前為源義朝的側室，[175] 據傳，她的美貌傾國傾城，當平清盛取得勝利時，偶遇常盤御前並為之吸引，他將常盤御前納為妾，並允諾留下她三個年輕兒子的性命。雖然這故事很明顯地來自捏造，但是當源義朝的徒眾多半遭處決時，源義經與他的母親確實安然地居於首都，最後常盤御前也改嫁給藤原家的朝臣。

平清盛要求源氏三兄弟成為佛家子弟，以此作為大赦的條件；然而事實證明，這是一個過於天真的防禦手段，自六歲始，源義經被送往京都深山中的鞍馬寺修行。這一切的安排，都是為了將他訓練出足以擔任神職的和平心境。源義經定期潛逃出寺，並向一位神祕的深山隱士學習武術。[176] 年輕的源義經彷若孤兒，被形容成相當具有「野性」、桀驁不馴、孤獨與獨立，並且熱愛山林與冒險。此外，儘管源義經身為寺廟學徒，但卻對僧侶生活的規矩相當不滿，甚至拒絕剃度。早在年輕時，源義經便已經流露出反叛性格，而當他日後完全悖離代表權威的兄長的控制，也不令人意外。此時，被流放到遙遠東方地區的源賴朝則被監禁於家中，並過著相對規律、平穩的生活，他的聰明才智與學習能力讓管控他的朝臣相當驚訝。源義朝最年輕的兒子源義經與最年長的兒子源賴朝，兩人間的性格與風格上的差異，似乎自一開始就相當明顯。

許多關於源義經的傳說，來自其早年山林生活。[177] 據傳曾經有一武僧守著艱險深山，並誇口將劫盜千名行山者的佩劍，以重建廟宇。當他成功劫取九百九十九件武器後，某日晚上，武僧躲在京都橋邊等待著最後的目標，他看見一名瘦小的年輕人獨自行走在黑暗中。那名年輕人逍遙自在地吹著笛子，身上罩著佛門子弟常穿戴的絲質罩袍。起初，武僧並未將對方視為對手，沒想到在深山的武術訓練讓源義經變得身手非凡。根據其中一個傳說的版本，源義經以智取大勝，他捨棄佩劍，僅用扇子就讓武僧退敗連連。源義經的武術如此精湛（通常傳說都誇讚英雄才藝過人），讓武僧甘願獻上自己的佩劍。[178] 此名武僧正是弁慶，他在源義經日後的傳說裡顯得相當重要，並成為他敗落時期唯一仍舊忠心耿耿的隨從。

源義經在十歲時碰巧知曉源氏系譜，並發現了自己真正的身分。自此，他亟欲對抗平氏家族，以報其父之深仇。由於心意已定，源義經拒絕接受佛家入門禮儀，並且繼續鑽研武家之學。源義經與源賴朝不同，後者積聚軍事力量，在源氏統整之關東區域建立幕府；而源義經則從年少開始就以道德召喚作為復仇動機，用以平復家族之羞辱。

約莫五年後，源義經終於在某一黃金商人的協助下逃離寺廟，擺脫平氏眼線。他在經歷一連串驚險的逃亡之路後，終於抵達日本本島東北方遙遠的奧州，此地數百年來被「北藤原氏」（編按：奧州藤原氏，皇室家族的遠支）掌控，其家族在此享有金銀財富與軍事部隊，擁有幾乎獨立的統治地位。當時的藤原家主藤原秀衡願意保護源義經，並收留他近五年之久，使他免於平氏的追捕。據傳源義經北向時，曾經在驛站進行成年禮，由於沒有任何家人得以出席主持祭儀，因此他只得自行完成儀式。當然，此軼事想強調的，仍舊是年輕英雄的孤寡情懷。

據傳說，源義經如此享受山林自由生活的其中一個原因，在於平氏家族低估了身形並不壯碩，甚至帶著陰柔氣質的源義經，完全不知道他在如此溫和的外形底下，擁有如此精湛的武術。在傳說裡所描述的源義經外形，恐怕會令西方讀者相當意外，外貌完全不似雄壯魁梧的英雄。根據《平家物語》，源義經的外形「瘦瘦小小、五官細緻」。在某些傳說裡，源義經使用類似平安時期貴族會使用的白粉好突顯自己的輪廓，此類化妝用品對光源氏來說或許相當恰當，但是對源氏武將而言，則是聞所未聞。[179]在之後的傳說裡，源義經更被描述為纖細、美麗的英雄；如此優雅的外表，搭配力冠群雄的軍事實力，以及南征北討的軍旅生涯，更增加了英雄傳奇的迷離。[180]《源平盛衰記》中詳盡地描述了兩大宗族間的爭鬥，此書對源義經外形上的描述或許相對可靠而真實。該書描述該時加入關東源氏兵部，企圖討伐平氏的源義經「相當瘦小、蒼白，牙齒外凸，而眼凸」。[181]

這名年約二十一歲，看似毫無英雄氣質的年輕人展開了軍旅生涯，卻僅僅花了五年時間，就證明自己是不世出的軍事奇才。諷刺的是，在源義經充滿傳奇的一生中，他生平第一次出現的敵手並非心所厭恨的平氏，而是自己的堂兄弟源義仲，也是日本最受敬愛的武將之一。當時源義經奉兄長之命討伐源義仲，並獲得彪炳戰功。

源義仲短暫而精采的武家生涯，似乎在某種層面預示了源義經的未來。在源義仲率領強勁的山部軍旅五次討伐平家並凱旋而歸時，引起了源賴朝的猜忌與不滿，源義仲的軍旅生涯宛若流星般一閃而逝。儘管背後原因部分源自源義仲的軍隊在京都的荒唐行徑，但是源義仲本人過於桀驁不馴與不服權威的態度，更是其失勢之主因。源賴朝授命「鞭打」（當時通行的懲罰方式）源義仲，並且在無視宗族團結的情況下，要求由年輕的弟弟執行此任務。[182]源義仲倒臺的戲劇性，讓他成為該時的英雄人物；[183]然而其粗野的性格與所率領軍隊之軍紀敗壞，讓民眾對他大為冷感，甚至認同源賴朝的決策，而這與源義經的名聲截然不同，他對百姓的態度據傳相當溫厚仁慈。[184]

在確認自己的將領地位後，源義經希望趁勝追擊，討伐真正的敵人。一個月後，他得到機會於內海岸邊的一之谷征討平氏。著名的一之谷戰役歸功於源義經率領一小支騎兵暴衝下懸崖（據說懸崖極度陡峭，連當地猴群都避而遠之），側襲敵軍，讓平家軍心崩潰，並逃往四國島。在此，源義經運用了他最知名的戰術——壯大聲勢、速度感，並且擁有預測對方反應的絕佳敏銳度。他的奇襲策略必須冒上極大的風險，而源義經也毫不避諱地越級指揮，忽視那些偏好溫和策略的將領意見。可以想見的是，他璀璨的戰功立刻激起其他心存猜忌的同儕不滿，並引來嫉妒，這也讓遠在關東區域的源賴朝開始聽見關於頑強弟弟的耳語。

一之谷勝戰後，源義經非常期待可以一舉進攻平家，但是此時源賴朝已心生懷疑。儘管源氏軍隊在源義經的領導下奪得首戰之勝，但是功名卻歸予平庸並且相當順從的異母兄長源範賴，而源範賴更就此受令，率軍西征。源義經被迫逗留在首都，並且足足等上一年才能再次攻擊平家。[185]此時，源義經再一次展現了奇襲技術。源氏軍隊醞釀一股炫風，他率領一支小軍旅橫越內海，並以迅猛、精確的方式襲擊經略四國屋島的廣大平家軍隊。大約一個月後，一一八五年四月二十五日，源義經大勝平家，源義經在九州與日本內陸間的壇之浦發動著名的海戰。此光輝戰役讓源義經在二十六歲之際，就成為日本最重要的軍隊將領。此外，此役令人驚訝之處在於源氏軍隊向來不諳海戰，而壇之浦更為平氏據守之處。一開始的戰事對源氏不利，但是午後的潮汐改變讓平氏措手不及，不久後，平氏血染汪洋（編年史如此描述），鮮紅的平家大旗漂浮於海面，如同秋日楓葉。

在壯烈的壇之浦戰役中，平清盛的遺孀抱著安德天皇跳入大海，雙雙身亡。源義經以相當簡潔的方式稟告朝廷戰勝一事：「第三月之二十四日兔時，長門……平氏已殲滅。神鏡與神璽已安全抵達首都。」[186]

壇之浦戰役導致平家王朝瞬間終結。在平家掌權的二十六年間，他們取代藤原氏，成為首都盛極一時的掌權者；平氏的軍事武力讓他們幾乎擁有對全國的獨裁控制權，並從海上貿易與土地取得大量財富。平清盛蠻橫高壓的作風與頑固，讓他不管在朝廷、民間、佛教寺廟都招致怨恨，最糟糕的是，平清盛還得罪不少武士階級。儘管平家在掌權時代引來人民的不滿與憤恨，但由於其最後災難性的滅亡覆局，仍讓後代人民對他們有了少少的感懷。日本傳統上對失敗者的同情，也就是判官贔屓的心理作用，讓人們對這個日本史上絕無僅有、從至高無上地位墜毀至家破人亡的大家族感到同情。除此之外，佛教的死亡與業力觀念也多少帶來影響。日本諺語如此說道：「驕傲的平家是不會長久的」；而平家的故事更啟發了《平家物語》開場的悲歌，這可說是文學對人類命運無常的最深刻的書寫：

> 祇園精舍，響鐘之聲，響出諸行無常。娑羅雙樹，顯花之色，顯出盛者必衰。驕者無久，唯如春夜之夢。猛者遂滅，如同風前之塵。187

平家覆亡的速度與澈底，映照出了源義經的成功。雖然源氏的大舉成功與源賴朝的治國之道以及準備之縝密有關，但是盤據在四國的平家有可能將戰事無限延長，若非源義經所擁有的拿破崙般的勇氣與戰略想像，源家絕無可能在短短五週內打破僵局，並結束此戰。此時，年輕的勝戰英雄返回京都，讚美如排山倒海般湧來，源義經所享受的推崇與特權，已遠遠超越數百年來的任何武家，然而，這場勝利卻也成為他軍事生涯的轉捩點，他的命運在此急轉直下。當然，如此意外轉折的背後原因自然是源賴朝，不管是從個性或長期目標來看，兩人都背道而馳，而擁有絕佳政治敏銳度的源賴朝自然不會將自己置於險地。

源義經與源賴朝兩人間的分歧正是典型的源氏鬥爭，這個家族向來內鬥頻繁，而對外也爭戰不休。一開始，兩人間僅有源賴朝保持著敵意，但是源義經在受到激烈的挑釁以及一連串的暗殺陰謀時，開始視其兄為致命的仇敵。根據傳說記載，源賴朝最難以忍受的正是源義經的軍事成就，以及眾人對弟弟的阿諛奉承。據稱最致命的一擊，在於源義經將壇之浦勝戰歸功於自己的英勇，而非神的護持與源家兵隊的精湛實力。這或許是事實，但是我們仍須注意，傳說向來刻意將源賴朝刻畫地相當陰暗。據說，源賴朝性格殘酷，並且對自己的家族成員分外無情。[188] 確實，在數年之間，源賴朝將家族中任何顯現出不凡才能與手腕的人趕盡殺絕，但是，究竟背後的原因為源賴朝的「殘忍天性」，抑或是冷靜的政治盤算，實在難以定奪，畢竟我們無法擁有確實的史料，而所有的記載都相當模糊曖昧。

除了可能的心理執念因素以外，源賴朝對其弟的忿恨或許更來自政治目標的分歧。他設想了一套以源家武士階級主導大權的法治系統，並由自己統整所有其他部族，而源家之內的所有成員，也當順從源賴朝的命令。為了要鞏固新的統治階級，並且強化紀律與政治凝結力，源賴朝於一一八〇年時在距離京都數百哩山路（路途相當艱辛）外的鎌倉建立幕府，以此作為自己的軍事據點。源賴朝所帶來的斯巴達式氣氛，實在與文化豐富、優美與雅緻的古都情調相當不同，但是他確實成功地建立了以武士階級為核心的軍事行政系統，並堅持鎌倉的武士都僅效忠幕府，並且不得服從皇室或其他領導者的命令。

源賴朝悄悄地偷天換日。為了澈底推翻平家，他推舉源家部族的後繼成員為將軍，他自己則據守鎌倉，穩固東日本勢力，建立軍事政府。當出現像源義仲這般如此頑固並且威脅源義朝地位的軍事將領時，他毫不在乎兩人間的血緣關係，立刻除之而後快，並精心策劃由自己的親族痛下殺手。源賴朝真正擔憂的並非源家的分歧，而是他最強勁的兩個血親將聯合推翻自己的統治王朝，甚至與朝廷合作，挑戰鎌倉幕府的合法性。就平家這部分，源賴朝在一開始就打從心底認定，平家注定會失敗，所以從內戰一開始，他就把眼光放在贏得鬥爭後的目標之上，並專注於在鎌倉建立穩固的統治制度。

為了確保武士的忠誠，他堅決下令所有軍事階級成員都不得從京都收受任何好處。他擁有獎賞自家追隨者的權利，假使朝廷之獎賞為官位任命（此授命可稍稍對比現代英國的榮譽頭銜，儘管其脈絡截然不同），此任命也必須由他推薦受命者。由於年輕的弟弟源義經明目張膽地破壞了源賴朝的規則，源賴朝因而懷恨在心。基於源義經有功，太上天皇提拔他為左衛門少尉（令人羨慕嫉妒的高位），更重要的，他還被命為得以升殿的殿上人。根據一筆史料，源賴朝相當憤恨源義經得此榮耀，殿上人向來非武家之銜，然而皇室卻將此位贈與出身遠比自己低賤的年輕弟弟。或許以上種種刺激皆有可能，但是對源賴朝而言，源義經刻意破壞主臣規則，在並非自己授命的情況下，擅受皇室冊封，可為大忌。以源賴朝的理解而言，如此的態度已破壞了任何血親或友情之羈絆。由於源賴朝的終極目標為鞏固自己的統治實力，統治剿滅平家後的和平時代，因此他無法容忍任何個人或部族違反自己所立下的規則。不管真相到底如何，源義經在此成為了可能挑戰新秩序的潛在威脅，不管是成為朝廷中的反鎌倉派關鍵核心，或是成為佛教與軍隊所推舉的新領導者，都可能會讓新的幕府制斷裂，並引爆內戰。如此的恐懼較傳說中所描述的黑暗、殘暴性格，更能解釋源賴朝對年輕英雄的一貫態度。[189]

到底，這兩位傑出的兄弟之間存在著怎樣的關係呢？傳說中認為兩人的首次相遇，是在一一八〇年源賴朝主掌的東日本據守地，當時爆發反平氏的戰爭；另有部分傳說認為兩人在日後相遇。不過事實上，我們沒有任何史料能確認兩人究竟是否曾經碰面。[190]當然很明顯的，源賴朝從未對自己的弟弟抱持多大的好感，在他心裡，源義經恐怕過於年輕氣盛；並且由於成長過程中受到首都、朝廷貴族之影響，因此缺乏服從性與紀律，以及其他關東武士道所崇尚的特質。他視源義經為某種無政府主義的代表，儘管擁有令人驚艷的軍事才能，卻根本無法理解當時日本所進行的變動與改革。此外，他也從未認為源義經擁有與自己相等的社會地位。[191]編年史曾經記載（一一八一年），源賴朝曾在鎌倉外的八幡神社指導年輕弟弟如何握住韁繩。當源義經拒絕如此無關緊要的要求時，源賴朝仍逼迫他聽令執行。這個故事反應了源賴朝的態度：源義經儘管是同父異母的弟弟，但也僅是自己的附庸，而其應對態度也應當符合長幼尊卑。

不管手足反目成仇的背後原因是歷史環境因素或是個人性格，都因為後白河天皇與梶原景時而加深了鴻溝。平家遭到殲滅時，當時在位的天皇僅僅是五歲大的男孩，而後白河天皇則為皇室的實質掌權者，後白河天皇自三十年前曾短暫在位，其後就一直留在首都，並且以前（引退）天皇的身分主掌首都。由於軍事階級的崛起，讓引退天皇的地位倍受打擊；但是後白河天皇的性格相當難以捉摸，並且沉迷於操縱詭計與陰謀，儘管當時政壇波動劇烈，他還是巧妙地守住自己的角色。由於太上天皇並未擁有自己的軍隊，因此他不得不倍加小心地處理軍事階級的問題。面對互相爭權的軍事階級，後白河天皇的政策相當搖擺不定，甚至有時非常卑鄙；但是皇室並無實力也無意願與軍隊正面衝突。他利用源氏宗族內部的分化問題來處理源氏勢力，期望自己能站在得勝派的一方，或是至少在不安穩的權力平衡中發揮自己的影響力。他如此算計，並在一之谷之戰與源氏最後的壇之浦勝戰後，決定直接獎勵源義經，他深知，如此空前的殊榮將會激怒源賴朝，並讓源氏的兩大勢力彼此爭鬥。

在源義經居住於首都時，引退的後白河天皇似乎對他頗有好感；此外，這名年輕的軍事將領對朝廷的威脅性遠比源賴朝小——將鎌倉視為新據守點的源賴朝，正企圖扭轉日本的權力結構，並消滅皇室的重要性。無怪乎一一八五年年末時，後白河天皇任命源義經為檢非違使，負責統掌九州的全部領地，並令他討伐違逆皇室的源賴朝。不管太上天皇的動機為何，但是在平氏家族覆滅後，他的介入確實造成源氏兩兄弟間的嫌隙，而源義經也因此失勢。太上天皇的支持相當短暫；當源義經成為逃犯後，後白河天皇收回原命，聲稱冊封源義經乃違背己意之舉，並下令源賴朝討伐其弟。[192]

除了後白河天皇的假情假意之外，源義經更為鎌倉流竄的閒言閒語和告發所傷。其中誹謗最過的為心懷嫉妒的異母兄源範賴，另一大進讒言的則為源賴朝的重要武將梶原景時，他曾在一場與平家的艱險戰役時，救了主家源賴朝一命。以我們現有的可靠資料顯示，梶原景時為典型勤奮、忠心並且帶點憂鬱色彩的武將，亦為源賴朝管治關東區域的重要手下。但是在後代流傳的傳說裡，梶原景時被刻畫為大反派，出於強烈的嫉妒與憤恨，挑撥主人源賴朝，並且促成源義經之死。[193]

由於自身的傑出能力與源賴朝的大力支持，梶原景時的武家之途如日中天，並被封為侍所所司。在與平家戰役最炙熱的時刻，源賴朝派令梶原景時前往西方前線，進行最後戰鬥；然而根據傳說，他的真正任務乃為監軍源義經，並且將所見所聞回報鎌倉。他很快地找到了譖害源義經的機會。屋島之戰前夜時，兩人在軍議會上爭得劍拔弩張，這正是著名的「逆櫓之爭」，憤怒的梶原景時事後向源賴朝大肆誹謗年輕專斷的源義經。根據《平家物語》的敘述，便能讓人想像英雄隨興而魯莽的一面，畢竟在多數時候，源義經都被刻畫地相當「成功」，在此，我們或許可以明瞭為什麼源賴朝會對他感到憤怒：

集結在渡邊的大名、小名議論道：「我們沒有海戰的經驗，這可如何是好？」梶原景時建議：「我認為在此戰役中，必須為兵船裝上逆櫓。」源義經問道：「為何要逆櫓？」梶原景時解釋，「要讓戰馬可以左右迴轉自如，並不困難，兵船則極難快速調轉。因此我們必得在船的兩側安上舵，定可行進自如。」源義經反駁：「怎可在戰役初始就提起如此不祥之事。兵家本該一步不退、一步不讓。唯有在性命交關之時，才會思考如何撤退。我們怎可以一開始就談論出師不利之對策？你可擅自加裝『逆櫓』或『撤退之櫓』，上百個、上千個都無妨。我兵原櫓不動。」

「所謂的良將，」梶原景時說：「應當做到宜進則進，宜退則退，保全自己，殲滅敵人。只知進而不知退，此等野豬般的莽夫，不值敬佩。」源義經答道，「野豬也罷，野鹿也罷，攻而能取，戰而能勝，才為勝者。」一旁的大名與小名暗自發笑，但因為顧忌梶原景時而不敢作聲。當日，梶原景時與源義經幾乎要同室操戈，但此事並無發生。[194]

源義經的戰功顯赫，但卻與梶原景時漸行漸遠，不久之後，兩人於壇之浦一役相遇，並再次陷入了爭執：

「吾欲領導今日戰役。」梶原景時表示。源義經回道：「對，但此為吾命。」「豈有此理。」梶原景時忿忿道：「汝自然為此戰主將。」

源義經答道：「不。此戰主將為鐮倉幕府。吾僅代表幕府將軍在此役行動，正如汝之身分亦然。」

梶原景時無法再繼續爭辯下去，只好悻悻然地自語道：「汝不可領雄兵家。」源義經聽見此說，伸手欲拔劍，叫喊道：「汝為全日本至為愚笨之徒。」

梶原景時回應道：「吾僅效忠鐮倉幕府。」並且伸手準備拿起武器。[195]

兩人再度即將交火；其他武家紛紛勸諫兩人，如此之戰前爭執，僅會助長敵人威勢，並且忤逆源賴朝。根據《平家物語》記載，兩人最後的交惡，讓梶原景時更為肆無忌憚地毀謗源義經，「並成為讓源義經走向毀滅的一步。」[196]

壇之浦一役後，梶原景時全面消滅了源義經在戰場上的角色，他向鐮倉幕府表示，勝戰之因來自神諭祝福，而非任何將領之功。同年年末，兩兄弟間隔閡漸深，此時返回鐮倉的梶原景時向源賴朝稟告，其弟不但毫無意願剿滅叔父源行家，甚至與源行家一起在京都密謀，推翻鐮倉幕府。[197]此傳聞重重加深源賴朝的猜疑，認為家族間將互相結盟，並因此決定刺殺源義經。梶原景時如此的惡人，一步步地將英雄推至萬劫不復的深淵，並且讓源賴朝有足夠理由不留源義經活命。

雖然源義經很晚才了解到現實，但真正悲慘的或許是對源賴朝之大業而言，在成功消滅平家後，更沒有留下弟弟的理由。對源賴朝而言，年輕的源義經所擁有的勇氣、資源以及軍事謀略才能，已經完成階段性任務，留下他只會成為威脅。若以中國諺語來說，正是「狡兔死，走狗烹」。源義經已經被澈底利用殆盡（清剿敵軍）只要有任何小事足以激怒源賴朝，他下手將不再留情。源賴朝對源義經做出的貢獻可說是忘恩負義，我們將目睹英雄最後、也最重要的人生篇章。

◆

在京都戰勝後幾週，凱旋的源義經前往鎌倉幕府，準備親自向源賴朝稟告戰果，並將主要的平家戰俘交出，但他根本無法抵達目的地。當他接近鎌倉時，源賴朝遣使命他不得進京，並等候來命，他空等了一週，心焦如焚。最後，他理解兄長已經聽聞足以將自己處死的讒言，源義經遣使轉達自己的忠貞不二之情，但卻毫無回音。他終於絕望了，在距離鎌倉幕府近一哩外的腰越驛寫下著名的〈腰越狀〉，並委由兄長的親信轉交。儘管源義經必然試著向鎌倉幕府動之以情，但是我們所見的歷史資料皆充滿了書寫者對悲劇英雄的無限同情。[198] 然而，這最後的陳情是源義經傳奇中最重要的部分；全文不僅充滿膽識，以及對不幸遭遇的男性情懷，也透露了悲劇英雄背後的心情：

左衛門少尉源義經。乍恐申上候。意趣者。被撰御代官其一。為勅宣之御使。傾朝敵。顯累代弓箭之藝。雪會稽恥辱。可被抽賞之處。思外依虎口讒言。被默止莫太之動功。義經無犯而蒙咎。有功雖無誤。蒙御勘氣之間。空沉紅淚。倩案事意。良藥苦口。忠言逆耳。先言也。因茲。不被糺讒者實否。不被入鎌倉中之間。不能述素意。徒送數日。當于此時。永不奉拜恩顏。骨肉同胞之儀。既似空。宿運之極處歟。將又感先世之業因歟。悲哉此條。故亡父尊靈不再誕給者。誰人申披愚意之悲歎。何輩垂哀憐哉。事新申狀。雖似述懷。義經。受身體髮膚於父母。不經幾時節。故頭殿御他界之間。成孤。被抱母之懷中。赴大和國宇多郡龍門之牧以來。一日片時不住安堵之思。雖存無甲斐之命。京都之經迴難治之間。令流行諸國。隱身於在所。為栖邊土遠國。被服仕土民百姓等。然而幸慶忽純熟而為平家一族追討。令上洛之手合。誅戮木曾義仲之後。為責傾平氏。或時峨峨巖石策駿馬。不顧為敵亡命。或時漫漫大海。凌風波之難。不痛沉身於海底。懸骸於鯨鯢之鰓。加之為甲冑於枕。為弓箭於業。本意併奉休亡魂憤。欲遂年來宿望之外。無他事。剩義經。補任五位尉之条。當家之面目。希代之重職。何事加之哉。雖然今愁深歎切。自非佛神御助之外者。爭達愁訴。因茲以諸神諸社牛王寶印之裡。不插野心之旨。奉請驚日本國中大小神祇冥道。雖書進數通起請文。猶以無御宥免。我國神國也。神不可稟非禮。所憑非于他。偏仰貴殿廣大之御慈悲。伺便宜。令達高聞被迴祕計。被優無誤之旨預芳免者。及積善之餘慶於家門。永傳榮花於子孫。仍開年來之愁眉。得一期之安寧。不書盡愚詞。併令省略候畢。欲被垂賢察義經恐惶謹言。

元曆二年五月日

左衛門少尉源義經

進上　因幡前司殿[199]

英雄的謀略與才幹，和他處理人際關係的純樸形成相當的對比；在日本傳說之中，英雄總擁有如此的純真與真誠。直到如今，源義經仍舊相信，只要自己面對面的與源賴朝對話，表達自己「純正的動機」，所有困難將迎刃而解。[200]然而他卻收到相當羞辱的回應，依令離開鎌倉幕府，返回京都，源義經期待的和解已然破局。不僅如此，源賴朝更將原本作為犒賞源義經戰功的平家領地悉數收回，並撤下源氏軍銜。在寫完〈腰越狀〉一週後，源義經黯然返回京都。

數月後，源賴朝決意快手拔除有如芒刺在背的源義經。為達目的，源賴朝派遣武僧前往首都刺殺源義經。武僧與其徒眾在某夜突襲源義經寓所，源義經提刀應戰，武僧則敗退至北部之鞍馬山，被源義經在寺院的朋友追捕，帶回首都斬首。源賴朝的粗暴對待，讓英雄深知已無和解可能，他只能尋找盟友，殺出一條生路。此時，他接獲太上天皇院宣，奉命討伐剿滅朝廷之敵源賴朝。

後白河天皇的命令或許讓源義經接下來的動作有了合法性，但他並沒有因此獲得任何實質後援。源義經與叔父源行家放棄自鎌倉突襲，改取關西之道，期望可以沿途招募新兵。[201]如此謹慎的動作實在不像源義經的性格，畢竟他向來以果斷的策略出名，甚至連源賴朝本人都以為年輕氣旺的弟弟會直接攻擊關東。我們只能猜想為何源義經有如此轉變，行事顯得小心翼翼。或許是源賴朝的惡意讓英雄感到不安與沮喪，並且失去了原先的草率與樂觀。此外，他或許對是否要攻擊親兄一事感到猶豫不決，畢竟多年來，他一直視源賴朝為源家與自己的領袖；也或許叔父提醒他，如果沒有足夠兵力，那麼攻擊強大的鎌倉幕府，恐怕是癡人說夢。

無論如何，源義經已經不復往日的幸運，在他們離開京都邁向內海不久，他所擁有的一小支軍隊幾乎在暴風雨中全軍覆滅，而此事被喚為天意（他人向源賴朝如此解釋）。在全員覆滅的情況下，源義經與源行家僥倖躲過一劫，免於船難；但是提高軍備人力的希望也已破滅（一開始就希望渺茫），此時，他們只能祈求不被四方來兵捉拿。船難事件之後，兩人就此分道揚鑣，數個月後，無能的叔父源行家遭擒拿斬殺。

此刻，源義經成為孤立無援的逃犯，不僅遭受朝廷放逐，兄長也凶狠地在全國追拿他，自此，追捕源義經已經成為日本史上最龐大的搜捕行動。在一連串驚心動魄的逃亡後，源義經成功地隱藏起行蹤。當時源賴朝料想他應返回京都（確然如此），因此發動武士挨家挨戶搜捕；士兵也前往寺廟查看，猜測源義經可能藏匿於寺廟之中。全國武士都收到召令，尋覓任何可能的逃亡跡象，緝捕源義經到案。但是在十二世紀時期的日本，不但訊息傳達不便，運輸也相對困難，更何況其國土腹地如此之大；地形複雜的山區也讓逃犯有了藏匿之處，而廣受人民喜愛的源義經更是不乏祕密的擁戴支持者。

源義經大搜捕持續地進行著，甚至連佛陀與眾神都加入了祈禱歸案的行列；寺廟舉辦了祈求源義經被俘的祈禱會，在鎌倉幕府的呼籲之下，連伊勢神宮都有了類似的儀式。某次，一寺廟住持夢見了自己與源義經於上野國東部某郡相遇。他忠誠地稟告上級此事，隨後上野國搜捕行動立即展開。但是事實上，源義經躲藏在京都以西數百哩之處。源賴朝似乎越來越固執地要緝拿源義經，並且對行動不果感到異常憤怒。他很明顯地懷疑朝廷並沒有盡全力緝捕，並在緝捕行動一年後寫信給居於京都的太上天皇：

（源義經）同情者甚眾，吾等無可能於今日此等草率之軍況下，緝捕歸案。吾願遣兩萬至三萬兵力，遍搜眾郡之山嶺、寺廟。然此行可能招致不利後果，如朝廷願擇取其他手段，請即刻傳達告知鎌倉。202

太上天皇對鎌倉幕府信中所隱藏的威脅含義感到驚駭無比，甚至因此再度下令追拿源義經。此時，源義經深知自己不可能繼續躲藏於首都，決定出奔北藤原之所在——奧州。

我們無法確知源義經自中央區域出逃至關東的實際路線（此時關東已經全然屬於鎌倉幕府的腹地），他最終於一一八七年年末抵達遙遠的日本東北部，逃亡旅程耗時約近六個月。假如連他兄長瘋狂的搜捕都無法尋覓其蹤影，那麼數百年後的我們應該也不可能掌握逃犯源義經當時的腳步蹤跡。或許逃亡途中有著首都周邊沿途的寺廟僧侶與武僧照料著他，那些在源義經飛黃騰達時知曉他為人的人，或是對他的不幸遭遇有所同情的人。根據傳說，源義經與其手下假扮「山僧」，前往關東區域沿途勸募經費，重建寺廟。傳統上來講，世人認為源義經逃亡的路線，正是數個世紀後首都南方區域的苦行僧所採用的熊野古道；事實上，關於源義經逃亡期間的許多傳說，很有可能正是苦行僧在跋涉途中所創作出來的故事，並以此流傳開來。這或許正是源義經傳說廣布全日本的其中一個原因，而或許也說明了許多歌謠將熊野古道與源義經連結的原因。[203]

在源義經逃亡的途中，鄰近日本海、新建的安宅關可謂最驚險的一段，當時他在足智多謀的弁慶的保護下，逃過檢查與捕捉。此事成為日本文學史上兩件著名作品之靈感來源；十五世紀的能劇《安宅》，以及十九世紀的歌舞伎劇目《勸進帳》，當然，兩劇本自然為虛構之作，但也很可能基於真實事件。儘管安宅關守軍認出此人就是「日本最鼎鼎大名的通緝要犯」源義經，但是出於同情心與物哀之情，仍舊甘冒極大風險放行。

上述劇目讓我們得以洞察英雄日薄西山般的處境，也能更深入地理解英雄的失敗之路。儘管表現手法大不相同，但是基本上劇作家對事件的理解相當一致，唯歌舞伎劇目比能劇劇目更為縝密。三名於《安宅》會首的主角為奔忙的武僧弁慶、遭到全日本通緝追捕的源義經，以及受源賴朝指派，負責駐守安宅關抵禦來敵的富樫左衛門。能劇開場為典型的主角告白，富樫左衛門如此自述：

> 本人執掌加賀國安宅關。如今源義經震怒兄長源賴朝，並且不得繼續逗留首都。他與數名徒眾喬裝山僧，準備前往奧州，尋求藤原秀衡庇護。有鑑於此，源賴朝下令在各郡興建關口，並下令駐守者詳細盤查往來山僧。[204]

接著登場的是喬裝成勸募山僧的源義經與一小群跟隨者。當他們得知附近新建的安宅關時，莫不愁容滿面。某些跟隨者意欲闖關，但是弁慶解釋此舉將為未來漫長的路程帶來變數，並且以此奇招建議眾人：

源義經：弁慶！快獻上計策。

弁慶：是的，主人。請准我獻上此策。吾等一千徒從貌似山僧，但您的尊容難以掩藏。或將您的絲綢錦緞交予挑夫，並將他的肩筐放於您的背上？如此，假若您跟隨於隊旅之後，定可謊扮為挑夫。[205]

此時的源義經已經丟失所有信心，他願意接受弁慶所拋出的任何計謀，並很快地與挑夫換裝。一行人來到了安宅關，樹梢可見不久前遭斬首之山僧頭項吊掛其上。他們沒有被駭人的景象所懼，勇敢地走向關口。劇本的高潮在弁慶與富樫左衛門的交手，弁慶憤怒地堅持自己與一行人乃為勸募山僧，欲為奈良東大寺籌募建寺銀兩。富樫左衛門表示絕無可能讓他們一行人過關，甚至指出樹上的屍首，正為前日處決的僧侶。源義經與追隨者等同入了虎口，但是弁慶毫無遲疑之情。他與富樫左衛門激烈地爭吵，隨後，他與其他「山僧」企圖以大聲頌經對抗哨口士兵。富樫左衛門要求弁慶念誦勸進帳，此乃勸募山僧的必備之物。可想而知，弁慶並無勸進帳，但是他從容地從挑夫肩筐之中取出捲軸，並即興念誦出關於東大寺的浩瀚神學史。安宅關口士兵在如此精湛動人的表演下信以為真，讓源義經一行人通過關口，不再刁難。

合唱：（弁慶）以如此高昂的聲調朗誦勸進帳，天庭亦為之震動。驚恐萬分的士兵只得放行，驚懼的士兵立刻放行。

富樫左衛門：速速通過。

持劍者：祈念放行，祈念放行！206

就在源義經一行人幾乎要脫離險境時，富樫左衛門身旁的侍衛突然認出尾隨隊伍後方的挑夫正是英雄本人。富樫左衛門喝令眾人停步。此時，弁慶知道行跡即將敗露，他大聲怒斥挑夫造成通關延遲，接著他拿出物事，痛打源義經。當然，他希望關口士兵認為即使挑夫面容神似源義經，但是這絕無可能，畢竟天底下沒有任何侍從膽敢動手毆打主人。富樫左衛門承認自己失誤，不該懷疑挑夫，並且讓一行人通行。

當他們安全通過關口時，劇本來到了相當戲劇性的一刻，弁慶雙眼含淚、請求源義經原諒；源義經亦是淚流滿面，感謝弁慶救了自己一命，並且（如同〈腰越狀〉）哀嘆人世間的不公義，讓自己行到如此地步：

合唱：吾，源義經，出身武家，忠心侍奉源賴朝。吾曾於西海絞殺敵兵，安寢於海岸田野，以盔甲之袖為枕。吾破浪萬里，逐大浪而居；吾乘駿馬越過料峭山脊，踏雪而行。夕浪時勇戰於須磨與明石；獨獨三年，已剿滅全敵。然忠忱無用。悲嘆此生。

源義經：悲慟世間。吾願難償。

合唱：（……）折磨人世間。惡人仗勢欺人。天地間豈無神佛（護佑我輩）？悲嘆此生。[207]

劇本結尾較為歡樂，富樫左衛門向離開的眾人敬酒，以致歉意。弁慶佯裝酒醉，跳起精神抖擻、充滿男性氣概的男舞。不久，眾人動身上路，而合唱者嘆道：

讓吾等速速離去！
如弓在弦，
莫鬆懈神智，
關口士兵，吾等在此告別，
擔起肩筐，
眾人奔往奧州，

如踏虎尾，
如入蛇口。[208]

或許此刻源義經僥倖逃出生天，但是不管是讀者或觀眾，都可料想他已在劫難逃。

此一劇本的衝擊性，來自富樫左衛門其實並不相信弁慶的偽裝。不管是弁慶大聲朗誦騙人的勸進帳，或是唬弄侍衛的伎倆，在在都加深他的懷疑。富樫左衛門實為劇本中最複雜的角色。他雖然一心效忠源賴朝，但又對年輕、悲慘的英雄深感同情，此外，他也震懾於弁慶對主人的深情，特別是他為了率領眾人逃出關口，動手杖打源義經時所表現出的痛苦。換句話說，富樫左衛門假裝上當，展現了深深隱藏的物哀、真誠與判官贔屓等更高標準的人性情感，並因此拋棄了對封建幕府應有的責任。[209]

在劇本中，源義經的角色相當被動。儘管他才是英雄主角，但是卻迴避任何決定，一切由弁慶作主。為了強調這個角色的文弱，在能劇中，源義經往往是由兒童擔任的子方角扮演；而在歌舞伎中，則由女形扮演。這也是在源義經死後數百年間，關於他的傳說不斷地變形的結果。大部分的傳說皆著墨於源義經失勢之後的樣貌，並暗示源賴朝的仇恨與隨後的一連串挫折，已將他的弟弟從英勇的武將，變成憂鬱、軟弱溫吞的貴族，他僅剩一口氣，悲慘沉默地接受自己的命運，並完全仰賴弁慶的支持與計謀，且戰且走。往日打敗平家的英雄氣概已經蕩然無存，相反的，源義經的形象更似城市的文化貴族，令人聯想到光源氏，並且更符合平安時期的理想，而非追隨他的地方部眾。他的樣貌也改變了，越來越具有女性與孩童的美麗、蒼白、高貴與細緻，而非一般武僧的粗獷與極度陽剛。[210]

武藏坊弁慶的名字不時以源義經的親信出現在歷史資料中，但直到後期流傳的傳說版本，特別是《義經記》，他才成為故事的中心角色，並且主導故事主軸，散發出戰敗之主已不再擁有的精力充沛、樂觀與足智多謀。關於武藏坊弁慶的一切都相當有趣，從他母親懷胎十八個月開始，至他少年時期身長足有八呎、力氣堪比百人，最後成為源義經最忠實的追隨者時，可謂一生的高潮；此時他身披黑色盔甲，身材魁梧卻面臨驚悚萬分之絕境，他在一連串的追殺之下，依然顯得足智多謀。[211]弁慶並非無腦的惡霸，儘管身材壯碩，但卻表現得充滿幽默、智慧，在關口事件中，我們更可感受到他的溫柔。弁慶確實是暴力的角色，但也具有魅力與柔軟之心。除此之外，他更是忠臣的典範，當主人越來越敗落失勢時，他益發忠心不二。[212]

主僕之間的友誼令人聯想到唐吉軻德與桑丘．潘薩（Sancho Panza），愁眉苦臉的西班牙紳士正是西方文學中最精采的悲劇英雄角色。十二世紀的日本宛若十六世紀的西班牙，無能失敗的貴族身邊有著一位粗獷、機智的夥伴，他們的精神與氣質讓人無法忽視。此外，不管是唐吉軻德或是源義經，最讓人吸引之處，正是他們都毫無保留地接受，甚至熱愛身旁地位低下的隨從，並深知對方的實力與忠誠。兩組故事中的主從關係還有著更多的相似之處。好比潘薩與弁慶的重要性都隨著故事的緩緩推進而加深，兩人的身材都相當魁梧挺拔。當唐吉軻德的幻想越來越失控時，潘薩從平凡樸實轉化得更加成熟與智慧。同樣的，弁慶也彌補了主人的消極與被動，並展露了機智、才能與學習能力。[213]

另一個在後期版本的傳說裡逐漸取得重要位置，並且完美地展現忠誠與勇氣等理想概念的，則是源義經最愛的妾，靜御前。當時，靜御前被稱作全日本最美的女人，並且相當善舞。在《義經記》中，她曾在太上天皇面前起舞，並且神奇地終結了歷時數百日的旱災。在源義經敗落之時，靜御前仍舊深愛著英雄，並且誓死相隨，一同離開首都。[214]在能劇《吉野靜》中，當源賴朝的士兵追趕源義經時，靜御前以絕妙舞姿吸引凶惡武士的腳步，並向眾人述說源義經性格之美好。在此，她讓英雄成功脫逃，但是，在內海船難事件後，弁慶堅持靜御前返回京都，以免耽誤眾人腳步。此時的源義經精神相當委靡，並且一切依照弁慶的盤算進行，這對戀人只得哀傷別離。就在靜御前離開不久後，立即被應當伴隨她回到京城的侍從所背叛。

靜御前被俘並送回鎌倉幕府後，遭受到嚴厲拷問，但是她堅定拒絕透露源義經的行蹤。當眾人發現她懷孕時，鎌倉幕府將軍下令，若為男嬰，則不留活口，以確保源義經沒有任何男性後代。可以料想的到，靜御前確實產下男嬰。此男嬰立刻遭到捉拿，並且送往由比濱海邊，遭受重石裂腦之虐。不久後，悲傷欲絕的母親被要求在祭祀戰神的八幡神社前起舞，以娛樂源賴朝與其手下。[215]她答應對方要求，期望能透過情歌讚頌源義經，以挑釁眼前敵人。儘管受此屈辱，靜御前仍舊被准許在隔日回到京都，她在首都落髮為尼，隔年因為過度悲傷而逝世，得年二十歲。自此，她也成為源義經傳說中偉大的浪漫角色。儘管關於靜御前的描述多半為虛構，且僅為陪襯英雄，但是她仍舊可被視為日本的第一個（也是幾乎絕無僅有的）女性悲劇英雄角色。216

除了弁慶、靜御前以及其他三個忠心耿耿的隨從以外，自此，源義經可說是澈底地孤立了。為什麼一位剛剛得到顯赫戰功的將領會如此失意而落魄呢？缺乏軍力正是他崩毀的原因，因此我們必須重新了解英雄的生涯起落。源義經的一項致命弱點，便是他在成功時期所享有的兵力完全來自源賴朝給予他的官職。由於年輕的弟弟源義經為鎌倉幕府之附庸，因此麾下沒有任何屬於自己的僕從，所有與他一起奮戰擊垮平氏的將領都效忠源賴朝，當他們發現英雄激怒源賴朝時，沒有人願為他進行調解。在兩人間的嫌隙已不可彌補時，源義經試圖在不同郡縣招募新兵，但卻徒勞無功。當時一份資料這樣紀載：「近江之兵無人願投義經……雖義經廣募武士，然無人相助。」217

對源義經企圖招募的武士而言，或許儘管同情年輕的將領，但由於身為源氏附庸，因此皆尊源賴朝為封主。以客觀情勢而言，源義經成功推翻鎌倉幕府的機會過於渺茫，因此相助源義經恐怕等同背上叛主之罪。武士不但無意加入敗軍，在如此亂世之下，他們更渴望源賴朝幕府所承諾的和平願景。可以想見，在多年的血戰與爭鬥之後，古斯坦·巴塔爾（Gaston Bouthoul）教授所描述的「衝動的好戰性」已然大幅降低，人民普遍渴望安穩與和平，即便是最傑出的武士亦然。儘管許多同儕武士崇拜源義經的膽量、真誠與其他性格特質，但若是繼續抵抗鎌倉幕府，恐怕會為日本帶來動盪，反之，若是源賴朝最終得勝，那麼穩健的軍事政府或許可以恢復全國秩序，並且確保武士的地位。

除此之外，源義經的募兵計畫也因其個性衝動、不切實際與過度個人主義而壞事。他不像哥哥擁有善加用人的機智與能力。儘管他是絕佳的將領，但卻無法與同儕兵將和睦共處；而我們也確實知道，不少將領在內心憎恨源義經。換句話說，若是源義經作為政治人物，前景堪憂；他並未擁有操控、冷靜盤算、協商等取得天下所必須擁有的心智能力。因此，當源義經有難時，他無法仰賴統領萬千部隊的將領，只能依靠一小群忠實的追隨者，他們多半為流氓、武僧、非法之徒等等，都是因為強烈的個人情感連結而守護源義經。追隨者被鎌倉幕府的武士帶往海邊，逐一虐待、殺害或被逼迫自殺，最終，源義經身邊只剩屈指可數的幾名隨從。在這群幾無章法的寥寥親信陪伴下，他逃亡到了東北部，迎向人生的終章。[218]

當源義經抵達奧州時，得到北藤原領袖藤原秀衡的承諾與庇護，在此安身，兩人在源義經年少從平家脫逃時就已相識。[219]藤原秀衡統掌北方，而他的自治區域奧州被視為日本史上的第一堡壘；[220]奧州位置偏遠蠻荒，並由一組強健而恪守紀律的軍隊守護，實為堅不可摧之地。在一一八七年時，奧州成為鎌倉霸權唯一尚未攻克之域。藤原秀衡為源義經在自己的住所與母河之間建蓋了新的藏匿居所。

事實證明，源義經出投奧州正好符合源賴朝的心意。首先，他要求藤原秀衡交出逃犯，但是

（他必然不感意外），此威脅對頑強的地方梟雄根本沒有任何實質效用。接著，源賴朝以「懲戒」反叛兄弟為名，以鎌倉幕府的身分要求朝廷發令攻擊奧州。即便到了這個時候，京都仍舊因為鎌倉幕府過度強悍而士氣低落，太上天皇也相當猶豫是否發此院宣。此時，另外一起事件大大幫助了源賴朝的計畫，並加速英雄之滅亡。當源義經抵達奧州時，藤原秀衡已高齡九十一歲（對當時的日本而言，是相當不可思議的奇事），數個月後即因病逝世。他最後下令要求兒子以主君之禮守護源義經，免受鎌倉幕府的要脅。藤原秀衡想必知道，源賴朝必然在自己死後有所行動，並想盡全力信守自己庇護源義經的承諾。

當源義經得知藤原秀衡死訊時，立馬飛奔至他的居所。老領主之死不但恐讓計畫生變，也絕對讓源義經痛徹心扉。對年幼失怙的英雄來說，藤原秀衡之情如父如兄。《義經記》中如此描繪英雄的失落感：

「嗚呼，」源義經長嘆：「吾不該跋涉如此，早應信賴藤原秀衡。吾年方一歲時，乃失吾父源義朝。即便親母仍留京都，但其與平家友好，因此關係淡薄。吾多兄長，但遍居四處，自小難以相見。而源賴朝相與為敵。嗚呼，喪親之痛猶未過之。」221

葬禮當日，源義經身著白裳於墳前哀悼。「義經大悲，願與藤原秀衡共別人世。」源義經與老領主拜別，接著轉身而去，孤獨地消失在荒野之中。

藤原秀衡的擔憂確實成真。當鎌倉幕府接獲老領主逝世的消息時，源賴朝自忖機不可失，立刻傳令若交出其親弟受懲，將保守奧州。[222]新任北方領主藤原泰衡公然違背父親遺願，認為若為一逃亡要犯疏遠鎌倉幕府，實為不智之舉。[223]一一八九年四月，他背信源義經，突襲其據點。

衣川之戰時，以較為委婉的說法來講，源義經與區區九名追隨者共同迎擊近三萬名來敵。[224]在如此慘烈的情況下，對日本英雄而言，心中的唯一念頭即是盡可能地在臨死之前，將來敵送上黃泉。根據傳說，源義經的徒眾表現出超凡勇氣，或是壯烈戰死，抑或最終刎頸自決。

《義經記》詳實紀錄了傳說的前半部。據傳，源義經家臣迎戰藤原泰衡的士兵時，英雄自己、妻子與兩名孩子據守屋內，他本人並在佛堂平靜地誦經。[225]在此時刻，這樣的舉動似乎很突兀，但是英雄在生命後期確實呈現了相當優雅、平靜的一面。當弁慶衝入佛堂告知主人，除了自己，僅剩一名追隨者尚留活命時，源義經已經讀到《妙法蓮華經》第八卷。「事已至此，大勢已去，」弁慶言：「吾願就此訣別。」[226]源義經回覆弁慶，儘管兩人長久以來即已相約將一同戰死沙場，但如今自己不願意離開佛堂，面對如此不堪的敵人。[227]因此他懇求弁慶拖延時間，阻擋敵人攻入佛堂，莫打擾自裁。「吾願頌畢佛經。願汝竭盡全命，助吾一程。」[228]

當兩人淚流滿面地交換訣別詩後，弁慶返回屋外，決一死戰，此戰可謂弁慶一生中最激昂的戰鬥。他的同黨都已斃命，僅剩自己獨戰。弁慶長刀亂斬，狀貌駭人，敵軍近戰不得。接著，有一瞬間弁慶如塑像般傲然而立，他的黝黑盔甲遍插羽箭。他臨死前的一刻令人聯想到熙德（El Cid）在馬背上遭受的襲擊：

> 一士兵說道：「看那僧人！他望向我們似乎要攻擊。嘴角似笑非笑。莫讓他近身，他將刺死吾人。」眾士兵不敢近身，另一人說道：「我曾聞英雄死後身軀卓然而立。我們應當查看此人死活。」無人膽敢一試，不久後，一名士兵突然經過，他的馬匹撞倒弁慶，原來弁慶早已身亡，霎時間屍身癱倒在地，雙手緊握長戟……當他癱倒時，看似帶著武器追殺而來。「小心！他抓狂了。」士兵驚呼，快速撤退。直到弁慶的屍體動也不動以後，可笑的敵人才上前確認。[229]

此時，弁慶的拖延戰術讓主人得已完成誦經，準備慷慨赴死。源義經端坐佛堂，並向妻子的隨從，一名叫作兼房的英勇戰士詢問如何自殺。兼房建議以佐藤忠信的自刃法，後者為源義經最忠誠的隨從之一，他在激戰之後自刃而亡。兼房說道：「世人至今讚揚佐藤忠信。」源義經回覆：「此法確實可行。吾必戮力掘深傷口。」當英雄面對死亡時，沒有絲毫遲疑與猶豫。似乎對許多日本英雄而言，他們畢生等候的正是自殺的時刻，我們甚至相信，如此重要的儀式必曾進行某種程度的演練。當源義經拿定主意後，取出鞍馬寺方丈曾經賜予他的著名寶劍，自從平氏一戰後，此把寶劍始終揣於盔甲之下。

源義經拿起寶劍，將之刺入左乳下方，傷口之深幾乎讓劍身穿刺背部。接著，他深刺胃部，傷口以三方向撕裂，腸臟外露。他以袖口擦拭劍身，披上袍子，將上半身倚靠在扶手上……[230]

雖然一息尚存，但英雄現在動彈不得，而處死源義經妻子、兒子以及僅七日大的女兒的殘酷任務就交給了不幸的兼房，雖然他感到相當躊躇，但是他的情婦卻出言催促。他身體僵硬，步履搖搖晃晃，口中喃喃念著佛號。[231]

源義經仍有呼吸，他睜開了雙眼詢問妻子的狀況，「她已絕命於君側。」兼房回應。源義經伸出手，「此為何人？男孩嗎？」他伸出雙手掠過兒子屍身，碰觸到妻子的身體。兼房見此悲痛莫名。「莫等待，放火毀屋。」[232]

此乃源義經遺言。他死於佛堂，享年三十歲，和日本典型英雄小碓尊於尾張死去時相同歲數。[233]當兼房看見主人過世後，他讓整座莊園陷入熊熊火焰之中，並拖著一名敵將奔入火焰之中，就此了結一生。

我們不清楚源義經死後的細節，但顯然藤原泰衡的士兵在屍體澈底燃盡前把源義經帶離火場，並執行死後斬首。藤原泰衡立即通知源賴朝自己已經履行承諾，一名使者被派往鎌倉幕府，帶著一只黑色漆盒，英雄殘毀的頭顱被浸泡在甘甜的清酒裡，以供官方檢驗與認屍。六月中旬，使者抵達腰越驛站，源義經曾在此地寫下哀傷欲絕的信給源賴朝；一群官員負責在此檢驗駭人的頭顱，其中也包括了英雄的宿敵梶原景時，[234]據說，即使是這個鐵石心腸的人在看到頭顱時也激動不已，不得不轉過身去，而其他成員也無不淚流滿面。

官員證實頭顱的主人確實為源義經，並將此事稟報給源賴朝。[235]源義經的死亡就如此地平靜劃下句點，一直要到數個世紀後，因其備受愛戴的緣故，數種關於源義經逃出生天的故事才流傳開來。據傳，漆盒內的頭顱為假，而源義經本人則逃出火場，奔往北方躲避災厄。[236]根據一江戶幕府時期的傳說，也或許該時期日本對北海道的發展深感興趣，源義經逃往北方島嶼，並率領一眾軍隊抵抗愛奴人的敵人；他們感念源義經，並視他為領袖，而源義經也愛民如己。[237]另一個版本則聲稱源義經出逃奧州，行腳往北，途經北海道與庫頁島，最終落腳蒙古，並以成吉思汗為名，展開新的人生篇章。此說法首次出現於明治時代晚期，無疑的，與該時日本開始對北亞懷抱的野心有關。假如成吉思汗確實為十三世紀的源氏戰將，那麼日本就得以宣稱自己有擴張北方領土的充分理由。支持此說的人強調，成吉思汗與源義經所活躍的年代相當接近，並且都以騎術、攻擊策略為名。此外，並認為源義經時常被喚作義經，其音相當近似成吉思汗。可惜的是，此說法其實**很難**兜攏。另一個說法則是源義經逃往中國，並成為清朝始祖。[238]上述關於源義經後期的故事，顯現了豐富的民俗力道以及不可忽視的魅力，但卻從未被主流傳說所接受，真正的傳說認為，源義經因其真誠以及所缺乏的政治心機而戰死沙場，成為早夭的英雄。

◆

我們該如何觀看混合了事實、半事實與傳說的源氏兩兄弟的人格特質與歷史角色？客觀而論，源義經的個性注定將與源賴朝產生衝突，並帶來悲劇性的下場，事實上，不管在什麼樣的情境之下，他多半會成為悲劇英雄。自鞍馬山間毫無拘束的幼年生活開始，源義經就有了相當暴躁的脾氣，性格固執而浮躁，對權威、秩序毫不在乎；在他進入人生後半段較為低調而消極的時期前，我們可以察覺他面對其他將領時所展現的狂妄、直率而難以預料的性格；在交戰時刻，源義經勇敢而才略雙全，但他堅持霸守領導之位，並且毫無妥協可能，可說是獨攬全功。戰績顯赫的源義經不免過度自傲，並且無法容納建言，他習慣性地擴大職權，並且展現一定程度的獨立狀態，最終不免激怒掌政的源賴朝。[239]假如他願意如同無能的兄弟源範賴，接受源賴朝的指令，那麼即便無法得到英雄的頭銜，倒也能安然度過成功的人生。事實上，源義經似乎證實了日本文化對個人主義的見解：「強出頭必然嘗得苦果」。

源義經性格溫暖主動，這也說明了為什麼他在首都特別受到女性與朝臣的歡迎，在山間時也受到山僧之喜愛。儘管幼童時期缺乏長輩關愛與教誨，但很顯然地，他相當渴望能與親兄弟擁有緊密的關係；但是最終他的期盼遭到背叛，並且必須轉向藤原氏的老領主藤原秀衡求救，而後者的死亡對英雄來說無疑是致命的一擊。儘管源義經相當熱情、容易信任別人、天真而單純，但是他的脾氣無法應付現實的計算與謀略，因此與世俗定義下的成功無緣，他無法與擅長操控人心的源行家、太上天皇、梶原景時以及最重要的鎌倉幕府相比。源義經的不切實際與政治上的過分單純，成為其災難性的弱點，並招致失勢，但是從日本文化的觀點看來，他最自然的真誠特質，才是他受人欽佩，並成為英雄的原因。

對比數個世紀以來源義經所享有的聲譽，他的歷史成就其實相當微小。儘管他的軍事謀略與決心加速摧毀了平氏，但是追根究底，一一八四年當時的權力槓桿早已預示了源氏的最終勝利，不管有沒有源義經的存在，歷史走向勢必如此。諷刺的是，以歷史角色而言，源義經的主要功能在於協助源賴朝奠立霸權基礎。他最著名的功績在於與其他源氏宗親部隊共同征討忤逆的堂親源義仲，接著剿滅平家。上述征戰讓源賴朝得以安坐鎌倉，並繼續整合自己在關東的勢力。[240]

當平家覆滅後，源義經的軍事才能已然無用，唯一的利用價值在於成為朝廷官員的逃犯與公敵。如此大規模的搜捕行動給予源賴朝完美的藉口，將自己的勢力範圍自關東擴張至全日本。源賴朝將源義經塑造為危險性極高的要犯，唯有捉拿住源義經，才得以恢復日本的秩序，當時鎌倉幕府強迫朝廷開徵米稅，以支援擒拿源義經的任務。他還強硬執行、任命代表鎌倉幕府的源氏官吏，前往各郡縣監督地主，以插手監管全日本的經濟動脈。上述種種舉措，開啟了真正的封建制度，而在日本歷史上的影響，遠比一個注定要逃亡的人更重要。

在擒拿源義經的漫長過程中，源賴朝也得以觀察朝廷中個別官員，以及寺廟乃至任何地方，不同角色對他的友敵態度。支持源義經的貴族都被取消任命，甚至倉皇地踏上流亡之途，而位在京都的朝廷也依據對鎌倉幕府的親疏遠近，進行了一次權力盤整。上述事蹟以源賴朝的說法為「新日本的誕生」，也就是日本的新秩序。源義經最終逃往北藤原之領土，此舉更給了源賴朝完美的說詞，一舉殲滅最後的潛在軍敵，並且將廣大的奧州領土納入自己的版圖之中。241

早在源義經逗留於首都時，他就已經成為太上天皇的政治籌碼，用以對抗源賴朝。而在他日後的軍事生涯裡，幾乎每一步都成為源賴朝的棋子。但是同樣的，他的天真與受害角色，不但無法消滅他的地位，反而更增添了英雄故事的淒美。

源賴朝與弟弟相反，後者僅有透過他者的利用，才得以實踐自己的政治效能，源賴朝則證明了自己為日本史上相當獨樹一格的領導者，他建立了嶄新的行政、法律制度與原則，並取代數個世紀以來的權力制度。儘管理論上來講，據守京都的舊皇朝仍舊因為皇室身分擁有權威地位，但是盤據鎌倉的源氏，早已建立起自己的軍事基地，並成為全日本的第二大中心，亦為真正掌握實權的集團。自一一八〇年剿滅平家的內戰以後，源賴朝專注於政治與行政改革，他在關東發號施令，並且再無進行任何軍事行動。最終，一一九二年時，源賴朝的政權已然底定，並成為全日本的統治者，他稱自己為征夷大將軍。這在朝廷階級中，為相對較低的職位，但是卻掌握了所有重要的武士階級。儘管源賴朝死後，他所建立的軍事法規並未持續太久，但是自十二世紀晚期以來，幕府政府制度卻斷斷續續地存續了近七百年之久。[242]

雖然源賴朝被歷史學者視為日本最重要的政治人物之一，但他在傳說中（以及受到傳說所啟發的無數劇作與文學作品），卻毫無疑義的僅是個無惡不作的壞人；在此，源賴朝為「成功的生存者」，而他的陰謀更導致令人憐愛與同情的英雄墜落。當勇敢的源義經與一小群支持者占據了歷史的舞臺時，鎌倉幕府躲藏在幕後，以無情、冷血的眼光上下打量著敵人，內心無止盡地貪慕權力。當平家被擊垮以後，據說源賴朝下令淹死或活埋幼兒，而較為年長的孩童則遭軍隊刺死或絞殺。據傳，即便最老練的關東將領都對此命相當遲疑，儘管最終仍得服從源賴朝的命令。此外，根據一傳說，源賴朝的殘暴與善妒，讓他敵視年輕而受歡迎的英雄，並親手促成其死亡。儘管以客觀角度而言，鎌倉幕府確有實際理由懷疑其弟可能成為造成日本持續分裂與混亂的主因，但是在傳說的渲染之中，源賴朝僅僅是個發狂嫉妒與惡毒的角色。

另一方面，在眾人的想像之中，源義經絕對是完美的日本英雄，不管是他的人格或一生，透過傳說的渲染，澈底成為代表國家感性的象徵。戰場上的源義經出奇不意而深得人心，在私生活中則精力充沛、令人信任，並且相當真誠。但是最重要的，世人愛他的悲劇與慘敗。日本獨特的物哀情懷讓人感念年少時期徘徊在荒野中、吹奏著悲傷笛曲的英雄，日後他更成為悲壯的逃犯，受到更為強大、現實而市儈的惡人追剿，他幾乎被所有人拋棄，僅僅一小群不法之徒在他身後亦步亦趨，最終源義經遭受背叛，並且被迫在如此壯年之際自我了結。[243]源義經的軍事成功自是他偉大的理由，畢竟如此才能對比他日後失勢的悲慘與淒美。作為日本典型的英雄，他悲慘的失敗境遇確保了其聲譽，並激起世人對失敗者的情感認同。

169 和多數國家一樣，日本歷史上的英雄多半為軍事人物，唯一的特別之處在於，日本人喜好代表失敗一方的角色。對我們生在後工業時代或其晚期的人來說，實在很難想像中世紀騎士的面目，更遑論日本武士，而現存的知名武士的記載，多半缺乏個人特質與心理狀態等細節。

「無怪乎愛默森（Emerson）以『多半粗魯、男性化，並且具有殘暴的力量』來形容大多數的日本戰士以及西方騎士。他們的生活方式體現了日本傳統中粗獷與暴力的一面；未免後人過於誇讚中世紀武士，瓦萊教授提醒我們，『他們相當粗野、不識字，並且擁有非常殘暴的職業。』」保羅．瓦萊，《日本文化》（*Japanese Culture*），紐約，一九七三年，頁一七三。

然而，儘管歷史記載了數世紀以來如此凶惡、狡詐、並且病態地殘酷的武士文化，但是他們的野蠻往往揉雜著熱愛文化的特質，特別是詩歌，以及尊重「真誠感」與「物的本質」，並表達出脆弱與纖細的情緒。上述關於武士的正面特質，都透過歷史傳說賦予源義經人物形象，而往後的軍事英雄如楠木正成與西鄉隆盛，似乎也擁有相同的情懷。

「或許極端愛國主義者濫用了武士形象，但是我們仍舊應當理解其純粹之本質……真摯而細膩、堅毅而輕盈、讓我們得以想像……現實世界實難容下如夢似幻的武士。」肯特．辛格，《鏡子、劍與珠寶：日本特質研究》，紐約，一九七三年，頁一六七。

170 此字出於十七世紀俳句詩人鬆江重賴，他以綻放的櫻花吹落在空中形容失敗之美：

啊，綻放之於世界
判官贔屓
春風

同情失敗者與英雄的墜落顯然與第三章所提及的無常感與物哀有關，也與第二章註三十二的二分法所歸類的「真誠」相合。

在日本武尊與源義經的傳說裡，以及現代歷史中的英雄西鄉隆盛的生命中，他們都在接連創造的顯赫戰功後，遭遇無情的潰敗。當成功時越加耀眼，其墜落的慘烈就更顯唏噓淒涼，而人生的終局更奠立了其英雄的地位。「要成為英雄，必得在事業的巔峰快速墜落。」《日本英雄形象與墜毀方式》，久藤洋（Kudō Yoroshi），《週刊朝日》，六至八，一九七三年：一一六。

171 舉例來說，源義經的超自然旅程。請見海倫．麥克庫倫（Helen McCullough），《源義經：十五世紀日本編年史》（*Yoshitsune, A Fifteenth-Century Japanese Chronicle*），史丹佛，一九六六年，頁三八。麥克庫倫教授的著作詳實研究了源義經的傳說，並採用《義經記》的內容。

172 以米拉席亞．依萊德（Mircea Eliade）的說法，傳說比事實「更為真實」，因為「傳說擁有更深邃、豐富的意涵，展現了悲劇命運的本質」。依萊德以巴爾幹村莊為例，該事故迅速成為傳奇；該地的人深信傳奇比他們所親眼目睹的事件更為真實。依萊德，《宇宙與歷史》（*Cosmos and History*），紐約，一九五九年。而筆者則混合了史實與傳說，暗示（儘管不見得有必要）何為傳奇、何為史實，以描繪源義經的一生。事實上，本書自由地使用神話說法，儘管此類記載沒有任何「可信」史實作為佐證，但是我們可以藉以窺見日本文化中英雄崇拜的背後心理因素。查達瓦克（N. Chadwick）曾經寫道：「**神話是創造英雄的最後一步，而非起源。」查達瓦克，《文學的生成》**（***The Growth of Literature***）**，英國劍橋，一九三二年，頁二七八。**

173 《判官物》（關於源義經的劇本）為能劇中最大規模的劇本子類別。這代表對室町時代，也就是能劇最受歡迎的時期，失敗的源義經帶給創作者豐沛的啟發。在後繼的德川時代，源義經仍舊讓作家們文思泉湧：天才級的人形淨琉璃、歌舞伎作者近松門左衛門撰寫了至少十六部關於源義經的劇作。如果讀者對描述源義經的文學以及其他相關傳說的種種有興趣，目前最重要的參考書目為島津久基所寫的《義經傳說文學》（東京，一九三五年），可謂英雄源義經的百科全書。

174 參考〈圖表七〉。

175 源賴朝的母親為藤原貴族的女兒，並為重要的熱田神宮之祭司。她可說是源義朝眾多妻妾中最傑出的人物。

176 根據著名的源義經寫給源賴朝的信件（請見本章），源義經稱自己為孤兒。

177 此為知名能劇劇目《橋弁慶》的典故，亞瑟·瓦利（Arthur Waley）翻譯於《日本能劇劇目》（*The Nō Plays of Japan*）一書中，倫敦，一九二一年。

178 請見第一章註六。

179 「你必當能一眼識出（源義經）。他瘦瘦小小、五官細緻。他的牙齒微微外凸。」《平家物語》，選自《日本古典文學全集》，東京，一九六六年，頁三四五。

180 關於英雄的性向，請見本章註二一四。也請見本章註二三八，了解將源義經視為阿多尼斯（Adonis）神祇的觀點。

181 麥克庫倫，《源義經》，頁五。

182 此戰不只對戰堂兄，源賴朝也派叔父源行家，以及異母弟源範賴上陣。請見本章註一七四的族譜。

183 源義仲貌美的年輕妻子巴御前和源義經的愛妾靜御前相仿，都扮演了史詩般的英雄角色（請見本章註二一六）。巴御前貌美非凡並且相當勇敢，伴隨源義仲南征北討。多數的傳說裡，描述巴御前身穿完整武士服裝，騎著白色戰馬，負責指揮關東戰士中隊。一一八四年，在一場毀滅性的戰役中，源義仲瀕死之際，巴御前受到戰士內田家吉之挑釁，並在一番搏鬥後，取下內田家吉的首級。關於源義仲死後，巴御前的去向有著相當多的說法。許多傳說認為她在芳年二十八時出家，並以餘生為源義仲之魂祈禱；另外較為不可靠的說法則傳她成為源義仲大敵之妾。

〈圖表七〉

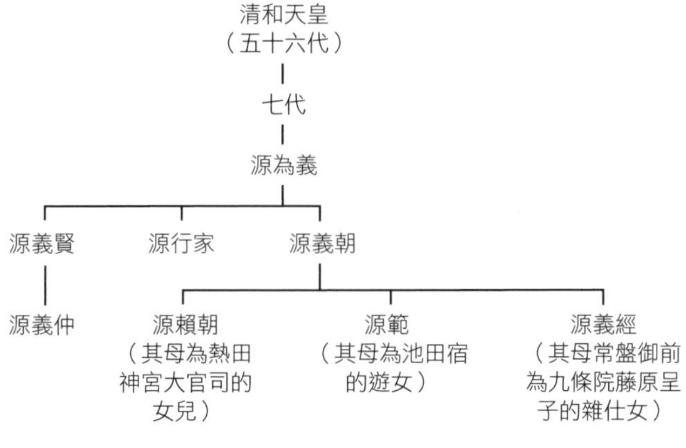

184 一一八五年年末，當源義經離開首都時，他下令士兵不得劫掠民家或縱火，上述惡行對當時撤離的軍隊來說，可說是家常便飯，但源義經的軍隊讓不安的京都民眾與宮廷成員留下深刻的印象。

185 請見本章。

186 《平家物語》，頁三五三。神劍至此失落於波濤之中，再也未能尋得。

187 《平家物語》，頁一一。寺廟鐘聲來自祇園精舍無常殿的八鐘，此著名寺廟於西元前五世紀建於印度中部的拘薩羅花園。

188 瓦萊，《日本文化》，頁六六。

189 和歌森太郎，《源義經和日本人》，東京，一九六六年，頁一五一。在早期日本一夫多妻制度的社會裡，異母兄往往在不同的家庭長大，彼此間多半毫無任何關係或交集。

190 對土耳其歷史熟悉的讀者，或許會將源義經與十五世紀的悲劇英雄傑姆（Cem）相比，這位優雅的年輕男士不僅為詩人、畫家，更重要的是位勇健的武士。傑姆也受到自己的異母兄陷害，兩兄弟從未一起生活，並且在不同的家庭撫養長大。他的兄長擅長管治之術，日後成為巴耶濟德二世（Sultan Bayezid II），根據傳說巴耶濟德二世惡毒、善妒，並且計謀殺害傑姆。某一傳說認為傑姆在梵蒂岡被一受親兄指派的邪惡理髮師，以沾染毒藥的剃刀刺殺而死；另一（更近似源義經）版本的說法，則說傑姆因受到不公平的對待而自刎身亡。感謝年輕的土耳其日本文化學者史萊克．愛森貝爾（Selcuk Esenbel）提醒我這有趣的連結。

191 請見本章。

192 源賴朝對後白河天皇的所做所為感到相當憤怒，他無疑地將此視之為貴族統治之腐敗與不可信。他曾經形容太上天皇「宛若天狗」。然而，依照源賴朝一貫的策略，表面上他依舊對皇室畢恭畢敬。

193 事實上根據傳說，梶原景時促使靜御前與其子遭受不幸。在一版本的傳說裡，他甚至建議撕裂靜御前肚腹，以將母子兩人置於死地。梶原景時在源義經傳說中所扮演的角色，堪比有間皇子傳說中的惡人蘇我赤兄（請見第三章），在兩個傳說裡，主人翁都因為卑鄙而地位低下的小人而死。

194 《平家物語》，頁三二九至三三〇。

195 同前，頁三四四至三四五。

196 同前，頁三四五。

197 雖然此時源義經確實與無能的叔父友好，但沒有任何證據顯示他預謀推翻源賴朝。直到源賴朝派遣刺客自鎌倉前往京都時，源義經才明瞭情況已惡化至無以復加的狀態，並且聯合叔父進行反攻。和歌森太郎，《源義經和日本人》，頁一四七。

198 根據某一版本的傳說，〈腰越狀〉為源義經口述，並由弁慶所寫。這加深了弁慶在傳說中的重要性，而英雄本人則日益消沉。

199 不管哪個版本的〈腰越狀〉，大意皆相同。我以鎌倉近代史作為翻譯之基礎，《吾妻鏡》，選自《日本史料集成》，東京，一九六三年，頁一六四。

200 源義經期望〈腰越狀〉能「直書胸臆」，並告訴兄長自己唯一的政治動機就是歸順其意，他自己從未有任何政治上的企圖。

201 朝廷分別封源義經與源行家為九州與四國領土之領主，但是雖然此職位很可能帶來大量財富，卻沒有任何足以對抗鎌倉幕府的兵力支援。

202 引自石井進所撰寫的《鎌倉幕府》，東京，一九六五年，頁一八八至一八九。

203 角川源義，《義經之生成》，《國學院雜誌》LXV，第二、三期，一九六四年，頁七九至一〇〇。

204 野上豐一郎，《謠曲序說》，東京，一九三五年，卷五，頁五一。

205 同前，頁五四至五五。或許翻譯為書匣比肩笸更為合適。在此指稱可移動、具備木腳的大型木盒，通常可肩背並用來擺放佛教經典、服飾與配件。

206 同前，頁六三。

207 同前，頁六七至六八。

208 同前，頁七二。

209 在《勸進帳》中，富樫左衛門的內心衝突表現地更為明顯，劇中他偷瞄了勸進帳一眼，立刻明瞭眼前的騙局。接下來他對弁慶的盤問，僅是為了要取信身旁侍衛。一八四〇年代的歌舞伎版本再次強調了能劇版本的暗示，並且反應了江戶時代對於義理（責任對比感性）的關注；而十五世紀末期的《安宅》則強調能劇傳統的物哀情懷以及無常感。

210 可對比小碓尊在他失勢時期的形象轉變。

211 重要的是，在《安宅》與《船弁慶》兩齣關於源義經的能劇劇目中，弁慶都是主角，而源義經則是配角。

212 和歌森太郎，《源義經》，頁二一五至二一六，暗示在後來鎌倉與室町時期版本傳說中的源義經與弁慶的主從關係，更接近單純的情感聯繫，其中包含了仰慕與忠誠，對比後來封建時期的冷酷、強調絕對利己的主從關係，截然不同。

213 在後期的傳說裡，弁慶越來越像潘薩，只是個虛構的角色。對當時的冒險戲劇而言，狂妄山僧為相當常見的角色，而源義經的隨從恰巧符合此傳統。同時，弁慶的角色也極有可能為綜合源義經身邊的數個僧侶性格或苦行者而得，一路上伴隨他前往北方。弁慶在傳說中扮演著「陪襯英雄」的角色，以便讓源義經得以繼續逃亡，並將英雄性格中的物哀之情發揮地淋漓盡致。在此，或許，唯有將源義經與弁慶兩角色相互結合，才能完整呈現日本文化的英雄本質。

214 儘管在源義經的傳說裡，靜御前為唯一的女性英雄，但是當時跟隨源義經撤離的女性，並非僅有靜御前。根據《義經記》所述，源義經在首都短暫的停留期間，至少與二十多名女性交好；此外，令人印象深刻的是，至少有十一名女性隨著他登船前往內海。在許多史料的記載裡，源義經風流倜儻的形象令人聯想到光源氏，也無怪乎源賴朝對他始終缺乏信賴感。英雄的多情成為傳說的一部分。在浮世繪畫家歌川國貞（一七八六年至一八六五年）的版畫中，源義經在首都與數名年輕女子發生性關係，而他的生殖器官尺寸即便以春宮畫的標準來看，也頗為巨大。針對源義經性生活的豐富描述以及後期傳說裡的纖細敏感，正為典型的日本浪漫英雄特質，並且反映了源義經的多重性格。

215 根據《吾妻鏡》記載，那場著名的舞蹈發生在男嬰出生以前。在此，後期傳說似乎顯得更為可信，畢竟懷孕初期的女性實難展現精湛舞姿。據傳，靜御前在鎌倉幕府的舞蹈，可說是她一生中最深刻的表演。

不管是弁慶或靜御前，都更像是為讓源義經英雄人格更為完整的虛構角色，而關於兩人的一切，則仿若取自史料拼湊而成。對比源賴朝，源義經的生平似乎更顯虛幻，關於他的事蹟幾乎都來自傳說。然而，如此差異僅存於學界，對於多數的日本人而言，他們視弁慶、靜御前、源義經與源賴朝為真實的人物。

靜御前是相當傑出的女性角色，並且可被視為某種失敗的女性英雄典型，成為她的悲劇情人的半虛構陪襯角色。當我問日本人，何人為日本歷史中的女性悲劇英雄時，幾乎所有人都會提到靜御前。而另一位則是巴御前（請見本章註一八三）。

由於漫長的軍事霸權時期，女性在武士階級社會位置低下，在日本歷史上，僅有相當少的女性英雄角色（不管失敗與否），當然少數幾個例外也多為文化女性英雄，好比小野小町或紫式部。

在武士社會裡，武士與妻子的關係可對比武士與君主的關係，以忠誠與順從為核心。新渡戶稻造之在其著作中描述並確認了此關係（請見本章註二三〇）：「**女性為了丈夫、家庭而犧牲自己，如此為相當高貴的舉動，正好比武士為了君主與國家而犧牲自己。唯有自我犧牲才能解決生命難題，這正是武士必須忠心，而女性必須以家為依歸的道理。女性並非男性的奴隸，而武士也絕非君主之奴僕，妻子實為內助。當妻子為丈夫犧牲生命，或者武士為君主捨棄人間時，他們必然通往神的國度。**」新渡戶稻造，**《武士道：日本的精神》，拉特蘭，佛蒙特州與東京，一九六九年；**初版：**一九〇五年；頁一四六至一四七**。

十二世紀中至十九世紀中期的軍國日本所見的女性英雄多半並非純然獨立的出現，而是與丈夫或其他親近的男性並行，儘管表現出不凡的勇氣與光輝，但是她們的存在多半是為了彰顯伴侶之高貴，這點與武士相當相似。因此，十二世紀時最出類拔萃的日本女性巴御前（請見本章註一八三）、靜御前、北條政子，分別彰顯了丈夫源義仲、源義經與源賴朝可能的英雄地位。同樣的，十六世紀的女性英雄阿市（她在傳說裡與靜御前一樣，被稱為當時全日本最美的女性），英勇地背叛其兄，也就是著名的織田信長，於一五八三年伴隨丈夫柴田勝家於北之莊城集體自盡；但是在此英雄事蹟中，最動人心弦的並非阿市，而是她的丈夫柴田勝家。同樣的，山內千代（一五五七年至一六一七年）為彼時最受眾人仰慕的女性，但是如同她的名字所暗示的（山內一豐之妻），她的名聲仍是透過丈夫而得。而細川伽羅奢（一五六三年至一六〇〇年），知名的天主教徒，則是日本史上唯一一位比丈夫還出名的女性，透過自我犧牲的高貴舉動，而得到舉世名聲（請見第七章註四三九）。

217 取自《玉葉》，九條兼實（一一四九年至一二〇七年）之日記。
218 源義經在被全國緝拿的情況下逃往日本東北部，此說相當符合日本傳說傳統的流離話（請見第一章註四十三），用以描述日本浪漫英雄之悲苦情狀。
219 請見本章。
220 自十一世紀北方長期戰事以來，奧州幾乎成為獨立的領土，而其首都平泉對比起敵對的京都，也不容小覷。雄偉的中尊寺以廣用金箔著名（奧州擁有豐富的金礦），並由平安時代晚期的偉大藝術家進行裝飾。相比之下，源賴朝所主掌的鐮倉幕府僅僅為線條粗糙的軍事營地。
221 《義經記》，取自《日本古典文學全集》，東京，一九六六年，頁二〇九。
222 出於迷信與宗教等種種因素，源賴朝無法直接攻擊其弟。最可能的解決之道是說服提供源義經庇護的藤原一家動手。渡邊保，《源義經》，東京，一九六六年，頁二一四。
223 根據傳說，藤原泰衡為另一惡棍（請見本章註一九三，關於梶原景時的描述）。他忤逆上意、奸詐、殘酷、懦弱而殘暴。據傳說，他謀殺了親弟弟與祖母。
224 原本同樣據守此地的另外十一名武士臨戰拋棄了源義經。這讓他少了一半的兵力，不過對整場戰役而言，並沒有太大的影響。
225 根據《義經記》，此位妻子為源通親之女，為官員與詩人。但是事實上，此妻身分相當模糊，根據傳說，她伴隨著英雄丈夫逃往奧州，然此說相當可疑。關於源義經女伴的描述往往相當模糊而矛盾（請見本章註二一四）。
226 《義經記》，頁二一六。
227 「區區關東居民。」源義經如此形容來敵，《義經記》，頁二一二。以身分地位而言，若藤原泰衡親自上陣將會是相對對等的決鬥，但或許他不願意冒此風險。
228 源義經的絕命詩表示願與弁慶來世再會。

229 《義經記》，頁二一七至二一八。

230 同前。切腹自殺應始於十一世紀東北地區激烈的郡縣戰爭時期，但歷史上首次記載切腹者為僅早於源義經自殺二十年的源為朝，他為弓箭手，身材俊碩（身長七呎，力敵四人）。一一七〇年時，源為朝受朝廷攻擊，他的隨從莫不戰死沙場。源為朝將腹部切開，享年三十三歲，後來成為數個歌舞伎劇本的英雄人物（請見本章註二三八）。

為什麼切腹這種特殊的自殘儀式，會成為武士階級避免屈辱以及實現個人榮譽的標準模式，又同時成為權威者賜予的正式懲罰，以及進諫上位者的極端作法？首先，切腹為極端痛苦的自殘方式，切腹者所忍受的痛楚遠比死亡更為可畏，而真正致死的部分則須使用刀刃，也就是介錯。毫無疑問地，如此殘酷的折磨與禪宗的自我犧牲有關（禪宗為武士信仰放大之極致），而英勇的武士菁英階級更可藉由經歷普通人（或女性）無法承受的苦難，展示自己獨特的勇氣與決心。一八七六年，三島由紀夫如此描述神風特攻隊：「**他們深知飲藥自盡為最好的自殺手段，但是如此陰柔的方式，萬不符合心意。」三島由紀夫，《奔馬》，紐約，一九七三年，加勒葛爾（Gallagher）翻譯，頁九五；關於神風特攻隊，請見第九章註七五三。**

以心理學觀點來看，人類期待透過接受痛楚呈現極端的意志，並因為選擇最為痛楚的自我犧牲方式，進而得到尊敬。如同所有的自殺行為一樣，將虐待狂想轉化為受虐行動。若對自殺中的虐待意涵與其他各種形式的自我殘害感到興趣，請見西奧多．瑞克（Theodor Reik），《受虐狂與現代人》，紐約，一九七四年，請特別參考頁七至六七。

然而，為什麼選擇切腹，而非其他形式的自我折磨呢？腹部不但是人的身軀的中心，更在傳統上被視為人內在意志、精神、慷慨、意念、勇氣及其他心意的寄託之處。因此我們不宜使用英文中簡單的「腹部」理解此部位，而應思考與腹部更具關聯性的自尊心，好比諺語所提到的「大肚量」、「腹立」（憤怒）、「腹決」（拿定主意）等等。在切腹自殺中，割裂胃部代表武士以劍，也就是另一代表意念的象徵物，撕裂自己最珍貴的情感深處。

當新渡戶稻造創作著名的《武士道：日本的精神》一書時，他企圖向西方世界信仰基督教的讀者解釋此事，並將日本軍事傳統合理化時，他發現了西方文化亦有相似苦決之道：「**當摩西寫約瑟的『腸腹渴望其兄**

弟』，又或者大衛祈禱上帝不要遺忘自己肚腹，以及當以賽亞、耶利米以及其他接受過神啟的老人提到腸子『咕隆作響』或『不適』時，相當類似日本認為肚腹供養著靈魂。」新渡戶稻造，《武士道：日本的精神》，頁一一二至一一三。

231 不過在西方文學中最仔細處理切腹討論的應為「關於切腹」（An Account of the HaraKiri），引自米特佛德（A. B. Mitford，日後的羅斯戴爾勳爵）所著《日本古代傳說》（*Tales of Old Japan*），倫敦，一八八三年。米特佛德在附錄中（頁三五五至三六〇）包含了對自己以英國政府官方代表參分參與一八六八年於廣島執行的切腹儀式的描述。他在詳實記載後寫下評語：「切腹儀式……因為澈底的細節化與精準度而流露出日本紳士階級的獨特印記……儘管場面非常駭人，但是同時間切腹者所表現出的堅定與男子氣概，也確實讓人仰慕，而介錯者為主人完成最後任務時所抱持的勇氣也不容小覷。切腹表現出教育的力量。不管是武士、軍事菁英階級，自年輕時期即明瞭切腹儀式，並深知自己某天將會成為此儀式的主角或配角。在傳統家庭中，孩子被教導熟悉此古老儀式，並理解其神聖謝罪之意或人格遭抹殺之屈辱。當磨難時刻來臨時已有準備，早期訓練消減掉了大部分的恐懼。世界上有哪個國家會透過協助朋友介錯，作為淋漓盡致的愛慕表現呢？」米特佛德，頁三五九。

割裂胃部的原由可參考三島由紀夫向外國新聞特派員所解釋的「真誠」概念：「我無法相信西方的真誠因其不可見於肉眼。在封建時代，我們深信真誠藏於臟腑，如果必須展露真誠，必得切開肚腹，以示真誠。此外，切腹亦顯示武士意志，此為舉世公認最痛苦的死亡。他們透過慘死而證明武士的勇氣。切腹為日本發明，外人萬勿挪用。」引自亨利．史托克（Henry Scott-Stokes），《三島由紀夫的生與死》（*The Life and Death of Yukio Mishima*），紐約，一九七四年，頁一四。此時距離三島將理念付諸行動僅四年時間。

自十七世紀晚期開始，透過典型日本儀式過程，介錯人必須在對方切腹前先砍下頭顱。有時在介錯者揮刀之前切腹者僅在肚腹上有些許傷痕。但自我折磨的完整過程從未消逝，大西瀧治郎、三島追隨著源義經、楠木正成與其他英雄進行切腹。

232 不同傳說對在此死去的源義經小孩的身分見解不同。根據大部分的傳言，僅有三女死於此地。《義經記》，頁二一九至二二〇。

233 日文中的「若死」（早死）可激起強烈的物哀之情，無怪乎多數的日本英雄都在相當年輕的時候死去：「他們不應老朽，我們被遺留在世獨自毀朽，他們不應受年歲之苦。」三島由紀夫對自己活到四十五歲感到震驚，他明瞭如果想成為大和英雄，那麼必須盡快死去。

234 藤原泰衡的卑劣舉動，並沒有免去藤原氏的災難。就在源義經死後不到數週，鎌倉幕府下令攻擊北方藤原家族，並澈底殲滅其黨，終結了北方藤原氏數個世代的強盛。奧州領地被收回至幕府領權之下，或是被賜為功臣之獎賞。在此戰役之後，源賴朝終結了將近十年的內戰，次年，也就是一一九〇年，源賴朝凱旋返京，不管是退位天皇或者是朝廷官員，都對他的舉動感到憂心忡忡。藤原泰衡設法逃往北方，但是卻被家臣背叛並遭處決。以此看來，藤原泰衡出兵征討源義經的舉動不但相當陰狠，並且愚蠢至極，畢竟源義經為唯一擁有足以統整精銳軍隊，抵抗鎌倉幕府的將領。以事實看來，若源賴朝決定出兵拿下奧州，源義經應當足以勝任漫長的保衛之戰。

235 沒有任何史料記載為何源賴朝逃避親自檢驗源義經的頭顱。當時他正在執行數項宗教儀式，或許是擔憂此事將玷汙儀式的純正性，也或許是害怕檢驗遭自己清剿而死的弟弟的腐敗屍身。

236 儘管所有的逃脫傳說聽起來都相當可疑，但我們也不得不承認檢驗英雄頭顱的結果相當不可靠。使者自奧州出發並花六週時間才抵達腰越，此外，鎌倉幕府所進行的重要儀典再次延遲了驗屍進程。儘管源義經的頭顱浸泡在甜清酒中，但早因為悶熱氣候而加速腐敗，理論上來看，即便是熟悉英雄的梶原景時，應該也很難確切辨認頭顱主人的身分。

237 在愛奴傳說裡，源義經被稱為愛基庫奴米（Okikurumi）。北海道的傳說在江戶時代廣為流傳，並且被收錄於《大日本史》，以及近松門左衛門的文樂劇本之中。傳說建立了源義經與北方島嶼之間的連結。在明治時期，北海道蒸氣火車往往以傳說人物命名，當明治天皇拜訪札幌時，當時乘坐的火車引擎名為源義經。北海道火車引擎也以靜御前、弁慶為名，但值得注意的是，儘管源賴朝為成功的政治人物，但沒有任何引擎以他為名。

238 西鄉隆盛也有類似的逃脫傳說，據說他逃離九州沙場，奔往俄羅斯（請見第九章）。另有傳說認為菅原道真離開流亡之所，前往中國（和歌森太郎，《源義經和日本人》，頁三七）。另一個十二世紀的悲劇英雄源為朝則於一一七〇年敗於海戰並切腹；然而根據另一傳說則指出他逃往琉球群島，並成立新的王國。上述的故事裡，這些歷史上的英雄都避開了死亡並以超乎尋常的方式求生或重生，這正是典型的日本文化將虛構與真實世界融合的觀點。源義經是在十二世紀相當活躍的知名歷史人物，並且歷經眾多日本歷史轉捩點；然而他的故事則在死後的數個世紀不斷渲染，並日漸符合典型神祕英雄的毀滅模式，此過程似乎也確保了日本社會的穩定與留續。從數個角度來看，源義經相當符合悲劇人物的美好、純真、近似阿多尼斯的性格，該神祇犧牲自我（遭公豬攻擊致死）並成為每年植物復活的象徵。因此，年輕俊美的源義經受到兄長（代表毀滅的惡能量）陷害而死，接著在北海道或其他亞洲區域復活。

神祕的悲劇英雄擁有超自然神力（好比源義經出神入化的劍術、可進入非真實的世界等等），但他終究無法逃過自然的循環，必須依循生命的週期，依循神的旨意與命運等等，以確保真實世界的運作。那個鞍馬山區的「野孩子」令人聯想到充滿活力的阿多尼斯，而源義經的孤兒身分也非常典型。最後，英雄的犧牲必須相當純粹，在源義經的故事裡，他的犧牲來自其道德純粹與拒絕和世界同流而汙。

正如同弗雷澤（J. G. Frazer）與其他小說家所說的一樣，在許多世界文化裡，英雄或國王都必須經歷如同儀式一般的摧毀過程。在西方世界裡，典型的英雄人物以神話形式存在，而在日本則被投射到歷史人物身上。眾多關於源義經的創作總是偏重取材於他的傳說或軼事，而非實際的戰功。由於源義經屬於年輕犧牲者的原型，這也意味著這些戲劇文本著重的是他開始遭遇失敗、走下坡的部分，而非他在軍事上取得的勝利。日本版的死亡與再生的神話特別強調其犧牲之舉，而非復活；唯有在太陽武神的故事裡，神力占有主導地位（好比他死後化身為白鳥），否則復活的概念其實並不重要。

239 假如我們將現實與情感觀點切割開來（請見第二章註七十七），違背親兄，也就是鎌倉幕府之首領的源義經，此舉確實違法；若以不帶情感並且現實的眼光來看，他的下場實屬公正；但是若以有情的眼光觀之，如此桀驁不馴、年輕的不法之徒，似乎才是正確的一方。

240 即便在平家毀滅以後，源賴朝仍舊玩弄源氏部族，讓他們互相為敵。一一八五年，源義經受命攻打叔父源行家，一直要到源賴朝確信無法繼續利用年輕的弟弟後，他才打算痛下殺手。

241 在藤原秀衡死後，是否要繼續支持源義經成為裂解奧州部族的最後一根稻草，北藤原因此迎來了鎌倉幕府的攻擊，並頹然敗退。和歌森太郎，《源義經和日本人》，頁二一四。

242 源賴朝逝世於一一九九年，而他的權力系譜於一二一九年時斷絕，部分原因在於他對近親過於趕盡殺絕；但是數個世紀後的偉大幕府家族——足利幕府與江戶幕府，都來自源賴朝之家族。有趣的是，我們不妨想像假若源義經未死於與其兄的戰鬥，歷史是否將有所不同。很顯然地，此事將加劇日本的動盪與混亂，而太上天皇也將不時動用自己的影響力，畢竟他不斷嘗試透過武士階級的相互鬥爭，確保自己的統治實力，並提高朝廷的實權。

243 根據數個傳說看來，源義經的笛聲相當美妙。這讓他得以成為舉止優雅的朝臣，並且廣受女性歡迎。最重要的是，孤獨、哀怨而淡雅的笛聲象徵了源義經短暫人生的物哀之情。源義經的笛子象徵著愛情，並讓淨琉璃藝術因而得名。在著名的故事中，源義經以笛聲讓淨琉璃姬為之傾倒，並且成為其妾，但是源義經必須捨棄淨琉璃，以完成征北之任務。

第六章

楠木正成

七生報國，忠勇的擁皇大將

儘管源義經身懷不凡的軍事才能，但卻擁有精緻的五官與蒼白的臉孔，他在一之谷與壇之浦之激烈的戰事中，甚至以女性角色出現。或許沒有任何人能如此完美詮釋平安時代的優雅，源義經來自狂蠻的金剛山野，熱愛冒險、行動與謀略，屏棄憂鬱與絕望之心，他（至少在傳說中）成為鎌倉幕府時代終結前遠遠優異於同時代人物的角色。

在鎌倉幕府建立約一百五十年後，武士精神已經傳遍全日本，且擄獲並主導當下時代的趨勢。雖然源義經與楠木正成紛紛以尊貴的姿態失敗，成為中世紀最令人遙想感懷的兩位英雄，但是坊間傳說對兩人的個性與生活風格描述之差異，顯見了在漫長軍事統治下因而轉變的日本之感性。

楠木正成實為忠勇烈士之典範，歷史故事時常描繪他在內海岸邊的湊川之戰奮勇殺敵。他坐在摺椅上，身穿十四世紀武士配戴的精良盔甲，臉上流露出堅毅的決心。巨鼓聲在他身後響起，號召他的部隊勇敢對抗天皇（編按：足利尊氏擁立的北朝天皇）的軍隊。244

一三三三年，長達七小時、異常激烈的湊川之戰於現今的神戶市展開，並成為中世紀日本歷史的轉捩點，影響長達數世紀之久。對其他國家而言，真正的英雄會是在此戰役中領導軍隊贏得勝利的勇敢將領，他或許會光榮地戰死沙場，並以此取得絕對的勝利。但是對日本來說，英雄則屬於敗戰一方。事實上，楠木正成深知此戰必敗，而結果正如他所料。他不但慘敗，並且所支持的一切亦於此戰摧毀，為避免受俘之屈辱，楠木正成選擇在鄰近的農舍切腹殉國。

他的戰敗與死亡確保了死後成為舉國聞名的英雄，並且受到後世的愛戴。在此悲劇後約三百年，執政幕府將軍之堂叔德川光圀，同時也是著名的愛國學者，造訪湊川之戰遺址。他在英雄墳前豎起墓碑，並以簡單的題詞表達失落與淒美之感：「啊，楠木正成在此長眠，汝乃（天皇）之忠臣！」楠木正成的地位在十九世紀達到新的顛峰。一八七二年，在他切腹的農舍之處，興建了重要的神社，人們在此悼念將一生獻給皇室的戰敗英雄。[245]

可想而知，在湊川之戰取得勝利的足利尊氏，雖然成功地建立了新的幕府，且客觀而論，他絕對為該時代最足智多謀的將領之一，死後卻被後世詆毀、並刻畫為狡詐的人物。明治維新時期，位於京都的足利尊氏雕像被愛國戰士給斬首；一九三〇年代，一官員因為在雜誌撰寫讚美足利尊氏的文章而遭革職。上述種種都是日本人給予歷史人物死後讚譽或毀譽的例子。[246]

楠木正成生於十三世紀末期，當時日本的政治實權仍舊落於關東幕府之手中，也就是約一百年前源賴朝所建立的首都，他在此打造日本史上的第一個幕府（軍政府）。但是真正的權力早已經從源氏家族流往北條氏，該氏族為相對低調的武家，曾經於十二世紀大力協助源賴朝建立絕佳體系。北條氏掌權時期以節儉與誠實守信而著稱，對比之前數百年來耽溺於享樂，並且不斷累積龐大財富與個人實權的統治階級，實在大不相同。無可避免的，如此的轉變引起較不受重視的武士集團與京都貴族的不滿，兩者皆屬鐮倉幕府時期的既得利益者。

十三世紀末蒙古來襲，儘管日本成功抵禦並且獲得了空前的勝利，但卻也為幕府政府帶來了隱憂。[247]由於幕府無法充分地賞賜抗元將士，而為了應對元寇所加強的防務工程，也持續耗損國內資源，並成為軍政府的重擔，導致鎌倉幕府無法充足而持續地提供武士獎賞。日本中世紀的武士階級為領主提供無私無我的戰鬥，並且知道自己的犧牲將會換來土地或其他物質的獎勵，然而，若是領主無能提供充分而公平的回饋，必定會令武士心生怨恨。[248] 許多武士集團開始對幕府產生不滿，此時日本各地民不聊生，數個地區因而發生動亂。原本以誠信起家的北條氏，如今被指控為貪腐與不公正的專制政權。儘管北條家仍舊將權力牢牢地握在手裡，但他們已經無法得到武士階級全心全意的支持。[249]

十四世紀初時，眾人對北條政權的懷疑與不滿開始浮上檯面。起初的跡象，自然是日本史上頻繁發生的繼承糾紛。儘管皇室已失去實權，但依舊為武士與貴族等階級的合法性之來源。雖然財務拮据的皇室早已棄守皇宮，軍政府仍依循皇室所賦予的幕府地位，獲得其終極的權威性。由於鎌倉幕府無法避免地被牽涉在皇室繼承爭議之中，北條氏努力設法避免在朝廷造成敵對狀態。然而，他們的企圖以失敗告終。一二七二年過世的後嵯峨上皇帶來了日本史上最劇烈的繼承之爭，耗時近一世紀之久。此時，北條氏早已失去實權許久，日本封建制度歷經了根本性的變革，而政府則受到新時代軍政府的掌控。

後嵯峨天皇的兩子相繼成為名義上的天皇，並成為兩皇統支系的創始者：大覺寺統（南朝）與持明院統（北朝），兩派各自在朝廷擁有支持人馬。一三〇〇年，依決定兩系皇室輪流繼任天皇。[250] 鎌倉幕府希望透過兩統迭立避免內戰，此方法在後嵯峨天皇駕崩後的七次短暫即位時期尚屬順利，但是，一旦換成有野心、叛逆的天皇在位時，實難防止傳子不傳堂兄弟的企圖，破壞兩統迭立的規則。首先挑戰的為來自小天皇支系的後醍醐天皇，他除了決心恢復早已流失的皇權外，更想違背後嵯峨天皇遺志與鎌倉幕府政策，將皇位傳給兒子。為達此目的，後醍醐天皇準備要好好利用眾人對幕府之不滿，以及當前的經濟困局。

當時多數的天皇多半在孩童或青少年時期，就應北條氏之強迫而即位。[251]然而，一三一八年當後醍醐天皇即位時，年紀已三十初，不久後，他成為近兩百年來首位實質統治日本的天皇。[252]

不管是教科書或史書，向來都偏袒第九十六位天皇，後醍醐天皇。在愛國主義時期直到一九四五年間，任何針對此不幸的君主的批評，都會被視作違背愛國主義原則與良心。即便到今日，日本歷史課程所使用的教科書仍舊偏袒後醍醐天皇，並認為他是連環不幸事件的受害者，而非因自身錯誤而得此下場的始作俑者。然而若客觀地檢視其政治生涯，將得到與傳統說法截然不同的印象，並且為他的角色感到疑惑，甚至尷尬。後醍醐天皇確實有著相當獨立的精神、創意以及果斷性，以無視階級的觀點提拔人才，此外，他也是鑽研宋朝儒學及其治國之道的資深學者，而且還擅長詩詞。但是，後醍醐天皇也異常地頑固與虛榮。作為統治者，他相當傲慢、自大，甚至可說是目中無人。儘管聰穎過人並且勤於學習，但是他的野心似乎欠缺實際考量。他擁有後白河天皇的無情與狡猾性格，但卻缺乏其政治敏銳度。[253]那麼，日本英雄會選擇站在哪位天皇的身後呢？

自即位初始，後醍醐天皇就準備抵抗鎌倉幕府之霸權，而時日一久，他想清剿關東軍事勢力的決心也越來越堅定；最終，他希望重新確立身為統治者的威望與權力。為顯示自己皇位之重要，他選擇以後醍醐為名（醍醐二世），以紀念四百年前於平安時期抵禦藤原氏的醍醐天皇。[254]

假如後醍醐天皇期望持續在位，並且傳位給可以貫徹自己意志的兒子，那麼代表他必須破壞儘早退位的政策，並改變繼承規則。由於幕府斷然拒絕由後醍醐天皇之子（而非大天皇支系皇子）擔任皇太子，而皇太子的任命又必須透過幕府指定，因此後醍醐天皇深知，若要滿足自己的野心，遲早必須摧毀北條氏政權。

早在一三二四年，京都便有反對幕府的組織祕密謀劃著倒幕的行動，並擁有不可思議的名稱，「無禮講」，[255]我們幾乎可以確認後醍醐天皇已參與祕密討幕活動。在隨後的幾年間，他與反幕府祕密組織展開協商，拉攏最大規模的佛寺與特定的反叛武士階級。然而在他展開行動前，消息遭親信洩漏給鎌倉幕府。一三三一年，害怕遭到幕府處決的後醍醐天皇狼狽逃出京都。[256]他穿越了西奈良山區，躲藏於笠置山山頂寺廟，這裡風景如詩如畫，並可從九百呎高處俯瞰壯麗的木津川河谷。山中武僧負責保護後醍醐天皇，並準備應對鎌倉幕府之攻擊。[257]

後醍醐天皇陷入了困境，他沒有屬於自己的軍隊，而支援的將領也沒有足夠的兵團。此時，後醍醐天皇做了一個後來相當出名的夢，促使他邀請楠木正成加入討幕行動，並終於取得皇權。[258]當時天皇不知該如何抵禦幕府之攻擊，煩悶的他恍惚夢見自己回到了京都皇宮。

天皇陛下看到一棵巨大的常綠喬木，枝葉茂密，樹枝向南延伸。大樹下有三位大臣和其他高級官員，依照職級高低入座。主要席位面朝南方，位置上擺著高攏的座墊，但卻無人入座。[259]「此位更待何人？」夢中的皇帝站在那裡，不禁疑惑。突然，編著髮髻的兩名小童出現。兩小童跪坐於陛下跟前，以袖口拭淚。「天下之間暫無皇上棲身之處。唯有那面朝南方之席。那正是待您入座之皇座。」接著，天皇見到小童高升雲端，並消失在天際。他瞬間醒來。

天皇認為，上天在透過夢境向他傳遞訊息。他陷入深思，並突然理解到位於樹旁的「南」向座位，意指楠木。天皇想：「日光菩薩與月光菩薩肯定是要我繼續統領天下，統治其上斯民。」[260]後醍醐天皇以相當吉祥的觀點詮釋自己的夢。[261]

隔日清晨，天皇詢問笠置寺住持，方圓百里內是否有名為楠木的武將。「此處無人喚為楠木，」住持答道：「然金剛山以西之河內卻有一知名武將名為楠木正成多聞，為左衛門少尉。[262]此人為……敏達天皇四代孫，左大臣橘諸兄的後裔。但其祖早已離京，並落腳於河內。[263]據傳，楠木正成之母曾步行百日前往信貴山毗沙門堂修行，並在夢中得子，日後將孩童取名為多聞。」[264]

天皇深知此人正是上天托夢所指，他命令部屬立刻召喚楠木正成……當陛下使者抵達河內，並且告知來意時，楠木正成認為此乃武將之榮耀，他不計代價秘密動身出發，前往笠置山。[265]

天皇告知楠木正成：「吾決意派遣汝平正東夷，並遣使告知，吾得覆堪慰心意。汝當即刻周整計畫，共同革新諸地。吾必將得勝四海。請直言上告。」

楠木正成恭敬回應：「東蠻反叛，已招致天譴。[266]此時應當剿逐其弱，並行天懲。此非難事。然若將收復陛下聖土，實需謀略與兵力。以強制強，亦難得勝，陛下兵力僅堪比武藏與相模。[267]若我方以精良戰術對戰，東蠻必受瞞騙，吾軍將無所畏懼。東蠻僅勝刀刃與重甲。戰有輸贏，陛下無需懷抱得失之意。[268]楠木將以陛下之名引領勝戰。」

楠木滿腹自信，返回河內。

此段言說如同其他關於楠木正成的傳說，是用以烘托其後期軍事生涯。不過確實有足夠的歷史證據證明，在後醍醐天皇幾乎陷入絕境的時刻，楠木正成因為某種因素，全心全意地投入擁護皇室的一方。後醍醐天皇也全然信任這位新的支持者將有能力守護皇室的利益。

然而，這位在短暫生涯崛起成為動盪時代最偉大英雄的神祕戰士，又是何人呢？我們對他所知不多。事實上，日本史上沒有任何傑出英雄如楠木正成一般，以幾乎謎樣的角色存在。儘管數個世紀以來的學者，甚至當代的歷史專家，都無法確切掌握他的生平，任何關於他的記載都隱含了「此說難以考究」的註解。[269]楠木正成如同源義經那般，更似傳說人物，而非歷史人物；對於楠木正成，我們能掌握的確實史料僅有短短的五年時光。一三三一年時，他加入後醍醐天皇陣營，一三三六年，他自殺而死。關於他的一切幾乎都來自虛構，如此非刻意的虛構過程似乎滿足了英雄崇拜之心理因素，更勝過歷史真實性。[270]

楠木正成的母親造訪佛寺以後，英雄便在吉祥之兆中誕生。[271]世人多半認為他為橘氏後代，並擁有皇室血統，其家族宣稱祖先為八世紀時重要的政治人物橘諸兄。[272]湊川神社恭敬保存的《妙法蓮華經》抄本中，簽有楠木正成的神名「橘朝臣正成」。據傳，此抄本來自英雄之手，而抄本也為真跡。然而，此文件也沒有確切的證明效用，畢竟當時的成功武將都會宣稱自己擁有貴族血統，以強調身家地位，合理化朝廷所授封之位階。[273]

關於楠木家族的資料更是匱乏。由於他們沒有被記載於任何史料中，因此絕無可能為重要的武將家族，也必然與京都貴族無關。楠木正成的父親楠木正遠生平事蹟隱晦不明，被該地稱為河內判官，然而儘管楠木正遠主掌金剛山，據傳他曾經涉入一樁當地騷亂，襲擊附近物業。[274]依傳統來看，楠木正成（和源義經）一樣，在寺廟學習、長大。[275]據說楠木正成在十五歲以前，一直在大和國之真言宗寺廟修行，他在此成為學養豐富的學者，並且（又和源義經相同）偏愛武術。某次，他借用了一部共計三十冊稀有的中國戰術經典，如此之涵養與博學，竟然激怒了寺廟住持，對方出於恐懼、嫉妒與驚駭，以相當違背佛教精神的手段，試圖在樹林暗殺楠木正成。

關於楠木正成三十七歲以前的人生，有著各式各樣的說法。據推測，他是富裕的地方仕紳，並在河內度過大部分的人生；他負責管理自己的土地，或者為其他地主或皇室監管領地。另一奇異的說法則是楠木正成擁有商業網絡，負責供應全國的紅色硫化汞或硃砂（以及武士所必備的各種工具）。然而最合理的說法，則是楠木正成對戰術的通透了解，使他成為知名武術學者，並以勇氣、多智聞名，他擔任鎌倉幕府、京都皇室、亦或鄰近大寺之護衛。

談及楠木正成的性格與日後擅長的游擊戰術，假若他確實為傑出武士，那麼也看似不附屬於任何特定霸主，而以較為獨立的方式自居，並以河內山區作為據點。他亦擁有一小群追隨者，不管從任何觀點來看，追隨者都更近似匪徒，而非士兵。無怪乎戰後許多書寫者以較為輕蔑的方式稱呼楠木正成為「惡黨」。[276] 此字又可譯為「匪徒」或「惡徒」，基本上相當類似電影迷熱愛的三船敏郎扮演的性格誇張、作風離譜的武士（編按：日本學者幾乎都是將「惡黨」解釋為敢於對抗當政者之人，楠木是因為拒絕或延遲繳納年貢，因此才被當地地頭視為惡黨。其實惡黨就是室町時代的國人眾，到了戰國時代，國人眾被戰國大名編入家臣團，既準時繳納年貢，也會在戰國大名與其他勢力作戰時派出相應的兵力，相當配合當政者，所以便不再被稱為惡黨）。

最早關於楠木正成的文獻來自一三三二年之報告，上面記載「惡徒楠木正成，左衛門少尉涉進攻皇室居所，並以武作亂」。[277] 雖然此事件可謂關於英雄的罕見文獻，但幾乎所有的戰前著作都省略了此筆記載。或許我們無法掌握事件細節，但是根據普遍資料顯示，楠木正成與同黨如同其父河內判官一般地頻繁洗劫宅邸，而此搶劫手段或許可說是楠木家族不滅的印記。一部關於該時期的著名史書《增鏡》，則將楠木正成刻畫為獨立、直率而忠君的武士，出沒於河內一帶。

一人名曰楠木正成，為左衛門少尉，陛下自始仰賴此人倒幕勤王。本性端直忠心，並鎮守河內為據點。然若陛下於笠置遇險，即可走避河內。[278]

後醍醐天皇出逃京都不久後，鎌倉幕府派兵前往笠置捉拿，並迅速包圍此區域。後醍醐天皇逃出被重重包圍的寺廟，奔往河內，一心期望投靠楠木正成位於金剛山附近的堡壘。他帶著一小批重要貴族官員，眾人沿途交換關於路途艱困與低潮悲傷的詩句。不難料想，此群官員很快地被鎌倉幕府攔下，不久，天皇受俘，並被遣往首都成為幕府之囚。當天皇被俘虜時，他的頭髮狂亂（此樣貌對任何貴族而言都相當羞辱，莫論天皇），並僅穿著簡單的麻袍。《太平記》以相當諷刺、幾近輓歌的方式描述後醍醐天皇之返京。[279]

後醍醐天皇一行人在護送下趕往七道，沿著河岸往北前往六波羅；聞者莫不痛心，見者莫不垂淚。嗚呼，哀悲。昨日陛下仍登高堂……受錦衣百官護衛，今日陛下奔往粗魯東蠻之地，居於茅草之屋，受眾侍衛目光梭巡……人生亦如夢。[280]

當軍政府掌控並囚禁棘手的天皇後，亟欲將皇位指派給北朝皇室成員，也就是光嚴天皇，因此後醍醐天皇被迫交出皇室神器。[281] 儘管鎌倉幕府始終被形容為反派角色，但事實上，他們卻恪遵兩統迭立之原則，反觀後醍醐天皇則澈底拋之腦後。彷若為強調自己的正統性，幕府更同時指派南朝皇太子，作為未來繼任光嚴天皇的儲備君主。

後醍醐天皇已如西山日下。他的倒幕計畫流產，而幕府決意將他送往不可能再圖謀事變之處。一三三二年三月，他被送往距離日本海陡峭岸邊約莫五十哩遠的小火山島。[282] 據說，在前往流放之島的路上，後醍醐天皇為沿途人民的支持深深感動，並且理解老百姓對軍事階級的反感。[283] 他認為幕府體系並非牢不可破，並且篤定自己必有光榮回歸之日。儘管遭遇重重挫敗，但是後醍醐天皇仍舊堅定自己絕不可能退出政治舞臺，或成為與世隔絕的佛門子弟。

此刻，正是傑出武將兒島高德初登場之時。來自備前的忠臣兒島高德聽聞笠置山敗戰時可說是萬念俱灰。然而，當他得知後醍醐天皇遭到幕府流放時，立刻召集手下，並且密謀於備前邊境援救太上天皇。可惜的是，天皇一行人旅程有變，等兒島高德趕往時，眾人早已離開。不過他毫不畏懼，並且決定在重重包圍下，深夜潛入天皇歇息之宅邸。兒島高德在櫻樹上留下大膽的詩句；該詩比附中國歷史，並且告知天皇自己忠心不二。無知的東邊守衛自然不識詩句，而天皇立刻明白詩句典故，並且知道自己仍有勇敢（且具有豐富涵養）的追隨者。兒島高德頻繁地出現於《太平記》，並被描寫為相當勇敢之武將，直到死前最後一刻仍舊守護天皇，並且進行毫無希望的困鬥。[284]

鐮倉幕府的笠置山勝戰與後醍醐天皇遭囚，讓楠木正成孤獨地抵禦軍政府，然而他仍舊不負英雄的光榮名號。他迅速脫逃笠置山據點，並且散播謠言，稱自己已自殺而亡。他多次製造死亡謠言，好讓敵人無法摸清自己的行蹤。消失了一陣時日後，楠木正成在後醍醐天皇流亡時再度出現，並組織了游擊軍隊攻打位於首都南邊的河內區域的鎌倉幕府軍隊。一三三二年，楠木正成的傳言多半與後醍醐天皇的年輕兒子護良親王之合作有關，而其皇室之名也護持了楠木正成的行動。楠木正成手下僅不過區區百名追隨者，然而卻因為戰術出奇不意、對山區地形位置瞭若指掌，以及地方武士的協助，打敗了近千名組織與裝備盡皆精良的幕府軍隊。[285] 由於雙方兵力差距過大，因此楠木正成極力避免激烈對戰以及其他尋常的作戰方式，並且針對山區據點進行突擊戰鬥，而這正是昔日他與其他武裝惡黨所擅長的攻擊模式。[286]

儘管如此的游擊戰術無法造成敵軍確實的傷害，但是對於鞏固支持天皇的同情者之信心，卻起了莫大的作用，畢竟當時擁皇派聲望可說是已深陷谷底。小範圍的成功與楠木正成無規律的戰術，顯示了儘管後醍醐天皇已為慘遭流放的階下囚，但是他的信念仍舊未死。而鎌倉幕府也對楠木正成部隊的訊息相當敏感，最終，他們派出大批軍隊對戰楠木正成，以及其所率領的高深莫測的武裝分子。[287] 同時，鎌倉幕府也輕蔑地宣稱，任何誅殺楠木正成或護良親王之人，不論位階，皆可受賜良田，以資酬償。[288]

而此時，楠木正成則為自己的勝利感到振奮無比，並開始沙盤推演更具雄心的策略。為抵禦鎌倉幕府日益加深的壓力，他決定在金剛山以西的赤阪地區組織一小隻擁皇軍隊。楠木正成的愛國軍隊與鎌倉幕府多半交戰於其赤阪據點附近，而金剛山附近也出現了數個小型堡壘。

不管是此時或之後的戰鬥，保皇派的兵力都不可思議地迷你。[289] 在赤阪城之戰時，楠木守軍不超過千名，而幕府之征討軍則為一萬名。[290]

根據《太平記》中著名的赤阪城之戰描述，當進擊的鐮倉幕府軍隊深入赤阪城時，不免對敵手的部隊規模感到吃驚，甚至失望。由於他們錯失了笠置山勝戰，因此多半希望能在赤阪城之戰與可敬（並有利可圖）的對手決戰。

當軍隊穿越石川郡時，楠木正成的赤阪城映入眼簾。赤阪城看似倉促而成。城外缺乏妥善的護城河，而堡壘圓周不過兩百碼，在此豎起十多座草草蓋起的塔樓，並由一面木牆所包圍。[291]士兵面對眼前防禦工事，心想：「嗚呼，如此悲涼之敵。單手即可覆滅此城。盼楠木正成能抵禦一日，以讓我方劫掠，來日得賞軍功。」

此時……敵軍逼近堡壘，下馬進入溝渠，包圍塔樓群，所有的士兵滿心期望自己能率先攻入主塔。[292]

此次為楠木正成首次與鐮倉幕府大軍交戰。儘管軍隊數量差異懸殊，但是身為當代的戰術英才，楠木仍取得首戰勝利。

楠木正成能在千里外的兵營籌策謀略，而他的軍事奇策堪比陳平與張良。[293]他安排技術精湛的箭手環伺城堡之內，並派遣三百騎兵支援在兵營外山丘等待的弟兄七郎與和田正遠。294 敵軍對此毫無察覺，並且在心中唯有一念的急躁下，自四方陡坡俯衝而下，期望能一舉攻破城堡。此時，塔樓與圍牆內的弓箭手放箭，一時箭如雨下，轉瞬間敵軍死傷近千名。幕府部隊士兵嚎啕：「哀哉，此堡壘萬不可能於一、兩日內攻下。我們必得在此紮營……直到取回攻勢。」因此，他們結束攻擊行動，卸下馬鞍與盔甲，並動手紮營。

此時，在遠山遙觀敵情的七郎與和田正遠眼見時機成熟，決定出兵，他們將三百壯士分為兩支部隊，自東西側山坡樹間陰影處襲來。兩隻部隊皆高舉繪有黃色菊花的旗幟，旗幟隨風飄揚……295 騎兵悄悄地穿越薄霧，朝敵兵前進。儘管駐守東側的部隊留意到他們的行動，卻不免躊躇，無法確認來兵是友是敵。接著，三百騎兵進行雙邊夾擊，他們衝入幕府宛若雲團的三十萬兵力中，製造慘烈的交戰聲響。楠木部隊自各方擊破了敵方陣線，削弱其勢力，讓東側部隊失去陣勢。

此時，城堡的三面城門大開，約兩百名騎兵排成緊密陣列奔馳而出，萬箭齊發，勢不可擋。儘管幕府擁兵上萬，卻受眼前規模極小的抵抗部隊迷惑。部分士兵跳上了仍舊繫著韁繩的馬，徒勞無功地猛踢著馬腹，其他士兵則無法順利發弓，有些人爭奪盔甲，互不相讓。當部隊主將遭擊斃時，沒有任何手下留意到；父親中箭時，兒子未曾前來援救。相反的，他們如同螻蟻一般，奔往石川。沿途數百哩間，全都是遭到拋棄的馬匹與兵器。對東條村的居民而言，幕府兵可以說是兵敗如山倒。296

儘管首戰出師不利，但是接連幾日，鐮倉幕府仍舊持續攻擊赤阪城。然而，楠木正成早已有所準備。不管是在第一場戰役或隨後的交戰中，他不但削弱了敵方的實際兵力，也重重打擊其士氣。楠木正成開始以奇策聞名。赤阪城一戰中，曾有近二十萬幕府兵如竹林般包圍城堡，準備進行殲滅戰。楠木正成號令弓箭手按兵不動，城內毫無聲響。[297]敵兵受到此寂靜狀態欺瞞，開始攻上城牆，然而他們卻不知道此城牆為假的外牆。楠木一聲令下，士兵立刻切斷繩索，讓外牆澈底崩塌。當幕府部隊跌落地面時，他們「僅餘雙目得以活動」，接著，城堡內又投擲出巨石與原木，造成七百人死亡。

大約一週後，幕府決定用爪鉤摧毀內牆。當他們展開行動時，楠木軍隊取出早已準備好的木梯與長柄木勺，以滾水從上方澆灌攻擊者。滾燙的液體滲入頭盔，穿過護肩，士兵們受到嚴重灼傷，無法再戰，驚駭逃亡。

史書記載：「無論幕府部隊以何種方式進攻，（楠木與其部隊）皆以奇策應對。」[298]最後，幕府將領試圖透過層層包圍，讓城堡陷入絕境，坐以待斃。楠木部隊抵抗了三週。當他們彈盡援絕，鬥志消磨殆盡時，楠木向士兵發表著名演說，解釋為什麼自己寧可選擇逃亡，而非困死於堡內。

過去數週，吾人已受無數攻擊，並出奇制勝，戰死無數敵軍。然而，敵方聲勢浩大，折損無傷。我方已無存糧，亦無援兵。

吾身先士卒，投效天皇，自不可能拋卻德養名譽，僅求性命。[299]常言道，生死之前，勇夫謹慎行事，謀略四方。[300]吾願奔逃出城，任敵軍誤信吾命已休。倘若敵軍料想吾以自決，則東邊駐兵必然復返郡城。當敵兵退離，吾當歸返。若敵軍復攻，吾將深藏山中。反覆數次，敵必疲弊。此乃吾計，當求覆滅敵軍。不知汝等意下如何？[301]

果不其然，楠木的隨從同意此計，他下令在赤阪城兵營內掘出一深洞。當深洞預備完成，眾人將原先戰死將士屍身投入，並放置煤炭與燃木於其上。接著，楠木軍隊等待一深黑雨夜，眾人無設防之際。在第一個雨夜裡，眾人丟棄兵甲，喬裝成百姓，並在幕府軍眼前三三兩兩離開城堡。當楠木混入人群中時，一幕府士兵誤認他為馬賊，並發箭攻擊。楠木前胸幾乎中箭，但是箭身很快擦身轉向，往後方飛掠而過。楠木未中箭，是因為箭頭碰觸到英雄自早年修行以來隨身攜帶的護身符，上面刻寫著經文。而當楠木部隊一行人包括英雄與護良親王終於脫離險境時，一士兵燃起熊熊大火，轉眼間，赤阪城已在烈焰之中。

幕府部隊為大火感到開懷無比，「此城已滅，」眾人為勝戰而歡呼。「莫讓敵人脫逃。必將眾敵俘虜。」當火焰熄滅時，部隊發現赤阪城深洞內藏有無數焦黑屍身。「哀哉。」眾人悲嘆道：「楠木正成已亡。雖汝乃敵首，但仍為一方雄傑。」接著眾人對著屍身行禮。[302]

讀者或許以為幕府軍隊能夠揭穿其詭計，但他們似乎深信不疑，認為敵方首領已然化為塵煙焦土，於是，他們僅留下象徵性的兵力戍守赤阪城，而楠木則在敵兵如此輕忽的狀態下回到赤阪城，並進行攻擊。

在赤阪城的所有戰役中，楠木正成都視部隊士氣為首要關鍵，而非人數。某次，當一軍官催促英雄盡快突襲一組部隊時，楠木正成卻警告他，如此小團體的部隊因其一心一意服從勇敢的將領，具備壓倒性的決心，自為戰事中最為可畏的敵手。[303]楠木正成和源義經一樣，將性命與人民的財產視如己出，並因此得到敬重。據傳，他以相當公平與體貼的方式對待屬下。[304]他在戰役中的勇氣、謹慎與策劃計謀的天才表現讓他聲名遠播，越來越多士兵投效英雄旗下。

赤阪城於一三三三年覆滅，隨後楠木在西方數哩遠外的千早城另闢據點。千早城成為倒幕勤王之重要關鍵點，而幕府也立刻發動全方位攻擊。著名的千早城之戰成為楠木正成一生中最耀眼的亮點，一名當代學者就將他在千早城的表現與凡爾登戰役（Battle of Verdun）的菲利普・貝當（Marshal Pétain）相比。[305]楠木正成在此護衛另一狹小而力弱的基地，而此時敵軍規模遠較上一次戰役來得更為強大。北條氏決心派出壓倒性的軍隊陣容前往攻打千早城，幕府的三支部隊整裝上路。根據《太平記》記載，出兵人數約莫在一百萬之譜。此數自然為誇飾之詞，但是即便是十萬大軍，在當時都是相當不可思議的數字。[306]面對如此雪崩之勢的進攻，楠木正成在千早城僅以約莫千名士兵抵禦。他運用奇技妙術，在敵人近兩個月的包圍下屹立不搖。當幕府兵截斷千早城水源時，楠木正成善用祕密泉水與引流管。在戰役中，他甚至下令讓追隨者推落巨石，讓幕府每日折損「近五千名」士兵。

此時，楠木正成運用木偶詭計：

「吾有一戲弄幕府軍之計，令其自沉睡中驚醒。」楠木正成說道。他命令隨從製造了數個與真人同高的土偶，並穿戴盔甲、兵器，入夜後置放於城牆下方。他在城堡側翼部署五百名精良部隊，當夜霧開始瀰漫時，他命令部隊發出攻擊聲響。

「嗚呼。」圍城士兵聽聞後說道：「敵方終於自城堡出兵。汝等必然再無幸運相隨，並得以死拚搏。」接著幕府兵一擁而上，果然人人都想克敵制勝，領軍成就此役。依其預謀，楠木正成的弓箭手盡出發箭。接著，當敵兵將領來到時，楠木正成軍隊迅速往城內撤退，留下樹林間的土偶士兵。而誤中計策的敵兵自然以為土偶為真軍，預備使盡全力拿下土偶兵團。

楠木觀望當敵軍依計逼近城堡時，立刻派兵投擲大量巨石，圍繞在土偶旁的士兵旋即斃命；總計約三百名士兵一命嗚呼，約五百名重傷。

當攻勢已頹，來兵才知曉眼前龐然的軍隊乃土偶之身，幕府兵隊士氣因而大挫。在這場戰役中因攻擊土偶而奮勇戰死的同袍，何來榮耀之有？而面對土偶所表現出的懼色，又是何等恥辱！[307]

楠木正成在千早城得勝的其中一個原因，在於幕府軍隊的士氣低落。當戰事拉長，幕府武士也開始煩躁，並且心懷不滿。幕府自京都派來連歌大師為武士籌辦詩會，以期和緩氛圍，並舉辦其他娛樂活動好比品茗、雙陸棋賽以及圍棋賽。但是對武士而言，真正快意的仍是爽快對決，而非優雅地對著四季品詩。不久，幕府武士開始出現疲態，此事早已在楠木正成預料之中，他也因此策動了不少叛逃者。相反的，楠木則設法讓追隨者以自己的命令為榮。儘管他在千早城投入了大量軍力，但終局時，兵力仍舊未見衰退。楠木正成自然對勤王一事有功。[308]知名的江戶時代歷史學者新井白石認為，假如楠木正成未能守住千早城，那麼皇室必然難以復返。而正是楠木正成如此傑出的軍功，以及最終慘烈地結束生命，讓他化身完美的日本英雄。他在最後的山區據點的堅忍作戰，讓大批幕府軍隊動彈不得，並且耗損幕府在各郡縣的軍力布局。此事讓皇室成員得以攻擊全國各地包括九州、本島北部以及首都在內的北條氏部族。儘管戰事並不順利，但對於揭露幕府軍隊之脆弱性相當有效。

一三三三年二月，當千早城仍舊受到圍困時，楠木正成催促後醍醐天皇逃離流放之島。後醍醐天皇聽其建議，安全復歸本島，並受到日本海周圍的忠實武將保護。此事讓鎌倉幕府感到驚愕萬分，並且立刻派遣一支軍隊前往京都，以防任何武力攻擊。另遣兩支軍隊往日本西部平亂，同時攻擊後醍醐天皇於日本海附近的據點。其中一隻軍隊由年輕的足利尊氏將軍率領，當他抵達自家郡縣不久後，同行將領受到攻擊並殺害，而足利尊氏將軍成為幕府軍在日本西部唯一的軍力。

足利市也就是足利尊氏之起源地，並為前源氏直轄領土。由於其與掌權的北條氏之聯姻關係，因此享有特權與廣泛的影響力長達百年之久，並為統帥日本東部的主要軍事家族。足利尊氏家族向來野心十足，據傳言他們期望取代北條氏，並渺視對方的社會階級不若自家地位。[309]當後醍醐天皇逃亡時，足利尊氏僅二十八歲，不但野心勃勃，且為家族裡最具才能之成員，北條氏指派足利尊氏負責統領西部軍隊，以期平息動亂。然而，北條家族勢必對年輕並富有野望的足利尊氏心懷不安，也因此要求在倒府以前，足利尊氏必須在其據點留派人質。

他們的擔憂是合理的。當足利尊氏抵達首都兩週後，祕密前往後醍醐天皇之據點，並且獲授命「討伐」幕府，他即刻宣布脫離幕府，並且效忠天皇。足利尊氏迅速地將北條氏部隊驅離京都，接著派遣特使至全國各地招募倒幕軍隊，推翻前主。[310]儘管足利尊氏以尊皇為名，但是其叛變動機應為深信北條氏已然大勢已去，自己必得確保家族成為源氏的合法繼承者。為達此目的，足利尊氏必得招募廣大的支持者部隊，以示自己之忠貞不二。[311]

足利尊氏的叛變對北條氏而言，確實為大災難，其弱點因此浮出水面。京都軍隊的潰敗迫使他們包圍千早城。不少鐮倉幕府之將軍已遭殲滅或處決，而多數的部隊則被指派給足利尊氏統管。

數週後，足利尊氏的擁皇派堂兄新田義貞倉促率軍討伐鐮倉幕府。此時，西邊的敗戰已讓北條氏士氣崩潰，而無能提供任何實質的援助。此時源賴朝在一世紀半前建立的軍事據點鐮倉，已在勤王派的攻擊下崩盤、敗落。北條高時（攝政）以及其他幕府將領見局勢若此，決定集體自殺，以避免受俘，而北條氏的九代統治史就此戛然結束。[312]

此刻，後醍醐天皇得以返回首都，並在一三三三年六月初凱旋回京。他即刻廢黜繼承鬥爭中屬於北朝的光嚴天皇，取消所有在自己流亡時所進行的院政。如同路易十八在一八一五年返回巴黎時一般，後醍醐天皇視自己的復位為既成事實，並且積極著手展開奠立合法的新秩序。他的目標，就其意義上而言，相當反動。所有的院政措施其背後的目的，都在於恢復南朝的皇室之政治實質統治權。儘管如此手段在日本史上前所未見，或許僅存於遠古歷史，但是後醍醐天皇似乎心意已定；而朝臣也無人願意勸告天皇此舉實違背歷史。[313]

返京當月，天皇頒訂諸多新規。後醍醐天皇之子護良親王被封為征夷大將軍；此乃足利尊氏最為渴望的名號，但是後醍醐天皇不願違背原則，將此榮耀頒給武家之後。而足利尊氏則被封為征東將軍與武藏守，此官銜已被後醍醐天皇的貴族顧問認為太過崇高與榮耀，畢竟他們多半視赤阪為東方荒地。此時後醍醐天皇與足利尊氏的關係仍處於相當美好的狀態，儘管天皇從未對此叛將推心置腹，但是他依然願意如此封賞。[314]在所有新政機關中，天皇率先成立恩賞所，主要負責裁定賞罰，並且恢復近三百年前創立的紀錄所，負責管理領地紀錄。一三三四年天皇將國號改為建武（後來成為新政之名），並下令以龐大經費重建皇室宮殿。

楠木正成在此時期似乎沒有扮演任何重要的角色。作為日本英雄，他在災難與困頓時崛起，而非平和時期。然而，依照傳統，自天皇復歸京都後，對楠木正成感到無比的感激。以下對話記載於

《太平記》中：

左衛門少尉楠木正成率七千騎兵前來拜謁天皇。楠木氣宇非凡。陛下高高揭起轎子簾幕，熱烈歡迎楠木到來，「吾軍大勝，乃忠君之力。」楠木正成謙恭拒此榮耀：「此乃吾皇統御日本之能與平亂之神技，庸臣之計何以擊破如此大敵？」[315]

還好在日文中這句回覆聽起來比英文合理得多，畢竟日文向來較英文更以謙讓著稱。根據史書，楠木正成獲准成為部隊前驅武將，伴隨天皇復歸京都。一三三三年後醍醐天皇封其為河內、和泉守護，也就是他參與作戰之處。他更被升為從五位上；日後他出任紀錄所寄人、雜訴決斷所奉行人。[316]上述封賞無法與護良親王與足利尊氏相比，但是楠木正成的武家身分已激起朝廷貴族與足利尊氏之不滿。儘管如此決定引發了不滿，但是天皇仍舊讓楠木正成隨侍在側，並予重用。其中的原因不僅為英雄的忠心赤誠，也因為如此謙遜的人格自然不會挑戰天皇的個人統治。[317]

後醍醐天皇冀望澈底改變日本的建武新政，此舉證明是全然的慘敗。最直接的原因在於獎賞參與倒幕之士的混亂政策。大部分轉向的武士都深知未來必然獲得獎賞。桑塞姆精準地觀察：「不管是位階之爭，或是封建武士慷慨激昂的演說，真正的意圖都是封賞！封賞！」根據新的規範，僅有皇室貴族能獲得土地封賞，然而這群人對天皇的勝利根本毫無幫助。[318]諸如此類的不公刺激了武士階級，他們聚集至首都請願，然而官僚體系與其內的貪腐讓事情無限延宕。後醍醐天皇深信自己應當以在位天皇的身分統治日本，因此他堅持親自確認所有的新土地持有者。當忿忿不平的武士被拒絕受封時，天皇本人卻忙碌沉浸在豪奢的重建宮殿計畫之中。如此的不當處置令新政府的支持者瞬間信心破滅；而恢復貴族權利的傲慢與荒謬，讓眾家武士後悔背叛鎌倉幕府。[319]

除了上述實際的執行混亂以外，建武新政基本上從未可能實行。不管是從哪方面看來，新政都註定失敗。後醍醐天皇所相信的「重返延喜」（編按：醍醐天皇善治時期年號），意指恢復到十世紀早期的理想時代，完全是天方夜譚。事實證明，多數貴族根本無法應付自身的經濟狀況，因長久以來此事乃幕府之責任，而紀錄所與其他相似部門也開始義務徵用武士階級，儘管此做法澈底違反理想的貴族規範。貴族階級早已失去權勢與管理能力許久，他們唯有容忍軍隊的存在才可能執行實權，然而，貴族卻明顯地鄙視武士階級。因此對十四世紀的日本而言，重點並非在於選擇貴族統治或武家統治，而是新的軍事統治應以何種形式進行。

後醍醐天皇的政策不但完全過時，也證明了他從未理解為什麼武士階級會如此大規模地投入倒幕勤王的行列。或許少數傑出的人物如楠木正成或新田義貞確實抱著高貴的情操，但是多數武士加入天皇旗下的原因在於對特定軍事政權之不滿。對足利尊氏而言，他絕非為了讓天皇復位而毀滅鎌倉，而是為完成自己的目標；長期而言，僅有極少數武士願意支持皇室政府，即便皇室統治具有合法性，但是武士的需求卻被澈底忽視。由於天皇不明白武士的倒戈多為其私利，而非單純的忠誠之心，而北畠親房、楠木正成等人物的支持，也讓天皇對現實有了更深的錯覺，他不但誤讀了時代的精神，更對人性絲毫不了解。如此，天皇走向了終局，而他身邊所擁有的極少數忠誠支持者也注定同歸於盡。

當後醍醐天皇的災難新政進入第二年時，首都的幾位重臣之間也起了不少變化。武士階級的代表人物足利尊氏開始與支持天皇的小圈子疏離，而與護良親王的隔閡則特別明顯，後者擁有征夷大將軍之高銜。足利尊氏與年輕武將皇子間的對立，自一三三四年年底越演越烈。一開始，護良親王在朝廷中表現出對足利尊氏的敵意，而這或許來自老戰友楠木正成的意思。不管他有何打算，事情功敗垂成。十月時，當楠木離開首都，護良親王突然遭俘，並被流放至鎌倉，交由足利尊氏之弟掌管。後醍醐天皇向來與其子不睦，儘管年輕皇子保皇有功，但是天皇從未善盡保護責任。隔年，二十七歲的皇子在鎌倉以相當侮辱的方式被處決，據史料得知，沒有任何人為皇子下葬。護良親王短暫而悲慘的一生相當具有日本風格，他也因此成為該暴亂時代最重要的悲劇英雄之一。[320] 眾人亦無法忽視天皇在此悲慘事件中所懷抱的惡意，甚至史學家暗示，他對其子流放與處決的默許，預示了帝國統治的崩塌。[321]

此時，全國上下波動不斷。一三三五年七月，騷亂達到高峰，當前北條氏攝政之子回歸其位時，立刻攻擊並包圍鎌倉。[322] 在此危急時刻，足利尊氏決定與部隊離開首都，並於東方修復兵力。他無視天皇拒絕給予征夷大將軍之封號，與其弟合盟收復鎌倉。當他抵達前鎌倉基地時，他自封為征夷大將軍，並承傳來自其祖源賴朝之權力。朝廷深感震撼，並下令足利尊氏立刻返京，但他不從。足利尊氏與後醍醐天皇澈底攤牌，並再次為敵。而後醍醐天皇則派新田義貞討伐尊氏。對新政的不滿成為足利尊氏的利器，如今他羽翼漸豐，先是於富士山一舉擊退新田義貞的部隊，接著西進。當他抵達首都時，反新政之武士階級已熱烈準備投效旗下。當然，楠木正成仍舊忠貞不二，他絕望地自京都撤出，並觀察足利尊氏之布局。兩軍隊在城外交火，楠木正成一度運用新設計的防護罩而占了上風。[323]然而，足利尊氏的兵隊也不容小覷，並且很快地復返城內。當楠木正成深知大勢已定時，他再次用計，散布謠言宣告自己已然自殺身亡。此時，後醍醐天皇再次被無禮地自皇宮驅逐，並躲藏於比叡山之佛寺。

僅僅三日後，新田義貞、楠木正成與其他擁皇將軍展開反擊，並迫使足利尊氏逃往西邊，眾人護送後醍醐天皇返回京都。皇室再次掌權。但是在離開京都以前，光嚴天皇下達（北朝的影子天皇）討伐新田義貞的院宣。在此，足利尊氏獲得了任何想要一統天下的人必須具備的統治正統性。由於理論上而言，他依照太上天皇之命展開行動，因此可以避免被控「朝敵」。

一三三六年二月，足利尊氏抵達九州，並幾乎占據全島。數月後，他與部隊抵達博多港，準備攻擊東方。

當忠誠的將領新田義貞在湊川流入內海的河口紮營時，研判足利尊氏將會發動攻擊（果然如眾人所料）。朝廷因此派遣楠木正成率軍援助義貞。楠木正成反對。當他意識到奔騰而來的足利尊氏部隊已經遠遠超越擁皇派軍力時，認為理應不計代價的避免任何戰鬥。他勸說後醍醐天皇撤回比叡山，暫時讓足利尊氏占據首都，而他自己將在河內的老據點重新集合部眾。此時，擁皇軍隊可以切斷足利尊氏的食物供應鏈，並於河內與比叡山發出雙重攻擊。這應當是相當可行的計畫，但是由於朝臣的反對與天皇的頑固，楠木的建議被斷然拒絕。天皇澈底錯估擁皇派的實力，同時他也根本無心再次移動至比叡山。[324]當天皇表達其意，英雄盡職地接受此災難性的命令，離開首都，加入駐守內海附近的新田義貞，並且深知自己與部下將戰死於湊川。[325]

關於楠木正成的傳說裡，最感人的莫過於他與其子楠木正行的告別。當英雄離開京都前往海邊時，在櫻井驛站發生了感人的別離。他允許楠木正行伴隨自己到京都，但此刻卻命令他返回母親身邊。[326]在分離之前，他交予兒子兵書以及天皇賜予的寶劍，並簡單交代寥寥數語。他認為此戰將成為日本未來的關鍵時刻。他交代遺訓：「若吾一死，日本將為（足利氏）幕府時代。」假若此事成真，他要求楠木正行必得與其他擁皇部隊撤回金剛山，並全力抵抗抗群敵，此為最終之孝。這對十歲男孩而言，實為沉重之建議。[327]

櫻井之別原本被收錄於所有日本小學教科書中，並被改寫為愛國歌曲，成為戰前時代學子相當熟悉的歌謠。儘管該曲在一九四五年被占領軍禁止，但是對年老的族群而言，仍舊能激起心中的一片波瀾。此歌記述了失敗的日本英雄所懷抱的別離、悲傷與物哀感：

在樹蔭下拴起馬
對人間的未來仔細思量
忍辱於鎧甲的袖口上
究竟是淚水亦或是露水？

正成將淚水抹去
將我子正行喚來
父親將赴往兵庫
在那海濱戰死
雖然你已跟隨至此
但趕緊回故鄉去吧

父親大人即便您如此說
我怎能棄您於此　獨自回鄉
正行雖年幼　仍願同行
隨從侍奉　以至陣亡

將你打發回去　非為我故
我將戰死
天下將落入足利氏之手　隨心所欲
期望你早日成長
奉獻於這個國家與天皇

此刀是往年君王御賜之物
就當作今世訣別的紀念品
去吧　正行　回去故鄉
母親應在等著吧

父子送別　哀傷盡現臉龐上
杜鵑哀鳴
穿過梅雨
可憐泣血的旋律

如此歌曲　怎能不感動人呢？[328]

當他們互道別離後，楠木正行不甘願地回到故鄉母親的身邊，而楠木正成則與其部隊出發前往內海。

湊川之戰發生於一三三六年某個相當悶熱的夏日，從早上十點戰至傍晚五點。[329]如同楠木正成所預料的，他的軍力遠不若敵人。傳統說法認為他僅有七百名將士，而足利氏則有萬名部隊。如此懸殊的兵力更烘托出英雄的判官贔屓。然而儘管兵力的確懸殊，但是近代學者認為足利氏將軍率領約三萬五千名士兵（足利尊氏率兩萬五千名士兵自海攻，而其弟則率一萬名部隊自陸攻），而擁皇派的兵力為其一半。

足利尊氏的艦隊自九州開往內海，其部隊更包含五百名各式工匠。[330]根據記載，在戰鬥前夕，從淡路島到兵庫間燈火輝映滿天，當足利尊氏部隊離艦時，士兵猶如波濤洶湧的潮水。（西曆）七月四日，兩名忠皇派將領楠木正成與新田義貞在晨霧瀰漫中看見艦隊已然逼近，而足利尊氏之弟則自內陸後方率領來兵進攻，並與海上艦隊巧妙地以海陸二路平行攻擊皇室軍隊。此時，兩人決議由新田義貞對付海上來兵，而楠木之兵則腹守湊川乾涸的河床，迎擊陸兵。

當新田義貞在面臨一批海軍登陸並進行後襲攻擊時，他便迅速撤兵，此時湊川之戰進入了高潮。楠木正成遭遇圍困，並且孤立無援，儘管他深知前景已無可望，卻仍奮戰至最終一刻。[331]他的部隊自前方與側方受襲，仍奮勇戰了整整七個小時。傍晚時，楠木軍已近乎殲滅，英雄傷痕累累

（傳統說是十一處傷口）。為免受俘，楠木正成與其弟正季逃往附近農場，準備赴死。

兩兄弟間的訣別，可說是日本愛國史上最刻骨銘心的一幕。在自決前，楠木正成問其弟有何遺願。「吾願七生報國，」楠木正季豪爽笑答：「殲滅皇室之敵。」[332]楠木正成聽了無比歡喜，他表示，儘管殺戮為罪，但他仍願為天皇戰鬥。兩兄弟以刀自傷，並以刀互刺，以求同死。逃過湊川之戰大劫的五十名士兵也追隨著主將而死，「自決於共時。」[333]

早期日本編年史家對如何處理頭顱相當感興趣，而《太平記》中關於楠木正成的最後段落，即圍繞於此殘忍的經過。[334]而在傳統記載中，我們也僅在這個段落得以窺見楠木正成之妻的樣貌，並且對於同樣擁有英雄氣質的楠木正行有了更多的了解：

楠木正成的頭顱落在六條河原……[335]隨後，足利尊氏王命人將頭顱妥送回英雄位在河內的家中。「吾與楠木正成於公於私緊緊聯繫，吾心因此悲痛。其妻與其子必然希望再見一面，即便命已歸西。」王之惻隱之心，令人仰慕。[336]

當楠木正成前往兵庫前，他再三訓示，要其子留下，並告知自己將戰死沙場。楠木遺孀與遺子深知絕無可能再見一面。然而，當兩人目睹其頭顱，英雄頭顱殘破不堪、毫無血色、雙目緊閉，兩人不免悲從中來，流淚滿面。

僅僅十歲的楠木正行看著父親的臉如此傷殘，而母親則痛徹心扉。接著，他用袖口抹掉眼淚，離開房間，前往佛堂。此時母親感到疑惑，尾隨他並從側門進入佛寺。她霎時明瞭正行準備自殺。他的右手拿著有著菊水紋飾的刀，是父親前往兵庫時所贈與的紀念品，而正行的上衣被拉起至腰部（胃部因而暴露出來）。

母親快步趨前，抓住他的手臂，噙著眼淚說道，「人總說，即便檀夜，依然芳香。[337]如果你真為楠木之子，何以拋卻己身責任。即便你尚年幼，亦當深思而行！當汝父於櫻井告別，前往兵庫之時，他絕非要你切腹自殺，以重現其精神。你莫忘父訓，你且向母再三提起訣別之詞。父親告知：『吾將戰死沙場，當汝聽聞天皇行蹤，並得酬賞部隊與隨從，組織軍隊，擊退皇室之敵，並使吾皇復返。』若你自殺，不僅有辱父名，更負天皇。」

楠木正行痛哭流涕，母親奪下寶劍。正行跌落佛寺，放聲大哭，與母親同聲哭泣。[338]

楠木正成的太太為理想的武士妻子，有著高貴的精神，願意自我犧牲，並且忠心不二。正行受到母親一席話的感動，開始琢磨其兵術。他的精神可佩，連編年史都如此敘述：「其精神駭人。」[339]他會推倒其他男孩，假意介錯，並高喊：「吾將如此斬首朝敵。」有時，正行騎著竹馬高喊：「吾將討伐幕府。」假以時日，他將棋逢敵手。[340]

由於湊川兵敗，驍勇善戰的忠皇派軍隊全數殲滅。仰賴軍隊支持的後醍醐天皇再次奔往比叡山，並得到忠心的住持之庇護。得勝的足利尊氏重新占領京都，並讓北朝支系年僅十五歲的光明天皇登基。在足利尊氏的操控下，此魁儡政府迅速取消過去三年來建武新政的措施。數個月後，後醍醐天皇自比叡山離開，並將三神器交予繼承者光明天皇，自此，建武新政澈底宣告失敗。

後醍醐天皇縱有諸多缺點，但其中絕對不包含坐以待斃這樣的性格。他在數個月後，突然奔離京都，再次宣稱所交出的神器為假。他的目的地為京都以南約六十哩的美麗吉野山間，此地以絕美的櫻花著稱。他在此建立了「南朝」首都，因而開創了南北朝時期，在此半世紀之間，日本陷入了不斷的爭戰與騷動。

一三三八年，北朝的光明天皇給予足利尊氏渴慕已久的征夷大將軍頭銜。在此，足利幕府時代正式展開，並依照鎌倉政府所制定的規範，在京都建立新的政治體制，以軍事領導者的身分領導新的朝代。[341]

不久，後醍醐天皇於吉野駕崩，當時的他手中握著神劍，並被一群朝臣包圍著。據說，他的臨終之言為他在北方的首都表達了悔憾與遺憾，並期望臣子繼續奮戰。[342] 一三四七年，楠木正行率領一群忠心將領討伐足利氏，他們仍舊視其家族為（南朝）天皇的背叛者。在一連串的勝戰後，楠木正行與其追隨者被幕府擊破，於二十二歲時身亡，以切腹結束了短暫、壯麗的一生，另外三十多名家族成員則集體自決。[343] 楠木正行的其他同黨繼續攻擊足利氏「惡徒」，但是其心已失，並且全軍覆沒。[344]

一三五八年，足利尊氏於京都據點逝世，由於其成功，其子繼承了征夷大將軍之封號。南北朝的鬥爭未滅，但在漫長的戰鬥之中，吉野朝廷軍隊的氣勢早已幾近衰亡，他們也無法從武士階級徵募新的成員。南朝的氣數緩慢衰亡，一三八三年，所有的抵抗澈底平靜下來。

南北朝繼承鬥爭於一三九二年告終。此時，足利幕府已經固若金湯，並得以於全國多數地區施行法令。新幕府（足利尊氏之孫）勸說在位的南朝天皇自吉野返回京都，並將神器轉讓給北朝天皇。照理而言，南北朝應輪替繼承皇位，但足利氏恐怕從未將此規範放在心上，事實上，所有的天皇都來自北朝，如同當年在位的昭和天皇。[345]因此，在數百年的互相箝制與犧牲後，所謂的忠臣之心終於沒落。後醍醐天皇期望恢復皇室特權的運動宣告失敗，此後所有在位的天皇也都從未擁有後醍醐天皇所期盼的權力。[346]天位登基並統治的概念完全破滅，在未來的五個世紀內，國家操縱在軍隊手中。

在此複雜而重要的時代，楠木正成和足利尊氏成為偉大的英雄與偉大的反派。楠木正成死後，其名聲慢慢地水漲船高。在他自決後，後醍醐天皇在湊川河邊悲嘆（他自然為悲劇的推手），並將之受封正三位。但是當足利尊氏得到最後的勝利後，楠木家族在很長的一段時間裡變得惡名昭彰，成為煽動者與騷擾新社會的惡徒。直到十六世紀，世人對楠木正成的態度才有了明顯的好轉。一五六三年，他在死後被正式赦免，其後聲名迅速好轉。而這也與《太平記》的廣受歡迎有關，儘管此書文學價值不高，但卻成為日本最受歡迎與具有深刻影響性的書籍之一。《太平記》中的超級英雄正是楠木正成，描述他悲慘事蹟的段落成為此書最受歡迎的部分。[347]

自德川時代開始，人們越來越發同情「南朝」。人們崇拜楠木正成自我犧牲的情操，此現象甚至被稱為「楠公崇拜」。[348]知名的儒學學者認為他擁有最重要的美德，而著名的學者政治家新井白石則認為他比後醍醐天皇擁有更崇高的地位。[349]

十九世紀後半，再次發生了恢復皇權的運動（此次獲得成功），而楠木的英雄地位則受到官方肯定。在他死後五百年左右，他獲贈正一位，此榮耀對出身普通的人而言，確實相當隆重豐厚，肯定會讓那些與他同時代的保守分子如北畠親房深感震撼。新式學校課本尊奉楠木正成為愛國典範，他的故事深深地刻畫在年輕日本學子的心坎，並成為愛國美德與武士道的最高典範。最初，新成立的明治政府所做的楠公崇拜行動包括在湊川建立雕像。再來，還在東京皇室宮殿外建立了巨大的楠木乘馬雕像。由於明治政府的西化運動，因此多數的日本英雄雕像都有著洋式風格。[350]

在極端國家主義崛起的時代，日本對此沒沒無名的金剛山戰士的景仰來到了顛峰，一九三〇年代時，國家教育課程將他視為日本漫長英雄史中最傑出的武士；第二次世界大戰時，自殺攻擊隊員將楠木正成視為歷史上最重要的英雄，對年輕的戰士而言，楠木似乎比虛弱、纖細的源義經更適合作為榜樣；而沖繩的自殺任務即以楠木的紋飾菊水為名。[351]一九四五年，軍政府與天皇系統的崩潰，讓官方的楠木崇拜情結就此告終，但是在大眾的心裡，他依舊為知名而受到仰慕的傳統日本人物。

然而無可避免的，自然也會有人質疑楠木的傳說。[352]明治時期開始，即有歷史學者質疑部分的楠木傳說，而目前則有說法認為楠木很可能只是個機會主義者，並在死後被大力塑造，以激起世人對「南方」的同情並支持愛國人物。[353]以此觀點看來，作為地方惡徒，楠木正成支持後醍醐天皇的原因並非皇室政權的合法性，而是意圖提升家族的政治與經濟地位；他的計畫起初相當成功，從河內郡的無名惡黨成為首都的主要皇室顧問。最終，事實證明他選錯了邊，並因此切腹自殺。在他死後，傳說掩蓋了事實，將他描繪為可憐的悲劇人物，並過度讚美其愛國情操，此名聲在他生前根本聞所未聞。因此，後人發明了一個或許與楠木毫無關聯的英雄人物。

在此提出極端的修正性說法目的不在於引起辯論，而是提醒，由於關於楠木的史實付之闕如，因此對其人的理解有很大的虛構空間。真正重要的，或許是稀少的歷史資料如何被引用甚至改變，以符合特定形貌的傳說。

那麼，我們又該如何理解這名數個世紀前的神祕武士人物呢？我們或許永無可能得知他的真實背景，但是，楠木所宣稱的貴族血統應非屬實，而僅為山區的草莽人物。[354]關於他的軍事才能似乎無庸置疑。即便《太平記》擁有出奇的誇飾風格，但是很顯然的，楠木確實為傑出的將領、具有出眾才幹的策略家，即便在數場寡不敵眾的戰爭裡，他仍舊發展出精準的游擊戰術與戰爭工具。強烈支持足利家族的《梅松論》如此評論楠木的死：「才將之死，友敵同悲。」[355]

關於楠木的性格與動機實在相當難解。身為一個軍人，楠木待人相當寬和，並且樂於讚美其他將領的成就。[356]我們也知道他對無助的百姓與士兵都相當體恤。但是，上述說法也可能是為了說明楠木正成為真正懂得物哀感的君子。關於他的忠誠，我們必須理解一三三一年當他加入後醍醐天皇時，情勢完全不樂觀；到了一三三六年時，即便他能像足利尊氏或其他將領一樣撤軍，楠木仍舊堅守崗位，並把自身的性命與前途拋在腦後。在那變節頻繁的年代，不管是一開始的北條氏，或是後來的足利氏，楠木始終以天皇之敵為敵。儘管他知道情勢險峻，自己的建議也不受重視，但從未違抗朝廷之命，並投入湊川那場宛如滑鐵盧的戰鬥。楠木正成確實擁有強烈而堅定的決心，當他決定抵抗幕府，必然抵抗到底。[357]

我們無從得知楠木正成投入狂熱軍事生涯的動機，但是唯有一件事相當確定：他未能達成自己的終極目標。一三三六年的大屠殺為楠木正成之敗，兩年後，足利幕府登基，並且一舉推翻「南朝」，而後者正是將楠木推舉為武士英雄之手。假如楠木加入得勝陣營，他無法擁有後世推崇的勇氣與忠誠。楠木之所以失敗的關鍵，並非因為偶然遭遇不幸，而是在於他對於「失敗者」的堅決支持。[358]由於他投效固執而不切實際的後醍醐天皇，因此他一切的努力、精采的軍事策略以及犧牲都將付諸流水，一無所成。

◆

建武新政與其後續發展創造出一整批日本悲劇英雄，包括北畠親房、後醍醐天皇、護良親王、新田義貞、兒島高德與楠木正行。值得注意的是，他們並非勝利者，但卻是此時期最受尊敬的人物。[359]楠木正成如此醒目的原因，在於他的生涯完美體現了日本英雄生命的拋物線：**忠心投效於無望的戰鬥、得到最初的成就，但卻遭遇慘烈的失敗，並勇敢而尊貴的死亡。**[360]

成功的足利尊氏之惡毒與卑劣，烘托出失敗的楠木正成的英雄形象。以足利尊氏而言，史料較能掌握他的生命史，但是唯有楠木正成在實際史料與傳說間擁有極大的虛構空間。足利尊氏大膽，並且擅於作戰，在關鍵時刻加入後醍醐天皇，為擁皇派取得勝利。他（而非楠木）為天皇攻下京都，並摧毀鎌倉幕府與北條「叛黨」。此外，他顯然善於組織與政治領導。當他所處一方（不管是哪方）情勢危急時，足利尊氏足以調整腳步，並取得效忠他或其家人的武士階級的支持。他對時代有靈敏的嗅覺，並實際理解軍事階級的需求。上述種種能力使得他最終建立足利幕府，一個新「朝代」，並維繫了近一個世紀。[361]

以性格而言，足利尊氏似乎相當溫暖、慷慨，並且對文化事物相當有興趣，特別是短歌的創作。他以虔誠聞名，並且於一三三九年贊助建蓋了重要的禪寺天龍寺，以此紀念他的皇室敵手後醍醐天皇。[362]足利尊氏與夢窗國師交好多年，後者也不斷美言足利幕府。[363]在湊川勝戰後，足利尊氏為文向佛教中代表慈悲的觀音懺悔。他將現實生活視為夢境，期望能見著真實，並求在未來世界得到救贖。足利尊氏的宗教表態或許不用被看得太過認真，因為其宗教活動與當下現世無關。但不論其虔誠與否，他自為該時代最有建設能力的政治家之一。以歷史而言，他確實比其他迷人的忠誠者更具重要意義，若在其他國家，會被視為英雄的八成是領袖人物足利尊氏，而非楠木正成。

然而，足利尊氏被視為日本史上最惡劣的叛國者。[364]當楠木被澈底神化，成功的足利尊氏卻被視為野心勃勃、自我中心的逆賊。「其所受褒賞遠不符投效皇室之實，然其心恆以私利為量。」[365]新井白石如此認為。另一名江戶時代知名學者賴山陽則大加撻伐足利尊氏，「其人為犬、羊、狐與鼠」，批評他奪權並且玷汙日本皇室。[366]以儒家觀點而言，其不可恕之罪在於頻繁倒戈，一開始他對抗自己的主人北條氏，接著，最可惡的是，他反對具有合法性的天皇。事實上，對中世紀的日本而言，變節乃兵家常事，儘管足利尊氏如同當代的蘇格蘭英雄羅伯特．布魯斯（Robert Bruce）一樣，比其他同儕都更為義無反顧地選擇變節，但在一三三五年時，足利尊氏肯定感到在首都無立足之地，因此更有足夠理由拒絕離開鎌倉。他的佛教好友夢窗國師如此解釋：[367]

時值元亨動亂（一三三一年至三四年），（足利尊氏）幕府奉行皇命迅然行動，制服國敵（北條攝政），概因此故，足利尊氏於皇政步步高升，其聲望使眾人折服。長期毀謗與汙衊自然觸怒老虎之惡心，因此與皇室敵對勢不可免。如今，思量其事，確有因果。其勝戰艱鉅，贏其領土，自當滿足。古有言，親狹必招引敵惡。此事如料發生。[368]

德川時期的學者抨擊足利尊氏是戰爭販子，讓國家陷入動蕩長達幾十年。喬治．桑塞姆

（George Sansom）在撰寫關於足利尊氏的文章時，也重複了這種傳統批評：

今日屠夫，明日懺悔者。他的身上展現了這種無解的矛盾特質，而當代關於他的坦率言論則是少之又少。不可否認，他在日本歷史上是個偉大人物，但同時也會令人懷疑，讓國家陷入無謂的戰爭長達數十年，是否真為國家帶來好處。369

足利尊氏並非和平主義者；但史料無法證實他比任何中世紀日本武士將領更為好戰，如果說該時代有任何人物堅持破壞和平時期，並堅持漫漫的「不必要戰爭」，此人實為後醍醐天皇。

足利尊氏在傳說裡之所以成為超級反派的原因，在於他完美地吻合成功的倖存者角色，並被刻畫為冷酷的政治家，僅以私利為考量，而非真誠性；正如同菅原道真故事中的藤原時平，以及源義經傳奇中的源賴朝，全都精巧地成為伴隨著英雄走向敗亡的角色。

244 一有趣的例子記載於亨利．喬利（Henri Joly）撰寫的《日本藝術之傳說》（*Legends in Japanese Art*），倫敦，一九〇八年；東京再版，一九六七年，頁三〇九。圖中顯示英雄端坐於一圈麻繩之上，手握海軍指南針。此圈麻繩令人聯想到憤怒的菅原道真在流放九州途中所留下的畫面（請見第四章註一四〇）。

245 題字：嗚呼忠臣楠子之墓。

246 保羅．瓦萊，《中世紀日本的皇室復興》（*Imperial Restoration in Medieval Japan*），紐約，一九七一年，頁一八六。

247 一二七四年與一二八一年，忽必烈所率領的入侵戰爭為日本史上首次面臨外軍攻擊，但是在該兩場戰役中，除了北條時宗（一二一五年至一二八四年）以外，沒有誕生任何重要的歷史或傳奇人物。事實上，唯一被視為英雄的或許為大自然，也就是神風。當時神風在關鍵時刻摧毀元艦，並且讓日本取得勝利。或許，蒙古的全面潰敗對日本傳統的英雄主義而言相當不祥，但是軍事潰敗也可能成為悲劇英雄主義的果實。

248 著名的《蒙古襲來繪詞》中生動地刻畫了蒙古的首度來襲，其中特別著重於描繪英勇的竹崎季長。製作繪卷軸的主要原因是為了滿足竹崎季長索求獎賞的需求，事實上，該捲軸堪比圖像性的證詞。竹崎季長自九州前往鎌倉幕府，要求獎賞。由於他的不懈，最終獲得領地獎勵。約莫半世紀後，由於後醍醐天皇無法提供武士階級獎勵，建武新政面臨了絕對的挫敗（請見本章）。也因此，在如此市儈的背景之下，楠木正成對皇室的無私奉獻，讓人留下深刻的印象。

249 許多傳統作家抱持著期望讓讀者從歷史得到道德教訓的想法，特別強調後期北條氏的亂紀，為其潰敗的主因。如此說法相當符合儒家歷史觀點，認為敗德、殘酷而腐敗的統治者將得到上天的制裁，並結束其政權。而北條家中尤以最末繼承者北條高時最為惡劣。事實上，撇除道德上的瑕疵，深陷經濟與政治泥淖的北條家勢必就此墜落。

250 喬治．貝利．桑塞姆為繼位政爭提供了最好的英文註解。請見《一三三四年前的日本史》，倫敦，一九五八年，頁四七六至四八四。

251 在後醍醐天皇之前即位的為花園天皇，也就是後嵯峨天皇長子後深草天皇之孫。他同樣於相當年輕的十一歲時即位，二十一歲退位（並且期望傳位給小天皇支系）。而他的祖父後深草天皇竟於三歲即位，十六歲時退位。

252 自十一世紀始，退位天皇於院政處理皇室事務，此機制於後醍醐天皇即位後不久遭到廢除，此後，他則將所有的實質皇權緊握於手中。

253 請見第五章。

254 由於醍醐天皇的父親，也就是退休的宇多天皇機敏的政治手腕，醍醐天皇得以在沒有任何攝政或執權干預下統治三十三年之久（八九七年至九三〇年），正也因為如此，他被譽為日本歷史上最偉大的天皇之一，但事實上，他從未真正成功撼動打破藤原氏權力，而在他死後，藤原氏以復仇的方式重新確立了自己的地位。

接在後醍醐時代，北條氏干政的模式與十世紀的藤原氏非常相似，如果後醍醐天皇要恢復皇室的實權，就必須將他們安置在該有的位置上。但事實證明，北條氏雖然被趕下了權力的舞臺，卻也只是為新的軍事統治者鋪路。在這個洗牌的過程中，後醍醐天皇也從王座上被除名，他的後代（少年系）被永久禁止繼位。因此，他的策略（如果有的話），甚至不如他的先祖那麼成功，但也正是因為後醍醐天皇的這次失敗，讓他意外得到人們的好感。

255 密謀者將團體取名為無禮講，製造隨意的社群聚會感。「他們坐著喝酒，相當隨性，無著帽，並且頭髮蓬鬆、衣衫不整，僧侶甚至除下腰帶，直接坐在長布裳之上。現場約有十七名貌美、打扮細緻的少女負責伴奏，並提供各種美酒佳餚。所有人開心地歡唱、跳舞。然而在如此喧囂的筵席上，唯一的討論正是如何推翻鎌倉幕府。」喬治．桑塞姆，《日本史：一三三四至一六一五》（*A History of Japan, 1334–1615*），倫敦，一九六一年，頁六至七。

256 由於此時為日本史上相當複雜的年代，因此編年史或許對讀者有所助益。我將其劃分為四個部分：(1)一三三一至三三年，後醍醐天皇對抗北條氏；(2)一三三三至三五年，後醍醐天皇得到足利尊氏支持：建武新政；(3)一三三五至三六年，後醍醐天皇（京都）對抗足利尊氏；(4)一三三六至九二年，後醍醐天皇（吉野）與後繼者對抗足利尊氏與其後繼者：南北朝時代。

(1)一三三一年倒幕計畫遭揭露，八月，天皇被迫出逃笠置山，楠木正成加入行列。幕府發動攻擊並包圍笠置山，天皇受俘；九月，光嚴天皇登基，並收下神器（或複製品）。十月，鎌倉幕府攻擊並包圍楠木正成位於赤坂城的基地。一三三二年三月，天皇逃往隱岐群島。楠木正成與皇子護良親王游擊對戰幕府。十二月，楠木正成收復赤阪城。一三三三年二月赤阪城再度被幕府攻下。二月至三月間發生千早城之戰。二月，後醍醐天皇離開隱岐群島。四月，原本支持北條氏的足利尊氏將軍倒向後醍醐天皇。新田義貞率軍攻滅鎌倉幕府；北條高時（執權）自殺，五月，北條家覆滅。

(2) 後醍醐天皇返回京都，任命光嚴天皇為征夷大將軍，足利尊氏負責轄關東區域。六月，楠木正成出任和泉與河內守護。後醍醐天皇設置最高機關紀錄所與雜訴所。一三三四年建武元年，後醍醐天皇下令修建皇室。十月，光嚴天皇被捕，送往鎌倉。一三三五年北條時行（北條高時之子）擊敗鎌倉，七月，光嚴天皇遭處決。足利尊氏重新收復鎌倉，八月，違背後醍醐天皇命令，拒絕返回京都。

(3) 十一月，後醍醐天皇派遣新田義貞討伐位於鎌倉的足利尊氏。十二月，足利尊氏擊敗新田義貞，進軍京都。一三三六年足利尊氏部隊攻入京都，後醍醐天皇逃往比叡山，不久後，一月時，新田義貞率領忠臣擊退足利尊氏，後者逃往日本西部，後醍醐天皇返回京都。二月，足利尊氏抵達九州。四月，足利尊氏離開九州，往東移動。湊川之戰：新田義貞與楠木正成受足利軍圍剿，楠木正成自殺。後醍醐天皇再度逃往比叡山。五月，足利尊氏重占京都。

(4) 六月，足利尊氏擁北朝派光明天皇登基。十月，後醍醐天皇返回京都，十一月交出神器。十二月，後醍醐天皇逃往吉野：兩朝時代開始。一三三八年光明天皇封足利尊氏為征夷大將軍，室町（足利）幕府時代開始。一三三九年後醍醐天皇於吉野駕崩；內戰持續。一三五八年足利尊氏於京都過世；其子接位成為征夷大將軍。一三八三年擁皇派停止抵抗。一三九二年兩朝統一，北朝統一南朝。

257 近年來距離大阪五十哩遠的笠置山成為知名景點。而後醍醐天皇避難時期所遺存的寺廟只剩一座。笠置山以巨石出名，巨石上往往刻有紀念空海或其他早期知名僧侶之題詞，不過最出名的還是因為國家英雄楠木正成在此首度加入後醍醐天皇的戰鬥行列。

258 此夢記載於《太平記》，請見本章註二七〇，《新日本古典文學大系》版本，東京，一九六〇年，卷一，頁九六至九八。

259 在日本或中國，皇帝或其他地位尊貴之人多半面朝南方而坐。

260 意指「吾當再次執掌南方。」請見前註。兩名天神分別為日光菩薩與月光菩薩，其名代表來自太陽與月亮的榮耀，並為藥師菩薩之兩大輔佐，也就是療癒之神。在後醍醐天皇夢中，兩人化身為哭泣的童子，而哭泣的原因自然與天皇之境遇有關。

261 通常天皇或貴族之夢往往由解夢師進行解答，但是在偏遠的笠置山自然沒有解夢師，因此天皇只得自行解釋其夢。

262 武將指持弓與箭之人。金剛山為河內與大和國交際間多山區域中最陡峭的峰頂，在皇帝西南邊距離約三十英里的山區。當時楠木正成之據點位於金剛山西側之比叡山。

263 橘諸兄（六八三年至七五七年），為該時著名的政治家，為敏達天皇（在位期間為五七〇至五八五年）後第五代（而非第四代）。出生時稱為葛城皇子，後賜名橘氏，成為日本早期最出名的貴族家族之一。七四三年時，橘諸兄晉升為左大臣，當時他的勢力堪可比擬藤原氏，然而就在橘諸兄死後，藤原氏立刻取回勢力。事實上，楠木正成的貴族血統身分相當可疑。

264 此意涵不難理解。毗沙門堂位於河內郡以北的信貴山，為著名真言宗寺廟，又稱朝護孫子寺。該寺位於東邊山崖，並且吸引許多遊客與參拜客。此寺廟紀念毗沙門天，佛教四護法之一，負責保護北方子民。在日本被視為七福神之一。毗沙門天又名多聞，意指聽聞來自四方的好消息，而多聞也（相當不恰當地）成為楠木正成之別名。

265 「是非の思案にも不及」，意指不計較得失。此句點名楠木正成無私、機敏並且毫無算計的態度，至少根據傳統而言，楠木正成願意在天皇失勢之時投入其下。

266 東鑾指的是盤據鎌倉的北條家族。我們無法得知為何他們被指控製造騷亂。或許楠木正成所指的是北條氏壓制首都的反幕府活動。

267 北條氏占有兩個東部郡縣。楠木正成的意思為鑾力不足以制服軍事暴亂；對皇室復權而言，最重要的為智謀與策略。日後，他確實運用了狡詐的戰術屢屢戰勝兵力豐沛的北條氏。這也代表了傳統的英雄觀念，認為才略與真誠遠比單純的武力更為重要。

268 在此，楠木正成提醒天皇不必為可能的失敗而感到灰心喪志；最後的成功才是關鍵。諷刺的是，他的預言確實正確，畢竟他在湊川之戰的死對皇室而言，正是致命的打擊。

269 *Jakkan jijitsu no katakage wo tsutaeru mono ka mo shirenai*。植村清二，《楠木正成》，東京，一九六三年，頁一二四。

270 關於楠木正成與該時代最詳盡的史料為《太平記》，該書寫就於一三七〇年，此後流傳於世。書名充滿了歷史浪漫情壞，但卻似乎不符當時情況，畢竟全書著墨於戰爭與各種形式的暴力。儘管《太平記》缺乏史實作證，對人物的刻畫也相當模糊，受到歡迎的時間卻長達數百年，並被視為該時代最重要的著作之一。琵琶法師四處傳唱書中的著名段落（請參考《平家物語》，頁六八至六九）。基本上來看，《太平記》作者相當同情後醍醐天皇與其支持者，而此書也是第一個將楠木正成視為該時代主要英雄的文學著作；作者認為後醍醐天皇的處境完全無望，而楠木正成的失敗可說是必然的；正因如此，兩人更值得尊敬與愛戴。

儘管此書受到十九世紀晚期歷史學家的大肆批評，認為其內容完全來自於浪漫化的捏造和虛構，但是近年來《太平記》重新受到重視。保羅．瓦萊教授寫道：**「近來學者認為《太平記》的記載尚屬可靠，並視其誇飾化的書寫相當有特色。」瓦萊，《皇室修復》**（*Imperial Restoration*），頁一二八。若想參考部分英文翻譯，請見海倫．麥克庫倫，《太平記》，紐約，一九五九年；若對該時代的批判研究有興趣，請參考瓦萊所著《皇室修復》。

《梅松論》遠不及《太平記》知名，但對史實考究較為可靠，成書於一三四九年。由於該書較為支持足利尊氏，因此得以平衡《太平記》對皇室的偏頗，也因為如此，《梅松論》大受戰後時期愛國主義者的擁護。

271 戰前多數教科書認為楠木正成生於一二九四年；但是此說完全基於十九世紀晚期之《日本外史》曾寫道楠木正成死於四十二歲。根據室町時代資料《太平記評判》，「楠木正成享壽近五十歲，但始終視源義經為其師。」如果此說正確，他或許應當生於一二八六年。請見植村清二撰寫的《楠木正成》，頁一九五，對其年齡有更深入的討論。

272 請見本章註二六三。

273 此文件標示日期為一三三五年，當時後醍醐天皇復位，而楠木正成成為朝廷中備受敬重的官員。很可能他認為橘氏血緣相當符合自己的朝廷官職；也可能其父或曾祖父為確保自身家族在河內的地位，捏造血緣說法。植村清二，《楠木正成》，頁三一。

274 一一九〇年，當源賴朝凱旋迴返京都時，一位名為楠木的武將也在其中，但我們無法得知他與楠木正成是否有血緣關係。另一份於一九五七年發掘的族譜發現，楠木正成或許為首位能劇大師觀阿彌的叔叔。黑田俊雄，《蒙古襲來》，東京，一九六五年，頁四五六。

275 近年學者認為楠木正遠有可能為楠木正成之祖父，而非父親。當我們仔細檢視英雄的背景與生涯時，往往發現傳說中的細節與真實相距甚遠。大部分研究認為他的父親名為正遠，另有名正忠或正作。不管如何，「正」字始終為他直系家族之名，其意代表正直，而他的兄弟則名楠木正季，其子名為楠木正行與楠木正儀。

276 「楠木正成散發出惡黨的氣息。」黑田俊雄，《蒙古襲來》，頁四五七。

277 引自植村清二，《楠木正成》，頁四四至四五。

278 同前，頁三六。

279 引自植村清二，《楠木正成》，頁二五。

280 《太平記》，《新日本古典文學大系》版本，東京，一九六〇年，頁一一二。六波羅為京都軍政府之總部。參考這段話蘊含的情感，與《平家物語》開頭的幾行，頁七七。人類在面對榮耀消逝所伴隨的感傷（意識），是日本傳統中反覆出現的主題：在失敗的時刻，即使是最傲慢的人，也可以成為一個淒美而迷人的人物。

281 後醍醐天皇突然堅持他在一三三一年交予光嚴天皇的三項神器（神鏡、神玉與神劍）為偽造品，並且毫無神力。而皇室神器的真實性至今仍舊撲朔迷離。

282 後醍醐天皇被流放至隱岐島，屬於隱岐群島之一島。在此，北條氏再次信守前例。大約一世紀以前，後鳥羽天皇也曾因抵抗鎌倉幕府而被流放至隱岐島。鎌倉幕府對待皇室家族的無禮態度，澈底激怒了擁皇派如北畠親房、楠木正成等等。

283 後鳥羽天皇遭流放時，並沒有激起強烈的擁皇浪潮（請見前註），當時北條氏政府仍舊擁有相當的特權。

284 雖然或許兒島高德根本不存在，僅僅為虛構人物，以符合悲劇英雄應有的軌跡，但是數百年來，人們仍舊崇拜兒島高德。他刻寫在櫻樹上的著名詩句，或許比他給予天皇的任何幫助都更為重要。雖然他無法成功拯救後醍醐天皇，但是此失敗之計無損他成為高貴的英雄人物。兒島高德更是一九六〇年刺殺日本社會黨書記長淺沼稻次郎的極端愛國主義者山口二矢心目中的英雄。山口二矢日後於監獄自殺。

285 黑田俊雄，《蒙古襲來》，頁四六九。

286 同前，頁四八二。楠木正成的勝利必然與其惡黨身分有關，但此部分自然並未出現在傳說之內。

287 目前普遍認為幕府軍隊約莫四萬名，但是請見本章註二九〇說明的細節。

288 可悲的是，如此舉動背離了傳統。在鎌倉幕府的全盛時期，他們必然公然嘲笑如此賄賂武士以求擊斃護良親王的宣告，如今他們竟然違背了過往的傳統，此舉確實前所未聞。喬治．桑塞姆，《日本史：一三三四至一六一五》，頁一三。

289 「城」一字誇飾了赤阪城與千早城等地的規模。事實上，該時期所指的城，僅僅是指有柵欄與遮蔽物保護的區域，而非開闊、開放，得以作為永久軍事基地的結構。真正重要的為據點位置，而非建築物。後醍醐天皇的跟隨者……被迫撤退到如此據點，以避免遭到殲滅，並伺機而動，攻擊敵軍。上述據點或城堡與西方概念下的城堡截然不同；該字意指容易防禦、難以攻擊的區域，好比陡峭山巔。假若有任何建築物，或許僅為神道教神社或佛教寺廟，因其所具戰略位置而遭徵用。如果時間應允，防禦者或許採用簡單方式抵禦來兵，好比鄰近區域之倒樹、木牆（甚至使用泥土糊牆，以防燃火之飛箭）、掘坑，建造牢固高塔以作探勘軍情或安排弓箭手之用。有些時候，軍隊也以峭壁當作護牆用。麥克庫倫，《太平記》，頁二六。

290 關於千早城之戰與赤阪城之戰，我們主要以《太平記》之描述為史料依歸，然而書寫者刻意誇飾鎌倉幕府軍隊之龐大，以烘托英雄之偉大。書中描述赤阪城首戰之幕府軍擁有三十萬騎兵，對決總數約五千之楠木軍隊。根據如此鬆散的數據，約略可知在一三三二年至一三三三年間，楠木軍隊多半用以一擋十的比例抵抗來軍。

291 在所謂的城堡內的門邊或牆邊架起了數個高塔，充當瞭望臺，並用以投擲炮石，摧毀攻擊軍隊。

292《太平記》，卷一，頁一一四。

293（約西元前三世紀時）漢高祖手下之著名將軍。此句引用自漢高祖之說。《太平記》中不乏引用中國歷史的內容，以烘托十四世紀日本的歷史人物或事件。作者將楠木正成與知名漢朝將軍相比，以提高他的重要性。

294 此兄弟日後查證為七郎（請見本章註二七五）。我無法查證和田正遠之身分（應無法確切證實）。

295 楠木正成的兵飾為菊水，也就是漂浮於水面的菊花。日後西鄉隆盛與其追隨者使用菊水為代號（請見第九章）。一九四五年，沖繩神風特攻稱為「菊水特攻」（請見第十章）。

296 當地居民得以撿拾部隊丟棄的物件。這也是《太平記》中唯一提及老百姓的段落，基本上而言，人民都被上位者澈底壓制，無法發聲。《太平記》，卷一，頁一一四至一一六。

297《太平記》，卷一，頁一一四至一一六。

298 同前，卷一，頁一一四至一一六。

299 英雄真誠直率，直抒胸臆。句子如此寫道：「自始至終，吾領先於任何武將，追求新典」。新典一字意指更完善的新秩序；在此自然為後醍醐天皇之復位。

300 此處引自孔子所寫之《論語》，無疑的，連城堡內的文盲士兵都應通曉其典。

301《太平記》，卷一，頁一一四至一一六。

302 同前，頁一二〇。

303 對戰爭精神的強烈景仰自然不僅為日本獨有，但在日本的影響卻遠較西方世界更為久遠，並且影響了政府運作邏輯，以及近年如一九四五年的軍隊將領（請見第十章）。在西方傳統中，最能完整詮釋在戰場上將士氣精神視為勝於一切其他考量的，莫過於中世紀被頻繁引用的馬克比家族（Maccabees）的經外書，特別是喬叟

（Chaucer）引用的版本：

「當賽隆指揮敘利亞軍隊時，聽見猶大召集了一支由年齡適宜的忠實信徒所組成的龐大軍隊，他心想：『若我出兵征討藐視召令的猶大與其信眾，必將得到名聲。』一大群反叛的猶太人加入了賽隆的行列，期望報復以色列。當他行經貝沙龍路口時，猶大率領了幾個男人來與他碰面。當猶大的追隨者看見來軍時問道：『我們幾人怎能對抗如此大軍？何況我們早已飢餓數日，疲憊不堪。』猶大回覆道：『**以少擊眾，何難之有？天堂來者不拒。勝利的關鍵不在於數目，真正的力量來自天堂**。我們的敵人不但無禮，且無法無天，他們殺害我們的弟兄、妻子與孩兒。但我們正在為我們的生命和我們的宗教而戰。天堂將在我們的眼前將敵人粉碎。你們毋須懼怕。』

當他說完，立刻展開攻擊，而賽隆的部隊一擊則潰。他們追逐敵軍遠至貝沙龍的邊際，約八百名敵軍死亡，其餘的黨徒則逃至菲利斯蒂雅。」《馬克比家族》（*I Macc*），卷三，頁一三至二四。粗體字為新約聖經。

304 請見第五章以及第五章註一八四。

305 植村清二，《楠木正成》，頁九七至九八。

306 如桑塞姆在《日本史：一三三四至一六一五》頁十四所指出的，奧斯特里茨之地的守兵僅有八萬人。

307 《太平記》，卷一，頁二二一。

308 「**若千早城敗戰，皇室之抵抗將必然潰敗，然而，楠木之軍策實為日本軍史之傑出一筆。**」桑塞姆，《日本史：一三三四至一六一五》，頁一二四。真正造成鎌倉幕府潰敗與後醍醐天皇重返皇位的應為足利尊氏的叛逃（典型的惡徒之舉），而非楠木正成（英雄）的抵抗。但是若千早城戰敗，足利尊氏或許不會選擇背叛幕府。

309 北條氏本為源氏附屬；足利家族為源義家後代。根據《難太平記》（一四〇二年）記載，源義經預言在七代之後，日本將由自己的後代所統治。足利家時（足利尊氏之祖父）為源義經之後第七代，但是當時北條氏全權掌握日本，而源義經的預言毫無可能成真。據說，足利家時向八幡大菩薩（武神），源氏武士的氏神祈禱，希望以自己的性命換得在三代之內掌權，足利家時並以宗教儀典方式自殺。雖然源義經的預言不見得有其真實性，但是足利家氏的自殺為確有的史實，而其自我犧牲之舉，或許成為刺激足利尊氏叛逃北條氏的緣由。

310 為避免使者遭到鎌倉幕府軍隊逮捕，足利尊氏要求將訊息寫在紙條上，並縫入使者的髮髻或衣服縫隙之中。

311 足利尊氏對皇室的支持背後毫無任何理念的態度，在日本史上的將領間並不特別，他們往往將真正的動機潛藏在忠於皇室等虛假口號中。雖然足利尊氏的背叛比多數將領更為明目張膽，但是他對待皇室家族的態度可說是軍隊的普遍狀態。

312 《太平記》描述北條氏家族失勢的筆調，令人聯想到《源氏物語》開場白所描述的一百五十年前的源家沒落的狀況（請見第五章）：「**東方士兵愚蠢至極！數年來，他們依照神諭統治日本的每一寸領土。如今，既然他們已無統治國家之心意，他們的盔甲與鋒利武器在瞬間被粗糙的棍棒給毀滅。自古至今，傲者必敗，謙遜者存……**」《太平記》，卷一，頁三八八。儘管兩事件相當相似，但是《太平記》的筆調更具道德教誨意味，而《源氏物語》則更憂鬱、帶著佛教風格。

313 後醍醐天皇的導師為著名的貴族、政治家、學者、戰士北畠親房（一二九三年至一三五四年），他與楠木正成都為該時代最忠心的皇室追隨者。北畠親房在受困於赤阪城時寫就了《神皇正統記》，但直到一三三九年才呈交朝廷，此時，後醍醐天皇已於吉野駕崩，但是書中所強調的符合社會保守觀點的合法繼承與忠誠性，成為新政運動的啟蒙之一。《神皇正統記》的開場名言，被十八世紀國家主義者頻繁引用，並強調日本的獨特性在於繼任天皇的神性，並要求全民對天皇家族無條件的忠誠：「**大和乃神域。吾祖立下根基，過去曾受天照大神統治。此事獨獨發生於日本，而非其他任何國家。因此，日本被稱為神之領土……生於斯土之民必須效忠天皇，即便以命犧牲。諸君必得遵照此命。**」《**神皇正統記**》**，岩波書店版本，東京，一九三六年，頁一七、頁一九。**

314 北畠親房（請見前註）亦表示不滿。然而後醍醐天皇不但期望獎賞足利尊氏的一番毅然決心，更希望封賞其才能，並將之招攬為屬下。此時，新官上任的足利尊氏，期望盡快恢復京都附近的秩序，因此他無情地懲罰盜匪、竊賊與其他犯法者。

315 《太平記》，頁三七〇。戰前時期的書寫往往讓讀者認為英雄單槍匹馬地從北條氏手中奪回京都，書內淡化了足利尊氏的角色。

316 楠木正成得到豐厚獎勵，但是對其後世的仰慕者而言，仍舊過於單薄。「太可悲，」賴山陽（一七八〇年至一八三二年）說到：「後醍醐天皇沒有給予楠木正成應有的封賞與榮耀，並讓邪惡的足利尊氏掌握權力，玷汙皇室歷史」。引自畢司禮教授所著《日本與中國歷史學者》（*Historians of China and Japan*），倫敦，一九六一年，頁二六一。

317 楠木正成為天皇的四名重要顧問之一，此四人稱號為「三木一草」（結城親光、名和長年及千種忠顯），因其名字中各有樹與草之意（編按：「木」的日文發音為ki，結城親光的姓氏〔Yūki〕、名和長年曾任伯耆守〔Hōki〕；「草」的日文發音為kusa，千種的發音為chikusa）。

318 桑塞姆，《日本史：一三三四至一六一五》，頁二八七。

319 儘管《太平記》相當偏袒後醍醐天皇，但也對混亂的獎賞政策以及後醍醐天皇「任性而為的政府」透露出強烈不滿。舉例來說，書內曾提及在一群參與倒府的將軍群中，儘管他們「相當英勇而忠誠」，卻僅有一人獲得土地封賞，甚至還被除去「守護」之官位。

320 一三三五年七月，當足利尊氏自鎌倉撤返時，足利直義下令處決護良親王。或許由於其死之屈辱，因此他從未獲得等同楠木正成的名聲，後者選擇自殺，以避免任何屈辱。

321 可想而知，後醍醐天皇對待護良親王的態度，彰顯了道德標準之淪喪。讀者可見《太平記》之描述：「眾人聞訊無不如此議論：『護良親王戰功卓著，拚搏無盡，以換得天皇復歸皇座。若天皇因事怪責其子，亦當諒解。然天皇將其子送往敵手，並任其流放邊疆。誠可知朝廷將再度敗於軍隊？』確實，當護良親王遭處決時，全國再度進入（足利尊氏）幕府時代。」《太平記》，卷一，頁四三一。

322 政府管理不當自然只是各地動亂的其中一個原因。真正的癥結點在於日本當時正進行土地所有者與政治權力之間的角力。立基於莊園土地系統之上的舊秩序終於瓦解，全國上下的武士則疲於控制原有的領地。如喬治．桑塞姆《日本史：一三三四至一六一五》頁一八所言，假若僅只是兩皇室派系爭奪繼承權，全國上下絕無可能陷入如此動亂達五十年之久。

323 依照防護罩設計，可沿線在地面排列形成數哩長的掩土牆，並可在受到攻擊時迅速拆除。植村清二，《楠木正成》，頁一七〇。

324 這並非後醍醐天皇第一次輕忽英雄的建議。根據《梅松論》所言，楠木正成向來深知足利尊氏兵力強大，並於一三三六年春天建議由自己擔任和平使者，並利用保皇派得勝之際與足利尊氏建立長久而良好的協議。假若所述為真，那麼楠木正成認為真正的敵人並非足利尊氏，而是新田義貞，而此事顯然符合我們所知，兩忠臣將領間確有嫌隙。楠木正成的計畫應可延緩災難的發生，但是朝廷此時正耽溺於勝利之中，無視英雄之建言。細節請見佐藤進一，《南北朝的動亂》，東京，一九六五年。佐藤教授認為《梅松論》記載楠木正成意欲與足利尊氏和平共處，此事應為真實。由於兩人間的敵意對傳說的成立相當重要，因此在戰前書寫裡甚少提及此事。

325 表面上來看，拒絕楠木的提議是因為讓天皇在同年內兩次從首都撤回比叡山，將會大傷擁皇者士氣。（植村清二，《楠木正成》，頁一八二）。由於楠木太過忠誠，因此很難公開反對天皇之意，根據普遍史料記載，楠木正成將一切怪諸於「帷幕政府」，他認為這才是天皇最大的敵人。其中一名名為清忠的朝臣相當自以為是，並且全力否決楠木的提議。在湊川慘案後，清忠受命切腹自殺。結果，此臣化為憤怒的怨靈，糾纏皇室與朝廷，直到公主提著一枚裝滿螢火蟲的燈籠才平息怒氣。

326 根據和辻哲郎教授的說法，當天皇拒絕楠木的建議時，也代表了信仰已蕩然無存。和辻哲郎認為，《太平記》作者希望將建武新政的失敗，連結至否決他最堅毅的忠臣一事。（瓦利，《帝國復興》，頁一四〇）。根據這一觀點，楠木正成體現了忠誠主義運動的精神，當他遭受拒絕，此運動的道德性注定了要失敗。

兩名明治時期的歷史學者率先質疑櫻井之別的真實性。重野安繹教授與久米教授認為此事唯有記載於《太平記》，而當時楠木正行應不只十歲大。而日本人對於此著名事件被稱為虛構一事，感到十分震驚（這好比英語系歷史學者揭露尼爾森關於責任的最後演說為虛構的）。重野安繹因此被取了不大好聽的「抹殺教授」的綽號。然而對於研究日本英雄史而言，真實性並不是最重要的，而是存在感。

327 《太平記》，卷二，頁一五一。

328 《櫻井的訣別》，收自《日本昭和歌謠書》，東京，一九五三年，頁六〇至六一。此詩為典型的十九世紀抒情詩，可被收錄在東方版本的《填腸塞肚的貓頭鷹》（*The Stuffed Owl*），也就是露依絲．李（Lewis Lee）所編輯的壞詩選集。然而，當以日文輕唱時，感人至深，並且優雅無比。在此詩中的鳥名多半翻譯為杜鵑，但是兩鳥其實並不相似。歌曲中的後兩句特別強調物哀感。

329 交戰日為五月二十五日，對應西曆為七月四日。桑塞姆於《日本史：一三三四至一六一五》的頁五〇至五二中，對湊川之戰有精采詳細的描述，但是我相信他搞錯日期，書中認為戰爭發生於七月五日。

330 據說足利尊氏仔細研究了壇之浦一戰中楠木正成所使用的兵術。儘管他對海戰並不熟悉，但在整場戰役中，仍展現出了對軍隊調度的澈底掌控。

331 桑塞姆於《日本史：一三三四至一六一五》頁五二中指出，新田義貞的退兵為致命的一擊，此舉讓英雄腹背受敵，但就算新田不撤兵，楠木仍舊難逃兵敗命運。

332 《太平記》，卷二，頁一五九。七生報國成為經典的愛國口號，但時常被誤以為來自楠木正成之口（好比橫田寬所著《自殺潛水艇！》，紐約，一九六二年，頁四四）。太平洋戰爭中，七生隊為自殺攻擊中的一支單位。請見第十章，以及第十章註八二二。

一九六〇年，淺沼稻次郎的年輕刺殺者以牙膏在監獄牆上寫下「七生報國」後，上吊身亡，請見本章註二八四。三島由紀夫也頻繁使用此詞，一九七〇年，他與追隨者在自衛隊總部進行自決前，就在額前頭巾上以漢字寫上「七生報國」。

333 《太平記》，卷二，頁一五九。

334 請見第五章。

335 六條河原位於鴨川河畔，向來為京都主要處決刑場，敵軍之頭顱斬首後會被懸掛在桿上。

336 或許此句看似諷刺，但應為足利尊氏真意。

337 意指英雄即便年幼，仍應該不若凡俗。

338 《太平記》，卷二，頁一六九至一七一。

339 同前，卷二，頁一七一。

340 同前。

341 理論上而言，足利幕府存續至一五九七年，傳位十五代，但是十五世紀時由於國家秩序崩毀，其勢力大幅衰退。

342 「**吾身將埋於南邊山野，但吾心將永繫北朝帝都。**」《太平記》，卷二，頁三四二至三四三。

343 根據傳說，年輕英雄知道前景無望，自己即將戰死沙場，他來到後醍醐天皇墳前，在門上寫下詩句，並將自己與追隨者的名字註於詩末。

344 在楠木家族中唯有一人短暫地轉向足利尊氏，這在那毫無忠誠感的時代而言，相當不易。（佐藤進一，《南北朝的動亂》，頁四〇一）。一四四三年，南朝餘黨進行了最後一次轟轟烈烈的攻擊，當時吉野朝廷早已不復存在。領導者仍然為楠木之後，儘管他們一度奪回皇室神器，失敗仍是意料中事。

345 那麼誰才是一三三六年至一三九二年間的合法天皇？此問題爭論了數年之久，一九一〇年時，日本政府甚至幾乎因此事而崩解。一九一一年，官方認定該時期應由南朝（吉野）朝廷主政。這好比美國政府在南北戰爭一百年後突然宣布傑佛遜．戴維斯（Jefferson Davis）才是美國的合法總統。

一九四五年日本戰敗後，數名假「南朝」人士浮上檯面，聲稱自己為後醍醐天皇的直系後代，因此（根據一九一一年的決定），該當成為合法的皇位繼承者。其中，最可疑的莫過於熊澤寬道，他寫信給麥克阿瑟將軍，並自稱「熊澤天皇」。他因此小有名氣，並具有相當的娛樂效果，不過楠木正成或其他愛國志士恐怕不樂見此人的存在。

346 根據約翰．霍爾（John Hall）所述，後醍醐天皇的行為不但無用，而且浪費時間：「……他希望恢復皇室權力的謬論，浪費了經濟資源以及城市的防備力。」約翰．霍爾、傑佛瑞．墨斯（Jeffrey Mass）編輯，《中世紀日本：機構史論文》（*Medieval Japan: Essays in Institutional History*），紐哈芬，一九七四年，頁二六。

347 關於楠木正成之死的章節結束如下：「**從古至今，無人能具備智慧、人性與勇氣三大美德，也無人得以死得如此符合正義。當楠木正成與弟弟互刺而死時，天皇再次失去天下，反叛者則持續占了上位……**」《太平記》，卷二，頁一六〇。

348 不管是源義經或其他悲劇英雄的死後崇拜，根據賴山陽（一七八〇年至一八三二年）所寫，最重要的則是楠木家族。

「楠木正成在皇室勢力最為脆弱而困惑的時期，以全然的犧牲支持天皇；此時幾乎所有的支持者都驚於北條氏勢力而不敢輕舉妄動。然而楠木正成卻成為真正忠誠與英雄主義的光榮代表。」畢司禮，《中國與日本歷史學者》（*Historians of China and Japan*），頁二六一。

作為資深的儒學學者，賴山陽所面臨的是十四世紀「邪」不勝「正」的兩難問題。作為史學者（至少他竭盡所能地）提出「世道」之概念，指出時代才是英雄注定被擊敗的原因；並且成為傳統儒家觀念與傳統日本「真誠」概念之橋梁：「儘管賴山陽以正統儒學框架批評與讚美日本史，但是以儒學概念而言，他的理論幾乎站不住腳。他勉強地指出『好』的統治者創造和平與繁榮，而『壞』的統治者製造動亂並且衰敗，然而他所讚美的所有歷史人物都因其失敗與過早的死亡而顯現其光輝的一面，他批評最為尖銳的人物卻創造成功而長久的王朝。因此，除了個別統治者的道德因素與行為外，他無法提出任何歷史原因作為解釋。他時常運用世道、時代、道等字詞，或時代的運作等概念，並以無可抵擋的洪流等說法，解釋所有的努力，不管如何道德、光榮，還是英雄情懷，面對時代都相當無效。由於時代之力勢不可擋，因此他筆下的英雄都慘遭失敗，而惡人則大行其道。武士階級的興起與皇室衰弱，儘管讓人悲痛且傷心，但是因為世道之故，因此無可避免。不管後鳥羽天皇、後醍醐天皇如何勉力恢復皇室權力，但當時世道與之作對。也因此，儘管新田義貞勇敢而忠心，卻仍舊遭到擊滅，而惡毒、不忠的足利家族則奪取絕對的勢力與漫長的成功。」畢司禮，《中國與日本歷史學者》，頁二六一至二六二。

在此，世道與真誠代表現實與精神之對比。在「真實」世界裡，現實凌駕於精神之上。請見本章註三五五。

349 另外兩位叛亂的英雄由井正雪（一六〇五年至五一年）、吉田松陰（一八三〇年至五九年）特別受到楠木正成的感召，密謀對抗江戶幕府，繼而失敗，遭到處決。吉田松陰將自己的理念與十四世紀的英雄相比，並於一八五六年提出「七生說」。他認為自己與楠木正成一樣，遭遇失敗，並「期望自己的真心能感動其死後的世代，讓自己也轉生七次，完成使命」。大衛·厄爾（David Earl），《日本天皇與國家》（*Emperor and Na-*

tion in Japan），西雅圖，一九六四年，頁一八八。

350 為楠木而建造的神社於二戰神戶轟炸時，遭到摧毀，但現在已經修復完成。

甚至連西方學者都感染了所謂的「楠木崇拜」現象。保羅．瓦萊教授引用威廉．葛列芬（William Griffis）的評論，葛列芬為早期明治時代於日本工作的美國人。一八七六年，葛列芬如此描寫：「綜觀日本史，楠木正成為愛國主義的純粹代表，他克盡己職，並無私的奉獻，展現出無比的沉著與勇氣。當世人提起他時，語調絕對地虔誠而溫柔，日本人對他的仰慕無可言說，他成為忠誠一詞的澄澈代表。我不時問日本學生與朋友，誰才是日本史上最高貴的人物。所有人的答案都是楠木正成。關於他的一切受到日本人的敬重，店舖裡販賣著刻印他詩句的紀念品，讓後人景仰他崇高的愛國情懷……我個人也相當尊敬如此面對人生的英雄，他以符合武士理想主義以及畢生教育的方式面對榮耀之途，反之，若他逃避了自決的義務，那將為非常不光彩的罪惡。」瓦萊，《中世紀日本的皇室復興》，頁一五三至一五四。

351 請見第十章。

352 請見本章註三二六。

353 佐藤進一，《南北朝的動亂》，附錄頁一至頁六；植村清二，《楠木正成》，頁一三九。若想研究關於楠木正成的盜徒身分，請見本章。

354 請見本章。

355 引自植村清二，《楠木正成》，頁一九四。楠木變幻莫測與堅實的策略，確實如同藝術家一般。他的英雄主義藉由自身的情操（忠誠、自我犧牲等等），與現實的限制（兵力差距、朝廷腐敗）所彰顯出來。楠木的想像力，讓他的謀略戰勝了客觀上的弱點。

關於他的戰力與真誠也可作同樣解釋：在此，英雄的想像創造了自身的世界，並拉開了**理想**與**現實**間的距離。在典型的武士電影與歌舞伎中，孤獨的武士力抗數百名嗜血的敵軍，手持光輝的寶劍，亦照耀自身的純粹性。舉例來說，在熱門的《座頭市》電影裡，儘管盲劍客面對數量龐大的凶惡敵手，但他身上的真誠卻堅不可摧。光靠士兵的數量無法抵禦真正的武士精神。在楠木正成的故事中，儘管幕府擁有軍事實力，但由於沒有「精神」上的領導者，因此無法以想像與真誠來召喚支持者。當他為擁皇派獲得勝利，後醍醐天皇得以復位時，楠木卻失去了存在的原因。傳說中的英雄在論及經濟與政治實力的歷史上沒有任何位子：天皇的政治部署將他排拒在外（請見本章）；唯有在擁皇派再度失勢時，楠木才得以回到舞臺中央。最後，當天皇拒絕其提議，他也失去了精神力量，並且以毀滅告終（請見本章註三二五）。

因此，對傳說而言，楠木為真誠性的理想化身，儘管他如同星火一般短暫地照耀了黑暗的年代，但他仍獨立於濁世之外。而足利尊氏則成為代表妥協、現實主義、政治算計與成功的人物。

356 例如，在植村清二所著《楠木正成》第一三九頁記載的事件，楠木正成在《菊池武朝申狀》中企圖讓後醍醐天皇知道，天下第一的功臣不是自己而是菊池武，他為了支持皇室而奉獻生命。

357 根據佐藤進一，楠木正成同時擁有「彈性的思考」與「真正的判斷」。（佐藤，頁二五六）。植村清二認為楠木持續地「對抗權威」，並且透過抵制幕府，某方面來說也可說是表現了「人民的意志」。（佐藤，頁四二）。楠木好比當代的反對派領袖，率領部隊抵禦壓迫人民的軍隊統領，此說法讓他更受到今日日本讀者的歡迎，但是同時相當矛盾的，他卻支持保守的貴族後醍醐天皇。

358 在此亦為判官贔　的概念（同情失敗者），讓南朝隨後受到歡迎與獲得合法性。如果足利尊氏與光嚴天皇於一三三六年遭擊敗，他們（而非楠木與後醍醐天皇）或許會在後世成為英雄，而北朝也將能擁有鄉愁情懷，吉野亦能在大眾心中獲得特殊地位。

359 在湊川戰敗後，新田義貞繼續迎戰足利氏，直到他戰死沙場，享年三十八歲。

360 人們時常將楠木正成與其他英雄比較。舉例來說，「楠木對天皇的忠心與英勇可與貝特朗．杜．蓋克蘭（Bertrand de Guesclin）相比。」（大道寺友山，《武道初心集》，頁七一）。然而，傳奇的蓋克蘭則屬於勝利方，並且戰勝英國。

此外，楠木時常被稱作「日本的貝爾（Bayard）」，引自亨利．喬利撰寫的《日本藝術之傳說》，頁三〇六。雖然貝爾最終命喪戰場，但是成功阻擋帝國勢力進攻法國；假如要做確實的比較，我們必須找出一名廣受大眾喜愛，並且不僅被殺死，更屬於戰敗方的英雄，這對西方文化而言實屬罕見。

361 請見本章註三四一。

362 「幕府將軍（足利尊氏）感歎道：『哀哉，因依附皇室者之毀謗與讒言，吾難以言述自身純潔，被陷以反叛名聲。』確實，他的悲傷難以表述，但足利尊氏將其心投注於性靈表現與工作，虔誠地為後醍醐天皇禱告……並最終建造了宏大的佛寺。」夢窗國師，《大正新脩大藏經》，卷八〇，頁四六三至四六四，引自威廉．西奧多．貝里（Wm. Theodore de Bary）等人所編輯，《日本傳統之根源》（*Sources of Japanese Tradition*），紐約，一九五八年，頁二五七。

363 足利尊氏擁三美德。首先為膽量，儘管他曾在戰場數度面臨瀕死之境，但卻仍精神奕奕，並且毫無懼色。第二項美德為同理心，他未仇視任何人，並且多次以對待孩童之心寬恕惡敵；第三，足利尊氏寬容大度，而不吝嗇。他無視物質世界，而當需要封賞武器、馬匹或獎勵予以功臣時，也毫不思量，率意而為。引自保羅．瓦萊，《中世紀日本的皇室復興》，頁一三三。

364 請見本章。

365 引自桑塞姆，《日本史：一三三四至一六一五》，頁九八。

366 引自畢司禮，《日本與中國歷史學者》，頁二六一。

367 請見本章註三一一。即便楠木本人的忠臣生涯也以叛節為始。請見第六章。

368 威廉．西奧多．貝里等人所編輯，《日本傳統之根源》，頁二五六至二五七。

369 桑塞姆，《日本史：一三三四至一六一五》，頁一〇〇。

第七章

天草四郎

日本的彌賽亞

一六三八年島原大屠殺遺留的物品裡，其中一樣是年輕叛亂軍首領天草四郎的旗幟——在三英尺的白色絲綢上，兩個形象相當呆板的西方天使們崇拜著自中央升起的黑色巨大聖杯；聖杯上方有著白色圓形主體，並綴以黑色十字架，旗幟上方以葡萄牙文寫著：「讚美聖餐！」以此作為日本英雄的旗幟似乎有點詭異，但也正是旗幟，說明了關於天草四郎的一切。這名來自九州、不知名的十六歲小伙子率領了四萬鄉民起義，反抗江戶幕府，此事實在相當離奇而古怪。[370]

天主教的這場叛亂留下了極為豐富的史料，但其中的年輕英雄仍然欠缺足夠的事實描述。由於天草四郎的原城總部被殲滅，其家人與支持者慘遭屠殺，所有的叛亂者資訊付之一炬，因此，除了簡短、含混的官方報告以外，實難有任何現代紀錄存留。所以儘管天草四郎活動於史料詳實的年代，其存在也無庸置疑，但是他仍舊如同源義經與楠木正成一般，是個十分神祕的人物，遊走於事實與傳說之間。[371]

英雄的璀璨生涯體現於著名的《神聖》詩作中，在起義前的數個月裡，祕密流傳於日本九州的天主教徒社群。此預言體詩句應由二十五年前遭日本流放的外國耶穌會會士所創作，但日後由起義組織者集結成文，以證明儘管天草四郎年輕而缺乏經驗，但仍舊為起義者的領袖。此詩以中文創作，刻意以相當隱晦的風格寫成，其文字如下：

此後，五度五年，

上帝（以男孩之身）降臨此世，其齡十六。
此少年自誕生即天賦異稟，
輕易展現神蹟。
接著，天堂將讓東方與西方之雲燃燒，
大地之花提早盛放。
四處轟隆作響，
鄉民將目睹樹林與草植起火。
眾人必須於頸項穿戴鑲鑽九珠寶的十字架，
瞬間，白色旗幟將飄揚於田野與山巒。
真正的信仰將吞沒其他所有信念，
而吾等天主將拯救世間……[372]

當叛亂爆發時，確實過去了二十五年，更巧合的是，此時天草四郎正是十六歲。該年，九州發生數起自然災害，澈底符合預言之說。在晨間與黃昏，眾人見到遙遠天際燃起紅色的天堂之火；而在如此四季分明的日本，櫻花卻提早於秋季盛開。對長久以來受到激烈宗教迫害的絕望農民而言，他們是如此容易輕信傳說，因此不難追隨聖詩所預言的行動：天草四郎將掀起「神蹟」，不久後，農民將不再受到迫害，而白色的天主教旗幟將於曠野與山陵間飄揚。

年輕男子的英雄氣質不免受到神蹟式的傳言所加持。據傳，天草四郎和聖佛朗西一樣，能夠召喚飛翔的鳥兒，使鳥兒停在他的手上，甚至能說服牠們在其掌心上下蛋。他也能於浪上行走，有一次，人們見著他在島原附近的海面上行走，水裡升起了燃燒的十字架。在此，傳說即將證明天草四郎正為上帝的化身，藉由肉身降臨凡間，建立天主教，並拯救日本。[373]

十六世紀中期，天主教傳入日本，並於日本中部——特別是九州受到大眾歡迎。但是當新的江戶幕府統治者開始擔憂天主教將威脅社會安寧，並可能引來外國勢力入侵時，政府便以毫不留情的殘忍方式消滅天主教。[374]大約在一六四〇年，外國宗教幾乎已然滅絕，而島原起義更近似死前的痙攣。約莫兩百年後，宗教禁令解除，天主教傳教士再次開始活躍於日本本土，但即便是如今，在持續一百多年的努力與傳教後，一切似乎仍沒有太大的改變。在日本，自稱為天主教徒的人口幾乎不到百分之一，而天主教對日本的精神影響更是微乎其微。然而，儘管日本人對外國信仰普遍漠不關心，但是由天主教主導的重大叛亂事件仍舊在大眾心中留下美好的印象，而其年輕領導者天草四郎也被視為民族英雄。在太平洋戰爭後的反軍政府時期，天草四郎被視為年輕抵抗軍的精神象徵，抵禦「封建式」的壓迫與不公義。天草四郎本人與慘烈的起義成為數部流行電影的主題。[375]在其中的一部電影裡，天草四郎一角有著恰似浪漫的源義經般纖細、帥氣的面孔。兩名隨著天主教徒家人加入起義的年輕女子愛上了天草四郎，當然，英雄對於精神的追求如此崇高，對任何肉體上的滿足毫不留意，但是，如此一來也更加深了英雄的完美。[376]天草四郎也成為戲劇《亂雲》中的主角。左翼戲劇團體以他的故事作為失敗反派者的縮影。知名的扮裝表演者美輪明宏（全日本最美的男子）則自稱為天草四郎的化身，引起了流行樂界的注目。一九七二年，知名歷史雜誌則出版了一系列的英雄「自傳」，由英雄述說他簡短而又戲劇化的一生。天草四郎自述，自從在長崎與雲仙溫泉目睹公開迫害日本天主教的事件，他便理解受到封建權威者迫害的恐懼。[377]近年的《天草四郎歌謠》成為學生抗議保守政府的歌曲，並讓英雄再度獲得關注：

> 如今他們起義了——在島原領主暴政下呻吟的農民，
> 聲音迴盪在雲仙中，
> 啊，天草四郎與島原的抗議！
> 現在，成千上萬的人包圍了原城基地，
> 被政府軍隊潰擊，
> 然而他們在天主教的十字架下集結，
> 啊，天草四郎與島原的抗議！[378]

天草四郎足以作為日本的英雄，他的武器鑲滿了勇氣與真誠，並與追隨者迎擊征討封建賦稅的政府，在短暫的初期勝利後，隨後進行了數個月勇敢但卻無望的抵抗，並以悲慘的失敗收場。他們的澈底崩潰強調了其動機的純粹性，並贏得屬於失敗者的判官贔屓式同情。在前現代的這場大屠殺中，起義者全數遭到屠戮，天草四郎與群眾曾經占據並力守的海邊城堡被燒毀，徒留微風吹過，令途人憶起此地曾有過短暫、沉痛，以及徒勞的物哀感。[379]

大叛亂的起源地，包含島原半島以及自長崎市海岸延伸四十哩的天草海域與附近島嶼；此處也是九州崎嶇而陡峭的海岸線中最為曲折的地方。風和日麗的海景之美、數百個小型島礁，以及島原灣與天草海域的白沙與清澈海水、滿布松綠色叢林的山丘，與十七世紀時在此發生之慘烈戰役形成詭異的對比，對現今的遊客來說，他們勢必也無法想像康拉德（Conrad）的剛果，曾經發生「世界上最黑暗的事件」。

西九州向來為日本最貧困的區域，不管是島原山丘上小村莊的農民，或天草群島海邊的居民，一直都活在民生基準線上下。長久的旱災或突如其來的增稅，都有可能讓當地居民陷入生活困境。此外，此處也相當偏遠，如果一位將軍從江戶幕府（現在的東京）總部出發，約需兩星期才能抵達島原，但是前往大阪只需要六天，再十天則可抵達長崎濱海。一開始幕府無法壓制叛亂的原因，在於征夷大將軍下令之延宕，他是唯一能下達戰令的人。

儘管島原起義軍並非全為教徒，但是多數的叛亂農民與其領導者（包括天草四郎）都是天主教徒，而宗教啟發也為起義關鍵。自從方濟・沙勿略（Francis Xavier）與耶穌會會士在一個世紀以前踏上日本領土以來，天主教信仰已在此日本偏鄉生根。九州為宗教中心，而傳教士不懈的努力則讓島原等蠻荒落後的區域得以發展。一五七七年，天草藩主歸化為教徒，並要求所有島民信教，否則必須離開島嶼，當時僅有少數幾個家庭違背此令。三十五年後，儘管征夷大將軍不斷下令驅逐外來宗教，但是上至有馬大名，下至最貧窮的農民，幾乎所有島原半島居民都成了教徒。而一直到世紀交替才由另一個信教的小西大名手中脫離的天草群島，其島民也全屬教徒。

江戶幕府有感於天主教之擴散所帶來的政治與軍事影響，終於在一六一二年開始實際執行原本即存在的長期性法令：澈底禁止天主教信仰，所有的傳教士都必須離開日本。當時，不管是本國或外國教徒都照樣違反禁令，但政府就像是要彌補從前的疏失一般，開始採取相當嚴苛的手段壓制外來影響，以其一勞永逸。[380] 接下來的二十年間，幾乎所有仍居住於日本的外國傳教士都被追查到案，並且遭到處決；日本的三十萬天主徒中，約有九成遭逮捕，並且被迫改宗或以極其痛苦的方式遭處死。當時天主教社群受到信仰與殉教思想的啟發，從未試圖以武力抵抗政府。[381] 九州作為日本天主教信仰之中心，承受了最苛刻殘酷的迫害，幾乎所有以人類智慧與殘酷本性所發展出來的虐待酷刑，都被用在天主教徒囚犯身上，為的是取得口供或令其改變信仰。當時長崎的標準天主教酷刑包括水刑、蛇坑虐待、面部烙印、竹鋸鋸首、木馬酷刑（將重物捆綁在囚犯單腳上）、火燒以及（傳自西方並被江戶幕府積極運用的）十字架釘刑。

為了防止外國勢力入侵，德川幕府頒布了一系列禁令，除了幾乎澈底禁止外國人進入日本之外，日本人也不得在外地身故，如有已離開日本之本國人民，必當返回。一六三三年，德川幕府頒訂十七條法令；一六三五年與一六三六年則頒訂了更為嚴苛的法令，而在島原叛亂之後的一六三九年，幕府最終下令禁止葡萄牙船隻進入日本港口。[382]上述法令終止了近兩世紀的外國貿易與觀光，並讓日本本土的天主教徒無法與外界聯繫或取得支持。

一六一五年，德川幕府成功平定島原叛亂後，松倉重政繼承了島原領土，起初還以看似溫和的方式對待領土子民，但是不久後，便開始以激烈手段殘害百姓。在近十年的統治時間裡，松倉重政成為日本史上兩名最殘暴的迫害者之一。他以惡魔般精心發展的殘酷手段對待天主教徒而聞名。其中，最著名的虐待之處為雲仙溫泉（曾出現於天草四郎之歌中）。就在現今著名的旅遊景點，拒絕改教的信徒在此被慢慢地烹煮至死，在家人、村民的見證下受虐而隕逝。

在向南數百哩以外的天草群島，德川幕府已從先前的天主教大名傳位給寺澤家族。大批的難民，包括許多浪人，試圖躲避長崎與其他九州區域的迫害，逃往島嶼區域，並逐漸形成天主教徒務農與漁業社群。然而，此遷徙最終仍舊招致不幸。儘管寺澤領主或許一度曾為祕密信徒，但他卻以最嚴厲的方式懲罰教徒，包括焚燒折磨。一六三三年其子繼位為領主後，仍好施此酷刑。一六三七年時，官方的恐怖統治與鎮壓已經得到外部成果，多數信徒公開宣示叛教、踐踏聖繪像或簽署叛教宣言。然而，種種事件讓堅守信仰者更加堅定。多數信徒如同天草四郎一樣，仍舊在心中維持天主教信仰，並祕密舉行宗教儀式。

一六三六年與一六三七年的數起事件，證明當地天主教徒的絕望處境。一六三七年年末，半島南端的有馬村莊裡，一名虔誠的農民長久以來將耶穌像藏在箱子裡，以防被外人發現向政府密告。某日，他驚喜地發現箱子裡的畫像竟然出現了邊框。奇蹟啊！他立刻向其他信徒宣布此事，其中也包括了擔任村長的哥哥。數日後，他們在村長家祕密聚會，敬拜畫像並且讚美上帝。然而，聚會的消息意外走漏，一小支警隊自島原總部乘船趕來。他們衝入正在舉行儀式的村長屋中，逮捕十六名信徒，包括兩名兄弟。囚犯被綑綁並送往島原，並立即遭到處死，以儆效尤。當如此悲慘的訊息傳回有馬時，村民們慶祝起升天一事，並挑釁地懸掛起天主教旗幟。[383]當執法者企圖阻止其行動時，教徒反將對方處死。此時，有馬南方的信徒認知到自己將遭到可怕的報復，他們決定，與其坐以待斃，不如集結起來，包圍當地政府機關。數日後，重大叛亂就此爆發。[384]

大部分的日本人將起義澈底歸因為宗教因素，然而當代學者則認為其中不乏經濟因素，指出島原叛亂在本質上並非宗教起義，而為日本貧困落後區域針對封建大名嚴苛賦稅之抵抗。令人意外的是，歐洲觀察者也認同島原叛亂背後的經濟因素，包括一名接受宗教審判的葡萄牙人杜爾特．科瑞（Duarte Correa）。島原叛亂時，他被監禁在九州獄中，並準備接受火刑。[385]科瑞本人並沒有參與活動的經濟理由，但是他認為當時當地人民的生活狀況慘不忍睹，以至於必須揭竿起義，他引用一名日本紳士的話：「起義不只是因為身為天主教徒，畢竟在其他著名的領主治內時，從未有叛亂發生。」[386]

可想而知，幕府政府有絕對的理由強調起義背後的宗教因素，以合理化反天主教政策。對地方政府而言，他們更希望把島原叛亂定調為宗教狂熱事件，而非饑困人民企圖打倒統治者的騷亂。萊昂・帕吉（Léon Pagés）在著名的《日本天主教宗教史：一五九八至一六五一》中寫道：「日本政府特意強調宗教動機，掩蓋自己的錯誤行為，以防失去光彩。」[387]

九州農民的貧苦狀況不能完全怪罪於地方官員。我們沒有任何證據能證明松倉或寺澤大名為政貪腐或顢頇。然而，當外樣大名承受日益升高、不切實際的中央幕府賦稅時，也自然而然地將此重擔轉嫁至辛勤耕種的農民身上，期望以農產作物換得銀兩。[388] 一六三四年開始，西九州饑荒橫生，使情況更為加劇，一六三七年則發生了慘烈的農作物歉收。[389] 普遍來講，在如此艱難的情況下，地方稅務將會緩減，但此時由於幕府嚴苛徵稅，因此地方稅毫無停收可能。此時，九州亦面臨大興土木建造島原城等之額外開銷。松倉大名不但沒有暫緩賦稅，反而巧立名目課以新稅。除了原先基本的農作徵稅以外，再加上了門稅、爐膛稅、貨架稅、牛稅，甚至連家中的新生兒與過世人口都予以課稅。由於稅收往往以米或其他穀物繳交，因此造成廣大人民的營養不良與饑饉。一六三七年的情況已跌入谷底，根據當代史料指出，九州人民此時已經開始吃起泥漿與稻草。

在如此嚴峻的條件下，要維持正常的稅收顯然相當困難。有些時候，農民會藏匿食物以讓家人免於飢餓，更有許多時候，他們根本沒有任何糧食可藏匿，並且也無法滿足徵稅官吏之要求。不論島原或天草的官吏，都決定採取更嚴苛的執法，他們認為農民如同芝麻種子，「當你越用力擠壓，它們就會給得更多」。以殘暴對待天主教徒而著名的松倉領主，現則以嚴刑峻法對待無法繳稅的農民。長崎荷蘭工廠的負責人尼可拉斯・庫克貝克（Nicolaus Couckebacker）與福爾摩沙政府官員的往來信件，記載了松倉領主的美濃舞酷刑：

（松倉命令）無法繳交賦稅的人必須穿上以稻稈編織而成的粗草蓑衣，日本人稱之為美濃，多半為農民或船民的雨衣。人們的脖子與身體被緊緊捆上稻草蓑衣，並反綁在身後，接著蓑衣會被點火燃燒。受刑者不但會嚴重燒傷，最後也將被焚燒致死；有些人會用力地將自己摔倒於地面，進而導致暴斃，或是跳河而亡。此酷刑被稱為美濃舞。[390]

為了要讓受害者身上的火焰能更為旺盛，並以此警告其他被迫圍觀的村民，官員甚至要求蓑衣之內必須揉入燈油。此外，美濃舞往往於黃昏後執行，像是一種駭人聽聞的煙火匯演。

當如此直接的酷刑也無法逼迫農民繳出稅款時，政府開始逮捕無法完納貢稅者的妻子與女兒作為人質，並以極其痛苦而羞辱的方式對待她們，好比頭下腳上的吊掛與裸體。[391]我們已知許多丈夫，特別是出生武士階級日後務農的男性，寧可以自己的雙手處死妻女，也不願意她們受此羞辱。女性多半被壓制、浸泡於冰水中，至死方休，又或者直到家庭成員得以繳付稅款為止。一六三七年十二月，天草群島一村長的懷孕妻子被強行關在「水牢」六日六夜，並在分娩過程中死亡。同月，科瑞更記述另一爆發於島原的事件：

> 一名村長的女兒被抓捕，她不但年輕而且相當美麗。他們讓她赤身裸體，並且以燒紅的鐵烙印全身。村長原以為女兒只是充作人質，並且只要繳付稅貢後就可平安回家。但是當他得知官員如此野蠻地對待自己的女兒時，他感到憤恨、悲傷，並且立刻召集友人攻擊地方官員，並且殺了他。[392]

根據帕吉的說法，此事件導致了大起義。然而，若將任何單一事件定義為島原叛亂的直接導火線並不準確。此叛亂背後的原因包含了經濟與宗教因素。究其根源，經濟因素可能才是最根本的關鍵，但是當運動逐漸醞釀，受壓迫的農民在帶頭的天主教領導者與口號下得以號召起來時，運動的宗教性格勢必日益突出、明顯。儘管農民所受的經濟壓迫相當沉重，但是天草四郎與信眾堅持其目的純粹為宗教因素。島原叛亂的領導者們期望支持者關注理想層面的信念，而非物質性問題。他們在叛亂爆發數月後如此向政府官員表明其心：

> 由於天主教的地位不受承認……幕府不斷地下達禁制令，讓我們深陷痛苦之中。我們許多人視來世的希望為最崇高的境界。對這些人而言，可說是無處可逃。由於他們無法改變信仰，必須承受數種極端的懲罰，以慘絕人寰的方式接受羞辱與虐待，直到最後一刻，他們因為信守上帝而被折磨

> 至死。其他人，即便心意堅定，但是在身體的殘酷折磨下不得不隱忍悲傷，遵從幕府的意志，並且退縮。隨著事情持續發展，人民以難以言說與不可思議的方式集結起來。如果這種態勢持續，嚴酷的律法不被廢止，我們將會承受各種難以忍受的懲罰。誠然，我們的身體因為虛弱病苦，以至違背了天主的話語，成為罪人；我們因為對短暫的生命投注更多關注，以至錯失更應珍視的理想。我們所懷抱的悲傷已經令我們難以承受。因此，我們如此走來。[393]

在運動初期，由於叛亂領袖多為天主教徒，因此非教徒們應當感到心意十分動搖。而宗教領袖們自然必須顯得更具崇高的理想，遠甚過任何物質性的考量。在叛亂將近尾聲時，幾乎所有的起義分子都歸化為天主教徒，融入叛亂陣營，其信念也驕傲地宣揚於義旗之上。

一六三七年十二月十七日，島原爆發叛亂，動亂迅速地蔓延到半島的其他區域，並越過了天草群島。叛亂分子多為貧困、手無寸鐵的漁民與農民，也就是日本的無產農業階級。他們多半為天主教徒或是信徒之子，並早已受到欺壓數十年，如今，他們準備好要行動了。整個島原如同被遺棄一般，所有村民不論男女老幼，全都加入反叛軍的行列。

率先起義的並非小農，而是相對有穩固生活的庄屋（村長）。大部分的庄屋都為武士後代，在天主教大名的手下，好比有馬大名與小西將軍，並因此參與過內戰或朝鮮戰爭。在新的政權之下，他們成為了仕紳與頗富涵養的農民。儘管他們的生活與普通農民沒有太大不同，但是如今卻因為受到了如此的折磨與羞辱而感到義憤難平。

大約五、六名前武士統整了叛亂組織與領導方向，他們都已與先前的藩主斷絕關係，成為浪人。[394]叛亂分子中，有一名六十歲的前武士蘆塚忠右衛門，其父曾為宇土城官員，宇土城當時為前天主教大名小西將軍的肥厚領地之封建總部。當父親過世後，新領主反對天主教，蘆塚忠右衛門搬到島原群島，成為農民。[395]一六三七年十二月，因為松倉政權之不公與殘暴，蘆塚忠右衛門聯合其他浪人，帶領村民起義，不久後，他即以機智戰術聞名，並勇於抵抗政府軍隊。根據其中的一個傳說，蘆塚忠右衛門正是第一個推薦年輕的天草四郎為叛軍首領的人。

當代官方紀錄時常諷刺地稱呼天草四郎為父不詳，然而事實上，我們知道其父益田好次為受人敬重的天主教徒，並棄武士身分轉而務農。他出生於天草群島的大矢野島，並曾侍奉小西將軍。後來益田好次成為著名的反叛軍領袖，並以益田甚兵衛之名行走於世，居住於天草諸島直至一六〇〇年。政權更迭後，益田甚兵衛與他行醫的弟弟一同搬往肥厚的江部村。他在此被任命為江部庄屋，一六二一年，天草四郎誕生。[396]益田好次似乎是個勇敢的講道者，並在長崎與天草傳播天主教，這在十七世紀的九州是相當危險的行為。有時候，他會帶著早熟的兒子四處移動，而天草四郎也似乎因為天主教信仰而同時領受喜悅與危險。

關於天草四郎的幼年與青春期，有許多不同版本的說法，且彼此間可能相互矛盾。有一則故事特別強調他傑出的天分。據傳，他在未受任何教育的情況下，已擁有極豐富的知識（四歲即能書寫與閱讀），並且能表演神蹟。當天草四郎十二歲時，他在長崎服侍一名中國商人；一位中國的著名相士則是對這個卑微的小伙子感到非常訝異，因為他在天草四郎身上看到了偉大成就的特徵。[397]雖然故事並非全然屬實，但可說是典型的遠東英雄傳說。[398]另一個比較可能的說法是天草四郎曾在細川大名旗下的幹部跑腿，由於他熱愛學習，因此得以免除職務，以便專心學習；其後，他陪同父親前往肥厚區域。

另一個版本的故事則來自他的母親，她在受到官方拷問時，有了以下的說法。根據瑪莎（其母之受洗教名）的說法，天草四郎在江部村度過童年時光。自十一歲開始，他專心一致地投入於學習之中，並且拒絕履行對封建領主之義務，以完成學業。約莫十二歲時，他則頻繁地前往長崎學習。在叛亂爆發不久後，他與父親一起待在位於大矢野島的姊夫家。他從未旅行至大阪或西九州以外的區域。瑪莎的說法並不見得全然為真，畢竟她必須小心地保護兒子安危。然而，關於他前往長崎的說法顯然不假，天草四郎應該是在長崎受洗，並且獲得教名傑洛米。[399]

當然，最奇妙的地方在於，為什麼一個年輕小伙子，本身並沒有組織與軍事等專業知識，卻被叛亂軍選為領袖？當然，當時沒有任何人預先知道叛亂會以如此方式蓬勃壯大，最後天草四郎必須率領四萬人作戰；然而，為什麼經驗豐富的前武士如蘆塚忠右衛門會將他視為領袖，而非其他更有本事的人選呢？為何如此選擇的實際情況已不可知。其中一個可能的狀況或許是天草四郎被推舉為代表性人物，實際的領導職務由其他一小群浪人負責，包括他的父親，或許能代其名發號施令；正如同日本史上具有實權的政治或軍事領袖，都是透過兒皇帝或其他統治實體頒布號令。也有可能浪人領袖各自隸屬於不同派系，具有相異的策略與目標，而天草四郎被視為最妥當的人選，原因正是其缺乏經驗，且不隸屬於任何特定派系。[400]除此之外，他無疑擁有異於常人的特質。假如我們願意相信傳說，那麼天草四郎必定是個極具天分的年輕人（此點亦被細川家族紀錄證實，畢竟他們毫無理由美化叛軍領袖），不論他是否如同傳言所刻畫地那般天才，但是他必然擁有如年輕源義經的風采，以及讓韋伯（Weber）稱為領袖魅力（charisma）的神祕感。[401、402]

或許，如此選擇的背後也有宗教原因。浪人大老深知島原與天草的虔誠農民比較有可能響應純真、無邪的年輕人，好比天童或神子之號召，而非垂頭喪氣的前武士，這點倒是事實。叛亂的計畫應該至少在事件爆發前半年開始醞釀，這段期間浪人大老四處散播天草四郎的神子奇蹟，稱上帝派他來救贖神的子民，讓人民免於痛苦。[403]十二月時，一切準備就緒，不管是島原、天草或是全日本的農民，都能視天草四郎為神蹟之子，並且領導眾人起義，擺脫一切的束縛。我們永遠無法得知天草四郎是否確實地率領軍隊運行，由他發號施令。較有可能的想像為資深浪人如益田甚兵衛、蘆塚忠右衛門才是實際掌握叛亂走向的人物。然而，在傳說裡，天草四郎為**唯**一的領導者與島原的英雄，毫無其他領袖的一席之地。

在叛亂爆發不久後，一名十四歲的少年通報地方官吏，導致天草四郎的母親、姊姊以及其家庭成員遭到逮捕。政府急於知道天草四郎是否真為叛亂計畫的核心人物。囚犯一一接受審問，以求了解真相。在審問過程中，村民強調天草四郎一直居住在江部村，並且患有疥瘡（一種相當日常、不引人起疑的說法），因此即便他確實旅行至他處，但是卻並**沒有**如拷問者所暗示的那般在天草或長崎傳道。儘管村民應當承受了相當嚴苛的折磨，但是小左衛門與其他參與者堅定不移地保護天草四郎與其父的行蹤。[404]

當審問結束後，人質被迫寫信給兩人，要求他們立刻離開天草的反叛陣營，並且回到本島。我們無法知道天草四郎或其父是否有收到信件，但是假如他們收到信件，勢必將此視為陷阱（若他們落在寺澤領主手上，後果可想而知），因此去信毫無回音。當局隨後聽到父子倆已經抵達長崎的傳聞，因此下令搜查長崎附近的天主教社群，然而搜捕行動無功無獲。在此之後，顯然人質受到極大壓迫，不斷去信要求父子倆放棄天主信仰並返回家門，以免無辜的農民繼續受到嚴厲的迫害。但這對父子從未回信。此時，反叛活動已經成形，兩人勢必已投入籌備工作。

當反叛行動消息傳到島原與附近群島時，鄰近的村莊與城鎮也加入了叛亂活動。浪人襲擊地方封建領主，並奪取火石兵器，讓抵抗軍足以抵禦政府軍隊。島原區四萬五千名居民中，有兩萬三千名投入反叛行列，而天草群島的比例更為驚人（兩萬一千名居民中有一萬四千名投入抵抗），另外尚有其他區域，幾乎所有的居民都投入了抗爭。最初，天草四郎與其將領成功擊敗官方部隊。[405] 憑著一股信心，新農民武裝軍隊擊退了訓練有素的武士軍，並計劃攻占島原城及其他領地，以此組織安全的軍事堡壘。不久，南島原與天草群島幾乎都被反叛軍控制。

反叛軍初期勝利的主要原因在於封建領主的反應遲鈍。假如他們及時反應，那麼憑藉著龐大兵力與西方封地的軍事實力，自然可立刻鎮壓反叛活動。然而，封建法令之顢頇阻礙了軍事行動的便捷度。叛亂的消息很巧合地在聖誕節時傳到江部村。足足過了一個月之久，島原政府才提出有效的因應之道，此時反叛軍早已成了氣候。

雖然江部村與九州確實有一段距離，仍不足以解釋幕府的反應遲鈍。更糟糕的是，幕府本身的律法明訂，唯有得到江戶幕府的授權，軍隊才得以展開行動。兩年前，幕府因懼怕外樣大名勾結而訂定此武家律法，然此項昏庸的法律正好阻礙了位於附近群島的細川大名、鍋島大名之聯合行動，若兩人得以共同行動，或許早已連根拔除起義軍。每當一領地遇到攻擊時，大名必須等待幕府將軍下令才能抵禦外襲。因此，一六三七年十二月時，封建軍隊在附近領域徘徊，並且拒絕加入對戰反叛軍的行列，一切行動唯待江戶幕府下令。正如同細川大名在致信給一位東部大名時如此表示：「即便島原城明日就要垮臺，若是沒有幕府下令，我們也只能坐以待斃。」[406]

此外，不僅僅幕府政府，連九州的當地大名都小覷了反叛軍的實力，並認為若農民起義軍與武士對決，前者必然會嚇得屁滾尿流。在此，對比日本統治者與羅馬政權在斯巴達克斯奴隸起義時的輕率態度，可說是不相上下。[407]很顯然的，他們不知道許多反叛領導者都是專業武士，更不知道受迫害的農民因狂熱的宗教信仰與「聖男」之領導，早已懷抱無比的勇氣與激情。當幕府的軍師被問及反叛軍日益壯大而幕府遲遲未有回應時，是否會增加風險，軍師竟回覆越多農民聚集越好，畢竟他們終須一死。而島原叛亂爆發時，松倉的大名正巧人在江戶，儘管他對這事件幾乎無權指責，最終義憤填膺地自行宣布將率領大軍剿滅叛徒。[408]

板倉重昌（板倉內膳正為官名）受命協調數個九州大名，並平定叛亂。但此時板倉重昌年事已高並罹患重疾，根本無法勝任此工作，這也進一步證明幕府小覷了起義軍的頑強。板倉重昌好整以暇地出發前往江部村，花費足足三週才抵達島原，時值一月中旬，與板倉重昌同步抵達的還有騎兵與步兵隊。

當反叛軍勢力推進至天草群島時，開始讓幕府政權感到相當不安，隨著戰爭的延續，他們為島原叛亂所帶來的影響憂心。由於來自西方的派遣部隊都認為起義軍的動機為宗教因素，因此政府認為先前的禁令並沒有拔除九州區域邪惡的信仰的，而且將進一步蔓延至其他落後區域，好比日本東北部等天主教支持者居住的地方。所有居住於江戶的大名被命令返回領地，以防止暴亂擴張。此外，幕府還懼怕九州叛亂者會接受「南方蠻夷」的援助，也就是葡萄牙人。總之，務農的地痞流氓怎麼敢挑戰神威顯赫的武士？幕府的懷疑並非毫無根據。事實上，在叛亂中唯一接受歐洲援助的僅有幕府本身而已。[409]

叛亂不斷擴大，松倉大名與寺澤大名皆敗下陣來，這對天草四郎等人來說，肯定如夢似幻。可惜好景不常，一月時的叛軍無法占據島原城與富岡城。[410]根據資料，我們知道天草四郎決定帶領一萬兩千人前往長崎，並於該地要求彈藥槍械支援，軍火供需向來為起義軍的痛點，假若他的要求遭拒，天草四郎將起兵攻擊長崎。[411]然而，此時英雄聽聞自己在天草群島的故鄉遭到襲擊，因而分心，決定前往抵禦政府兵。不久後，天草四郎與其幕僚決定，為面對快速增援的政府部隊以及幕府指派的板倉將軍，他們必須改變策略。反叛軍得澈底從天草群島撤退出來，儘管此時他們大可聯手群島上的起義軍，並將廢棄的原城作為據點。天草四郎立刻執行計畫，他與上千名追隨者從群島撤退，越過海峽前往島原，並且紮營建造新的基地。根據一名細川特使的報告，天草四郎的船隊穿越狹長海峽，每艘船的船首都豎立著十字架。

叛軍安然抵達城堡，但所有船隻僅餘一艘完好無損，因此叛軍改造船隻殘骸加強城牆結構。現在，他們已無退路。天草幾乎成了荒地，起義的村莊也已成廢墟。在板倉重昌的命令下，所有的村莊都被燒成了灰燼，無法逃脫的村民都被燒死或處決，其中更有數名孩童被下令活活燒死。板倉重昌的命令不但殘忍而且愚蠢，因為這只會激起島原叛軍的憤怒與抵抗決心。

天草四郎與心意已決的將領和叛軍所占據的舊原城，早在二十年前被棄置，當時半島北方的島原城剛剛成立。儘管原城近似廢墟，但是仍舊擁有天然屏障，進攻難度相當之高。原城矗立於一座多風的高原上，三面環海，並受到近百呎高的峭壁保護。在唯一的向陸面，入侵者得面臨巨大的沼澤，而平坦的地面則讓入侵者容易成為攻擊目標。如同當時其他的日本城堡，原城擁有三種巨大的防禦結構：周長約一英里半的外圍結構、中間結構，以及內層結構或主要城堡（本丸）。天草四郎與其幕僚就藏匿於本丸之中。每一層結構底下都有巨大的溝渠，每當轟炸開始時，防禦者就躲進這裡。在天草四郎的指揮下，修築工作很快地展開，約莫十日以後，破損的古堡便重生，並且足以成為新的堡壘。一月二十七日，義旗與十字架被升起於城牆之上，上千名的起義軍與其家人湧入原城，然而在數個月後，此地將成為他們的墳場。

我們永遠無法得知究竟有多少起義軍占領原城。據估計，人數介於兩萬至五萬名男女老少之間。大部分的資料認為約有三萬七千名村民，其中約有一萬兩千名男性足以勝任作戰任務，但是此數據仍有可能過於誇大，用以強調幕府軍擊潰農軍一事之困難。占領原城的群眾之中，約有兩百名前武士，足以提供農民軍事知識與領導。[412] 許多人有可能在一六〇〇年於關原之戰敗給德川家康，或於一六一五年敗戰於大阪，因而在此時趁機抵抗心所痛惡的幕府。整體而言，天草四郎以及約五至六名年長的天主教徒浪人，負責草擬抵禦原城之策略。[413]

可悲的是，原城內的軍事階級竟然與龐大的外部封建世界無異；其基礎架構包括總司令（天草四郎）、參謀長（侍大將）、炮兵指揮官、工程指揮官、戰鬥指揮官、隊長（旗頭）以及無數的部屬。儘管頭銜相當偉大，但是防守者的裝備僅有鐮刀、釤刀以及自製長矛等等，以及在進占原城數週前搜羅而來的工具。[414] 另外尚有數百名火繩手，他們在戰鬥前的數個月裡，獲得不少戰功。[415] 雖然原城內得以鍛造武器與子彈，但是隨著戰事進行，軍需彈藥短缺的問題日益嚴重。由於彈藥缺乏，反叛軍發展出絕佳的射擊準確度，對於僅受過劍術訓練的武士而言，困難度可說是不在話下。為了節省槍枝與子彈，反叛軍搜集大石，以用作特殊投射攻擊。我們已知曾有約莫百人的部隊爬下陡峭石壁，徒步至海灘搜集石頭，政府船艦曾發炮射擊此軍，但是原城部隊成功撤退脫逃。

儘管糧食與彈藥短缺，情況險惡，但是反叛軍的士氣卻始終極度昂揚。其中一個原因在於彌賽亞領導者天草四郎。即便在最後的一個月，逃離原城的變節士兵，仍舊讓負責拷問的政府官吏對他們的忠誠度感到吃驚，所有人都對年輕的將軍一片赤誠。[416]天草四郎正是信仰的化身，並顯現在義旗與標語之上。荷蘭人庫克貝克（Couckebacker）表示：「柵欄四周可見得無數的紅色十字架義旗，另外還有許多大小不一的（木製）十字架。」[417]叛軍旗幟以聖詹姆士為名，而在戰場上，反叛軍則高呼西班牙守護神以及耶穌與瑪麗亞。在圍城之戰時，守衛軍定期在城牆內舉辦宗教儀式，而天草四郎則固定每週為守衛軍宣道兩次。

反叛軍的氣勢昂揚，戰歌聲不絕於耳，他們嘲弄幕府軍隊的顢頇無效，並且大聲宣告自己的宗教目的。[418]他們用「矢文」將訊息傳入敵軍陣營中：將訊息信件纏繞在飛箭之上。反叛軍在矢文中不斷地重複自己毫無物質需求，他們圈城僅為躲避迫害和實踐信仰天主教的自由。他們解釋自己的目標並非現世。如果他們關心的是現在的生活，那麼將永遠不會選擇造反；他們的目標為來世，並且知道自己此生的犧牲將化為天堂的喜悅。身為天主教徒，他們確信為信仰而戰將可確保他們進入天堂。反叛軍在其中的一封信件中寫道，在「正常」時期，他們絕對願意守護幕府，支援政府軍；然而他們現在正受到「天堂使者」天草四郎的號召，其神力遠勝於任何世間權威。

聚集在城堡陸側的，自是依照江戶幕府指令前來的九州大名，以武器規模而言，他們絕對勝過起義軍。直至二月底，共有超過十萬名政府軍進行圍城，並在三月得到增援。這在當時而言，絕對是相當龐大的軍隊，事實上，此數字遠勝過一六〇〇年德川家康的關原勝戰。[419]政府部隊裝備精良，在攻城初期，板倉將軍專注建立供需系統。此外，在這段戰爭時期有個有趣的插曲，來自大阪或京都的商販可以自由地向軍隊與圍城部隊販賣食物與補給品。受困於城內的民軍則缺乏類似的供應鏈，他們能夠運用的僅有首次入城時所攜帶的食糧。[420]

不過進攻的政府軍仍有諸多弱點，因此難以迅速取得勝利。在戰事初期，部隊領導相當不協調，士氣亦低落萎靡，因此他們看起來遠比反叛軍更為業餘而怯懦。大部分的政府兵槍枝口徑過小，根本無法瞄準五百哩遠外的目標，因此難以拿下城堡據點。此外，由於率領作戰的將軍堅持在獲得所有裝備支援後才會採取攻勢，因此錯失利用反叛軍初期脆弱動盪的機會。最重要的是，政府軍並非聯合部隊，而是來自七個不同領主的臨時部隊。當緊張與焦躁的氣氛逐漸升高時，細川軍部與黑田軍部的成員陷入了激烈的爭鬥，甚至還發生凶殺事件。於是幕府將軍發出訓誡，要求部隊專心一志抵抗共同的敵人。

為了增加火力，攻擊者建造了可移動的攻城機和巨大的塔樓（櫓），並加駐重型火炮。一本近代的日記記載了反叛軍與勞工間的生動交流，後者在城牆外建造攻城機。當守城者開始從欄杆上扔石頭時，工人們向他們大喊表示自己只是勞工，受指令負責建造機器，此舉根本違背他們的心願。談話顯然奏效了，工人得以繼續工作，不受打擾。當他們完成時，其中一人喊道：「您這些可憐的傢伙躲在城堡裡！生活在地洞中，除了大豆和鱈魚乾之外，別無其他？您為什麼不投降？」接著，一名叛亂分子俯身透過牆上的一個小孔大喊：「我們確實住在洞穴裡，但看看這美味的魚！」他自豪地拿起新鮮的魚給工人欣賞。[421]

為了避免造成人員傷亡，攻城者們決定避免在開闊的沼澤上進行正面攻擊，而是開挖隧道，直接從軍營通向城堡。工程祕密地展開，但是不久後，守城者聽見挖掘聲，並以火燻隧道，甚至灌入大量糞便與尿液。此舉讓工人大為作嘔，並且放棄原定計畫。[422]他們另外發想，以大炮火石摧毀城牆。巨石被帶到前線，每一顆巨石須由二十五名壯漢扛起，但是由於未知的原因，巨石從未發射。[423]另一個計畫則是雇用忍者潛入原城打探情報，忍者間諜術似乎大有效用，這段期間一共派出了幾十名忍者。三月末期，有兩名忍者潛入城堡，他們身繫繩索，以便遭到敵軍殺死或傷害時，可以迅速拖出撤返。[424]但是兩名忍者平安歸返，並且探得防禦計畫與建造工作等相關情報。曾有一次，一名京都附近的近江區忍者潛入了外圍城堡，但卻無法辨識九州方言以及天主教術語。他不敢與任何人交談，以免自己的近江口音會洩了底。最後，這名沉默的陌生人引起注意，但卻得以即時脫逃，當他自疊石累累的城堡脫逃時，甚至還取了一面義旗作為紀念。

江戶幕府政府對起義可能造成的影響越來越擔憂，決定加派第二支增援軍隊到島原。此時選派的總大將為松平信綱，他是資深的「老中」，也格外受幕府信任。[425]松平信綱率領五千戰士、三百戰馬以及重裝軍備，浩浩蕩蕩地往西而行，他先抵達大阪，接著率領六十艘船艦前往九州。當板倉將軍聽聞新的任命後，下定決心即刻攻打城堡，以期在松平到達之前將其占領。或許消息來源正是他從大阪寄信而來的堂兄。當時對方稱反叛軍為「區區農民」，並警告當松平與新派部隊來到時，將可一舉殲滅守城部隊。[426]為免恥辱，板倉將軍決定於二月三日發動首波攻擊。進攻因準備不足澈底失敗，武士部隊甚至無法攻入外圍城堡。當抵抗軍看見敵人被擊退時，他們在城堡內高聲笑鬧，取笑地方武士如此懦弱，僅僅擅長虐待可憐的農民，卻無能攻下據點。[427]

板倉聞此敗戰，決心洗刷恥辱，並於元旦（西曆二月十四日）黎明發動總襲擊。此戰更是慘烈。當政府軍進攻城堡時，約有四千名士兵遭殺害或重傷。親自上陣的板倉將軍更是戰死沙場。顯然，他預知自己來日無多，據傳在交戰前夕寫了相當憂鬱的訣別詩歌，「元旦日徒留花名，謹記主兵之將！」[428]

負責統帥的板倉將軍被農奴殺害的消息震驚了江戶政府。如此令人羞愧的屈辱，將嚴重損害他們在日本和國外的聲望。如果區區農民就可以成功抵抗幕府，那麼會不會有更強大的大名前來挑戰幕府？板倉本人膽大妄為的舉動被批評為釀成災難的主因。同時，其他九州藩軍則被要求加入松平大名，共同對抗農民軍。

松平大名從板倉的慘敗中學到不少教訓，他延遲總攻擊計畫，專注於圍堵城堡。他不冒進攻擊守城者，以免造成巨大損失，反之，他選擇透過圍城讓城內守軍彈盡糧絕，趁此機會讓軍隊休養生息，並且重振部隊。對於武士部隊而言，運用此法對抗農民軍並不是特別光榮的選擇，但是幕府卻全力支持松平的決定。松平大名十分擔心農民軍可能反攻，因此以數種措施防患於未然，好比建構柵欄、溝渠，以及使用夜晚照明彈等等。他同時下令修改已經被守城軍破解的官方密語，當來人被問道：「一座山？」必須以「一條河」作為回覆。

新任的松平將軍亦運用心理戰，承諾赦免所有棄城投降的反叛軍，甚至允諾免除他們的貢稅義務，並且贈與良田。他希望透過種種誘因，促使反叛軍分歧、分裂，但是他所提供的優惠被敵方一一拒絕。反叛軍們以「矢文」回覆，聲稱自己為「赤誠的天主徒」，因為虔誠的信仰而刀槍不入。[429]他們絕不考慮任何有辱信仰的赦免手段，他們唯一關心的，是信仰天主教的自由與權力。然而這正是松平將軍無法應允的要求，溝通因此陷入僵局。

二月中時，松平將軍要求長崎將領號召荷蘭與中國軍隊炮轟支援，鎮壓島原叛軍。中國部隊從未加入此紛爭，但是荷蘭將領庫克貝克則加入戰局。在他給荷蘭的最後報告中強調，日本當局強迫他加入戰事，並澈底違背個人心意。當然，他與其他荷蘭官員自然不願意協助掃蕩同宗的天主教徒（儘管他們是羅馬天主教徒）；另一方面，動亂也嚴重影響荷蘭在長崎的貿易活動，因此他們勢必樂見滋擾能夠平息。[430]無論如何，庫克貝克遵守日方的指示：二月二十四日，他率領配載二十支機槍的荷蘭船艦抵達島原，並開始炮轟反叛軍。[431]在兩週的時間內，他已逼近原城，並向城堡轟炸了約數百枚子彈。毫無意外的，庫克貝克報告此一炮擊成效有限；然而事實上，炮彈造成了城牆與外圍防禦網的嚴重損害，並且加速反叛軍的滅亡。在如此卑鄙的戰鬥中，兩名荷蘭船員喪失了性命，其中一人被擊中並掉落在甲板上，將另一名船員壓死。[432]

三月十二日，松平大名突然告知荷蘭方自己即將撤退，並且感謝對方的協助。此時，攻擊軍已經迫近原城，他以令人難以置信的說法強調，船艦有可能已因雙方交火而受損，而荷蘭方也有人員受傷。[433]

松平大名要求荷蘭方的協助也成為島原叛亂的一個小謎團。或許他高估了荷蘭船艦的火力，並且澈底低估了要求外國協助的尷尬下場（此舉暗示了幕府無能解決地方動亂，並且需要外來勢力協助）。而根據松平將軍的說法，他的目的在於測試荷蘭軍隊是否能夠真心接受日本政府的要求，甚至攻擊同為天主教徒的叛軍。假使他的說法為真，那麼荷蘭方確實相當聰明地通過了考驗。荷蘭方如此不光彩的協助日本迫害可憐的天主教徒一事（他們理應設法解救教徒脫離困境）傳遍歐洲，眾人並將他們與在拉洛歇爾襲擊同宗教的胡格諾派事件相比。而邀請外國勢力抵抗反叛軍的舉動，也讓原城內的士氣大加提振，如今他們以「矢文」嘲笑敵軍懦弱無能，除了巧立名目課稅外，甚至需要要求外國勢力加入戰鬥，共同迫害無法繳納賦稅的可憐百姓。[434] 根據科瑞（葡萄牙文史料記載）的說法，武士的專業受到嘲笑，甚至比不上漫遊鄉野的農民軍。[435]

在同月尾聲，松平大名仍舊期望避免發動總攻擊，以免造成大量人員傷亡，他繼續嘗試說服反叛軍（或其中的幾個團體），能夠平和地離開城堡。為了誘導天草四郎和他的父親投降，松平命令將瑪莎、蕊齊納和其他人質從監獄中移出，並以重型武裝護送至島原。[436] 由於原城附近沒有監獄，人質被綁在船上，並帶往松平的營隊接受審問。三月中旬，天草四郎的小姪子被送入城堡，並且帶來幕府的訊息：告知反叛軍即將被全數殲滅，即便連嬰兒也無法倖免。然而，松平大名仍舊提供了一條退路，城堡內若有被脅迫信教或願意放棄信仰的教徒，將可平安出城，交換天草四郎的母親、姊姊以及其他人質進入原城堡，共同承擔守城者的命運，為天主教信仰殉教。信件也提及由於天草四郎僅十五歲，他絕無可能率領如此龐大的反叛軍隊，因此必有將領以天草四郎之名，行操控叛亂之實；假如「真正的」天草四郎願意離開原城，那麼松平大名亦將赦免其罪。

接著，天草四郎的母親與姊姊也準備了信件。她們在信內祈求天草四郎接受交換人質的請求，以讓全家人共同殉教，此外，她們要求與天草四郎對話，即便透過護欄外的孔洞交談也無妨。官員炮製如上來信，以巧妙地削弱守城者的士氣，結果似乎適得其反，甚至讓守城者的決心更為堅定。蕊齊納的兒子孝延帶著回信離開城堡，信中再次表明守城者的信仰堅定，禮貌的婉拒這項提議，並聲明城堡中沒有任何人是在脅迫之下接受天主教信仰。他也帶著一批食物（蜂蜜、柑橘、豆沙包與地瓜）致贈給天草四郎的家庭，以便慰問不幸的人質，並且暗示幕府，城內糧食仍舊充裕無虞。

孝延再度與天草四郎的妹妹蔓一同前來原城。瑪莎與蕊齊納很明顯地受到了敵方的脅迫，在信中駁斥沒有任何人受脅迫因而改教的說法；她們表示，許多脫城而逃的人宣稱城內尚有許多受脅迫而信仰天主教的人民，他們同樣渴望投降。反叛軍理應讓他們和平地離開原城，以體現慈悲精神。母親的信件更相當可疑地提及了幕府向來寬容大度，並且再次懇求與天草四郎見面。

天草四郎呼應了耶穌的說法：「誰是我的母親，誰是我的弟兄？」他對家人的要求毫不動搖。兩名小使者被送出城堡，而反叛軍的信件再次強調自己依照上帝的意願而行動，並且受到聖母瑪莉亞、聖詹姆士、聖法蘭西斯與其他聖者之保佑。原城內約有兩千名反叛軍在門內迎送小使者的離去；天草四郎的小妹手上拿著一枚戒指與兩顆無患子果實，那是英雄送給她的惜別禮物。

松平大名意識到家族人質計畫的無效，並再次向城內放送「矢文」，提議停火與談判。信件註明「致可敬的益田四郎（天草四郎）」，並且提議派遣使者進入城內協議，又或者，可在城牆上進行調停會議。在一番交涉之後，調停會議在守城軍與幕府軍雙方的監控下，於城堡下方的大江海灘展開。然而雙方堅守立場，互不退讓，會議幾乎立即破裂。[437]

談判、謊言、利誘與母親的聲聲呼喚都無法動搖天草四郎與其信徒的決心，他們認為妥協只會迎來最終的投降，並且放棄他們受到折磨與困戰的信仰。雖然他們堅守的立場毫無希望可言，但是仍舊死守原城，並願意在榮耀的火焰中離去，向世界宣告他們的忠誠。

四月初，反叛軍幾乎彈盡糧絕。城內留守人數過多，以至於糧食短缺的情況越來越嚴重。叛逃者報告守城者都相當孱弱，甚至連看守時也難以站立，負責修築受損城牆的工人也無力繼續工事。由於飢餓難敵（這也讓他們聯想到反叛前的生活），許多城內人民脫逃至圍城者陣營尋覓食物，再歸返城內。其他人則攀爬下峭壁，抵達沙灘上尋找可食用的海帶。最後，松平大名的策略奏效。

此時，另一不祥事件再度讓守城者蒙上了一層陰影。幕府軍的大炮摧毀了主城堡，當時天草四郎正平靜地下著圍棋，許多圍觀者立刻死亡，而反叛將領則幸運地生還，但是袍子右袖卻被撕毀。這個故事傳遍了城內，讓許多人認為耶穌已經放棄庇佑天草四郎。[438]

四月四日當晚，守城者決定出擊。城堡的大門突然大開，天草四郎率領一眾反叛軍攻入圍城者陣營，並造成幕府軍重大傷亡。黑田大名的軍隊持續開火，甚至在突襲結束後，繼續在黑暗之中不斷咒罵。然而，儘管得到了初步的成功，天草四郎與其部隊仍舊被迫重返原城，留下將近三百名身死或重傷的手下。

當幕府軍檢查守城者屍體時，發現他們的胃袋中滿是海帶與大麥，這正說明了城內人口正面臨嚴重的營養不良問題，也證實了逃城者與前叛逃者們的說詞，原城內糧食已告罄。即便行事謹慎的松平大名都認為城內狀況已到了危急之刻，因此決心發動總攻擊。此時進攻密語再次更新，當被詢問「一省」時，對方必須回答「一省」。然而，總攻擊計畫受到豪雨延宕，再加上整合各大名部隊又花上了數天的時間。

只是總攻擊的發動卻是在錯誤中展開。四月十二日時，一枚燃火訊號彈莫名地呼嘯發射出去，鍋島大名的部隊在缺乏松平將軍嚴密的計畫下傾巢而出。不少大名立刻加入鍋島部隊的攻擊陣營，大批人馬在混亂但卻成功的攻擊下出師告捷，所有的大名部隊奮勇殺敵，期望能成為攻入原城的第一師軍隊。一幅描繪島原戰火的繪畫可見攻擊者身穿厚重的武士盔甲，爬上陡峭的原城城牆，如同一隻隻黑色犰狳。[439]儘管抵抗相當猛烈，而部隊協調也相對紊亂，甚至導致攻擊部隊間互相殺戮，但是幕府軍仍舊成功地推進外圍城池，剿滅任何所見之敵，接著，他們踏過大批的屍體，攻入中圈與內圈城堡。營養不良的守城者面臨彈藥不足的情況，紛紛以石頭、木梁、鍋具，甚至手邊的任何工具進行反攻。他們奮勇抵抗裝備精良、元氣十足的武士部隊長達兩日兩夜。

四月十四日，原城防禦開始瓦解。攻擊者有系統地縱火燒毀小屋與棚舍，導致數百名守城者活活燒死。其他人包括許多婦女與兒童，則是直接撲向火焰，避免遭到敵方生擒。當然，這並非正統天主教徒的作為。但是畢竟反叛者都流淌著日本血液，在最危急的一刻，他們仍舊遵循國家傳統而死，而非外國教義之規範。「很多人（反叛軍），」一位大名手下的紀錄官員寫道：「用衣服蓋著雙手，並讓火焰更為旺盛，以便進入建築物內。他們推擠著小孩，並躺在小孩身上，以身赴死。」紀錄官員對寧可自殺也不願投降的農民兵留下了深刻的評論，「對於身分如此卑微的他們，這確實是相當高貴的死法。我無法描述心中的仰慕之情。」[440]

大屠殺於四月十五日展開。此時，城堡內的溝渠已經填滿反叛軍的屍體，根據科瑞的記述，傷者被丟進溝渠內等死，他們掙扎地想要爬出溝渠外卻徒勞無功。然而，此處尚有數千名生還者，而幕府決定派出大軍將其全數殲滅。幕府軍隊為了證明自己的奮不顧身以求獲得報酬，紛紛割下男性留守者的頭顱與女性留守者的鼻子，並將血淋淋的戰功帶往封建領地討賞，由負責「點人頭」的特殊官員打賞。一名貪婪的鍋島武士急欲展示自己的強悍，甚至向其他士兵買下殘缺的鼻子，以作為戰功證明。[441] 然而他的事蹟敗露，被要求切腹自殺，武士生涯戛然而止。

當然，最重要的戰功必然為取得天草四郎的首級，如此榮耀的戰功將會提升任何武士所附屬部族的地位。由於年輕叛軍首領的長相無人知曉，亦有傳言認為他已脫城而逃，因此取得他的首級自然相當困難。戰役結束後，細川部族與黑田部族為了是誰真正取得首級而陷入了激烈爭執。在眾多關於此爭執的歷史紀錄中，最詳細的描述來自細川家族的記載（但不見得最可靠）。[442] 一名細川大名的手下沙衛門在焚燒後的原城牆內徘徊。他已經取得兩枚面目全非的頭顱，並希望取得第三枚戰功。沙衛門往焚燒的坑洞探望，赫然發現一名俊秀的年輕人明顯負傷，身著絲質袍子躺在地上。當年輕人聽見腳步聲時慌忙起身，但沙衛門迅速將他刺死，並且割下首級。[443] 當他帶著新的軍功證據奔出牆外時，木梁倒塌於熊熊火焰中，在提著頭顱趕往主要軍營的路上，沙衛門恰巧碰見細川大名本人，他坐在營凳上掌控大屠殺的局面。細川大名非常謹慎地表示，這頭顱可能屬於叛軍首領四郎，因此必得「仔細保護」。此頭顱被小心地清洗、梳理一番，帶往檢查所，該地已經放了其他或有可能為四郎的頭顱。四郎的母親被召喚前來認屍。[444] 她驕傲地認為天草四郎不可能被殺，早已返回天堂，或者變裝後逃往菲律賓呂宋島。她檢視了無數的頭顱，直到看見那枚最新割下的首級。接著，她崩潰說道：「四郎真可能變得如此瘦弱嗎？」她緊緊地抱住那顆頭顱痛哭。答案就此揭曉。「首級檢」的場景混雜了驚怖與淒美，並且啟發了封建時期的日本作家，成為如同源義經與楠木正成般廣受歡迎的悲劇英雄故事，[445] 天草四郎的故事更是增添了天主教的色彩，而四郎的母親則恍若血腥可怖版本的聖殤主角。

儘管原城潰敗的速度超過眾人預期，但幕府軍同時也傷亡慘重。終戰之時，幕府軍傷損一萬五千名士兵，其中超過三千人死亡——上述數字經過相當謹慎的估計。根據帕吉所述，約七萬名政府軍在圍城過程中生病，又或者在戰鬥中被刺殺身亡。由於在整場戰役中僅有兩次總攻擊，數字可能過於誇大，但是即便透過官方的保守估計，仍舊見得反抗軍的抵抗激烈。當科瑞在監獄裡時，看見無數的重傷武士送來，他估計約有百名戰馬的主人死於島原，這些戰馬則由僕役牽往大村，馬匹頭上的鬃毛被削個精光，以表哀悼之情。[446]

反叛軍遭盡數剿滅，少數幾名掙扎逃出原城外的農兵被緝捕、斬首。四月十五日所發生的大屠殺，可說是日本殘暴史中最黑暗的一章。島原附近的河流與河口滿布遭到斬首的屍身；巨大的坑洞裡可見無數殘破不堪的頭顱，田野四處也可見得顆顆頭顱。細川大名的斬首坑渠總計有三千六百三十二顆反叛軍頭顱；我們可知，實際數值遠遠超過於此，畢竟多數頭顱已消失（多半被當成了戰功），或者遭烈焰吞噬。另一項官方資料顯示，有一萬零八百六十九顆頭顱遭割除，並且懸掛在木竿上，於田野間展示，甚至從城堡前門一路延伸至海灘邊。[447]另外三千三百顆頭顱則由三艘船艦運走，埋藏於長崎的公共墓地。上述數字的真實性也值得懷疑，但我們沒有任何證據顯示數字遭到扭曲。

大屠殺的唯一倖存者，為身為畫家以及天主教徒的山田右衛門作，他本為天草四郎的手下，並且為原城城堡的「戰爭繪師」。[448]他在故事中仿若背叛年輕首領的加略人猶大，投向敵方的懷抱，並得到三十兩白銀。在圍城展開不久後，山田右衛門作可見現實的絕望，並決定私下聯繫攻城者，他發射了以下「矢文」給敵營：

山田右衛門作向您致以無上敬意。我希望得到您的寬恕，讓帝國恢復平靜，並使天草四郎與其徒眾受到懲罰。我們知道，自古以來著名君主向來以德治國，並且論功行賞，論惡懲戒。當人民背離此道，不論原因為何，他們將無法繼續控制其國家。若世襲大名當如此；那麼抵抗政府的反叛村民其罪尤甚。他們又將如何面對天堂的審判？我已將真理付諸行動，並將其意傳遞給我手下的八百名群眾。

這些人從一開始就不是真誠的天主教徒。他們只是在陰謀爆發時遭脅迫加入，不得不支持此運動。上述八百人都一心尊敬武士階級。當您以迅雷不及掩耳的速度攻擊城堡時，我們得到您的答案。我們假意抵抗貴軍隊，但是將於城堡縱火，同時投歸您的陣營。我願返回天草四郎之屋，並在叛亂失敗之際，誘使他與我一同乘船，將之緝捕到案，予您發落，以示我等赤誠之心。為準備此行，我已備好數艘船隻，且在進入城堡前即已草擬計畫。請立刻給予吾人指示，我將為您斬除邪惡（叛黨），讓榮光歸於帝國，而我以自身性命為賭注，四方奔逃。急切渴盼您的回覆。

山田右衛門作敬上

一月二十日（西曆三月五日）

此計畫當然相當冒險，而且毫無意外地發射錯誤。一封來自牆外的「矢文」被攔截，守城軍因此得知山田右衛門作密謀反叛。大家將他綑綁起來，並判處死刑。然而就在他等待行刑時，攻城事件展開，他也迅速脫逃。後來山田右衛門作被送往江戶拜見松平大名，並居住於大名之宅，就此成為松平將軍的助手。儘管他無法將天草四郎交給幕府，但仍舊成為唯一一個能夠從叛軍角度提供起義細節予以幕府的角色。[450]

返回江戶之前，松平將軍做了最後的決定。天草四郎的頭顱被送到了長崎，與他姊姊、小左衛門的頭顱公開懸掛示眾。天草四郎的母親與妹妹遭到處決，所有遺留在島原家鄉的親戚也都不留活口。最後，象徵勇氣與痛苦的舊原城被澈底剷平，以避免未來再度成為叛軍割據或浪人造反的據點。[451]

起義以澈底的失敗告終，結局不僅有成千上萬的參與者遭到屠殺（奸詐的山田右衛門作除外），人民的生活狀況甚至比起義前還要更糟。如同源義經之兄利用他的徒勞抵抗一般，天主教起義（一六三七年至三八年）也成為政府的重要籌碼。天主教起義確實為重大的歷史轉捩點。從某方面看來，幾乎所有的日本前武士天主教徒與西九州的反叛分子全部聚集在舊原城，並讓政府趕盡殺絕，這可謂專制政權的完美解決之道。此外，政府也向其他地區的潛在叛亂分子發出了嚴峻的警告。對於江戶幕府和西日本當局而言，天主教起義為兩個世紀以來的最重要挑戰，而其覆滅讓中央封建政府重獲法律與秩序之主導權。在漫長、平和的江戶幕府時期，僅有零星抗議與暴亂，並且總是很快遭到軍政府壓制。

新的領主與官員被指派到島原與天草群島負責統治工作，許多前任官員的暴行確實遭到罷黜。但是天主教起義並沒有為多數農民帶來生活上的改善，他們仍舊勤奮工作，並且將多數的耕種物充作賦稅。[452] 然而，天主教起義讓政府更為穩定地持續進行宗教迫害，特別是在西九州區域。所有的信徒疑犯都被處死，或者藉由踏繪行動汙衊天主教聖像，以證實改宗並自保。江戶幕府下令強制將其他尚未受到天主教影響的區域居民遷徙至島原與天草群島。[453] 幕府採取特殊措施促進佛教興盛。此時幕府已澈底掌控天草群島，鼓勵大興寺廟與神道教神社，並灌輸居民異教信仰將帶來危險與災害的想法。[454]

天草四郎叛亂的崩潰，標誌著日本公眾天主教崇拜的結束。幕府為天主教起義感到震驚，並且雷厲風行地禁絕天主教，其後果令人震懾。[455] 在天草叛亂結束近二十年後，長崎的偏遠區域發生了最大規模的拘捕。當時有農民宣稱一位年方十三歲的男孩擁有遠勝於天草四郎的神力。幕府聽聞即刻派出軍隊包圍近六百名村民，並將其中四一一人處死，七十七名村民死於牢獄之中，九十九名在宣布改宗後遭到釋放。[456] 天主教徒抵抗的時代澈底終結。

天草叛亂另一間接但深刻的影響，是幕府加強了反外國勢力的政策。天主教起義讓政府對外國人相當敏感，也讓武士階級產生更深刻的仇外情緒。日本政府內的保守分子趁此時機加強鎖國手段，澈底執行隔離政策，並尋求最為極致的形式。一六三九年，新幕府政府頒訂的法規終結了近百年的葡萄牙貿易。在接下來的兩百年內，荷蘭為唯一獲准入境的西方貿易商，證明他們確實曾在島原扮演關鍵角色，並且較無可能教唆當地天主教徒。鎖國令嚴格地執行。一六四〇年一艘葡萄牙船艦自澳門出發抵達長崎，船上特使懇請政府修改禁令。葡萄牙特使遭到即刻逮捕、綑綁與關押，船艦被燒盡。八月一日，幕府特使向他們表達了尖銳苛刻的批評：

> 汝等卑鄙之人！幕府早已下命離開日本，不得歸返，如今汝等竟違抗命令。前年汝當判死刑，而幕府親赦留命。如今僅能以最極致之酷刑處死。但由於船艦並無商貨，僅求他事，因此當判適宜之死刑。457

六十一名特使皆獲死刑之判決，並於長崎西坂丘遭到斬首。十三名船員受允迴返澳門，並稟告領導者相當帶有警告意涵的訊息：「……即便飛利浦親王本人（King Felipe）、天主教徒之上帝或菩薩都不該違反此令，他們應以首級作為代價！」

無論如何，日本的鎖國令即將進入最後階段；但是悲劇性的島原叛亂亦成為了最後的一擊。不僅消滅了外界所有支援天主教徒的希望，也影響了日本人生活的各個層面。這恐怕不是在天草四郎與其支持者的料想之中。

◆

天草四郎的生涯雖然離奇而模糊，但幾乎完全符合日本悲劇英雄主義的模式。他在短暫的初期成功後，勇敢面對毫無希望的戰鬥，並讓所有支持者陷入同等的災難。島原叛軍所擁有的夢幻氣質與勇氣，讓現實世界中當道的醜惡狡詐敵人顯得難堪。在傳說裡，四郎顯得純潔、理想而又年輕，擁有神蹟般的才能以及類似源義經的魅力，他領導受壓迫的九州農民群起抗爭，蔑視幕府之力。他雖然英勇無敵，但卻無法擬定詳實謹慎的實際策略，並且拒絕犧牲信仰，拒絕接受任何形式的談判與妥協。[458]而毫髮無傷的松平大名雖然大獲全勝，但卻從未被視為英雄人物，甚至可說僅有研究德川時代歷史的學生才可能知道此號人物，這對在島原呼風喚雨的松平將軍而言，可說是相當失敗的一筆。[459]

不若大多數的日本悲劇英雄，天草四郎沒有自殺。這並不是因為他沒有堅定的信念，而是他的信仰禁止自殺之舉。當然，我們在此目睹了日本文化的巨大矛盾：天草四郎所信奉的宗教對多數日本人而言相當奇異。儘管島原叛亂背後確有經濟因素，但是天草四郎與其他領導者以宗教的話語表達自己的目標。他們所高舉的信仰來自外國，並且僅被極少數人接受，而日本當局則嚴厲禁止此宗教。[460]為了如此絕望的目的，他們獻身殉教，此一行為與西方的天主教烈士完全不同，然而，他們的痛苦與極端殘忍的死亡並沒有帶來死後的成功。確實，島原起義為烈士帶來完全相反的結果，並且讓日本的天主教信仰遭到澈底禁絕。若以此觀之，島原叛亂分子與天主教殉道者不同，而更近似阿爾比（Albigensian）十字軍，或是十四世紀企圖顛覆國王的瓦特・泰勒（Wat Tyler），因為上述人物的失敗都是全面性，並且無可挽回的。

儘管日本史相當殘暴，但卻向來沒有宗教迫害或殉教的傳統。佛教、神道教、儒教安穩共存，互不生事。就算各個佛教教派之間存在著衝突，但多半基於物質屬性，而非教義上的差異，並且很少如同西方以非神學形式的手段造成漫長的痛苦與災難。[461]一直到十六世紀晚期，當天主教大加傳播，而政府決心鎮壓受到外國勢力影響的信仰後，大規模的處決與殉道事件才悲慘地現跡於日本。而天草四郎與受壓迫並遭處決的農民，因其信仰成為典型的異教殉道士。

370 此旗幟的真實性應當不容懷疑，目前由私人收藏於東京。一九六四年，為防止該旗幟落入外國收藏者手中並流出日本，政府將此旗幟列為重要文化資產。關於此旗幟複製品與其他討論，請見論文〈天草之亂的吉利支丹戰旗與山田右衛門作〉，收錄於西村貞所著《日本初期洋畫之研究》，東京，一九五八年。西村貞教授認同傳統觀點，以為旗幟繪者為山田右衛門作，一名前耶穌會聖徒，關於他在叛亂中的微妙角色請見本章。而其他叛亂者所持旗幟基本上為綿質品。

371 **「若我們將他視為虛構人物，會發現史料確實證明他的存在，但是，如果我們從上述資料找尋他的蹤影，那麼我們又會對他的人生感到疑惑。」岡田章雄，《天草四郎》，東京，一九六〇年，序章，頁一。**

儘管天草四郎領導了日本史上最龐大的宗教起義，他的人生更比馬丁路德晚了一百多年，但是他的身影仍舊相當模糊飄渺，事實上，關於他的紀錄更接近其他新教徒英雄的小說故事。

372 原文請見《幕府到大名》，第十二冊，收錄於《日本史》，東京，一九六七年，頁四〇。

「其他宗教，也就是三教：佛教、儒教與道教，（自然也包括神道教），都被天主教給取代了。當然日本天主教徒仍舊爭議此事是否確實發生（好比六世紀官方接受佛道教一般），又或僅只是末日審判的一部分。不管如何，兩者意義相當接近。」

373 近日由佐野美津男所撰寫的千草四郎傳記中，英雄強調自己並非「神之子」或天堂之子，而是其支持者所神化的故事，但最終他接受了此說法，甚至配合演出，製造神蹟。換句話說，他還是成為了神。

374 一五四九年當方濟．沙勿略踏上日本領土時，對天主教的傳播感到相當振奮，他稱日本為「我心之樂」。其他熱情的傳教士則稱日本為上帝送給教堂的禮物，畢竟當時天主教因為新教而失去了帝國之島。

375 一九四五年後，封建已經成為模糊的字眼，甚至被用來形容過時的日本主義或與壓迫行為有關的人。好比嚴苛的父母、苛刻的雇主或嚴厲的老師，都會被稱作封建。因此，在此德川幕府被視為封建主義的象徵，而反對幕府的抵抗者則自然被視為英雄。在《天草四郎歌謠》中（請見本章），有這麼一句話：**「幕府採取嚴厲的鎮壓行動，天草的叛亂使之恐懼，此戰將濺灑著（起義者的）血，並通往永恆。天草四郎啊！屬於明日的抵抗者！」**

376 請見第五章關於源義經陰柔特質的描述。關於天草四郎外貌，尚無現代畫作或書寫紀錄。感謝唐諾．基恩

（Donald Keene）提醒我高山市佛寺收有天草四郎的油畫。該畫作出自司馬江漢（一七二四年至一八一八年）之手，為日本最早嫻熟使用西方繪畫寫實技法的藝術家。為什麼反天主教的江戶幕府時期會有天主教叛亂英雄繪像，又被掛在佛寺裡？這正是典型的天草四郎謎團。另一幅油畫（收於島原城博物館）則描繪英雄在海浪之前雙手合十祈禱，他稚氣的臉孔上，有著相當神奇的虔誠表情。他穿著絲質長袍與深紅色的背心，脖子上圍著精緻的葡萄牙風格圍巾，而畫面上則同時有著衝突的金色耶穌受難像與武士刀。

377 請見本章註三七三，一九七二年三月第一期，奈良本辰也所著《武士道的系譜》的《起義》，《中央公論》出版。

天草四郎被視為著名武士道系列專書中的第五十一號人物，此專書研究日本史上著名人物（請見本章註三七一）。在《日本武將》系列中，他為第七十三位著名人物，請見海老澤有道所著《天草四郎》，東京，一九六七年。

378 亦請見本章註三七五。

379 在半島偏遠處，一高大的白色圓柱上掛著簡單的白色十字架，面對著島原灣，以此紀念天主教據點。

380 一六一四年至一六四〇年間的日本天主教迫害事件，為世界史上最慘烈的官方虐待史之一。然而，當時日本的天主教殘暴事件似乎與當代忙於虐待與殺害天主教之敵的歐洲教會不遑多讓。在西班牙或葡萄牙，異教徒嫌疑者所遭受的酷刑，與居住於日本的羅馬天主教徒非常相似（請見本章註三八六）。在世界的兩端，執行殘暴酷刑與虐待的並非黑社會，而是備受尊敬的政府官員或牧師，並深信自己的惡行具有道德合法性。

381 巴斯爾（Boxer）教授引用了典型的日本天主教徒與其妻子所簽署的叛教宣言。值得注意的是，宣言內容多半基於天主教觀點。

「多年來我們皆為天主教徒。然而我們發現天主教信仰極其邪惡……因此我們希望在您的見證下，仁慈的法官跟前，撰寫以下誓言。從今爾後，我們將不再信教，甚至在心裡的祕密角落亦拒絕此信仰。如果我們背棄此誓言，將受到天父、天子、聖靈、聖瑪利與所有天使與聖者之懲罰。讓我們放棄神的悲憫，如同猶大一般失卻所有信仰，成為世人的笑柄，並且永無可能得到寬恕，最終死於殘暴與地獄的虐待之中，永世不得救贖。此為我們的天主教誓言……」引自巴斯爾（C. R. Boxer），《日本天主教世紀：一五四九至一六五〇》

（*The Christian Century in Japan,1549–1650*），倫敦，一九五一年，頁四四一。

382 請見本章。

383 根據其中的一個版本，僅有兩兄弟遭到逮捕，並且處死。

384 關於此事件有數種版本的說法，好比《幕府到大名》之頁四一至四二，以及《天草四郎》之頁三至四。普遍來講，此事件應有其真實性，但細節可能是虛構，而在多半的情況下，（儘管人們如此暗示）單一事件很難直接成為主要叛亂的原因。

385 杜爾特．科瑞任職於聖職辦公室，並於囚禁兩年後遭到火刑處死。萊昂．帕吉，《日本天主教宗教史：一五九八至一六五一》（*Histoire de la réligion Chrétienne au Japon depuis 1598 jusqu'à 1651*），巴黎，一八六九年至七〇年，卷二，頁八五〇。

386 巴斯爾，《日本天主教世紀：一五四九至一六五〇》，頁三七七至三七八。關於科瑞的記載可見頁四〇三至四一一之〈日本的天主教信仰〉篇章。此書已翻譯成日文，東京，一九四九年，但目前為止，據我所知並未有英文版本。

「或許有些人會對人類的諷刺感到興致盎然，」巴斯爾寫道：「科瑞的手稿於一六四三年付梓印刷，但最初他書寫的對象為迫害猶太教徒的葡萄牙審判長法蘭西斯柯．卡斯特羅（Dom Francisco de Castro），後者以迫害與焚燒異教徒而出名。科瑞本人則於一六三九年以極其緩慢的速度烤炙而死。」

387 帕吉，《日本天主教宗教史：一五九八至一六五一》，頁八四二至八四三。

388 外樣為居於九州或其他日本領土，直到一六〇〇年關原勝戰後才歸順於江戶幕府之下的大名。外樣大名總是備受幕府懷疑，他們並非世襲的臣民，而幕府也總是處心積慮地消減他們的經濟與軍事勢力。

389 辻達也，《江戶開府》，東京，一九六六年。

390 詹姆士．穆朵克（James Murdoch）翻譯於《日本史》（*A History of Japan*）書中。重印於倫敦，卷二，頁六五〇。

391 岡田章雄，《天草四郎》，頁一七。

392 帕吉，《日本天主教宗教史：一五九八至一六五一》，頁四〇五，「官吏」，葡萄牙文官員之意，應指地方代官。

393 此宣言寫於一六三八年二月十七日。穆朵克，《日本史》，頁六六〇。

394 有趣的是，儘管叛亂以宗教為名而行之，但是當長崎基地倒臺後，叛亂軍中不見任何外籍天主教牧師。而在一六一五年大阪城圍城時，則有數名傳教士於城內吟唱。島原叛亂雖扛著葡萄牙語的義旗，但是此起義為澈底的日本人事件。

395 請見本章。

396 最年長之長女教名為蕊齊納（Regina），於一六一五年出生。最年幼的女兒則較天草四郎小十歲，名為蔓。根據其名，天草四郎必然還有其他兩名年長手足，但是我們無法擁有確實史料，或許兩名手足過早夭亡，請見〈圖表八〉。

397 請見本章。

398 更明確地說，他認為「這個孩子正是世界的希望」。岡田章雄，《天草四郎》，頁八九。

399 英雄本名益田四郎時貞，但是大多數人稱呼他為天草四郎或是天草的四郎（此稱號近似於阿拉伯的勞倫斯之意），而我將以此稱號指稱英雄。葡萄牙編年史家杜爾特．科瑞稱他為益田四郎（Maxondanoxirô，編按：此拼音接近「益田的四郎」的日文發音：Masuda no Shirō），個人猜想應為益田之簡稱；引自帕吉書中頁八四四，「反叛者的領導者

〈圖表八〉

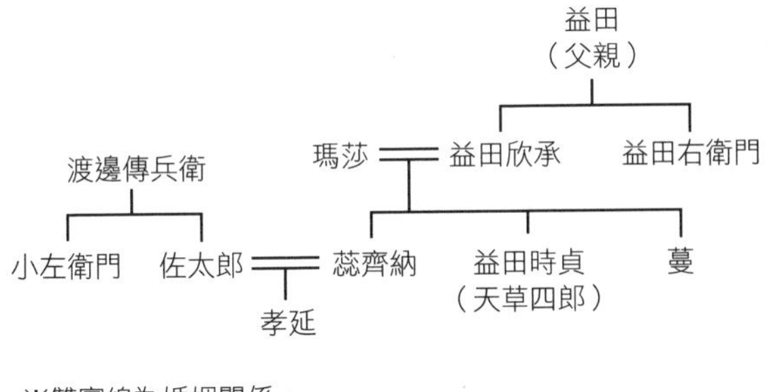

※雙實線為婚姻關係。

為一名年僅十八歲，名叫傑洛米益田四郎的年輕人。他的出身高貴，父母來自肥厚。」益田四郎應該為葡萄牙文的錯譯，而肥厚自是他出生之地。雖然英雄的父親擁有武士背景，但稱其出身高貴恐怕言過其實。

400 根據「自傳」（請見本章註三七七），在無數的討論之後，天草四郎被陷入僵局的各派人馬選為領導者。

401 「他的兒子十分聰穎，並且被選為叛亂軍首領。」岡田章雄，《天草四郎》，頁八五。

402 由於近來新聞寫作時常誤用該詞，因此我們不妨回顧馬克思．韋伯的說法，他的觀點相當適用於天草四郎以及其他日本悲劇英雄：「個人化的領導者也可能擁有非常反傳統的特質。領導者具有行使要求的能力，不管他是先知、英雄或煽動者，只要他能證明擁有透過神蹟、天啟、英雄主義或其他天賦而得到的美德與魅力。服從此人的信眾或追隨者必然相信其天賦異稟的特質，勝過約定俗成的規範或傳統。」理查．班德斯（Reinhard Bendix），《馬克思．韋伯：知性肖像》（*Max Weber: An Intellectual Portrait*），紐約，一九六二年，頁二九五。

403 一個有趣的推測是或許讓天草四郎率領反叛軍的決定，部分啟發於唐．塞巴斯蒂昂（Dom Sebastião）的故事。這位年輕的葡萄牙統治者被稱為塞巴斯蒂昂一世。他的故事廣為九州天主教徒知曉。一五六二年，天主教的豐厚大名贈與塞巴斯蒂昂一把寶劍，證明其尊貴地位。

自年輕時期開始，病弱的塞巴斯蒂昂由耶穌會士撫養長大，並且具有強烈的宗教信仰，視自己為狂熱的天主教英雄騎士，並將征服非洲的穆斯林異教徒。一五七八年，年僅二十四歲的塞巴斯蒂昂抵達摩洛哥，騎著白馬迎向戰鬥。正如同天草四郎，塞巴斯蒂昂毫無實際作戰經驗。他在凱比爾堡戰役慘遭挫敗，全軍覆滅，並遭處決，葡萄牙王室就此傳位給西班牙王室。儘管戰事如此慘烈，但是塞巴斯蒂昂卻被視為傳奇英雄。傳聞他並未被處死，而是被摩爾人逮捕，並且將帶領不幸的子民贏得勝利。節錄自《哥倫比亞百科全書》，第三版，紐約，一九六三年，頁一九一。

404 岡田章雄，《天草四郎》，頁七六至七七。關於小左衛門請見本章註三九六。

405 請見本章以理解上述估計數值。

406 辻達也，《江戶開府》，頁四〇三。

407 島原叛亂的血腥鎮壓也令人聯想到了公元前七十二年羅馬軍隊如何殘忍對付斯巴達克斯奴隸起義。在兩樁慘劇中，政府都採取恐怖手段對付民眾，並且獲得成功。

408 岡田章雄，《天草四郎》，頁四九。此著名的軍師為酒井忠勝（一五八七年至一六六二年）。

409 請見本章。

410 天草四郎在殘忍的富岡攻擊中的角色未明，幾乎沒有任何當代史料記載此事，或許這僅僅為傳說杜撰的故事。他的基地有可能位於島原半島北端的二重。

411 若以一萬兩千名的兵力攻擊長崎實難獲得成功，但是假如該城的天主教居民呼應起義軍並提供武器（特別是大炮）的話，他們或許可以在原城待上更久的時間。

412 路德瓦格．瑞斯博士（Dr. Ludwig Riess）在《島原起義：一六三七至一六三八》（*Der Aufstand von Shimabara 1637–1638*），卷五，第四十四期，一八九〇年。書中估計人數為兩萬人，但是此數似乎過少。我個人傾向認為約三萬人。然而由於我們缺乏叛亂實際數據，因此事實將永遠無法確知。

413 叛節的藝術家山田右衛門作宣稱天草四郎底下有五名浪人領導者，不過此說法不見得可信。根據山田右衛門作的說法，五名領導者約五十歲上下，並曾為天主教大名小西將軍之手下。關於其名與相關事蹟請見辻達也，《江戸開府》，頁三九六，與岡田章雄，《天草四郎》，頁二一一。

414 辻達也，《江戸開府》，頁三九六。

415 關於原城終戰的其中一篇記述如此形容守衛者的模樣。他們多數都沒有合適的武器，僅帶著劍、弓與矛。大部分的人穿著白色棉袍與緊身西褲。有人帶著有下巴綁帶的圓帽，有人穿著用鐵箍組成的自製頭盔，並綴有稻草，綁帶繫在兩耳上方。

416 守衛者的口號為「天草四郎大元帥」。請見本章註三九九。

417 雖然庫克貝克也參與進攻原城之役，但他相當震懾於守衛者的氣勢。「假如有任何守軍被逮捕，」他描述道：「又或者有任何神父或貴族遭逮捕，我會願意與他們結交相識。」引自岡田章雄，《天草四郎》，頁一三〇。

418 岡田章雄（《天草四郎》，頁二五三）引用了一些振奮人心的歌詞，好比「前進吧！天主教士兵！」這正是原城最後進攻戰時，伴隨著鼓聲的戰歌。民軍的歌聲如此嘹亮，並傳到了敵方陣營內，（守衛軍認為）如此一來將能驚嚇敵人。

419 帕吉認為至三月底政府軍人數已達二十萬人（《日本天主教宗教史：一五九八至一六五一》，頁八四七），但是此數字恐怕過高。官方日本史則給了相當詭異的精確數字，他們認定直至三月底，政府軍達十萬六百一十九人，並認為總計共十二萬四千人投入戰爭。官方總計花費四十萬料金（以一九七五年金價而言，約七百萬英鎊）。

420 城內居民使用小孩的風箏與山坡上的支持者溝通（岡田章雄，《天草四郎》，頁二五六），但並無任何方法取得物資援助。

421 同前，頁一九五。

422 辻達也，《江戶開府》，頁四〇五，以及岡田章雄，《天草四郎》，頁二〇六。

423 岡田章雄，《天草四郎》，頁二〇九。其中一隻巨炮被收藏在長崎的水泥倉庫中，諷刺的是，巨炮四周都是鐵製十字架。

424 岡田章雄，《天草四郎》，頁二五四至二五五。

425 普遍認為幕府決定以松平信綱取代板倉將軍，後者已失去幕府信任。這或許不大可能。當松平信綱於一月中離開江戶時，叛亂兵尚未取得原城據點，而政府也沒有任何理由懷疑板倉將軍的能力。事實上，松平信綱並非要取代初期任命的板倉將軍，而是協助對方盡快清除亂黨。然而，板倉將軍認定松平的任命將會威脅自己的地位。

426 岡田章雄，《天草四郎》，頁一五七。

427 同前，頁一三八。

428 他們用せめる（semeru，同音詞的意思包含虐待與攻擊）嘲笑武士道。

429 同前，頁二〇〇、頁二〇四。

430 舉例來說，數位大名以叛亂為由，拒絕繳納商務貢稅。

431 雖然有兩艘荷蘭船隻停泊在長崎，但是當然庫克貝克期望盡可能減少自己參與此場戰事的可能，他將其中一艘船隻調往福爾摩沙，並且稟告松平大名僅有一艘船艦能夠加入作戰。

432 「在此，我們觀察了岸上與海上動向，確認我們的槍枝毫無用武之地，由於房屋僅由稻草和草蓆製成，下層防禦工事的護欄則為黏土，上層高牆則由重石堆砌而成……很明顯的，開火沒有多大用處，不管對幕府軍或是我方來說，都是一樣的。」詹姆士．穆朵克翻譯於《日本史》，卷二，頁六五七。

顯然地，庫克貝克不願意加入殺害日本天主教徒同胞的行列，請見本章註四三四。

433 一開始，松平將軍堅持荷蘭軍卸下火炮，以供攻擊軍之用，但是庫克貝克最終只獲允卸除一隻火炮。

434 巴斯爾，《日本天主教世紀：一五四九至一六五〇》，頁三八一。法國歷史學家帕吉將庫克貝克與本多．彼拉多（Pontius Pilate）相比：「正如同彼拉多一樣，一開始想要置身事外，但是到了最後一刻又怯懦地投降。」《日本天主教宗教史：一五九八至一六五一》，頁八四六。

435 帕吉，《日本天主教宗教史：一五九八至一六五一》，頁八四六。

436 岡田章雄，《天草四郎》，頁二三〇至二四三。

437 海老澤有道，《天草四郎》，頁一九〇至一九六。

438 岡田章雄，《天草四郎》，頁二五八。

439 至少有超過十六名來自不同大名的武士，宣稱自己為攻入原城的第一人，日後，幕府軍陷入了漫長的爭論，無法決定誰才是攻城第一將。主要的戰事文獻來自細川家族的紀錄，當然這份紀錄過於強調自家在勝戰中所扮演的關鍵角色。鍋島部隊的首領（佐賀藩）則因為過早入侵城堡，並且干涉幕府代表人物松平大名，而遭到逮捕。

440 島原戰中率領熊本藩的藩主細川忠利（一五八六年至一六四〇年）在城堡失守後立即寫信給父親。（岡田章雄，《天草四郎》，頁二八二）。諷刺的是，細川忠利曾在九歲時受洗成為天主教徒。日後，他接受德川家康的命令，驅逐領地上的所有天主教徒，並於五十二歲時成為領軍人物，鎮壓島原天主教徒。他的母親為明智玉（一五六三年至一六〇〇年），明智光秀（刺沙織田信長者）的美麗女兒，並於一五八七年受洗成為天主教徒，教名為賈西雅（Garcia），並受到耶穌會士仰慕，稱她為「公主玉子賈西雅」。他的父親細川忠興（一五六三年至一六四五年）為當時最有勢力的大名之一，他曾告訴耶穌會士，如果不是因為自己無法真誠遵守第六誡，否則他必然會成為天主教徒。（巴斯爾，《日本天主教世紀：一五四九至一六五〇》，頁一八五）。一六〇〇年，石田三成企圖狹持玉子作為人質，以脅迫細川忠興不得支持德川家康，玉子堅毅地抵抗逮捕並且自殺，以免成為人質。玉子被視為女性堅毅的典範，並犧牲自我，完成自我的理想。我們對她的勇氣無可懷疑，但是她的死亡不能被視為天主教徒殉教。

441 岡田章雄，《天草四郎》，頁二九二。

442 海老澤有道，《天草四郎》，頁二一九至二二三。

443 根據另一版本的說法（海老澤有道，《天草四郎》，頁二二三），英雄穿著華麗長袍走出小屋，在入口處被斬首。另外還有一個版本（同上，頁二一七），當細川家族的軍隊在城堡內部四處尋找叛軍領袖時，天草四郎登上了一個十英尺高、用白石建造的平台，他朝天堂的方向仰望，祈求上帝的幫助。然後，平台附近出現了一片烏雲。天草四郎正要爬上雲朵逃走，突然有人朝雲朵射出一支白色羽箭，雲朵頓時化為烏有。一名細川家臣趁著年輕人感到困惑的同時，大吼一聲，一槍將他殺死。這是天草四郎的最後一個奇蹟，典型的失敗。

444 在另一個版本的說法裡，辨識出天草四郎頭顱的則是畫家山田右衛門作，儘管他背叛了前任領導者，但目睹頭顱時，仍舊忍不住放聲大哭。海老澤有道，《天草四郎》，頁二二一。

445 雖然沙衛門割下天草四郎首級時並不知道他的身分，但他仍舊得到了一千錢的賞金。隨後，細川大名惋惜沒有辦法活捉反叛軍首領。海老澤有道，《天草四郎》，頁二二三。

446 「人數是如此地龐大，我在無聊之中不免一數。」帕吉，《日本天主教宗教史：一五九八至一六五一》，頁一四一〇。

447 海老澤有道，《天草四郎》，頁二三一。出於經濟因素，將原本攻擊者的柵欄木樁削成木釘。

448 岡田章雄，《天草四郎》，頁一四五、頁二五八、頁三〇〇。另請見本章註三七〇，關於天草四郎的旗幟繪畫。

449 詹姆士．穆朵克，《日本史》，卷二，頁六六一。

450 根據另一個微妙但真實性頗為可疑的說法（岡田章雄，《天草四郎》，頁三〇二），山田的背叛其實來自天草四郎的策劃，希望在災難之後，至少留存一名倖存者以流傳反叛軍的事蹟，鼓勵其他人繼續保持信念。

451 天草四郎的父親益田好次與叔叔在城堡內被刺殺，但無人得知他們的頭顱是否有被辨識出來。

452 江戶幕府以前所未有的嚴厲措施對付任何抱怨高額賦稅的九州與其他區域農民。好比下總國的公津村村長佐倉惣五郎曾在一六四五年與家人一同遭到處決，當時他向中央政府請願，抗議地主對地方農民所要求的嚴苛賦稅。佐倉惣五郎的勇氣與悲慘命運讓後人視他為民間英雄，許多八木民謠以他為主題而傳唱。服部龍太郎，日本民謠歌曲，未出版手稿，一九七四年。

453 辻達也，《江戶開府》，頁四一〇。這種強迫遷移帶來一個意外的結果，直到今天，島原當地還有各種口音，這取決於這個家庭是叛亂前的居民後裔，還是一六三八年之後，從日本其他地區移居至此的移民後裔。

454 同前，頁四〇七。根據新的宗教系統，每一個日本人都必須登記為佛寺的教區居民，並以此展開更為有效的控制。

455 長崎地區的部分天主教家庭繼續祕密信仰該教，直到明治維新後宣布宗教自由。然而如此非凡的成就，卻沒有帶來更為普遍的影響：不管出於何種目的，至一六六〇年時，日本天主教徒幾乎已經掃蕩一空，由於倖存者罕少，一六三九年至一六五八年間的天主教徒逮捕人數急速下降。一八六五年約有一百名「祕密」天主教徒於長崎區域遭到逮捕，並受到地方官員酷刑虐待，多數人也因此改教。保羅．赤松（Paul Akamatsu），《明治一八六八》（*Meiji 1868*），倫敦，一九七二年，頁二一四。

456 巴斯爾，《日本天主教世紀：一五四九至一六五〇》，頁三九五。

457 同前。

458 雖然天草四郎貫穿整個故事，但或許可被視為一個概念或代表人物，而非澈底真實的歷史人物。島原叛亂中的英雄主義（以及三世紀後的神風特攻隊）由將領與其他支持者所體現，他們掙扎至戰死在城堡之中。而真正的領導者卻像個消極、隱形的人物，被追隨者的行動給包圍著。

459 松平信綱因島原之戰受封江戶附近的川越藩，並獲得六萬石賞金。數年後，他再次摧毀謀反的由井正雪，證明自己對幕府之功，後者則為另一個江戶幕府時期的悲劇英雄，他策劃了近似蓋．福克斯（Guy Fawkes）的詭計，企圖顛覆政府，但卻以切腹告終，以此避免政府的追捕。一六五七年，松平信綱組織了具有高度效率的團隊，拯救幾乎毀於大火的江戶城，並成功地重建該城。松平信綱不但具有才能，並且資源豐厚，被稱為「知慧伊豆」。然而唯有天草四郎與由井正雪這般失勢的英雄，才能被無數的歌謠、電影、劇作與文學所傳頌。松平大名如同藤原時平以及其他許許多多的「倖存者」一般，都被視為太過現實、世俗並且成功。

460 羅馬天主教廷認定在一六一四年至一六四五年間，約有兩千名日本天主教徒殉教。然而，天草四郎並不在此列，這或許也是他失敗的其中一個原因。說來奇怪，偉大的天主教起義領導者卻沒有獲得殉教的榮耀。或許，天草四郎的真實身分有太多可疑之處，因此無法被官方視為殉道者。而與教義無關的經濟因素也讓他失去殉道烈士的資格：島原起義部分原因在於經濟不公平，這對保守的十七世紀歐洲天主教廷而言，為實難接受的事實。東京蘇非亞大學的馬可．庫柏（Fr. Michael Cooper, S.J.）神父對此提供了相當寶貴的見解，他對天草四郎不被視為殉教烈士，有以下看法：「……事實上，對於神化人物應有著相當嚴謹的規範與教條，好比**此人必須死於信仰之仇恨，並且放棄抵抗**。要將任何在島原起義被屠殺的人物定調為『官方殉教者』，我們**必須擁有確切的戰事紀念日，根據以上兩點，他們實難被視為官方殉道者**。」馬可．庫柏於一九七四年五月七日寫信予作者。

461 十三世紀被鎌倉政府迫害的宗教英雄日蓮，被處以死刑（儘管在最後關頭獲得赦免）。但此判刑主因為政治因素，而非宗教。在日本史上沒有任何佛教徒（或神道教教徒）因其信仰而捨身殉教。

第八章

大鹽平八郎

心繫人民的武士哲學家

一八三七年，大阪歷經一整年饑荒，一名曾為市府警官的傑出儒學學者號召起義，
企圖拯救悲苦的人民。
大鹽平八郎的革命遭逢慘敗。
主要的抗爭者被德川幕府循線逮捕，並悲慘地結束一生。
雖然大鹽平八郎與其支持者因而犧牲，但是人民的痛苦並沒有因此解決。

可想而知，如此針對經濟不公平的革命歷史成為當代左派基進分子尊崇的革命典型，其關注重點自然在於革命分子為求解決人民的生活困頓願意投效生命。不過，大鹽平八郎不能僅僅被視為社會改革者或受壓迫者的領導人物，他體現了日本傳統英雄所擁有的特質，並受到分屬於不同政治光譜的人士的愛戴。近年來，他的哲學與英雄事蹟對三島由紀夫產生了深刻的影響，而他本人恐怕與左翼政治毫無關聯。我回憶起與三島由紀夫最後的交談，他強調，若有任何西方人希望了解日本精神的本質，應當深入研究如大鹽平八郎等激烈的鬥士，他委婉地表示，日本精神不僅僅存在於平安時代宮廷女性日記、優雅的詩詞交流與茶道之中。不久後，他撰寫了關於王陽明革命哲思，以及當今日本如何能從一八三七年的英雄革命中反思現況的文章。[462]

這篇縝密構思並且深受讀者歡迎的文章，發表於三島由紀夫發動針對日本陸上自衛隊東部總監部假政變的數月之前，他切腹自殺時，得年四十五歲；而大鹽平八郎也正巧在四十五歲時於大阪遭

遇挫敗，並且自刺而亡。三島由紀夫的文章強調，王陽明學派中激烈、陰暗的那一面，將永遠受到保守的儒家學者質疑，他們更傾向接受實用主義與妥協之功。王陽明學派強調行動，而不是單純的學習和觀察，而更似一種哲學，或者說是一種生活的方法，也因此與革命與毫不猶豫獻身於理念的行動吻合，儘管這與普羅大眾的經驗相左。[463]

十六世紀的學者官員王陽明創立了理想主義的陽明儒學派，他以自身為例子，拋卻了純知識分子的身分，實踐「知行合一」之道。[464、465]不管是在日本或中國的陽明學派追隨者，都對自己的死亡分外重視，並且深知自己的真誠以及拒絕向世界的不公義妥協的精神，將導致暴烈的死亡；但是他們不但無所畏懼，甚至擁抱極端的手法，以此證明自己拒絕世界的腐敗。三島認為，這與當今日本的精神相去甚遠。他寫道，自從太平洋戰爭結束以來，日本人民僅求「安全行事」，並過分重視安全與物質生活，而忽視日本珍貴而獨特的精神遺產。因此，儘管他們的身體比以往長壽，精神卻過早消逝。[466]諷刺的是，信仰順從主義的人卻都投入了基進的學生運動，冒著極大的風險與犧牲，為求摧毀保守的政府機制。儘管三島由紀夫向來嚴厲批評全學連與其他左翼運動團體，畢竟他與對方的政治目標截然不同，三島由紀夫的盾會以保護天皇制度為行動綱領，但是他仍然極度崇拜年輕的左翼分子，如同日本傳統英雄般實踐知行合一。

自一九一二年乃木希典將軍高貴的殉死以來，三島由紀夫認為，日本早已忘卻王陽明的哲學，並將其學說視為「危險思想」，不但必須於外國人面前隱藏，甚至連在日本人之間也不應張揚。[467、468]然而，陽明學卻啟發了日本近代史中最傑出的英雄。三島由紀夫解釋陽明學如何影響了西鄉隆盛和乃木希典將軍，但是他的文章主要著重於此學說如何決定了大鹽平八郎壯闊的一生。[469]如同三島所言，大鹽平八郎在日本受到的愛戴與不墜的聲望，與其早衰的官方生涯與學術成就無關，而是在於他為追求理想、付諸行動後所承受的失敗。

三島最終四部曲第二部的英雄主角為勛，一名在三〇年代右翼政變中犧牲自我生命的熱血青年，他在反叛計畫遭背叛並且失敗後，以匕首自刺而亡。勛深受大鹽平八郎的哲學與其革命生涯影響，他在監獄等待判決時，細細閱讀大鹽平八郎的傳記。[470]之後勛在法庭上向法官激昂地陳述自己的世界觀（如同三〇年代熱血年輕極端愛國主義）。他引用王陽明知名的格言作為開場白：「知而不行，為不知也。」[471]接著侃侃而談自己的動機，並認為與百年前的大鹽平八郎有著相似之處：

我將此信念付諸行動。今日的日本已然衰弱……由於政治腐敗和對人民的殘酷蔑視，財閥以貪腐手段攫取利益，農民與貧困者陷入絕望……對現狀有所認識的人，必須付諸行動……[472]

至少在概念上，三島由紀夫的人生也受到大鹽平八郎哲學的影響。三島在死前寫信給我說道：

你或許是極少數真的能理解我最終行動的人。受到陽明哲學的影響，我知道，知而不行，可謂不知，即便行動的本身並沒有帶來任何影響。[473]

儘管三島由紀夫對我如此信賴，但坦白說，我有很長一段時間無法完全理解他的解釋。然而在我大量研究大鹽與其他日本傳統英雄後，真相逐漸清晰：三島所強調的是真誠、自我犧牲的舉動，即便沒有實際效用，但仍可能透過其失敗得到無可預期的價值。確實，「真正重要的是旅程，而非目的地」。

◆

大鹽平八郎可說是個相當複雜且飽受爭議的人物。雖然他的理念與情感皆是關注世界上的不幸人民，但是他在擔任大阪官員時，以頑固、嚴厲，甚至殘暴的方式處決天主教教徒。當他懷疑（此為澈底誤會）追隨者可能密謀反叛時，也毫不猶豫地下令暗殺對方。然而，當大鹽平八郎所率領的起義失敗，並以戲劇化方式自殺時，他又立刻升格為英雄，事實上，他被神化為極致完美的英雄，一切缺點都以不合理的方式遭到抹去。此外，如同其他日本悲劇英雄一般，他的生涯也慘烈的方式劃下句點，但傳說不讓他死去，甚至虛構出了新的身分：他並未在大阪毛巾商人的家中自殺，反倒逃往中國，化名洪秀全，並發動（更具災難性的）太平天國之亂。[474]

大鹽平八郎的眾多追隨者所擁有的共同特質，為厭惡政治與道德現狀，決心挑戰現有的權力結構，為此甚至不惜採取激烈而危險的必要手段，並且不計較付出的努力是否會有所回報。一八三七年的起義，激起了大阪與其他地方的相似暴動與紛亂。儘管暴動規模與目的大相逕庭，但是都同樣不具備實質效益。[475]有些起義為大鹽平八郎一八三七年失勢後的殘部所發起，然而多數的叛亂都由與他毫無相關的人物所發動，後者往往視自己為英雄的精神繼承者；在他們的宣言與陳述中，往往驕傲地稱呼「平八郎樣」。[476]儘管平八郎為人嚴謹、規矩而不切實際，但是這名失敗的哲學家卻是個迷人的人物，並被貧窮的農民與百姓大加神化。大阪的貧窮百姓與城鎮沒有從大鹽平八郎的起義獲得任何物質利益，他們所得到的是住宅與微薄的財產遭到焚燒或毀壞；但是當英雄死後，百姓視他為群眾的領袖，我們甚至知道人民偷偷地模仿他的檄文，以此練習書法。[477]大鹽平八郎的仰慕者並不僅限於社會底層，也同樣受到晚近德川時期擁皇者的敬重，他們（錯誤地）將平八視為反幕府革命家，致力於消除現有的政治系統。

明治時期日本對西方打開大門後，社會政治結構隨之轉變，大鹽平八郎的名聲也沉寂了許久；但是直到一八七〇年代，當人民開始醞釀對中央政府的不滿，大鹽平八郎又成為許多反對新式寡頭政治者的英雄。他成為神風連成員的偶像，該組織為始於九州的狂熱愛國主義者社團，以暴力方式反對政府西化以及廢棄舊有傳統的政策，好比佩劍。一八七六年，神風連成員激動地手持武士刀，衝進配備新式武器的政府駐軍單位，以傳統日本精神（大和魂）對抗現代文明勢力，在此場衝突中，其成員獲得一開始的勝利，但最後紛紛遭到處決。[478] 大鹽平八郎亦是日本最後的重要民族起義——西南戰爭的崇拜偶像。[479] 西鄉隆盛在大鹽平八郎起義後整整四十年後發動叛亂，而三島由紀夫更認為西鄉隆盛受到大鹽平八郎的新儒學思想所影響——西鄉隆盛本人最愛提起並且引用的文句，來自大鹽平八郎的哲學講題。[480] 幾乎在同一時間，「自由民權運動」開始蓬勃發展，其目標在於民主改革，並且廢止明治時期寡頭政治之陋習，此運動領袖視大鹽平八郎為其奮鬥的先驅，其背後原因並非英雄與他們擁有相同的政治目的（大鹽平八郎實非民主政治的支持者），而是他們認為面對現有的不公義，人民必須採取激烈、自我犧牲的手段。[481]

時至今日，大鹽平八郎的仰慕者也相當多元。一九一八年，橫掃大阪與眾多大城市的「米暴動」參與者將其視為精神領袖。一九二〇年代，大鹽被唯物主義者視為英雄先驅，並成為階級鬥爭中首先有意識起身推翻舊有封建秩序的政治人物。[482] 在接下來極端民族主義相當炙熱的十年中，大鹽被右翼知識分子視為偶像，並成為三〇年代期望透過激進政變達到政治目標的年輕軍官與極端民族主義者的領袖，儘管他們未能達成目標。[483] 一九四五年隨著政治風向的逆轉，大鹽平八郎成為左翼分子的英雄，然而他又同時間受到三島由紀夫的熱愛。[484]

如此無所不能的英雄更啟發了豐富的文學作品。除了關於大鹽平八郎的龐大史料以外，無數關於他的著作與劇本受到廣泛的歡迎。在德川時代，政府尚未禁止劇作家與小說家將他的起義事蹟撰寫為故事以前，他的名聲早已傳遍全日本。十九世紀後期，他是明治作家推崇的理想主義和自我犧牲的典範。迄今為止，以大鹽作為英雄主角的最著名作家應為森鷗外。[485]正如同唐諾·基恩的看法，森鷗外受到一九一二年乃木希典將軍自殺的影響，放棄了原本相當成功的德國浪漫傳統小說作家的事業，「投入於痛苦、並且必須符合精準史實的武士相關寫作，並認為此類型書寫才能表達出何謂作為日本人的真義。」在森鷗外的眾多著作中，有一部相當有趣的小說描寫了大鹽平八郎生命中的最末兩日。[486]在一九二〇年代初期「開放」的時光中，一部當紅劇作以英雄為範本，描述一名重要人道主義領導者的生活；在戰後時期，他成為數部電視與劇場作品的英雄人物，以勇敢的姿態對決醜陋、保守的政府體制。[487]

在日本悲劇英雄的生命裡，通常會有片刻突然意識到早期的順遂已經達到極限，而未來將因為自己情感中的真誠、勇氣以及拒絕向邪惡現實力量妥協的態度，招致人生的毀滅與災禍。因此典型的大和英雄小碓尊自西方戰場得勝歸返後，立刻被派遣前往日本東部，並深知父親，也就是天皇，希望他能早日戰死。[488]在源義經的傳奇中，英雄在鎌倉的驛站了解到自己最後的請求已被源賴朝拒絕，並且知道勢力龐大的哥哥決心摧毀自己。[489]對楠木正成而言，當朝廷拒絕其建議，並派他前往內海時，他明白最後的時刻已然來臨，擊潰之戰已在眼前。[490]在西鄉隆盛的生命裡，轉捩點在於他聽聞狂熱的年輕追隨者貿然闖入政府軍備基地後，深知自己別無選擇，只能面對強盛的國家軍隊。[491]在上述的關鍵時刻，英雄們不但沒有動搖心意，反而深刻理解必須面對生命，並以堅定意志面對人生的終局。

在大鹽平八郎的故事中，起義後不久的數個小時內，他就知道一切已到了盡頭。[492]他所預期來自鄰近城鎮的武裝支援並沒有出現，而接受武器分配的村民更樂意使用兵器劫掠錢財，搶劫清酒酒庫或絲綢商店，而非與政府軍隊決鬥。大鹽平八郎僅剩少少的幾名追隨者，他坐在難波橋一端的軍營椅凳上，一邊冥想一邊嚼著飯糰，他望向河對岸起火燃燒的房子，並且細聽著政府炮火的隆隆聲。不久後，他撤退到新的據點，下令猛烈敲擊撤軍鼓。戰鬥將繼續，但是結果已經揭曉。如同其他的英雄，大鹽平八郎經歷了澈底的命運逆轉，而也正是在此時刻，他深刻明瞭往日的成功以及眼前隨之而來的衰敗之差距。英雄們所激起的判官贔屓式情感，往往來自於昔日成功所造成的對比，正因為他看似不可能失敗，所以其衰敗才更為動人。

雖然大鹽平八郎從未享有如源義經或楠木正成般的軍事成就，但是任何熟知一八三七年所發生事件的人，必然知曉大鹽平八郎當時處於何等顛峰。身為學者、官員、紳士、武士階級，他正是當時日本社會所尊敬的人格縮影。[493]他生於大阪，並於四十五年後在此經歷悲劇性的人生終局。大阪是個商業城、港口、多金之城，並在日本德川時代享有重要經濟地位，堪比維多利亞時期英國的曼徹斯特市。儘管十八世紀中期後大阪城的人口下降，文化與經濟活動移轉至江戶，但是這座西日本商業城仍舊擁有其特殊地位。[494]三井、鴻池運輸以及其他大型商社在此地累積財富與權利。大阪仍舊為「日本的廚房」，如果此城動盪混亂，必然影響全國發展。

十九世紀初期，日本仍舊相當自給自足而且孤立。可以肯定的是，德川時代即將結束，來自西方的挑戰則不斷加劇。然而，此時舊有的中央封建制度仍舊繼續運行，政府必須延續兩百年以來的鎖國政策以確保免受外國勢力汙染。[495]當美國傳教士駕駛著小型的莫莉森號（Morrison）從中國出發，運送遣返日籍海難倖存者前往日本時，卻遭到德川官員下令炮擊船隻的對待。一八三七年（正是大鹽平八郎起義之年），德川政府透過如此不友善的態度，讓外國人與本國人知道，他們將以嚴格的方式維持現狀。

大鹽平八郎誕生的一七九三年正是個安穩而封閉的世界。他是中等武士家族之長子。儘管在漫長的德川時期，武士階級僅占領地人口不足百分之十，但仍舊象徵性地壟斷軍事武力、行政與司法職能。大鹽平八郎在大阪地方官府世襲警察督察，根據當時制度應可將職位傳給長子。身為平等主義者，大鹽平八郎似乎過於自豪自己的出生背景，甚至追溯其家族血緣至德川家族旁系家庭。

平八郎雙親早逝（父親於他六歲時逝世，母親則在隔年離世），年輕的平八郎由祖父母養育成人。日後他相繼被兩家庭收養，大鹽家族與他親父世襲相似的大阪府官職。[496]根據三島由紀夫的說法，英雄早期流離失所的境遇，造成他脾氣暴烈、衝動與強硬的性格。[497]當然類似的佛洛伊德式人格分析法有失其客觀性；但重點是，三島本人也由祖母撫養長大，他或許正是如此解釋自己的英雄性格的生成。

平八郎在青年時期就表現出對哲學研究的迷戀。身為武士，他更對軍事藝術，特別是投擲長矛感到著迷。不過，槍枝則不然。也許因為槍枝為外國產物，必將折損英雄精神，此外，我們也知道起義失敗的其中一個主因，正是革命分子不擅長使用槍枝與火炮。一八一八年，大鹽平八郎二十五歲，不顧社會習俗娶了一位富農的養女。這對武士階級而言，是理當避免的「下流」婚姻，但是傳說時常引用此事藉以顯示他的堅定與反傳統的個性。在一幅平八郎的肖像裡，他年輕瀟灑，並留著得體的武士髮髻；他的衣著正式，兩把佩劍俐落地收在身側，手拿著白色扇子；平八郎有著長而橢圓的臉型，神情相當肅穆。[498] 根據當時的描述，大鹽平八郎身高五英尺半（以當時標準而言相當高）；眉型高聳而細長、眼神犀利尖銳；額頭白皙，並且隱約可見其下密布之血管。由於肺部虛弱導致臉色蒼白，因此有著「青葫蘆」之外號。他不時會大出血，但是無論如何，最終以不懈的意志力排除身體的缺陷。[499]

大鹽平八郎在二十三歲承襲父職，於大阪東部擔任奉行所的與力（警察）一職，該單位屬於江戶幕府分支。當時此職位在東部與西部支系各有三十員名額，並交替負責城市每日的司法和行政工作。儘管此官職在封建階級上相當低微，但卻絕對有利可圖；不管是商人階級或是任何人，都可能出於賄賂之意依循習俗提供酬謝金。大鹽平八郎一開始即表明自己不願接受任何酬謝禮金，看來這名未來的英雄自始至終都相當堅守原則。雖然如此直率的作為很可能會阻礙宦途，但是不久後一名來自江戶、擔任東大阪山城守的年老貴族高井，大大欣賞下屬平八郎的熱情，全力支持他打擊貪腐並且確實執法。

大鹽平八郎的第一個重要政治成就發生於三十四歲時，經歷漫長的艱辛調查，他查獲居於大阪的數名祕密天主教信仰者，並下令大規模逮捕疑犯。當他終結不幸的異教者命運後，開始將精力投注於更複雜的問題，也就是市政貪腐。由於高井的大力支持，不肖商人與狡詐的官員受到嚴厲緝查，在數年的努力之下，大鹽平八郎也開始以打擊貪腐而出名。他往往以非常獨特的方式行動。某次，他以相當近似於日後起義的方式制裁貪官——下令將數個腐敗官吏的財產分發予貧窮的大阪百姓，後者日益困乏的生活狀況也一再引發他的關注。大鹽平八郎努力向官廷揭露貪腐狀況。當時，高井要求大鹽平八郎處理一樁延宕多年的官司。當被告聽聞平八郎將接管此事時，在深夜帶著一箱蜜餞期望行賄賂之道。隔日，大鹽平八郎仔細檢查了證物（包括木箱），並宣告官吏犯法，而法庭必須嚴格制裁。他在隨後的會議中處理蜜餞，並以極富深意的方式微笑道：「正因汝等官吏嗜好甜食，因此至今無法定案。」他打開箱蓋，箱中滿是金幣。而在場官員無不感到羞赧，無話可語。

如此作為立刻引發其他官員議論，並因其「過分的誠實」而受到排擠。然而，大鹽平八郎的才智、孜孜不倦，特別是其誠信品德，卻讓他受到廣泛好評，並且得到接連繼任的江戶幕府代表的喜愛。

大鹽平八郎關注的並非僅限於隱匿天主教徒與貪官汙吏，他也對貪婪的佛教組織感到忿忿不平。一八三〇年，他判決了數名違背佛教教義的僧侶，許多人遭到革除，並且自大阪遭驅逐出境。此時，他的聲譽正達頂峰，卻突然退辭公職，將其傳於養子大鹽格之助，全心投入教學、修習學問與針砭時弊。為什麼如此才智過人並且毫不倦怠的英雄，會在三十七歲之際退隱，並放棄指日可待的官途？或許在同年退休並回返江戶的高井為英雄退隱一事的背後原因，但真正的原因或許在於時政之敗壞，以及同僚官吏對人民困苦的漠不關心。如同四十年後的西鄉隆盛，透過辭去官職，砥礪心志，潛心發展學問並教導學徒，以外部包圍的方式企圖改善不公平的制度。

就在大鹽平八郎退休不久後，他經歷了深刻影響其日後生命的精神創傷，根據三島由紀夫的說法，此事與西鄉隆盛和僧人月照相約投海一般，造成了相似的影響。當時大鹽平八郎朝聖了近江聖人中江藤樹的學校，後者曾在兩百年前開始教誨陽明學。[500]當他返回大阪時，在琵琶湖經歷了狂亂的風暴，性命瀕危。當湖水淹沒船身時，大鹽平八郎抱著必死的心情，開始思考死亡一事。此時他突然感到「覺醒」，並理解在大阪之行時所撰寫的關於人類的哲學詩作，其實更是關乎自己無法獲得「了知」的一生。「此時吾更然明白，」大鹽平八郎寫道：「除非吾明見己錯，否則一生修為乃無用之道。[501]吾無法動彈，狂風暴浪呼嘯以對，仿若王陽明先生當面喝問。唯當吾能忘卻自身，風浪自難驚駭吾心。值此之際，驚懼之情如同春雪消融……」不久後，風雨歇息，大鹽平八郎安然無恙。此後他不時造訪近江，教導地方村民，學習自我明知之道。琵琶湖之神祕經驗或許讓大鹽平八郎更澈底投入陽明學，並準備採取最終行動，並深知死亡終究勝過學習萬卷書。[502]

退隱後，大鹽平八郎潛心學習與著作。在其著作中，最為出名的為講座談，編集於一八三三年，此後，他的學術名聲傳遍全日本。大鹽平八郎（如同他的精神繼承人三島由紀夫）受到文學界的高度讚揚。[503]當著作出版時，他會攜帶一冊書卷前往伊勢神宮附近的山頂焚燒，獻給天照大神；

之後放置另一冊在神聖的富士山山洞裡。三島由紀夫認為此舉在於秉告神明自己已完成著作，並且期望精神能夠永世不朽；此外，他或許也預見一八三七年的大火，並且期望至少能夠保存一本原始手稿。不論如何，他的行為在日本作者中實屬罕見。[504]

儘管身為儒學學者，大鹽平八郎取得了令人印象深刻的成就，但是在生命的最後階段，他將所有的精力投注於自己創立於大阪的私塾。洗心洞私塾為所有人而開，無論貴賤，他都為學生傳授合適的哲學或道德講堂；而洗心洞之成立或許也影響了三島由紀夫在死前幾年創立盾會，以此招收來自社會各階層、意志堅定的年輕愛國主義者。大鹽平八郎的目標在於傳授自己獨門的新儒學；但是學生同時學習書法、擊劍與其他傳統科目。他的演講簡練、宛若格言，主要內容在於儒學結論而非分析與思辨，並且偏重於情感性地重複中心思想。大鹽平八郎的教學方式相當近乎武士，著重熱情與紀律。洗心洞的課程十分嚴格，包括四小時漫長而專注的研習，恪守清教徒式的規矩，並以極端嚴苛的方式遵守八條教條（誓言），其中更包含隨意鞭打犯規者。[505]

儘管規矩如此嚴苛，但是大鹽平八郎仍舊擁有一小批志願學習者。很顯然地，他絕對是相當天才的教師，擁有令人仰慕的性格與極端的武士精神，啟發年輕學子，投身生命奉獻。

他的堅強意志結合了理想主義、野性以及脾氣暴躁的瘋狂天性。在一次演講中，他談論政府的罪惡，情緒激動的他突然奪下教室旁正在燒烤的魚，並大聲吱吱作響地連皮帶骨當場吞下整隻烤魚。[506]有時候，大鹽平八郎也會遷怒到自己的家人身上，好比妻子。儘管她出身卑微，但是同樣熟習儒學經典，當英雄過於忙碌時，平八郎的妻子會代其夫授課，教授《大學》或其他經典。某次，某人將一把美麗的梳子送給平八郎之妻作為贈禮，她深知丈夫拒絕任何形式的餽贈原則，決定將禮物藏起，待他日歸還。然而不巧英雄發現了梳子。在盛怒之下，大鹽平八郎要求妻子如比丘尼般削去頭髮。就像歷史上眾多凌駕於其他底層人民的知名人物一樣，平八郎待人處事顯然沒有任何的寬容、人性或溫柔。大鹽平八郎毫不寬宥的個性，無怪乎會連夜驅逐寺廟賄賂者；同時他也絕非會為門徒洗腳或是允許瑪麗用昂貴的油膏為其抹身的聖人。

大鹽平八郎深受陽明學影響，不但畢生全心投注於此，最終甚至以忠誠的武士之心起身抵抗政府，此與其性格亦息息相關。此學創始者王陽明（一四七二年至一五二九年）也同樣擁有融合了軍事政治家與哲學家的豐富生涯。[507]他花費許多心力成功擊退叛亂者，但是作為政治家卻似乎相當不順，部分原因在於來自北京朝廷官臣的謗言，讓王陽明始終無法得到政府重視與讚揚。儘管政治生涯並不順遂，陽明學成為改革派之信仰，而他的思想更啟發了日後世世代代的中國人。

王陽明死後約一百年，其學說廣傳於日本，並自此開展了極為深刻的影響。[508]在德川時期的前數十年間，陽明學被視為獨立的新儒學學派，日本陽明學的開山鼻祖則為著名的哲學家與教育家中江藤樹，他以自身為例，最終放棄重要官職，在鄰近琵琶湖的村莊照顧年邁的母親。中江藤樹教者無類，並願意將所學傳授給來自任何階級的百姓，而底層人民向來為嚴謹的儒學學者所排拒的他者。中江藤樹最出名的學生為充滿活力的浪人哲學家官吏熊澤蕃山，他致力於解決貧苦人民的問題，儘管他對新儒學的說法搖擺不定，但仍舊期望將陽明學帶入政治領域，以此於大阪附近封地領導藩政改革。[509]

雖然王陽明的基本概念可能很難吸引現代讀者的目光，但是對德川時代的日本而言，可說是顛覆性的異端。在幕府政府的保護下，新儒學的官方形式儼然成為國教；自十二世紀朱熹的儒學體系不斷演變，認為知識為正確行止的基礎，並被稱為理學。[510]日本的朱熹哲學學派於德川初期奠立，強調忠於國家與家庭。由於過度著重外部環節，因此導向較為狹窄與世俗的形式主義風格，正如同維多利亞時期的英國教會過度強調維持社會與政治現狀。

相反的，王陽明學派擁護者則傾向於以個人主義的方式面對人類境況。他們認為真理應遵照直覺而來，而非冰冷的事實。[511]中江藤樹與後繼的日本陽明學者觀點往往相異，但是都推崇內省、思維獨立和純粹的良心。顯然，此方法與禪宗佛教有很多共通之處，而後者則在數世紀以來對上層階級社會的情感與審美生活，造成了龐大的影響，這也是王陽明的新儒學派吸引許多日本當代思想家與行動者的原因之一，他們認為陽明學派呼應了日本傳統的禪宗思想。[512]與禪宗佛教相似，王陽明的儒家思想拒絕順從和學究式的顢頇，並且主張通過自我追求認識真理。認知與節制自我被視為勝過任何形式的邏輯思考。合宜的社會行為並非來自傳統約束或懼怕懲罰，而是來自個人本能的道德觀，促使個人以真誠而慷慨的方式行事。王陽明的哲學具有強烈的反學術傾向，而陽明學派的多位傑出學者好比熊澤蕃山往往自學，並投注全部心力付諸行動，而非沉迷於書本之中；但是在此學派裡，即便連較為學術性的代表人物都偏頗地貶低著書成言，而過分強調主觀道德與真誠行動。以此觀之，陽明學派確實與禪宗的手段大為相似。然而作為佛教宗教的一部分，禪學更在乎透過冥想和其他方式達到自我啟蒙，而陽明哲學作為新儒學學派則強調個人的社會行動。

對於極端保守並恪守教條、先例且亟欲建立權威的德川幕府而言，自然對反對順從並且崇尚個人主義式哲學的學派感到反感。新儒學朱子學派受到日本官方全力支持，最終在一七九〇年時，幕府顧問頒定禁令明文禁止傳播「特異學說」。此禁令雖然賦予朱子學澈底的壟斷權，但仍舊無法阻止陽明學派學者以著書或設立私塾的方式傳播思想。

一八三〇年代時，此禁令仍然有效，而當時最著名的哲學家即為大鹽平八郎。雖然一開始他以朱子學擁護者展開學術生涯，但是卻慢慢地轉往對立、並且被視為異端的陽明學派，以貼近自己獨立並且崇尚行動的性格。因此，在大鹽平八郎尚未設想革命可能的多年以前，他在思想態度上早已屏棄幕府政府。

大鹽平八郎的形上學體系深刻影響了他的官途，以及其他英雄後繼者的生命，而其論述根基正是王陽明的太虛概念。太虛一詞有數種翻譯方式，包括絕對的精神性、絕對理想性或絕對原則。太虛為創造力的根源，以及宇宙間萬事萬物的起源。[513]為闡明「太虛」的概念，大鹽平八郎時常運用道家與禪宗學者使用的隱喻法。在一次課堂裡，大鹽平八郎以罐子作為比喻。假如罐子破掉了，內裡存有的空間將會迴返外在空間；因此人類的身體也自然地與太虛融合。它是恆久而穩定的，大鹽平八郎認為，即便大山可因地震而變動，但其太虛則無可能被改變。普遍存在、超越一切物質、感官與邏輯，因此單靠學術思想無法掌握世間的一切；唯有保持絕對並包含所有事物，才能超越形式、時間、歷史與變動；沒有對立存在，它拒絕了所有的分類。根據此概念，日益關切社會狀況的大鹽平八郎認為，社會不公主要來自於朱子學的二分法分析，並分裂與歸類不同族群。[514]

為了擺脫錯誤的傳統區分法，我們必須以太虛重新定義自己。唯有迴返太虛，我們才能清楚定義自身與萬事萬物，釐清自己對人類處境的錯誤觀點，並達到「不動」。作為武士哲學家，大鹽平八郎關注死亡課題，他在課堂上強調，在太虛之中，死亡與時間都將得到消融。他一而再強調肉體死亡並不重要，甚至是毫無意義：「何謂死亡？……我們或許無法怨恨身體的死亡，但是必須畏懼精神的死亡。」[515]我們透過太虛重新認識自我，以達到絕對的純真與精神與動機的純粹，如此生命必然能達到經典武士格言所說的「輕如鴻毛」。[516]

在王陽明的哲學中（如同禪宗思想），自我理解和思想的節制是最為重要的。人必須透過冥想、自我節制與真誠的行動，認識自我的本性，並滌淨錯誤積累的思考謬誤。[517]大鹽平八郎認為我們的目標為內在、直覺式的知識（良知），唯有致良知，才能明見事理，明見萬物。[518]

大鹽平八郎強調真誠，以此將太虛的概念放入道德領域，並為日本傳統英雄理想主義提供哲學基礎。大鹽平八郎的「歸太虛」概念意指迴返真誠與良善，以此回應「導正不義」之急切需要。由於太虛包含了絕對的真實，而錯誤與邪惡則等同時間與死亡，僅為短暫的現狀，並能透過認知絕對的存在而彌補。

儒家向來以樂觀的態度面對人間的邪惡，經典的孔子教條亦隱含性善論觀點，好比諺語常言，「人之初，性本善」。[519] 以大鹽平八郎的說法，人人皆可涵養天地之光，以此分辨明暗是非，透過氣質變化，我們得以迴返太虛。德川幕府所設想的階級分明、嚴苛的社會概念完全不符合人人向善的天地本意。不論其社會地位（這點對身為武家儒學者的大鹽平八郎而言格外重要）、性別，人人都具有迴返太虛的潛力。即便最卑微的農地耕種婦，在**理論上**來講，當可成聖。

在此我僅強調理論觀點，而非實際的平等主義。對大鹽平八郎或是歐威爾動物農莊裡的豬統治者而言，或許人人生而平等，但是有些人總是獲得更多的平等。儘管他強調人人皆能得聖，並且深知自己出身武士階級，大鹽平八郎仍以近似封建領主的絕對家長式權威對待學徒。儘管他堅持所有人都具有潛能迴返太虛，但是他深知實際上僅有極少數的人能臻求完美，超凡入聖。大鹽平八郎所揣想的英雄形象，當然此形象無可避免地仍舊有著自身的影子，為絕對的熱情、一心一意，並透過自己的本能知識，致良知；也因此，他不會因為任何世間恐懼而有所退卻，將自身投注於全然的真誠犧牲，以抵抗邪惡與不公。大鹽平八郎認為聖人必然好戰、違反世俗標準，甚至被世人認為如同「瘋子」一般。這令人聯想到立頓．斯特拉其（Lytton Strachey）引用波特萊爾（Baudelaire）的語句描述高登將軍（General Gordon）：「你必須喝醉……你必須不斷地喝醉。」[520、521]

聖人英雄的目標即是救民，而最終當大鹽平八郎為貫徹其理論，揭竿起義時，救民正是他旗幟上的口號。成功理解太虛奧義，進而重新定義自己的人，必須幫助其他人了解他們自身的可能性。聖人往往透過其道德與真誠，吸引到一群忠誠的追隨者，並透過其幫助，完成無我的公共實踐。而這正是大鹽平八郎的哲學最撼動後繼追隨者的部分，其中包括三島由紀夫就曾如此寫道：「聖人必得存在於公共領域……知行必須合一……如果君子僅知良善之德卻無付諸行動，如此一來僅只是道德侏儒。」[522]相較於朱熹的新儒學派強調我們必須先得到知識，再以此為基礎進行行動，大鹽平八郎卻堅持，「知而不行為不知也……若無法將吾人之道德真知化為行動，那麼知識的理解亦當無效。」[523]當然他的措辭遠比常言所說的坐而言不如起而行來得更為激烈。而所謂的歸太虛包含淨化社會，以及致良知，因此聖人必須將良知直接投注於社會與政治行動之中。大鹽平八郎貫徹其志，並且放棄優渥官職，最終，甚至放棄了安穩的教學生活。正如同明治時期世人普遍所認為的，大鹽平八郎似乎比王陽明更貫徹行動之道。[524]

既然大鹽平八郎的哲學關乎行動，那麼他的目光勢必將聚焦於眼前的政治危機。對於擁有如此信念的人而言，他所處的時機無疑相當適切；他必須「導正」經濟不公的現狀，以拯救受壓迫的大阪人民。假若他早五十年出生，那麼不管其哲學或性格，都將促使他走向英雄楠木正成的路，擁抱無望但卻政治正確的忠皇黨。若他現身在明治時期，大鹽平八郎必將投效那反西化並且激進而過時的武士集團。但是若出生在安穩而優渥的時期，他將難以證明自己的哲學之道。而這正是屬於三島由紀夫的悲劇：他醉心於大鹽平八郎的哲思，但滿腹熱情卻毫無用武之地，因此將自己的理念與衝動付諸於毫無意義的行動之上。

當大鹽平八郎決定解決百姓之苦時，勢必知道自己將與幕府權威正面衝擊，澈底顛覆主臣關係。作為武士階級，大鹽平八郎受訓效忠於幕府，並且深知自己的行為悖反武士道，但是對其概念而言——起碼符合他自己的理念——似乎認為忠於太虛，更勝過自身之主。由於其道德理念為透過取得普世的正義以「淨化社會」，因此大鹽平八郎早已準備好拋棄舊有的封建主僕關係與傳統的忠誠主義。[525]也因此，他相當自信自己所為絕非幕府政府稱呼的「叛亂黨羽」，而應為「義俠」。[526]

大鹽平八郎發動「大地之爭」，以此抵抗封建政府，促使許多當代學者形容他為革命領導者，甚至為早期的社會主義者。確實，一八三七年，大鹽平八郎所領導的起義行動遠比其他德川時代的地方起義具有更高的普世社會價值。[527]但是，儘管挑戰範圍極廣，大鹽平八郎從未有任何革命企圖，將他描繪為「早期的社會主義者」，似乎過度簡化其動機和目標，更如同三島由紀夫被謬稱為「法西斯主義者」一般的失真。[528]大鹽平八郎為宗教領袖，而其道德行動哲學以社會抗議為主要形式。然而不管在他的任何著作中，我們皆難發現批評封建主義之論述。事實上，他隱約地接受了讓自己擁有較高社會地位的封建制度。他真正的憤慨來自貪官汙吏破壞政治體系與社會秩序，並忽視其道德責任。假若能掃蕩上述流氓官員，那麼賢德之人（好比他自己）將能有用武之地，並撥亂反正，「建立永恆明理之秩序」。大鹽平八郎更像是個為道德正義而戰的烏托邦改革者，而非企圖推翻過時、顢頇社會經濟體制的革命家。[529]一九五二年，當時英雄被廣泛吹捧為現代社會主義革命家，然而前田一郎卻如此描述他看似激進的作為：

他一直是封建制度的堅定支持者，作為四大社會階層之首的成員，大鹽平八郎決心導正造成時代凋敝的罪惡和施政無當……為達其目的，他必須召喚底層受壓迫的階級，以此抵抗封建權威。[530]

武士哲學家大鹽平八郎並沒有以世俗的方式思考系統性改革或組織社會革命。他的願景非常理想主義而浪漫，甚至有點不切實際，他期望「為時代除惡，以此拯救人民於地獄之火，並……帶領他們進入新天地。」[531]

他所指的地獄意指貧困凋敝的百姓生活。全國農民受到自德川時代以來長期饑荒的影響，生活苦不堪言。然而城市裡的百姓也受到存糧不足及米價攀高之苦。歌舞伎劇場、浮世繪版畫與「愉悅」文學所描繪的璀璨而歡樂的浮世如夢，並非日本漫長鎖國時代的真實城市生活。事實上，不管是在江戶或大阪，大部分的人都得勒緊褲帶、活得戰戰兢兢，僅僅微小的糧食價格波動，都會劇烈地影響他們的生活。[532]許多農村人口因為經濟壓力而遷移至城市，並成為侍僕或苦力。他們正是深受饑荒之苦的普通百姓。

當然，造成饑饉的直接原因是收成不佳和農作物歉收，但幕府政府不切實際和不合時宜的經濟政策更讓人民惱火。仰賴稻米（石）作為俸祿的武士階級，變本加厲地向村民施壓，要求減少耗用，甚至向他們灌輸農民的生活目標就是「僅求溫飽」，然而十八世紀的貧困農民早已瀕臨生產的崩潰邊緣，絕無可能再向他們壓榨更多的歲貢。[533]也因此，農民普遍早已沒有可餘存糧用以應對艱困年歲。

饑荒與其他天災背後的另一個原因為人口問題，對於封閉、孤立的德川日本經濟體而言，任何人口攀升都會帶來致命的災難，而一再發生的饑荒更可被視為馬爾薩斯主義（Malthusian）的超預言。一七八二年與一八三二年時，日本所爆發的經濟危機似乎都與當時人口超越「安全」閥口兩千七百萬人有關。事實上，更加理性而仁慈的管治方式，當能減緩人民所受的磨難。

儘管日本人民向來顯現其服從與乖順的一面，但是面對如此嚴峻的現實環境與失能的官僚系統，民間仍不時爆發反抗活動。據歷史學家估計，在江戶幕府時期，平均每十年出現一次起義，而直至十九世紀初，幕府政府體制之末期，起義發生得更為頻繁。大部分的起義發跡於農村，但是當城市規模日益擴大，都市也成為大規模抗議的據點，其主因往往與糧食短缺以及米價攀升有關。在多數的德川幕府時期起義中，以苦力、小店主、失業的工匠、流浪者，也就是無產階級者所發動的「粉碎之亂」（uchikowashi）最為暴力，他們往往砸毀富有商人、清酒製造商與借貸者的屋舍。大阪作為全國之糧倉，更以「米粉碎」叛亂著名，但是幾乎所有的大城市都經歷了類似的暴亂。一七三二年，江戶地區發生了最為激烈的暴動；一七八三年至一七八七年間，江戶、大阪以及其他城市亦陷入狂亂之中；德川幕府時期最後的相關暴亂則發生於一八三六年與一八三七年間，大鹽平八郎之亂更為為時已久的動亂期帶來高峰。

幕府政府長久以來毫無作為，但卻對暴亂展開了相當有效率的壓制。由於農民與村民的計畫散漫，而政府所握有的權力實為龐大，因此多數的起義都以失敗收場。在每次的起義後，政府祭以嚴苛的懲罰與禁令。一七二一年，農民被禁止結黨，並被要求參與官方組織的五人組，以便實施連坐共罰。一七四一年，上告當局、結黨、棄村者將被沒收田地、增加村稅，而領導者則將判處死刑。[534]耶穌受刑彷彿珍貴的進口西洋概念，是德川政府最樂於使用的懲罰手段。一七四九年，當莊稼歉收、農民起身抗議稅收後，地方官員因疏忽職守而被判數週軟禁，而反叛政府的農民則受到相當殘忍的懲罰。三名起義領導者被綑綁起來在村外示眾，並且釘於十字架上；兩名農民遭焚而死、三名農民遭斬首；另有兩百多名農民受到較為輕緩的懲罰。[535]

在德川家齊漫長在位（一七八七年至一八三七年）期間的最後，不乏自然災害與饑荒，儘管如此，臭名昭著的幕府將軍本人仍舊沒有停止豪奢行為，以致於國庫耗盡。一八三二年開始一連串的農作物歉收，尤以一八三三年最為嚴重；一八三六年經歷了史上著名的稻作欠收，不僅稻米收成不佳，其他穀物的收成也僅得平均產量之一半。如此一來，米價持續攀升，一八三七年時，終於達到了災難性的高價。[536]饑荒影響了貧困的農村地區和所有大城市。而政府依舊一如往常地不願採取緊急、必要措施保護人民，悲劇由此而生。一八三七年春天，即便在已具備救濟服務的名古屋，仍有一千五百人曝屍於市。[537]

大阪的經濟主要由鴻池和其他大型財閥所控制，此類集團與市政府官員緊密關聯，成為社會動盪原因之一。該時東町奉行跡部良弼的處事冷酷，令人聯想到數年之後愛爾蘭爆發馬鈴薯饑荒時的英國政府官員；跡部良弼毫不猶豫地遵從幕府指令，要求糧食已然耗盡的大阪米商將米運往江戶，並造成米價猛烈飆升，龐大的大阪城人口陷入饑荒邊緣。

隨著大阪城局勢的惡化，大鹽平八郎感覺人民的苦難與日俱增，憤怒情緒越演越烈，此時更有人批評政府，認為饑荒並非親政府派儒學學者所言的「天災」，而更是「政府之禍」。大鹽平八郎為大阪城內大街小巷與附近殘破村莊的殘酷景象感到心痛，他寫了一系列中國風格的詩作，描繪尋覓死鳥屍體的人、無法餵養家中孩童並任其在寒風中餓死的村民等等。他對受苦群眾的同情，轉變成對腐敗、無能官員與無情商人的憤怒，他以儒家學者的身分嚴厲批評上流社會流連於昂貴筵席，沉浸於豪奢美酒、美食與舞女之生活。[538] 但此刻文字的力量是遠遠不夠的。如今，就在一八三七年年初，大鹽平八郎終於等到了得以開展其哲學行動的時刻。

隨著大阪的饑荒惡化，當局又拒絕採取任何行動，於是大鹽平八郎向跡部良弼請願，要求政府發放米糧賑饑大阪城民；同時，他向三井、鴻池與其他巨型富豪財閥求援，懇請對方放款賑災；但對方在遲疑數日後，很明顯地依照跡部良弼意志行事，拒絕大鹽平八郎的提議。[539] 而跡部良弼本人不但拒絕大開糧倉，更輕蔑地嘲諷英雄，甚至威脅懲罰其請願之舉，斥其在沒有任何官職的狀態下干預公共事務。然而，不管是請願失敗或是任此昏庸之徒在關鍵時刻擔任官職，都讓大鹽平八郎深信，若採取合法的非暴力手段，將無法得到任何結果。

不久，大鹽平八郎做了讓追隨者與後世仰慕者感動不已的事。為籌措起義資金，他不惜變賣身為學者視之如命的寶物──近五萬本書籍。如此浩瀚的書庫換得近黃金千兩（編按：根據大鹽平三郎展的官方紀錄指出，其變賣書籍換得的黃金約為六百二十兩），並分發給城內貧戶。儘管跡部良弼譏嘲如此行為為無恥的自我吹捧，但是大阪城內居民無不對此慷慨之舉感激涕零。除了散盡銀兩接濟百姓以外，大鹽平八郎祕密用賣書所得購置大炮、數把機槍與數百支劍，更聘請軍火專門師教導追隨者使用武器。如今，大鹽平八郎已將知識投注於實際的公共事務行動之上。

一八三七年三月，大鹽平八郎指示將其檄文散布給大阪周圍四區域的「平民與農民」。如此一來已成公開煽動，並且毫無回頭之可能。出名的檄文被大量複製，並且收納在藏紅色的絲袋中，絲袋上印有伊勢神宮的神道教織錦緞，並寫有「自天而降」（天より被下候）之文字。雖然檄文以複雜的漢字寫成，普通百姓根本無法閱讀，但是大鹽平八郎顯然不為如此實際卻又如皮毛般的問題所苦惱。540

檄文首先提及當時一連串的自然災害與地震，並以傳統的儒學思維，點出此乃上天對腐敗、自溺的幕府政府官員震怒之表現。此外政府對神諭視若無睹。當大阪人難度饑饉困頓時，米糧被搜刮運往江戶；上位者不察民間疾苦，日益驕逸，窮奢極侈，遊樂於優伶、娼妓與富豪之間。

檄文呼籲眾人採取行動。大鹽平八郎認為值此之際，已無可能坐視如此不義，凡有志之士，必當集結，起而誅戮殃民官吏與攫取巨額利益之貪商。除誅戮大阪府尹暨諸官吏外，更必將米糧共分與平民百姓。

當大鹽平八郎發動武裝起義時，他要求農民攻入地方政府，毀壞年貢租役以及其他與貢稅相關之帳冊。假若消息遭官吏知悉，應當立即斬殺對方。當城中騷動既起，村民應當予以叛亂分子支持，並共同剿滅製造斯民苦難之敵。最終，日本將有可能消弭數百年來所積累之賄賂私肥，迴返神武天皇所創建之道德盛世。541

我們無法得知大鹽平八郎何時決心發動武裝起義。普遍來講，世人認為起義主因為對政府之憤懣，並且特別針對無能解決一八三六年至三七年間饑荒的跡部良弼。但是真正動心起念可能在更早之前，或許他剛開始在洗心洞私塾教學時就有此意。在檄文中，大鹽平八郎強調行動的道德基礎，並表示自己與追隨者無意求取天下或政治實權，正如同晚明的英雄一般，他的目的純然真誠，乃受天命懲治世間惡徒。542

在檄文中，除了提及立刻斬殺貪官惡吏，以及分發糧食賑災以外，起義的實際目標不明，或許，連大鹽平八郎本人都沒有確實計畫。他強調這並非另一場短暫的起義，而是會持續戰鬥至所有人民都得以伸張正義為止。我們懷疑他是否真的有任何特定的計畫。他的目標很明顯地並不包含推翻幕府封建制度，相反的，他認為指派賢良人才，堪足以濟世。

起義本身並沒有清楚的詳細計畫。政府當局所獲得的情資並不可靠，畢竟消息來源為希望透過洩密而獲得減刑的叛徒，以及胡言亂語以期減少酷刑的囚犯。但是，我們知道大鹽平八郎計劃於三月二十五日下午趁大阪奉行進行巡視，並於大鹽平八郎寓所對面屋內休息時發動攻擊。隨後，他的追隨者將放火燒毀米商屋舍、大開糧倉，分發食物。[543]大火是信號，當鄰近村莊農民目睹火焰竄起時，將趕往大阪城加入起義陣線。為了周全，大鹽平八郎頻繁地於自宅與追隨者研議計畫。原本的圖書館在典當賣書後，早已空空盪盪，並且變成祕密的軍火庫，以及兵械製造廠。

當他計畫並執行起義時，核心成員約有二十餘名。其中最重要的莫過於二十六歲的養子大鹽格之助，他也是英雄在人生中少數擁有較為親密關係的人。其他支持者主要為他在擔任西町奉行所與力時的同僚，自從跡部良弼上任後，士氣凋敝，不少人將大鹽平八郎視為精神導師。他還設法招募了一些懷抱理想的年輕武士，他們主要都是受到英雄的理念感召而來。至此，大鹽平八郎的起義和德川時代的其他叛亂不同；自兩個世紀前的島原叛亂以來，大鹽平八郎之亂是唯一由武士階級與受苦難的百姓共同抗敵的重要行動。[544]

大鹽平八郎之亂的支持者主要來自鄰近村莊。在起義前的幾個月，他派遣了幾名幹部負責在村莊號召「有能之士」，不計其社會階級背景與教育水準。而所謂的有能之士，將負責在起義爆發後，下令農民湧入大阪城支援叛亂，至少，大鹽平八郎如此謀劃著。平八郎本人向來與當地頭人保持友好關係，許多人甚至成為洗心洞門生，並且捐助、供養私塾。[545]此外，大鹽平八郎也與階級並不相襯的女性結婚，以此獲得村民信任。在大阪城，平八郎的普遍支持者主要為城市貧民和部落民，他們存在於社會最底層，也因此可以不計得失加入戰鬥行列。某次，英雄指出由於平民較缺乏現實感，只要以禮對待受苦受難者，他們都將欣然接受共同作戰的邀請，並以命相報。[546]但總體而言，大鹽平八郎以典型的武士方法行事，並且信賴村民遠多過於城市支持者。儘管他的起義集中在大阪城，但主要還是向農村尋求人力。他對城市支持者的懷疑相當符合後來事情的發展，然而他更遠遠高估了農村貧苦百姓願意提供的奧援。

大鹽平八郎竭盡全力保持機密，甚至下令殺死一名忠實追隨者，以免對方背叛了起義計畫。然而儘管他採取了預防措施，起義軍中還是不乏叛徒存在，並在起義前夜向跡部良弼洩密。[547]幸運的是，市府高官對情報相當懷疑，並認為洩密者八成是對大鹽平八郎臭名昭著的脾氣心懷怨恨。如同兩個世紀之前的島原，官員沒有對起義採取迅速行動，掐熄暴亂的星星之火。直到二十五日凌晨，另一名叛徒發信確認即將爆發的行動，當局才終於決定採取作為。他們首先下令逮捕兩名參與籌劃叛亂的官員。其中一名在警衛所被斬死，但另一人設法自奉行所窗戶逃脫，並趕往大鹽平八郎的家，通知消息走漏一事。如此一來，英雄只得整整提早八小時發動攻擊。七點鐘，一支警衛隊前來逮捕平八郎。但是為時已晚，起義已然開展。

根據計畫，大鹽平八郎與追隨者首先放火燃燒英雄屋舍，作為革命信號彈。接著他們往四面八方之街道而去，手裡扛著繡有「拯救斯民」與「天照大神」的旗幟。當他們迫入市區街道時，開始有計畫地縱火，摧毀警察所與惡吏之屋舍。他們也縱火燒毀無數大阪富豪商販的屋產。由於屋舍多為木造建築，因此火勢一發不可收拾，直到第二日起義活動遭控制時，已有近四分之一的大阪城頹然而毀。

計畫的核心之一在於包圍富豪商販倉庫，「解放」食糧與其他物質資源。而這也正是大鹽平八郎計劃不足和過於樂觀的地方，他的支持者造成了絕對的破壞。闖入鴻池與三井倉庫的起義之士全然沒有分發白銀、米糧與其他貨物的意願，他們動手偷取目光所及的商品與物事，並逃往安全之地。同時，與其他古老的強盜文化無異，許多暴徒闖入酒窖，喝得酩酊大醉，變得毫無戰鬥力可言。如此行為與聖人英雄所期望的起義澈底相反，若聖人以為能夠透過行動「拯救」百姓，無疑過於樂觀。548

關於實際作戰方面，大鹽平八郎的徒眾實無能耐運用火炮兵械以抵抗幕府軍隊。在少數幾個叛軍稍占上風的時刻，包括平民的火炮驚嚇到了西部奉行堀利堅的馬匹，當時他與跡部良弼奉命平定大鹽平八郎之亂。駿馬騰蹄而起，摔落堀利堅，並讓軍隊士兵驚愕不已，以為堀利堅當場斃命。不久，跡部良弼也以同樣難堪的方式落馬。兩椿小意外讓大鹽平八郎一眾樂不可支，落馬軼事更傳遍了全大阪城。但過沒多久，主要炮擊手的斃命讓起義軍士氣一瀉千里，此一身材高挑、衣著優雅的武士遭幕府火炮射擊，而跡部良弼更下令保留此人頭顱，以矛穿刺，遊街示眾，以儆效尤。

儘管當局最初的調度失靈讓大鹽平八郎獲得了數小時的成功，但是當其部隊在城市中顯露疲態，繼以組織無當，又無預期農民部隊支援時，起義注定要走上敗滅一途。轉折發生於下午四點左右，當時大鹽平八郎預感一切即將終了，他下令起義之士趁此際分別抄路逃亡。數百名尚有醉意的平民軍在街上遊蕩，企圖在火海中打劫、撈取有價值物品，而大鹽平八郎與其門徒則在淀河河畔奔走，並沿途放火、摧毀糧倉。在英雄跳上預備好的船隻航向河對岸的祕密地點前，他將檄文與遊行告示傳單丟入火焰之中。起義在短短一日內被平定，而「行動哲學家」根本無法給予幕府軍隊強而有力的一擊。

此時，政府軍隊無情地展開鎮壓。經過整整一週，江戶幕府總部才得知起義經過，[549]此時大鹽平八郎的軍隊早已被殲滅；此一消息讓幕府感到震驚，並下令對起義者絕無寬貸、從嚴處置。同時，大阪城的指揮官實未參與二十五日的剿敵行動，下令逮捕所有參與成員。軍隊開始嚴密監控陸路與河道交通，而協助逮捕大鹽平八郎與主要籌謀者的市民將得到厚酬；大阪政府擔憂若無法將之迅速逮捕到案，或有可能再度生事。在鎮壓初期，許多大鹽平八郎的信奉者認為，若遭逮捕則將決斷自殺。因此當大鹽平八郎的叔父，一名參與密謀的神道教僧侶聽聞軍隊已預備攻入其住所時，立刻拔刀切腹自殺。然而叔父的切腹傷口短淺，直至軍隊來時，仍然保有性命，因此他倉促逃出屋外，並躍入灌溉池塘，就此斃命。

大鹽平八郎與十四名門徒、七十五名支持者慌忙逃出城外。[550]此時叛亂的敗局已無法挽回，他也準備好了從容赴死。但為了延遲那最後一刻，英雄逃往多山的紀伊半島。他承認自己根本沒有確實的逃亡計畫（與先前所言相反），並準備好接受來自大阪的消息，以有尊嚴的方式結束此生。

為了讓追隨者有更多機會逃脫，他命令眾人將佩劍與武器丟棄於河中，並往不同的方向奔逃。[551]此時，他身邊僅剩三名徒從——大鹽格之助以及兩名來自東部奉行的忠實追隨者，他們獲得追隨英雄奔走至生命盡頭的殊榮。

歷史上沒有任何關於此四名逃犯如何在刺骨寒風中自紀伊半島逃亡的記載。但是學者嘗試大略地重建逃亡路線。此逃犯組合令人聯想到源義經逃往奧州的路途，而史家自然也時常如此比擬。[552]逃亡途中，一名前官員為避免自己腳程過慢，拖累隊伍，決心切腹自殺。而大鹽平八郎並未加以阻止，反倒擔任介錯人的角色，為對方砍下頭顱。不久後，另一名前官員（原本警告大鹽平八郎背叛情事的年輕男子）變得虛弱無比，並躲藏在一名農家之中；當他醒來，發現自己的匕首已經遭竊，而農民正趕往向當局報案的路上。為避免遭到當局逮捕，年輕男子逃出農舍，並吊死於樹上。如此一來，大鹽平八郎僅餘養子相伴，不知是否為效法十二世紀的英雄（編按：源義經），兩人皆落髮喬裝成山僧的模樣。

此時政府已一一緝拿大鹽平八郎的追隨者到案。即便連非核心成員也遭到追查，並且予以逮捕。當然，幕府的目標人物自然是英雄本人，因此政府撒下天羅地網，誓言將之歸案。然而，多重假消息延誤了追查行動，並錯誤地在京都進行地毯式搜索。大鹽平八郎很可能設法在多山的大和地區藏匿好一段時日，但是僅僅在起義五天後，他就決心返回大阪。或許，他是一心想親自觀察起義發展，也或許他早已預知自己的悲劇已然來臨，深知必得親身面對。三月三十一日凌晨，長年受到大鹽平八郎恩惠的年邁毛巾商人五郎兵衛聽見急促的敲門聲，兩名山僧焦急地請求進入主屋內。

當他認出兩人身分時，頓時陷入兩難的境地，如此的難題時常可見於標準的木偶戲或歌舞伎劇目中，日本人時常為如此難題搖擺不定：他或許可以選擇藏匿兩名全國要犯，並面臨可能的重罰，或者他也可以背棄大鹽平八郎一家的恩澤，拒絕為兩人提供保護。不過他沒有太多的選擇，因為逃犯很快地就擠入前門。五郎兵衛決定將兩名逃犯藏於主屋外的建築物之中，兩棟建築物僅以花園相隔。[553]由於五郎兵衛對兩人的出現感到相當驚駭，因此除了妻子以外，他沒有將此事告知任何人。在接下來的數週內，老夫妻輪流悄悄地為逃犯送去食物與基本所需。

一切進行得相當順利，直到五郎兵衛的女傭探訪住在附近村莊的家人時，無意間提起主人家中的米糧無聲無息地大量短少。消息傳到地方長官的耳裡。當局召喚五郎兵衛夫妻，兩人害怕地坦承家中藏有全國要犯。大阪城官員立刻下令生擒大鹽平八郎與其養子；奉命抓拿英雄的奉行甚至得抽籤決定誰能率先進入大鹽平八郎躲藏的屋舍，並獲得舉世榮耀與名聲。

五月一日黎明時分，十四名奉行包圍了平八郎藏身的屋舍。奉行安排妥當，並吩咐由五郎兵衛的妻子負責引誘英雄出屋，其他人將蜂擁而上一舉拿下兩逃犯。然而當大鹽平八郎瞥見門外的官員時，計畫瞬間敗露，他深知最終的時刻迫臨眼前。此時，奉行向大鹽平八郎挑釁決鬥，但是英雄對此毫無反應，因此警隊決定直接發動攻擊。平八郎點燃屋舍旁早已準備好的茅草與可燃物應對眼前陣仗。當奉行破門而入時，他取出近十八吋的寶劍刺喉，截斷頸動脈。接著他將刀刃快擲向攻擊者，但想當然爾，奉行毫髮無傷。有那麼一段時間，大鹽平八郎站在門口，忽明忽暗的焰光讓奉行恍若見著高大、宛如祭司的身影。接著他瞬間撲跌，如同在衣川據點的源義經，死於烈焰之中。

火勢越燒越旺，奉行們無法靠近。當火勢被控制住時，奉行衝入屋內，並確認焦屍身分是否為大鹽平八郎與大鹽格之助。五週以前，大鹽格之助已在大阪街頭之戰中展現無比的勇氣。但是當終局之戰來臨時，他似乎對自殺一事感到遲疑，因此平八郎必須負責刺死兒子，以避免愛兒遭到當局活捉。根據一記載，大鹽平八郎在奉行攻入以前，怒斥兒子「懦夫！懦夫！」或許，他內心已感受到失敗之痛。[554]無論如何，若記載為真，那麼這對深愛其子的英雄而言，無疑是悲苦的一刻。兩人屍體被抬出屋外，清洗並放置於軟墊上，準備移送官府。此時，大街上已經聚集無數民眾。當大鹽平八郎被抬出時，民眾目睹其頭部早已因為腫脹扭曲而徹底變形，貌似巨形蟾蜍。

在大鹽父子戲劇性的死亡後，官方開始針對起義展開徹頭徹尾的調查。九月四日，江戶幕府召集官方調查會，但是由於法令延誤，直至隔年九月二十八日才定案。法庭的判決反映了德川幕府法律十足的殘酷性和對敢於挑戰既定秩序者的懲罰。[555]二十名起義核心成員被判處十字極刑；其他參與者判處斬首、監禁或流放偏遠區域。[556]法庭對大鹽格之助的嬰孩網開一面，此嬰孩原應當受其父之罪連累處死，最終改判終身監禁。

法庭無法懲治策劃起義的主腦人物大鹽父子，畢竟當判決完畢時，兩人已過世一年四個月餘。法庭審判認為大鹽平八郎「批評政府」，並且運用教師一職鼓吹追隨者，其中包含政府官員，籌謀反叛。法庭如下總結：「不懼朝廷之舉，罪無可赦，大鹽平八郎與其子屍身鹽漬後應當公開示眾，並於大阪城受釘死之刑。」[557] 江戶幕府更拒絕標誌安葬其屍身之墓地，以作最後的羞辱，避免仰慕者朝聖。

在二十九名遭處重刑的反叛者中，僅有五人保留活命，並得以聆聽判決。多數的反叛者已於大阪監獄過世——囚禁者往往無法在其惡劣的囚禁環境下活過數月。[558] 那些於監獄中過世的囚犯，屍身以鹽巴醃漬後被送去遊街，並且懸掛在大阪行刑場的十字架上。[559]

儘管法院的主要功能為懲治罪行，但政府也謹記儒家的道德準則，對善良者予以獎勵。法庭頒予告密者獎賞金，摧毀反叛者大炮的奉行坂本更獲得特別獎勵。法庭官員自然也得到好處，幕府給予負責判案與嚴格判刑的官員為數可觀的賞銀。[560]

當世最虔誠的大鹽平八郎崇拜者三島由紀夫如此寫道：「大鹽平八郎的革命事業得到澈底的失敗。」[561] 英雄期望廢除的不公義仍舊橫行於世，他的行動更帶來與心所嚮往完全相反的影響。儘管城內的饑荒確實有所減緩，但是其根本原因在於收成漸佳，而非聖人英雄之義舉。大鹽平八郎自然知曉自己的行動僅為災難一場，但是依其個性，恐怕絕不會接受此事實。[562]

起義的領袖在火焰中喪生。背叛他的人受到表揚，貪腐官員與貪婪的商人依舊耽溺。此外，無數的大阪城民因禍災和隨之而來的傳染病而苦不堪言。儘管饑荒已然接近尾聲，但是貧困鄉民的生活仍舊悲慘。「去年，」編年史官如此描述：「家屋遭毀的人民已成為乞丐與遊民。他們度日如年，生不如死，心中滿滿悲憤。多數人可能因死亡而消失無蹤，因此乞丐也日漸稀少。」[563]

儘管對起義感到憂心，但是德川幕府並沒有採取任何行動緩解饑荒。數年後，由幕府發起的改革主要強調維持法治秩序、增加政府軍事實力，而非大鹽平八郎所倡導的任何改革，並且更以較為基本教義派的（朱子）儒學手段作為標竿。[564]負責改革的官員以相當誇張的方式強調簡樸的重要意義，甚至推崇棉質衣服，而非高雅的絲質綢緞。儘管官員的示範如此具有啟發意義，但是政府的經濟措施仍舊難以緩解百姓的痛苦，嚴苛的全國經濟緊縮政策，更讓大鹽平八郎心之所繫的百姓生活日益困苦。原本的禁令依舊存在，而雜項稅收與沉痾日漸嚴重。儘管改革者企圖抑制物價波動，但收效近乎於零。數年後，不管是米價或其他糧食價格皆陡然飆升，並對勞動階級帶來了無可承受的迫害。[565]

雖然大鹽平八郎的失敗出奇慘烈，但是卻激發了全國各地的起義事件。[566]其中，偏遠北部區域的越後國發生了數樁激烈的米騷動。越後國起義者宣稱自己為「大鹽平八郎信者」，並希望「擊潰全國豪取強奪之徒」。在德川幕府統治的末期，發生近三百件城鎮起義事件與近千起村莊起義事件。所有的起義都遭到成功壓制，而參與者也接受處罰；雖然起義成為幕府政治失敗的象徵，但卻並非其倒臺的原因。

明治維新後的事態發展，也持續印證了大鹽平八郎的失敗在他死後仍無反轉。帝國官僚體制取代德川幕府，僅僅代表了掌權者的更迭；明治維新拙劣地模仿大鹽平八郎的理念，認為帝國體制應改革成為人民正義的象徵。新政府推行的土地改革與稅制改革成為大災難，如此景況與大鹽平八郎起義的時代背景毫無二致，自一八七三年始，日本各地開始一連串的起義事件。[567] 此時期的懲戒手段不若德川幕府時嚴苛，但是革命者並沒有得以實踐理念，大鹽平八郎的後繼者實難安慰自己未曾達到英雄之哲學與行動曾經企圖揭示的公義世界。[568]

大鹽平八郎的失敗並非出於偶然，而是來自其實踐之難。[569] 他錯估了支持者與幕府間的實力差距。此外，他的計畫遠遠稱不上縝密。[570] 雖然他自稱以行動為本，但是卻無能統整一致的策略，甚至缺乏細節的安排與規劃。由於計畫失靈，起義軍連摧毀村辦公室之相關檔案都無法確實執行。此外，英雄不但對起義成功後的世界毫無想像，也沒有任何關於撤退的預備措施。大鹽平八郎在哲學原則、道德譴責與宗教性口號上著墨甚深，但是關於起義後的實際行動計畫卻付之闕如。這讓我們再一次地想起了近代日本歷史上的幾位行動人物，好比西鄉隆盛、一九三〇年的年輕官員，以及較為近期的三島由紀夫，他們的態度與氣質往往讓其不屑於制定抵抗權威的具體計畫與程序。[571]

然而，這與啟發大鹽平八郎與其追隨者的哲學有關。在日本，如同阿部真琴所說的，陽明學並非行動學，而更似失敗行動之學。[572] 三島由紀夫同樣觀察到，大鹽平八郎與日後的日本陽明學信仰者都同樣「擁有堅信自己信念，但又無法看穿事物以達成行動之果」的特質。大鹽平八郎的個人哲學帶有神祕特質，並且執意強調必須保有死後的聖人英雄名聲，也因此對於組織實際的改革根本毫不在乎。[573] 他的情感與務實的西方當代革命者如傑若米・邊沁（Jeremy Bentham）或威廉・威伯福斯

（William Wilberforce）等迥異。由於其個人主義，因此本質上而言，大鹽平八郎相當孤獨，並認為真誠優於實際計畫；他也迴避了許多可能會折損其真誠本質的機會，好比接受反幕府之富有大名的物質資助，或是與其他忿忿不平的浪人集團結盟。[574]

在日本如此緊密而順從的社會中，人生真正的價值在於透過傳統與嚴格定義的框架取得成功，人們對於擁有秀逸人格，並且能夠專注實現理想、衝破社會框架，並以絕望之心挑戰權威的個人，感到無限的景仰。人們所感念的不僅是英雄的勇氣，以及為達成理想目標（不論在何種文化底下，這都是英雄基本特質之一）不惜犧牲一切的決心；英雄的生命成為抵抗現實框架的象徵，並鼓舞千千萬萬尚未能懷抱如此勇氣的人。也因此，英雄的折損抵消了人民所感受的巨大困頓。日本古老諺語有言：「強出頭必然嘗得苦果」，然而拒絕遵守現實正是英雄主義的本事。[575]大鹽平八郎放棄安穩、優渥的武士官員生活，學習另冀哲學，並因此驅使他脫離安全的生活，進入堪比驚濤駭浪的外部世界，挑戰無可動搖的權威。然而儘管一再強調行動的重要，但大鹽平八郎終究無法積極地實踐其信念。他短暫的生命完美體現了名言：「理想從肉身飛越而起，得到最終的成功。」[576]

462 三島由紀夫，《王陽明思想作為革命哲學之法》，收錄於《諸君》月刊，一九七〇年九月，頁二三至四五。

463 同前，頁三〇、頁三八至三九。

464 心即理，又稱心學，對比於朱熹的理學。此兩新儒學派在中國與日本的發展並對照翻譯論述，請見西奧多．貝里編輯，《中國傳統之根源》（*Source of Chinese Trandition*），紐約，一九六〇年，頁三四四至三九二。

465 三島由紀夫，《王陽明思想作為革命哲學之法》，頁四〇。

466 三島由紀夫，《王陽明思想作為革命哲學之法》，頁三六。三島所諷刺的安全感讓我聯想到數年前在東京經歷的計程車之旅。年輕的司機堪比「神風特攻隊」隊員。他像是中世紀武士一般，以荒唐的速度衝進市中心車流之中，與汽車、巴士、行人搶道，完全無視交通號誌以及任何既定規則。在將近十分鐘的自殺式行駛後，我要求司機停車，並讓我下車，假裝自己還有件小事未辦，得改道離去。他轉過頭，毫無減速之意，並以同情的口吻問道：「怎麼如此貪生怕死呢？」那個時刻，我了解到至少這位年輕司機屬於日本傳統英雄的一部分，我相信大鹽平八郎和三島由紀夫肯定會覺得後生可畏。

467 乃木希典將軍（一八四九年至一九一二年），日俄戰爭之英雄人物，在明治天皇葬禮當日切腹自殺，以伴隨君主離開人世。而他的妻子更是完美的武士之妻，同樣自殺身亡。人們多半將此視為日本古代殉身（在君主死亡後自決而死）傳統的最後例子，然而當三島由紀夫的主要追隨者森田必勝切腹自殺時，森田必勝成為日本最終的殉身者。乃木希典將軍真誠信奉王陽明哲學，他在擔任皇太子（後為正德皇帝）顧問時，闡述其理念。乃木希典之死在戰後日本受到高度讚揚，並且證實日本古老的尊貴傳統確實延續至二十世紀。加藤玄智所著《神道教精神》（東京，一九五四年）頁十二中引用《萬朝報》編輯黑岩淚香所撰寫詩句：

我錯認他為
老戰士
今日，我明瞭他為
神之化身

468 三島由紀夫表示，出名的歷史學者丸山真男在其關於日本思想的巨作《日本政治思想源流史》中，以一整頁的篇幅闡釋陽明學。在明治時代之後，三島由紀夫認為馬克思主義取代了陽明學，成為知識分子的思考重心，正如同人道主義取代了朱子學（請見本章註四六四）。三島由紀夫，《王陽明思想作為革命哲學之法》，頁二三至二四。

469 他提及大鹽平八郎的寫作與自決行動，作為其精采人生的顛峰。

470 年輕的勛所閱讀的為井上哲次郎所寫的《日本陽明學派之哲學》。

471 此為王陽明格言，意指「知識為行的開始，而行動則讓知識得以完整」。請見艾德溫．瑞斯豪瑟（Edwin Reischauer）與約翰．法爾貝肯（John Fairbank）所寫《東亞之傳統》（*East Asia, the Great Tradition*），波士頓：一九五八年，頁三〇九，參考關於此學派的政治意義。

472 三島由紀夫，《奔馬》，頁三七三。

473 三島的信件被收錄於《抗議之雄辯》（*The Eloquence of Protest*）序文中，由哈里森．沙里斯貝里（Harrison Salisbury）編輯，波士頓：一九七二年，頁一三七至一三八。此信以英文撰寫，我做了非常微小的修正（好比將極少之人改為極少數的人）。

474 河原宏，《西鄉傳說》，頁二六。請見第五章註二三八，以及第七章註四〇三。

475 請見荷．博頓（Hugh Borton），《德川時代的日本農民起義》（*Peasant Uprisings in Japan of the Tokugawa Period*），第二版，紐約，一九六八年。

476 平八郎樣（編按：樣〔さま〕為日文中對人的尊稱）。中田哲男，《大鹽平八郎》（一七九三年至一八三七年），引自埃博特．卡拉格（Albert Craig）與唐諾．史佛利（Donald Shively）編輯的《日本史中的人物》（*Personality in Japanese History*），柏克萊，一九七〇年，頁一五五至一七九。

477 北島正元，《幕藩制之苦悶》，東京，一九六六年，頁四二六。

478 三島特別仰慕神風連，他甚至用《奔馬》的絕大部分內容描述該社團的慘敗，以及該事件對年輕英雄主角勛的影響。

479 請見第九章。

480 請見《言志錄》，成書於一八三三年。請見三島由紀夫，《王陽明思想作為革命哲學之法》，頁二五。

481 雖然自由民權運動的目標為議會政府與法制民主改革，但是往往透過承襲自日本武士傳統（好比大鹽平八郎或西鄉隆盛）的激烈行動，而非近似十九世紀西方運動的手段展開。一八七六年一份推廣民權運動的報紙，以「自由必須透過鮮血爭取」與「暴君官員必須遭到暗殺」為標題，如此文章很可能完全符合四十年前的大鹽平八郎的心意。請見艾德溫．瑞斯豪瑟（Edwin Reischauer）與約翰．法爾貝肯所寫《東亞的現代轉型》（*East Asia, the Modern Transformation*），波士頓：一九六五年。作者寫道：「**大久保利通為當時政府裡最有勢力的人物，於一八七八年五月遭到極端分子殺害，而對方則懷有為西鄉隆盛報仇，以及維護民權之思想。**」頁二八四。

482 針對糧食價格暴漲的大規模起義往往針對米商而起（如同一八三七年的事件），但有時暴力針對執法者而來，因此軍隊必須鎮壓異議者。阿部真琴編輯《日本人物史大系》中的「大鹽平八郎」之章，東京，一九五九年，卷四，頁二八〇；作者引用石崎東國所著《大鹽平八郎傳》，書中將平八郎視為米叛亂者的偶像。

483 好比身為國會議員、東方會總裁以及其他極端國家主義社團領袖的中野正剛，於一九四三年在與東條英機將軍爭執後，切腹自殺。中野正剛相信極端行動，並且支持日本攻擊俄國以幫助中國。請見理查．斯托里（Richard Storry）之《雙重愛國者》（*The Double Patriots*），倫敦，一九五七年，頁一五〇。

484 理查．斯托里，《雙重愛國者》與伊文．莫里斯撰寫的《日本的國家主義與右翼分子》（*Nationalism and the Right Wing in Japan*），倫敦，一九六〇年，附錄四。大部分的政變，特別是一九三六年的二月政變，皆由保守軍事組織發起，以此鎮壓異議者。

485 請見阿部真琴，《日本人物史大系》，頁二七九至二八〇中所提及書名。

486 請見本章註四六七。

487 森鷗外所寫《大鹽平八郎》於一九一四年出版。該書詳細研究英雄生平，然而其所採用史料需小心審視。根據三島由紀夫《王陽明思想作為革命哲學之法》頁三〇，森鷗外所使用的「太陽神式」（Apollonian）手法，讓他很難同情作為行動者的大鹽平八郎，畢竟他更應被視為「酒神」。唯有在大鹽平八郎的革命行動失敗後，他才承擔了受害者的角色（好比後期的源義經），並合乎日本人「同情弱者」（判官贔屓）的情感，而就此，三島才對大鹽平八郎產生了確實的仰慕之情。

488 請見第一章。

489 請見第五章。

490 請見第六章。

491 請見第九章。

492 起義於二月十九日上午七點開始（一八三七年），而撤退鼓則在午前不久響起。對此，幸田成友所作的《大鹽平八郎》一書中有最詳盡的描述，大阪，一九四二年，頁一八一至二一三。另可見森鷗外，《大鹽平八郎》，岩波書店版本，東京，一九六〇年，頁三六至三七。

493 最完整的描述請見幸田成友，《大鹽平八郎》。

494 大阪起義時，人口約為三十三萬七千人，而十七世紀晚期時則近四十萬人。江戶的幕府首都擁有約一百萬人口。

495 請見第七章。

496 我們對英雄父親的生平所知不多，僅知他為保守的官員，雖然克盡職責，但是缺乏大鹽平八郎的才智。平八郎先被鹽田家族收養，接著被大鹽一家收養，此後便以大鹽為終生姓名。若對其族譜有興趣，請見森鷗外，《大鹽平八郎》，頁六八至六九。

497 三島由紀夫，《王陽明思想作為革命哲學之法》，頁三二。「**我們無法得知小馬丁的個人衛生狀況（好比廁所習慣）。**」艾立克・艾瑞克森（Erik Erikson）滿懷懺悔地寫道。（《青年路德：精神分析和歷史研究》（*Young Man Luther: A Study in Psychoanalysis and History*），紐約，一九六二年，頁二四八）。我們對大鹽平八郎與其他日本英雄也抱持著相同的遺憾。請見第七章註三七一。

498 請見幸田成友，《大鹽平八郎》。

499 森鷗外，《大鹽平八郎》，頁二六。

500 關於西鄉企圖自殺一事，請見第九章。關於大鹽平八郎在琵琶湖之經歷請見三島由紀夫所著《王陽明思想作為革命哲學之法》，頁三三、頁三八；三島由紀夫稱此為「直覺學習的祕密經驗」。

501 請見《言志錄》，成書於一八三三年。請見三島由紀夫，《王陽明思想作為革命哲學之法》，頁三三至三四。

502 同前，頁三四。我們或許懷疑文盲村民能從大鹽平八郎的致良知與太虛之學中得到什麼，但是身為武士學者能如此與底層百姓互動，無疑相當可貴。

503 森鷗外，《大鹽平八郎》，頁二八，詳列了大鹽平八郎的主要寫作。

504 三島由紀夫，《王陽明思想作為革命哲學之法》，頁三四。

505 請見阿部真琴，《日本人物史大系》，頁二九三之詳細描述。

506 此處所指的小鰭紅娘魚（*Lepidotrigla microptera*）為一種海魚，擁有極大的頭骨、流線的身形與三枚胸鰭。小鰭紅娘魚多骨與刺，大約僅有如此憤怒的英雄能忘我地吞入腹中。

507 請見本章。

508 關於陽明學於日本的影響請見本章。在此後的百年間，最重名的陽明學追隨者為吉田松陰（請見第二章註七十一）、西鄉隆盛、乃木希典與三島由紀夫，所有人都是絕對的行動派。

509 請見貝里等人所編輯，《日本傳統之根源》，紐約，一九五八年，頁三七九。

510 請見本章註四六四。

511 完整討論請見中田哲男，《大鹽平八郎》，引自卡拉格與史佛利編輯，《日本史中的人物》；以及貝里等人所編輯，《日本傳統之根源》，頁三七八至三九二。除引用以外，上述著作對我個人思考陽明學以及其對日本影響的觀察，實相當有益。

512 在日本傳統中，有著相當對立的觀點；好比幕府與天臺宗所信仰的平安佛教與朱熹的新儒學學派，崇尚諺語所說的「強出頭必然嘗得苦果」與「服從權威」，而日蓮宗的反傳統做法與個人主義方式以及新禪宗、王陽明的新儒學學派則代表截然不同的手段。多數的悲劇英雄自然成為後者的代表。

513 我沒有使用更為直接的譯法，以避免其過於消極的意涵。

514 朱熹的二元論可見於「事實v.s.物質」、「知識v.s.行動」、「自我v.s.物體」、「積極v.s.消極」、「過去v.s.現在」、「生命v.s.死亡」、「正面v.s.負面」、「優v.s.劣」、「女性v.s.男性」等等。以大鹽平八郎的形上學觀點（物無二致）看來，我們唯有透過接受萬物合一的觀點，並且消弭一切差異，才能得到真理。

大鹽平八郎超越世俗界別的觀點可說是陽明學中相當重要的一環。對他而言，太虛等同於舊約中的「神的旨意」，並因此超越人類所設定的任何界別。聖經將一切差異都消弭於無形，而神的旨意才是貫穿一切的初始。（坎伯，《千面英雄》，紐約，一九五六年，頁一四八）。坎伯指出（頁一四八、頁一五二、頁一七一等等），作為英雄，最重要的並非道德美德，而是足以超越並破除任何界別的全然洞察力。對西方而言，擁有此能力（或命運）的人往往能獲得實質成功，不管是在生前（好比路德、華盛頓等等）或死後（揚．胡斯和聖女貞德）。但在日本，生於貪腐亂世而懷抱「真誠」之意的人往往無法取得成就。

515 三島由紀夫，《王陽明思想作為革命哲學之法》，頁三六。

516 輕如鴻毛，請見廣田榮太郎、鈴木棠三所著《類語詞典》，東京，一九五六年，頁八三。請見第十章註九二四。

517 三島由紀夫，《王陽明思想作為革命哲學之法》，頁四二。

518 同前，頁二九。大鹽平八郎令人聯想到《聖經》中的「如今我所知有限」，但是聖保羅所指的自然為透過自我犧牲而表現博愛，而非透過自我認知。

519 此為《三字經》的開章格句。

520 Kyōsha no gotoshi.（強者のごとし）中田哲男所寫《大鹽平八郎》，頁一六三。在大鹽平八郎在世前六百年，佛教作家鴨長明曾寫道：「**如吾人順從世間之道，萬事皆難；如吾人反其道而行，則世人笑見癡傻。**」鴨長明，《方丈記》，有精堂編輯，東京，一九六三年，頁五四。

521 立頓．斯特拉其，《高登將軍的末日》（*The End of General Gordon*），收錄於《傑出維多利亞人物傳記》（*Eminent Victorians*），倫敦，一九四八年，頁二五一。

522 三島由紀夫，《王陽明思想作為革命哲學之法》，頁二九至三〇。

523 同前，知而不行，為不知也。

524 三宅雄二郎（一八六〇年至一九四五年）為民族主義社團創始者，並辦了一本反西化並且鼓吹回歸日本傳統的雜誌。中田哲男曾在《大鹽平八郎》中提及三宅雄二郎對大鹽平八郎的評論（頁一五九）：「**我們崇敬（大鹽平八郎）領導如此短暫並且以各方面看來都相當可悲的叛亂，更因此死亡。**」

525 大鹽平八郎早在展開行動時就已將天皇視為效忠對象，以體現日本永恆的價值，而非短暫而世俗的幕府政府。天皇與其子民之間的絕對道德關係遠勝過任何社會責任與義務。根據大鹽平八郎的說法，自一三三五年足利尊氏始，幕府對天皇的背叛就顯得極為醜惡。請見中田哲男所寫《大鹽平八郎》，頁一七一。因此，大鹽平八郎更近似於擁皇運動的推動者，堪比隨後的大久保與西鄉隆盛，有些時候，他也被視為擁護天皇制的一員。然而大鹽平八郎死戰的目標絕非「恢復皇權」（他從未對當時在任的仁孝天皇表現出絲毫的興趣），他在乎的是救民，尤其是大阪受壓迫的苦難人民。因此，若認為他行動的目標在於推翻現有體制，恢復中央天皇制度，為相當錯誤的見解。

526 大鹽平八郎經常使用歷史比喻解釋反幕府的原由。他在許多演講中提到了跟隨王陽明哲學的晚明英雄，起身抵抗政府權威，為帝國與貧苦人民帶來正義。英雄一心一意忠於舊明朝，並對滿族篡位者進行無望的抵抗；以大鹽平八郎的觀點而言，滿族正等同於日本歷史上的幕府政府。（中田哲男，《大鹽平八郎》，頁六八）。晚明英雄深知抵抗勢必澈底失敗，如此更證明其動機之純粹與無我。

在現代西方，也有強調真誠行動的重要性，並且不計世俗對忠誠的見解或實際後果，如大鹽平八郎或西鄉隆盛般，慘遭謾罵並且犧牲生命以完成信念的英雄；此人正是愛爾蘭愛國主義者羅傑．卡斯曼爵士（Sir Roger Casement）。他也曾在政府擔任官職，但最終成為叛徒，並因此慘遭報復。一九一六年六月，他被判處吊刑，在老貝里碼頭發表演說，卡斯曼爵士以相當近似於大鹽平八郎或西鄉隆盛的話語表示：「我的『叛國行動』乃基於一片赤誠，並且希望透過行動，實踐我的思想。」布萊恩・恩格里胥（Brian Inglish），《羅傑・卡斯曼》，紐約，一九七三年，頁三四五。

他們都有著「絕對的真誠」並且慘遭失敗（卡斯曼稱自己為孤單的愛爾蘭人，經過一番努力仍舊失敗；同前，頁四〇六）。不過，唯一的差別在於卡斯曼從來沒有被視為英格蘭英雄。

527 請見本章。

528 詳細討論請見荷・博頓的《德川時代的日本農民起義》，紐約，一九六八年。博頓教授指出，普通的起義多半與地方的不公正、並期望糾正特定失誤有關，而非改善整體系統（同前，頁九五）。大鹽平八郎的起義較其他事件擁有更廣泛的理論基礎，但是若稱為「革命」似乎又太過籠統。

529 中田哲男，《大鹽平八郎》，頁一七七。

530 前田一郎，《大鹽平八郎》，日本歷史講座，東京，一九五二年。四大社會階級為武士、農民、工匠與商人。

531 中田哲男，《大鹽平八郎》，頁一七〇、頁一七七。

532 十七世紀的井原西鶴深知此問題，在他後期的町人故事中，多半描寫貧困庶民的經濟狀況：「到本世紀末……經濟已經出現停滯的跡象，而商業活動似乎也不再能像以前一樣提供機會。不幸的町人家庭無論多麼努力，都無法擺脫他們貧窮的困境。『情況變了，』井原西鶴如此寫道：『如今，唯有擁有白銀的人能得到更多白銀。現在，才能與智慧已經無法為世人帶來財富，能夠帶來成功的，唯有資本。』井原西鶴日後的作品更確切地描述町人生活的暗面。自此開始，他不再關注那些世襲或壟斷財富的上層階級，轉而向中下層社會投注溫柔目光，那些真正用錢或被錢操控的平凡人。井原西鶴記述了十七世紀時，那些在底層掙扎，並且為五斗米折腰的城市人民，他們的生活遠遠與竄升的商人階級截然不同。」伊文・莫里斯，《多情女人的生活》（*The Life of an Amorous Woman*），紐約，一九六三年，頁二八、頁二九。

533 保羅・赤松，《明治一八六八》，倫敦，一九七二年，頁二六。

534 荷．博頓，《德川時代的日本農民起義》，頁三五至三六。

535 同前，頁四四至四五。起義發生在會津東北地區（近今日的福島），屬松平藩主之領地範圍。一八三六年當成功鎮壓貧困山區農民的暴動後，藩主如此下令：「儘管農民因難以購買米糧而起義暴動，搗毀穀物商店……揚言若官員不從，按令大開屋舍之門，將燒毀官員官邸，並將摧毀數個村莊……暴行無數……領導者率領徒眾奔走，並揮揚旗幟：他們都應當受十字刑。」同前，頁九二；幸田成友，《大鹽平八郎》頁一三〇有詳盡描述。

536 一八三〇年時，一石米價格約八八點五匁（momme）白銀。一八三三年時，一石米價格飆升至一一九點九匁白銀。一八三六年為一五五點七匁，一八三七年為二九四匁（一八四〇年則跌至六三點四匁）。荷．博頓，《德川時代的日本農民起義》，頁二〇八至二〇九，博頓教授翻譯了一張一六一六年至一八六六年之間，相當實用的米價表格。

537 荷．博頓，《德川時代的日本農民起義》，頁八八。

538 大鹽平八郎之詩作請見阿部真琴編輯的《日本人物史大系》中的〈大鹽平八郎〉之章，頁二九〇至二九一、頁二九八，並可對照菅原道真的「社會現況」詩作，頁四八。

539 根據某說法，向跡部良弼請願的為大鹽平八郎的養子大鹽格之助；而當養子回報跡部良弼的態度時，大鹽平八郎憤恨難平。事實上，沒有任何資料記載此事詳細經過，或許請願一事很有可能為英雄死後所杜撰出來的故事。（幸田成友，《大鹽平八郎》，頁一四四）。然而變賣書庫一事，應當為無庸置疑的事實。

540 阿部真琴，《日本人物史大系》，〈大鹽平八郎〉章，頁三〇二。另請見頁二九九至三〇〇，參考大鹽平八郎檄文之總結，該文使用儒學者與政府文件所慣用的漢文。根據阿部真琴教授的說法，檄文主要散布於淀河河畔鄰近村莊，而散布範圍遠遠小於大鹽平八郎的構想。由於大鹽平八郎主要活動於鄉間，因此城內並無檄文散布。

541 大鹽平八郎不但號召迴返神武天皇（日本的首位天皇）時代，並且一再提及天照大神的舉動，實難讓人將此行動視為革命。請見本章註五二五。

542 大鹽平八郎以十世紀舉兵謀反抵抗藤原氏掌控的政府的平將門，以及十六世紀刺殺織田信長（第一位偉大的國家統一者）的明智光秀為例。兩人都是英雄人物，但因為受到政治野心的驅使而終告失敗。關於明朝英雄，請見本章註五二六。

543 此處所指的兩名奉行為跡部良弼，與甫於三月八日授命擔任西部奉行的堀利堅，後者於二十五日進行第一次大阪城巡查。

544 荷．博頓，《德川時代的日本農民起義》，頁二九指出浪人對農民起義軍的支持度遠遠不足。部分來自於浪人傳統上對低階人民不屑一顧，並且對社會不公亦無所感。

545 由於大鹽平八郎向來對現實不屑一顧，自一八三〇年退休以來，他和他的家人即陷入生活困境，也因此必須仰賴學徒的供養。

546 北島正元，《幕藩制之苦悶》，東京，一九六六年，頁四二五。

547 關於三月二十五日起義當日的詳細活動內容，請見森鷗外，《大鹽平八郎》，頁六六至六七。

548 請見本章。

549 消息於一八三七年四月一日通報至幕府首席老中水野忠邦之處。

550 逃亡名單請見幸田成友，《大鹽平八郎》，頁二一六。

551 森鷗外，《大鹽平八郎》，頁四七。

552 同前，頁七五。

553 關於五郎兵衛屋所的詳細地圖與五月一日所發生的細節經過，請見幸田成友，《大鹽平八郎》，頁二三六及對頁。

554 同前，頁二三六。

555 請見霍爾（J. C. Hall），《日本亞洲學會會報》（*Transactions of the Asiatic Society of Japan*）第五期，〈日本封

建法〉（Japanese Feudal Laws），東京，一九一三年；其中翻譯「一百節法令」並描述江戶時期法庭應遵循的程序和法律規則。或許起義過於頻繁，德川幕府晚期頻繁應用嚴刑峻法，甚至不惜施以酷刑。其中「一百節法令」包含世界法律文獻中最為殘酷的司法實例。

556 阿部真琴，《日本人物史大系》，〈大鹽平八郎〉頁二九二中有詳細描述。毛巾商五郎兵衛被判處監禁，這對年事已高的他而言，無異於死刑。

557 完整判刑請見幸田成友，《大鹽平八郎》，頁二六八至二七〇。「一百節法令」一〇三段特別指出：「受難者通常於淺草或品川進行懲罰，但受刑者偶爾會於肇事地點接受處決。處決完畢後，屍身旁會有告示牌宣告此人犯行與所受刑罰，並示眾三日；接著，屍體將被運送予賤民處置，以示羞辱。關於屍體是否要在上十字架前示眾，端看該案情況……」霍爾，《日本封建法》，頁七九一。

558 森鷗外，《大鹽平八郎》，頁八三。十七名罪犯於獄中受到虐待，六名則設法切腹自殺。當反叛者受十字刑時，僅有二十人一息尚存。

559 唯一的例外為農民西村，他的屍身儘管受到鹽漬處理，但仍舊腐敗，因此幕府下令搗毀西村的墓穴。幸田成友，《大鹽平八郎》，頁二四〇。

560 坂本鉉之助為勇敢而有能的軍官，無疑是政府軍一方最令人印象深刻的大將。若在其他國家，可能坂本鉉之助才會被視為一八三七年戰鬥中的英雄，而非大鹽平八郎；然而在日本，大約僅有少數學者知曉此人。有趣的是，坂本鉉之助實為大鹽平八郎之老友，他甚至以祕密著作讚美英雄。阿部真琴，《日本人物史大系》，〈大鹽平八郎〉章，頁二七九；另見森鷗外，《大鹽平八郎》，頁四一。

561 三島由紀夫，《王陽明思想作為革命哲學之法》，頁五一。

562 與吉田松陰之輩大不相同。請見第二章註七十一。

563 引自赤松，《明治一八六八》，頁六二。

564 一八四一年至一八四三年間水野忠邦老中主導天保改革（請見本章註五四九）。水野忠邦或許因大鹽平八郎的起義而決定改革，但是他恐怕並沒有受到其哲學思想啟發。不管如何，天保改革釀成巨難，而在其後的江戶幕府政體下，再也沒有任何相似的行動。

565 一八六三年時，一石米價格飆漲至三二五匁白銀；請見本章註五三六。兩年後，價格更攀升到一千三百匁白銀。

566 請見荷．博頓，《德川時代的日本農民起義》，頁九四至九五。

567 田中惣五郎，《西鄉隆盛》，東京，一九五八年，頁二七六至二七七。

568 《亞洲研究雜誌》（*Journal of Asiatic Studies*）中〈覺醒的農民：反叛研究草圖〉（The Mindful Peasant: Sketches for a Study of Rebellion），一九七三年八月，頁五七九至五八九；厄爾文．史奈德（Irwin Schneider）教授點出大鹽平八郎對明治初期農民起義的影響。因此在「世界革新」的起義中，農民領導者聲稱受到大鹽平八郎的啟發而行動，並稱他為「世直大明神」。如同史奈德說的，大鹽平八郎提供的是思想啟發，而非一套計畫或價值觀。他們特別受到回歸神之時代的想法影響，期望從地方官員、放款者、壟斷商人的手中解放出來，並抵抗剝削他們的人。必須注意的是，日本英雄傳統中，領導人物向來不期待贏得勝利（同前，頁五八七），反倒期望透過殉教與自我毀滅，「讓世界得知此地人民的苦痛」。

569 博頓認為：「大鹽平八郎失敗的原因不在於他是個缺乏勇氣的領導者，而是因為他的一名信徒背信棄義。」《德川時代的日本農民起義》，頁九三。而我不認同此說法。

570 阿部真琴教授的說法為非常典型的日本戰後歷史學家觀點。根據阿部教授的說法，大鹽平八郎無法在全國組織「反幕府」行動，導致他的運動一開始就注定了失敗。（阿部真琴，《日本人物史大系》，〈大鹽平八郎〉章，頁二八三）。他同樣指出（同前，頁三〇四）大鹽平八郎的主要支持來自地主與村莊裡的傳統管治階級成員，也因此限制其運動的擴展範圍。或許平八郎的武士階級身分決定了他無法得到廣泛的大眾支持，但是數百起德川時代的失敗起義，或許也暗示了人民運動在此時期確實不合時宜。

571 請見本章。

572 阿部真琴，《日本人物史大系》，〈大鹽平八郎〉章，頁二七六。

573 三島由紀夫，《王陽明思想作為革命哲學之法》，頁三三。

574 同一時代知名的歷史哲學家賴山陽（一七八〇年至一八三二年）也意識到大鹽平八郎魯莽而不切實際的性格。當平八郎辭去官職數年後，賴山陽拜訪其作，並寫詩盛讚平八郎為王陽明的繼承者，但他提醒道：「吾擔憂汝之才華將招致不幸；吾冀望汝刀劍鋒利後仍能入鞘。請視此詩如日夜提點之辭。」引自中田哲男，《大鹽平八郎》，頁一七五。

575 請見本章。

576 《泰晤士報》文學刊本（*Times Literature Supplement*），一九七二年十二月一日，頁一四四五。評論者在此將大鹽平八郎與唐吉軻德相比，日本典型悲劇英雄與西方小說英雄有著諸多相似之處（好比他們的動機與成果）。

第九章

西鄉隆盛

日本最後的武士代表

接近上野公園的入口，距離煙霧瀰漫、喧囂的東京街頭僅數分鐘路程，有一個名為櫻丘（桜ヶ丘，Sakuragaoka）的小高地，意為櫻花盛開的山丘。在紀念品攤位環伺與拍照者擾擾攘攘的此地，豎立著德川幕府擁護者的紀念碑；德川幕府就在附近一場決定明治維新存續的戰役中，遭尊王攘夷派擊敗後垮臺。紀念碑前豎立著一尊王攘夷派英雄的銅像，使來人相形見絀。這正是一個世紀以前，在九州自盡的英雄。他身著日常浴衣，腳踏草屐，左手緊握著刀，右手抓著獵犬的牽繩；在白天大部分的時刻，他的頭部與身體（以及他的狗）被骯髒的都市鴿子占據。他以驕傲但自在的姿勢站在臺座上，臺座上的碑文寫著：我們敬愛的西鄉隆盛對於國家的服務無需頌詞；因為他的事蹟已被人民親眼見證、耳聞……

上野公園內的知名雕像遠遠稱不上是世界上數一數二的偉大紀念人像，然而卻傳遞了這位英雄的諸多事蹟與傳奇。西鄉隆盛的腳是一雙銅柱，支撐他結實的軀幹，這個身體擁有壓倒性的重量與肌力。他雙手握拳，每根手指都是行動的工具。他沒有脖子，頭部像是炸彈一般，直接落在宛如發射臺一樣厚實的胸膛上。他一雙巨大、凝視的眼睛朝著某個方向看去：像是兩隻擁有意志力與魔鬼般能量的老虎正在燃燒。

銅像完成於十九世紀末，此時距離英雄逝世已經二十年，大部分的經費來自日本各地熱心人士的小額捐款。[577] 在接下來的五十年間，櫻丘成為成千上萬位遊客朝聖的地點，他們向西鄉隆盛及其所代表的精神致敬，正是與西鄉的相遇，啟發他們拍下自己靠在其龐大身軀旁的照片。在同盟國占領日本時期，美國當局決定摧毀這座象徵日本民族主義、軍國主義以及其他過時意識形態的雕像。然而，民眾反對的激烈程度超乎想像，以至於盟軍最高司令官大發慈悲。[578]銅像至今完好無缺，相機快門聲仍在周圍此起彼落。

前來上野公園的外國遊客或許難以置信，這位備受尊崇的人物，竟以叛國者的身分遭放逐並且了結生命。[579]然而事實正是如此：作為明治維新的領袖，他的事業最高潮是率領最後、也最血淋淋的叛亂，對抗他一手協助創造的天皇政府，並且挑戰明治天皇堂兄、親王統帥的武裝部隊。他的武裝反抗比起大鹽平八郎四十年前的嘗試規模更加龐大——更像是內戰而非起義。但是如同大阪起義一般，最後仍以災難告終，這位英雄則被迫自我了結，承認戰敗。

西鄉隆盛的事業展示了明治時代初期的日本民族特質，以及當時令人暈眩的變化。他的事業就如同菅原道真以及源義經一樣呈現出一道拋物線，但是更為陡峭，充滿戲劇性的情節亦非發生在模糊朦朧的過去，而是近代歷史。直到二十七歲以前，西鄉只是九州偏遠地區的小氏族官員；四十五歲時，他像巨人般駕馭日本，不僅以全國政府的領導成員祀奉明治天皇，同時也身兼參議、近衛都督與元帥。五年後，他瞬間淪為叛徒，四處躲避他曾經統率的帝國武裝部隊。他曾是官方與民眾敬仰的焦點，如今卻被認定犯下叛國罪，甚至被國務顧問（他昔日的朋友與支持者）譴責為日本最可惡的壞蛋，「皇室敵人——天堂或人間都沒有其容身之處。」[580]

然而，在他戰敗並遭斬首的幾年後，西鄉隆盛試圖顛覆的政府恢復了他的名譽，並在他的墳墓附近，搭建了一間供奉其靈魂，並以他為名的神社。一八九〇年，他獲得明治天皇的死後特赦，並且恢復昔日官階與尊嚴。一九〇二年，他的兒子受封侯爵——並非因自身貢獻獲得承認，而是官方對其父表示敬意。

即便在日本，這樣的劇情轉折也很少見；如果移轉至西方文化脈絡，這故事可能已進入奇幻的境界。在明治維新後，西鄉的名氣、受歡迎程度與權力，堪比在滑鐵盧之役戰勝後回到英格蘭的威靈頓公爵（Duke of Wellington）。如果威靈頓鐵公爵的事業遵循與西鄉類似的軌跡，他也許會在幾年後，因為厭惡國內腐敗與自由的外交政策而離開英格蘭，並回到出生地愛爾蘭，率領一群年輕、反叛的莽漢投入毫無希望的起義，最後被英國軍隊擊敗、殺害；但在十數年後，他的叛國行徑將獲得皇家特赦，其爵位會被恢復，在倫敦與都柏林豎立起紀念他的雕像，在帝國其他地方，關於他奇蹟似生還，並且即將從歐洲大陸回來救國的傳說將會傳開。當然，這樣的類比很粗略，但西鄉隆盛的官方地位確實就是這般變化無常。

政府以簡單的手段恢復了西鄉隆盛的名譽，畢竟他已死去，也不會帶來任何危害；政府不僅企圖修復舊傷口，也為反映他在日本人民心中的聲望。雖然動作稍嫌晚了些，國家統治者彷彿領悟到在他們眼前的是一位羽翼豐滿的英雄，必須慎重其事地賦予他適當的榮譽。不僅因為他是至今最受歡迎的人物，領導了維新運動，而且成為當代日本歷史的典型英雄，擁有與源義經及楠木正成相同的情感傳統，更由於日本社會的獨特性格，西鄉隆盛不僅僅是被尊敬，還廣受大眾喜愛。

他的親密夥伴與追隨者將他當作超人般崇拜，他在最後戰役中的失敗，並未減損這些人們的熱情。以下這個典型的敘述，由一位伴隨他自熊本倉皇撤退的小伙子所寫，當時他的叛變顯然已經失敗：

當我獨自走在這條小徑，（某人）突然叫住我：「等一下，男孩。」

「有什麼事嗎？」我回過身問道。

「你必須離開道路，因為先生正要到來。」

我們兩人撤到道路的左手邊。大西鄉先生戴著帽子，安靜地獨自走著……腰旁配戴一把寶刀。他看起來彷彿在祥和的田中安逸地打獵，忘了敵人的存在。我認為此刻正說明了這位世上最偉大的英雄的威嚴風采與高尚，我情不自禁地敬畏他。

「先生是多麼偉大的人呀！」

「是的。他是神。」[581]

被西鄉人格特質所感動的不只是他的支持者，像山縣將軍這樣粉碎西鄉叛變的敵人，在批評他判斷力欠佳的同時，也承認他的道德高度。[582] 叛亂平息之後，一份忠實的親政府報紙社論強調西鄉缺乏技巧與將才，但作者仍尊崇他的誠實與勇氣，並承認他「在某方面而言，是個卓越之人」。

西鄉隆盛是怎麼樣的人？他的屋中沒有財富或成群的隨從。但他有辦法確保人民的信心，領導一大批軍隊叛變對抗皇軍，雖然只有三州加入他的反叛行動，但在一連串的戰役與撤退中，他卻能堅持對抗政府超過半年。最後……被皇軍包圍的他，殺出重圍逃到鹿兒島的出生地，然後死於戰役之中。如果我們仔細思考他的進程，我們發現直到最後，他仍完全保有其名聲，毫無恥辱地死去，平靜地閉上雙眼……[583]

不久之後，彙編《南洲翁遺訓》的編輯正是曾在一八六七至六八年間戰鬥中激烈反抗這位英雄的北方氏族管家。文集的序以此哀悼作結：「哎，為何你如此匆忙地離世，西鄉大王？」[584]

日後美化西鄉隆盛有兩條主要的後繼路線：一個是強烈的民族主義者或是信奉「日本主義」的人，強調其傳統武士精神以及面對朝鮮時不妥協的態度；另一個則是自由派、民主黨人以及社會主義者，他們認同的是英雄面對其時代保守建制派的勇氣。在西鄉最早期的追隨者中，不乏「自由民權運動」的成員，包括明治政權時的革命派反對人士。[585]這些人將他奉為自由與抵抗的象徵；一如喬治．華盛頓（George Washinton）那樣，他是眾人的莫大希望，將會領導他的人民對抗統治寡頭不正義的壓迫。[586]

著名的自由派思想家福澤諭吉或許是將民主政治與西方理念引進日本最重要的人，他也對西鄉隆盛感到印象深刻，儘管後者對於外國創新抱持懷疑。兩人在觀點上的差異，從未消滅對於彼此的尊敬。福澤形容西鄉是明治維新的偉大英雄，他不只代表日本的某一部分，而是全體人民。在叛變後僅一個月寫下的書裡（但是因為政府審查，直到二十年後才出版），他對於西鄉如何從國家偶像轉變為「大叛徒」的過程表達了憤怒，特別對那些奉承的記者感到義憤填膺，這些人擅自批評昔日英雄，只因為如今如此舉動變得體面且精明。[587]別具意義的是，在西鄉正式失寵的時期，西化自由派的福澤竟成為唯一一位公開捍衛他的知名作者。他甚至試圖證明叛變本身的正當性，解釋那正是大久保利通政權的專制驅使西鄉「陷入困境」，並且最終殺害了他。起義是「政府黑暗、不公義的政策」導致，這些積弊試圖從人民手中奪走國家，並且像對待奴隸一樣對待人民。[588]西鄉對於正義理想的真誠堅持，絕不可被抨擊，而這位對日本最忠誠之人卻淪為天皇叛徒，這本是對真理的扭曲。[589]西鄉再次成為必不可少的人物的日子將會到來。「雖然日本是一個小國，國家法律也很嚴苛，卻一定容得下獨一無二的西鄉隆盛。」[590]

另一位看起來不太相襯的仰慕者，是日本重要基督教思想家內村鑑三，他在一八九一年因為拒絕在《教育敕語》前鞠躬而被迫辭去教職，並在日清戰爭（甲午戰爭）後成為和平主義者。在最重要的問題上，兩人的看法大相逕庭（西鄉對基督教教義毫無興趣，而且很難被稱為和平主義者）；然而在一本名為《日本人的代表》的書中，內村鑑三將開頭的篇章獻給了這位九州的英雄，並形容他是日本傑出武士中最後，也最偉大的一位。[591]他將西鄉與促使日本結束鎖國政策的馬修·培理（Commodore Perry）並列為將日本自沉睡中喚醒貢獻最多的雙傑，並且指出雖然兩人不知道對方，但努力方向卻是一致的，這位日本英雄實現了西方人所倡導的理念。[592]在他後來的論文中，內村鑑三指出，西鄉許多重要的格言在精神上與新約《聖經》的段落相同，他甚至將這位九州的武士再現為某種無意識的基督徒。[593]

就意識形態目標而言，知名社會主義記者幸德秋水與西鄉南轅北轍，前者是社會民主黨的發起者，他因為撰文反對日俄戰爭而被起訴，並因共謀暗殺明治天皇的計畫遭到不公審判，最後被處以絞刑。然而，就像許多日本早期的社會主義者，幸德之所以尊崇西鄉，並非因為他的政治或社會思想，而是因為他是「志士仁人」，甚至是「燃燒自己照亮他人的蠟燭」。[594]當幸德被判死刑時，他的命運也被拿來與西鄉隆盛相比：「另一位被同伴誘騙（涉入密謀）的悲劇英雄」，懇求寬恕幸德的呼聲更是提到，如今被官方認證為民族英雄的西鄉也曾被譴責為造反者的事實。[595]

在光譜的另一端，「日本主義」的信徒與右翼民族主義者幾乎一致認同，西鄉隆盛是當代至高的英雄。在極具有影響力的當代英雄中，第一人必定是極端愛國主義者頭山滿，他是多個侵略主義社團的創辦人，也是日本侵略大陸的強力支持者，並在晚年被認同為極端民族主義運動的老前輩。在他漫長且狂亂的事業中，頭山滿是西鄉隆盛的熱烈仰慕者，他向追隨者推崇西鄉，認為其一生與人格特質足以作為日本愛國主義者的典範。在「右翼」範疇中，還有知名的革命人士與作家北一輝，他因為在一九三〇年代擁護國家社會主義，以及在日本的庇護下建立亞洲新秩序，因而被稱為「當代日本法西斯主義的創立者。」[596]在研究明治相關歷史的論文中，他分析西鄉的叛變為流產的民族主義革命；隨著西鄉隆盛的失敗，革命企圖告終，權力也落入「新富大名」（編按：成金大名）的手中，比起國家福祉，這些人更關心維護自己的權威。一如他的英雄北一輝無可避免地厭惡建制派當權者，他在一九三七年遭行刑隊槍決，原因是被指控影響參與二二六事件的「年輕軍官」。[597]在一九四五年戰敗之際，沙文主義達到最高峰的時期，對於這些「年輕軍官」與許多極右翼人士而言，西鄉隆盛是崇高的人物；許多陸軍軍官主張，他們在中國的奮鬥即是實現他的政策，並確立日本對於中國的影響力。[598]

隨著武士思想以及其他傳統價值觀在戰後期間的淪喪，西鄉的地位也變得曖昧。然而，儘管意識形態氛圍的重大改變，以及歷史學家擁有新的自由，得以將事實與傳說分開，並且探究特定民族英雄的誇大名聲，西鄉仍是深受喜愛的人物。在太平洋戰爭不久後，針對日本年輕人進行的民意調查，將西鄉納入十位最受尊敬的日本歷史人物之中；在二十年後的民調裡，他被認為是日本歷史上十八位「了不起的人物」之一。[599]為了在變動的氛圍中維持西鄉的形象，他的擁護者通常強調英雄寬大、自由的一面，和他致力縮限一八六七至六八年內戰血洗程度的努力；淡化的同時，甚至忿忿不平地否認任何看似與不受歡迎之戰前價值觀相似的極權主義或帝國主義傾向。[600]因此一位當代的西鄉隆盛專家，在一九四八年的文章中將他再現為日本第一位偉大的民主黨人，並且把他著名的「敬天愛人」口號等同於亞伯拉罕・林肯（Abraham Lincoln）的民主思想。[601]

西鄉隆盛多面向的受歡迎程度激發廣大的「西鄉文學」，許多作者使用他的事業與傳說作為傳記、歷史研究與浪漫敘事的素材。他也成為完美的戲劇英雄角色。在眾多關於西鄉的劇作中，首部作品製作於一八七八年，當時他仍受官方罷黜，劇作卻迅速在東京取得成功，讓製作人能夠憑藉收益重新建造自己的劇場。602

大抵而言，作家多擅長溢美之言，並且不加批判，也沒有任何企圖探究英雄心理的複雜性；然而相關創作日積月累下來，也提供除了早期童年與家庭關係之外，關於西鄉一生所有面向、豐富且真實的資訊。許多著名的歌曲與詩反映了對於西鄉隆盛及其災難的時代情緒反應。最早的創作隨後被改編為音樂，並且成為陸軍行進曲，此詩在西鄉叛亂之後寫成，提及叛軍戰敗的關鍵戰役。雖然詩人以政府軍的角度講述經過，但他的同情顯然溢於言表：

我們是帝國部隊，
我們的敵人是皇室的敵人，
他們在天堂或人間沒有容身之處。
領導敵人部隊的他，
是有史以來最勇敢的英雄，
所有跟隨他的人
都是無所畏懼、藐視死亡的戰士，

即便站在最凶暴的神祇面前也不會羞愧。
然而自古以來，無視上天並且起義造反的人，
下場總是悲慘。
所以，直到敵人被殲滅，
大家，向前衝
向前衝！
（一起）拔出你發亮的寶刀，
當你衝向（敵人）的時候，
做好死去的準備！603

著名詩作〈秋風〉的作者想像這位英雄臨死前的心理狀態：

與我那群被拋棄的（忠實的戰士），
我從包圍的敵人之中劈開道路，
行進數百哩回到那些（鹿兒島的）堡壘。
如今我的寶刀已斷，我的駿馬已死。

秋風將會埋葬我的屍骨，
就在我出生城鎮的這個山丘。[604]

以西鄉生命結束之地鹿兒島城堡山為名的長篇山城民謠，強調其事業如拋物線般劇烈的一面。民謠以西鄉死亡的場景作為開頭，接著陳述：

觀察著這些（傷心事件）的政府部隊的人說：
「直到昨天還被尊為領袖的他，
我們的大日本帝國陸軍，
沐浴在陛下的寵愛之下，並且享受全世界的尊敬。
今日，最令人遺憾的是，他已如露珠般消逝，
我們的心變得滿溢，
內心深處的空洞在我們的世界持續……」[605]

除了上述的「西鄉文學」，還有大量的生動畫像，包括正式肖像、雕像、流行印刷品、各式各樣的溫度計、玩具，以及其他以九州英雄肥胖身軀做裝飾的小玩意兒。也許最令人印象深刻的例

子，是當代印刷品中，他盤腿坐在火星上，餘暉從星球散發出英雄氛圍的光芒。[606] 民間對於西鄉的吹捧在他死後幾年達到新高，實際上他真的被認為是火星，而火星則被稱為「西鄉星」。在民間將他奉若神明的過程中，涅槃畫中的他被安置在佛教宇宙論裡，雖然身著軍裝，卻不加修飾、直白地被描繪為佛陀。[607]

這股西鄉熱更衍生出無數關於生還的傳奇，根據故事指出，英雄並未死在鹿兒島，而是逃到外國，並且很快就會歸來。生還理論通用於日本或其他文化的英雄身上，[608] 但令人印象深刻的是，這類絕妙的傳奇竟與在英國首相迪斯雷利（Benjamin Disraeli）死後幾年逝世的近代歷史人物有關。在西鄉垮臺不久後流傳的第一個說法，認為他自九州乘船逃亡，抵達某個「印度島嶼」，並將從印度歸來拯救國家。[609] 一八九一年，隨著俄國王儲即將國事訪問，類似相關的傳說劇增（儘管不太可能）。謠傳認為逃離九州後的西鄉橫渡至俄國，不久後將在王儲的陪同下，搭乘俄羅斯戰艦抵達日本。[610] 一旦抵達東京，他將會清除明治的腐敗，重新改寫與西方強權簽下的不平等條約，並且率軍侵略朝鮮。[611] 某個娛樂報紙利用廣為流傳的西鄉熱，進行粗糙的民意調查：

他是生是死？

無論相信（西鄉隆盛）在世或是認為他已經死亡，我們邀請讀者填寫選票，陳述意見，並且詳細列舉原因。票紙應置於本辦公室的箱子，或者在本月十五日前郵寄寄出……答案最接近大多數意

向的人，將會得到《北辰新聞》三個月的免費訂閱作為首獎……612

西鄉來自薩摩這個驕傲且好戰的區域，此地以美麗嚴峻的自然景色著名；該州之於日本的關係，就如愛爾蘭之於大不列顛。雖然薩摩居民不像凱爾特人那樣屬於獨立的民族，但他們驕傲地堅持使用外人幾乎無法理解的方言；此外，在歷史快速變動的期間，他們頑固地維護自己的傳統習俗。這種現象是因為薩摩在地理上與日本的政治以及文化中心距離遙遠而造成。即便今日，從東京旅行至該州首都鹿兒島，搭乘最快的高速火車也要花上近二十四小時（編按：作者撰寫此書時間為一九八〇年代；今日搭乘新幹線約七小時）；在西鄉的時代，最快速的交通選擇是搭船，前往大阪的旅程通常需要十天。薩摩是日本第二大藩，至今也最為獨立、封閉及排他。島津氏是世襲的統治者，他們的祖先在一六〇〇年的關鍵戰役中遭德川氏擊敗，對於統治的幕府而言，薩摩藩向來就是最令人不快的敵人之一。儘管島津氏被迫承認位於江戶的德川政權是日本主要的政治權威，但他們仍讓薩摩藩維持疏離達兩個世紀之久；甚至在明治維新後，當薩摩藩改制為鹿兒島縣，在許多方面仍是半獨立的領地，時常保有舊封建習慣，並且對於各種創新毫不在意，例如稅改、禁止帶刀的規定，以及新的西方曆法。613

薩摩的農民處境艱難，並因武士所占人口比例異常之高而更加惡化；在六十萬的居民中，武士占約百分之四十，在西鄉的家鄉鹿兒島更超過百分之七十。為了支撐數量龐大卻不事生產的階級，田間的工人飽受課稅與強迫勞役等嚴酷的剝削之苦。[614]根據當代薩摩諺語：「農民每月必須完成三十五天的奉工（編按：公共服務）。」[615]為了逃離壓倒性的負擔，他們時常試圖逃亡至臨近的縣，卻幾乎無可避免地被捕，並遭受嚴厲的懲罰。

貧窮不僅僅局限於農民階級，除了最高階級的武士以外，絕大部分的武士也相當刻苦，他們的經濟狀況差不多等同於與日本較富裕地區的農民。他們以信守古老軍事傳統的驕傲彌補眼前的困苦，並且諄諄教誨自己的兒子，關於「隼人」（hayato）的價值觀，這正是理想的薩摩武士，結合了高貴的簡樸、英勇、敏捷與獨立。[616]

西鄉隆盛在德川時代末期誕生於武士家庭，他終其一生都抱有強烈的薩摩武士身分意識。他是七個小孩中的老大，[617]父親則是服侍薩摩藩主的小氏族官員，主管財政部的他，以公正不阿出名。[618]在武士社會階級中，即便以盛行的薩摩隼人標準來看，西鄉家的地位低落，並且一貧如洗。[619]一如當時其他的薩摩小武士，據說父親以農活貼補薪餉，隆盛與其他三個兒子也會下田幫忙。當隆盛十六歲時，他完成了在氏族學校的學業，並且以郡方書役助的身分在縣長辦公室工作，以微薄的薪水貼補家用。在年輕時期，這位未來的英雄就被灌輸強烈的節儉與責任意識。

西鄉隆盛最為人所孰知的是他的身形，[620]不管在哪個國家，他都會成為令人印象深刻的人物，不過在十九世紀的日本，他可是名符其實的巨人。許多情感飽滿（且通常是偽造）的軼事，通常是根據他的福態而來，好比如此體型根本無法爬上馬匹；他也以驚人食量而聞名。隆盛的體格承襲自好幾個世代的西鄉家，他的父親是個超過六呎高、魁梧且有力的相撲摔角手。據說隆盛是一個巨大並且有雙大眼的嬰兒，在學校便以大塊頭而為人所知。成年後的他將近六呎高，重達兩百四十磅（編按：二十九貫，約一一六公斤）。他有著公牛般的脖子（脖圍是十九吋半），以及寬厚的肩膀。遇見他的人總為那大而銳利的雙眼（英國外交官薩道義〔Satow〕形容他有著「如大黑鑽般閃耀的眼睛」）和粗且濃密的眉毛震驚。[621] 一位近代傳記作家補充他天生具有巨大的睪丸——儘管他並未深入詳述如此奇特的細節。[622] 在歷史人物身形大多並不突出的日本，他著實令人印象深刻。大西鄉不尋常的外表身材，日後與特定的內在特質產生連結，特別是其不屈服的天性，特別受到日本人的推崇，因為如此特質並不常見。

在西鄉隆盛人生大部分的時刻，這個來自西部的龐然大物總是充滿活力。在學校，他得到「大呆瓜」（Udo）、「大眼」（Omedama）等綽號，也是充滿力量的戰士；之後他增加體重以便成為相撲摔角手，在九州的最後一年，他與狗兒孜孜不倦踏遍多山的鄉村地區以消耗身體能量。體重所帶來的其中一個痛苦影響是不斷復發的絲蟲病（filariasis），一種與肥胖相關的隱疾。在病情嚴重時，西鄉必須每日潔淨自己並且待在室內。他把握強制隱居的這段期間致信給夥伴，因此歷史學家應當感謝英雄的肥胖，大量的書信往來才得以傳承下來。

龐大骨架與深受此影響的個性，為他的人生帶來不少插曲或是傳說。孩童時期的隆盛腦袋似乎不太靈光，在氏族學校被認為相當遲鈍且口齒不清。[623] 根據其中某經典故事（或許來自杜撰），某日西鄉隆盛走在路上，正端著一大盤蛋糕，另一位決定要捉弄肥胖同學的男孩從巷子中跳出來並且發出尖銳的叫聲。年輕的西鄉小心翼翼地將盤子放在地上，接著轉身面向男孩，用緩慢的薩摩口音說道：「天啊，你嚇到我了！」西鄉隆盛的動作明顯緩慢，掩蓋了滿溢的能量，這樣的能量激發他狂熱的事業，但是終其一生他都保有「帶有挑釁意味的沉默，可能是輕視，也或許是智慧。」[624]

年輕時的他固執並且藐視權威；這樣的特質日後依然存在，當時他所展現的坦白與反傳統，是日本人被再三提點必須避免的態度——除非你想被敲頭。西鄉是個狂野、調皮的男孩，並在往後的過程中，因為意志強健與冒險進取贏得同學的尊敬。他成為男孩的領袖，這些人來自當地武士家庭，其中包括後來對他事業有著關鍵，甚至是致命影響的大久保利通。直到西鄉生命將盡，道德正直與藐視危險仍是他難以忽略的個性，即便視他目標混亂、手段笨拙的同時代人士也從未質疑過此君的勇氣。[625]在沉默寡言之中，他微微流露出熱烈且熱情的本質，有時則以暴力的形式爆發。下述事件發生於一八六〇年，當時他正經歷第一次流亡期間。某天，新聞傳到他居住的島嶼，他曾經企圖暗殺的皇室之敵，某幕府首長，已在江戶被暗殺：

「他們終於下手了。」西鄉對自己說道。他無法保持平靜。他自壁龕取出木刀，衝出屋外來到院子，開始砍擊無辜的老樹，用最大的音量喊叫，彷彿將這棵樹當作仇敵。他的吶喊在寧靜的夜裡迴盪。人們也聽見他敲擊樹的聲音，並好奇發生了什麼事，但是他並不在意，他因為憤怒而無法控制自己。

直到被這個向老樹擊刀的動作提振精神之後，他才脫掉涼鞋，洗淨雙腳，並且進入屋內。

他已經重拾平常的冷靜……[626]

但是英雄憤怒依舊，並且很快地以重大的方式爆發。

自年輕時，他在道德上便一絲不苟，有著直接了當的誠實、節制謙虛的談吐、厭惡炫耀，以及毫不貪婪。在明治領袖中，他因對於勳章與獎賞幾乎不感興趣而顯得獨樹一格。根據其中一位知名的崇拜者所言，這是因為英雄只在乎對於國家有益的事。[627]也許吧，忽略渴望高貴名聲的作用力顯然過於天真，西鄉隆盛一生中可說是有意或無意地如此追尋著。

毫無疑問地，西鄉具備個人魅力。所有見過他的人都見識到此人魅力不凡；隨著軍隊奔波的年輕人將他視為神祇，狡猾的英國外交官也瞬間為他的個性感到震懾。[628]西鄉特殊的魅力有賴於巨大的外形，並結合開闊、光芒四射的凡人特質（與大鹽平八郎冷漠、自我中心的狂熱是如此不同），單純、幾乎如孩童般享受當下，以及直率且親切的幽默感。與同時代絕大部分的偉人不同，他以直接且自然的態度對待地位相同的人，面對下屬時則溫柔體貼且有耐心。最重要的，如同一位當代歷史學者所言，意志與能量的動力讓他成為「日本歷史上最強而有力的角色」。[629]

然而在當代謳歌與日後英雄式崇拜的傳記之間，西鄉隆盛也有著黑暗面。在西鄉早年為數不多的軼事中，他對於一位薩摩武士切腹的反應令人吃驚。後者與西鄉家往來密切，為了確保島津齊彬能繼續作為氏族藩主而捲入失敗的密謀，薩摩武士被懲罰要求進行自殺。根據故事的其中一個版本，西鄉親眼看見令人毛骨悚然的場景。在武士將刀刺向自己的腹部時，他轉向年輕人，解釋那名武士將生命奉獻給藩主與州。這個戲劇化的經驗，據說首次喚醒了英雄體內的責任感與自我犧牲。在更為可信的版本中，西鄉實際上並不在自殺現場，而是在事後收到沾有血漬的和服內裡，這是武士在切腹時穿的衣物，他將此送給年輕男子作為離世的贈禮。[630]「當他凝視朋友致贈的悲傷且陰森的紀念品，」一位傳記作家推測：「西鄉誓言對敗壞氏族事務的人展開報復，並且發誓島津齊彬應該繼承應得的地位，成為他們的藩主。」無論這起事件如何激發年輕男子的高尚動機，它也可能觸發了西鄉對高貴自毀儀式的著迷，並且促成了求死的願望；懷抱如此願望的他，在三十歲時企圖淹死自己，之後也影響他做了「促使自己被殺害」而前往朝鮮的決定，最後引領著他發起可以說是自殺式行動的叛變。[631]

關於英雄個性的黑暗面，可以從他的詩歌中發現許多提示；此黑暗面往往被他穩重且容光煥發的神情所掩蓋。他時常表達對於現世人類同伴的不安，如同這首在某位密謀造反的武士被判處自殺滿週年時所寫的詩：[632]

我不在意冬天的嚴寒；

充斥我心的是對於人心冷漠的畏懼……

或是，又一則：

這樣的喜悅我知道並非來自在世的人，
而是逝去已久的那些人。

在一封寫於流亡島上的信中，西鄉寫著：「現在我終於發現人類不值得相信。他們一如貓轉動的眼睛那樣善變。令我吃驚的是，某些我當作家人般仰賴的人，對我作出毫無事實根據的指控。」[633]

在日後的詩中，西鄉表示他並不畏懼一百萬個魔鬼，但是看見「一群稱之為人的野獸」，卻會令他想逃離世界。[634] 其他時候，更顯而易見地，他所痛苦質疑的往往是自己的天性：

我坐著讀書直到刺骨的夜晚降臨
我的面頰冰涼，我的胃空空如也
一次又一次我翻動餘火是為了取得光線

一個人的自私想法應該像雪一般融化
在（如此）發亮的燈前
然而，當我用心凝視
我因為富饒的羞恥感到慚愧

英雄虛張聲勢、熱情洋溢的外表之下，似乎有一種與個人不相襯的深沉感潛伏著；然而，我們缺乏關於他早年生命的細節，永遠不太可能去探索其情緒根源與完整的意涵。

我們對於西鄉擔任郡方書役助的那幾年所知甚少。他接受文書抄寫員的訓練，也許他在這段期間精進了書法，這是門被日本紳士視為最高藝術的學問。他的工作也讓他得以近距離接觸貧窮的農民。有一回，縣長派他前往鄉村就評估課稅進行調查。氏族當局當時拒絕了農民以近日收穫欠佳為由，要求降低課稅的請求。巡視期間，西鄉遇見一位農民正哀傷的與自己的牛告別，他為了賦稅而必須賣掉牛。這位年輕官員被此人的困境所感動，並且不辭辛苦檢視他的案子，最後成功減少課稅的估價。這件軼聞完美地融入西鄉的傳說，展示了他和藹以及典型的英雄慈悲心。[635]

一八四九年，當時西鄉二十一歲，島津氏氏族因複雜的繼承糾紛而分裂，此類糾紛總令日本政治飽受困擾。島津氏危機對於西鄉事業的影響重大，因為他全心全意支持屬於「進步派」的反幕府候選人島津齊彬，後者希望推動日本現代化並改革封地。西鄉與昔日學校夥伴大久保利通合作，協助「進步」集團取得勝利，一八五一年，四十二歲的島津齊彬被任命為第二十六任薩摩藩藩主。漫長而祕密的操縱導致了最終的任命，西鄉與大久保（此人日後將密謀摧毀他）形成結盟；談判也拉近他與其大英雄齊彬之間的距離。636

幾年後，西鄉有幸被納入島津的隨扈，參與大名年度行進至江戶的遊行，這段旅途費時數月，這段經驗強化了西鄉對其封建領主的欣賞。對島津齊彬而言，他對這位活力十足且年輕的下屬印象深刻，他在幾個月之後任命西鄉在鹿兒島外的巨大田產中擔任首席園丁。這是階級制度中的小職位，但是提供了許多私人會面的機會，據說在此期間，大名與家臣會就日本未來交換意見。同年，島津齊彬將西鄉引介給知名儒家民族主義學者，他因猛烈抨擊幕府對於外國強權的軟弱政策，以及上位者缺乏正確的愛國精神而聲名大噪。637

隨著島津齊彬對於其下屬才華的信心俱增，他開始利用西鄉從事機密的政治任務，包括密謀對抗幕府與關於幕府繼承的複雜談判。西鄉在島津位於江戶的豪宅擔任飼鳥員，該職位與他並不相襯，然而實際的作用卻相當特殊。638 西鄉近三十歲的這段期間，為他人生中最活躍、顯然也是最快樂的時光，他頻繁前往帝國首都京都以及幕府總部江戶，並以他向來不屈不撓的活力跋涉遙遠的距離。在一次旅途中，他在京都遭遇霍亂爆發，他滿腔熱血地組織了對抗流行疾病的成功活動，讓他成為與當代西方女性英雄佛蘿倫絲・南丁格爾（Florence Nighingale）並列的武士。639

西鄉在三十歲時迎來人生的轉捩點，他起初有個幸運的開始，在江戶受僱成為大名的祕密特務。然而，幾個月後，島津齊彬突然病危逝世。一時之間，西鄉失去的不只是主要的政治支持，更是心所景仰的朋友。這場災難使他陷入極為悲慘的狀態，也是他企圖自殺的直接原因。在傳統的敘事中，據說西鄉耳聞消息時，立刻決定遵循日本古老習俗「殉葬」（junshi，侍從追隨死去的君王自我犧牲），追隨島津齊彬進入墳墓，但是被一位京都的朋友勸退，這位名為月照的尊王攘夷派僧侶堅持，西鄉必須為國家活下去。640

數月之後，當月照以逃犯身分躲避幕府警察抵達鹿兒島後，西鄉安排他們趁夜乘船逃出並在海上一同結束生命。當船距離鹿兒島灣約一英里時，兩位朋友來到船首。船上其他人以為他們正在欣賞壯觀的月光景色，但是實際上兩人正在互相道別，並且寫就慷慨赴義的訣別詩。當預備動作完成後，西鄉與朋友自舷緣縱身跳下。某件當代繪畫中，身著白袍的僧侶與年輕的武士夥伴正要墜入水中；他們陰鬱、果斷的臉龐被滿月照亮，在船隻後方，一位同伴正坐在那兒演奏笛子，絲毫沒有注意到幾呎之外正在發生的悲劇。大聲的濺水聲不久後被聽見，船員看見載沉載浮的身影，並把他們拖離水面，帶往靠近岸邊的小屋。僧侶對人工呼吸沒有反應；但是魁梧的年輕武士的心仍然跳動著。這間稻草茂密的小屋被小心翼翼地保留下來，坐落在與海岸鐵路相對的主要道路旁，至今仍是西鄉崇拜者的朝聖之地。兩首在月照屍體上發現的短歌，不相襯地寫在衛生紙上，提到「他的心是沒有烏雲籠罩的明月」，很快將會沉入鹿兒島灣的水中，結尾重申為天皇（大王）而死的喜悅。641

西鄉的傳記對他瘋狂的行徑提出各種揣測。不久之前，島津齊彬的殞逝幾乎確定是最有可能的肇因。再加上他可能希望與尊王攘夷派好友月照一起死去，後者在幾天之內將被處刑，除非他先發制人，搶在當局之前了結自己的生命。[642] 根據西鄉著名的基督徒仰慕者內村鑑三所言，英雄決定自殺，以作為「友誼的標記以及對於朋友的渴慕」，而這樣的舉動是被他內心「過度的憐憫」所激發。如此解釋也許都有幾分真實（雖然「渴慕」看起來是一個相對薄弱的動機），但是西鄉自我毀滅的企圖所透露出被壓抑的憤怒與暴力，一定某種程度上源於他個性深處，這樣的個性引發他在日後面對危機時不理性與怪異的行徑。[643、644]

過了好久之後，當他被認為是明治維新的大英雄時，西鄉時常回溯此高潮時刻，當時他嘗試與朋友一起死去，並且懊悔以失敗告終。他獨自紀念溺水的每一個週年，事件過後的第十七年，他向死去僧侶的靈魂朗誦此漢詩：[645]

相約投淵無後先
豈圖波上再生緣
回首十有餘年夢
空隔幽明哭墓前[646]

希望在三十歲死去的迫切企圖，必然對西鄉的心理發展及其人生的展望有著深遠影響。他安然度過自殺約定，然而朋友卻淹死了，無論是有意或無心，這個事實注定帶來罪惡感，經年地糾纏著生還者，並導致接下來他以激烈的方式結束生命。[647] 鹿兒島灣危機與日後西鄉作品之間的關聯是毫無疑問的，在這些作品中，西鄉強調人必須免除對於死亡的一切恐懼，並且準備好迎接它的到來，因為這正是保持無私的條件，而無私對於擁有一顆真摯的心是必要的。當他吸收禪宗與王陽明儒家思想時，他對於自己死亡的態度變得越來越神祕，在最後的作品中，他表示自己已在二十年前與月照一同死去。[648]

當新的薩摩藩統治者發布命令，將他無限期放逐於距離鹿兒島兩百五十多英里以外的小島時，西鄉幾乎尚未從溺水的驚嚇中復原過來。這是針對包括眾多島津齊彬的親密同伴在內的反幕府分子的肅清。[649] 接下來的五年，西鄉幾乎全部在放逐中度過，此時也是江戶政權加速邁向最終危機的時刻。一八六二年，他被赦免並且允許回到鹿兒島，在那兒短暫地重拾昔日飼鳥員的職位。[650] 但他直言不諱、不婉轉的行事作風，激怒了島津久光（繼承齊彬成為氏族統治者的保守派），被釋放後的六個月後，他再度被驅逐，派往環境更嚴苛、更南邊的小島；之後他被移往鄰近沖繩、生活環境糟糕的小島。[651] 根據傳統的記載，西鄉在苦難中仍保有耐心與尊嚴。當船隻於酷熱的八月起航，將他帶往流放的最後島嶼時，他平靜地進入為他建造的小籠子裡，一位官員親切地告知，一旦抵達海上便無需待在籠子裡時，據說他回答：「謝謝你，但是無論發生了什麼，我都必須服從（薩摩藩）藩主。我是囚犯，我必須待在囚犯待的地方……」[652] 在穿越東中國海的暴風雨旅途，他寫了一首詩，無懼颳著大風與像群山一樣升起的浪，因為獻身給帝國理想的他將永遠保持沉著冷靜。當他抵達即將度過未來幾年的荒涼小島時，也展現了同樣的鎮定，[653]非但沒有抱怨自己遭受的對待，還利用監禁練習自律，強迫自己在牢房中挺直且一動也不動地坐著，一次就是數小時。

西鄉第一次流放的島嶼是薩摩藩糖業的中心，他很快目睹奴工的苦難，奴工宛如活在描述納粹時期的電影《夜與霧》（*Nacht und Nebel*）的處境中，只要違反規定就會遭到嚴厲處罰。悲慘的奴工基本上無法享受自己的勞動成果；其嚴苛程度如同南非金礦礦工的處境，工人僅僅被認定舔了糖，就會被戴上鐐銬甚至遭處刑；徵稅時從未考量收穫量是否欠佳；[654]狂熱的地方官員經常逮捕島民並且施以酷刑，質問是否藏匿農產品。某些嫌疑人甚至試圖咬舌自盡以停止折磨。驚恐於如此處境的西鄉（雖然他自己也是囚犯）向總督察進諫，指出強取豪奪以及無憐憫的愚行是對薩摩藩的侮辱，此外，如果官員拒絕在收穫欠佳的年分降低課稅，等同於直接謀殺島民。[655]當督察以往常那種對待多管閒事改革者的方式，要求他管好自己分內的事時，西鄉堅持，會影響氏族榮譽之事**就是**他的責任，並威脅將向鹿兒島情事詳細回報。[656]如此介入的結果，讓囚犯的處境得到一定程度的和緩，許多島上的奴隸得以釋放。

除了他的人道主義活動，西鄉利用放逐的數年大量閱讀，並精進書法與漢詩的技巧。[657]在他著稱於世的詩中，許多於漫長的隔離期間寫成；包括〈流亡中度過的新年〉以及〈獄中有感〉，他在其中指出，雖然好運或許將持續遠離，但這只會堅定他意圖的真誠。[658]

在島上當局的同意下，西鄉利用奔放的身體能量，沉浸在最喜歡的相撲運動裡；在放逐期間，一位謙遜島民的女兒成為他的情婦，並很快地生下他的第一個兒子。不過，他的新家人不被允許陪同他日後的放逐。[659]西鄉被放逐五年後，大久保與其他朋友向薩摩藩統治者說情，同意釋放他。大久保（以他在日後西鄉事業中扮演的角色而言，實為諷刺）自己威脅除非完全特赦西鄉，否則將切腹自殺。島津久光簽署了命令，但據說他對於西鄉受歡迎程度極度憤怒，以至於啃咬了銀色的煙斗，在煙管上留下永遠的痕跡。[660]

儘管這段期間，西鄉隆盛的詩語不乏抱怨，但仍舊以令人吃驚的良好精神態度撐過了漫長的放逐。甚至他還曾經宣布打算永久留在島上。身體上雖然遭遇著困苦，但此時也許是英雄騷亂人生中最寧靜且精神上最振奮的時期。在離開這座位於沖繩附近的島嶼，並回到騷動的國內政壇時，他寫了一篇令人動容的詩給監獄總管，感謝他的仁慈，並說離別的痛苦將伴隨他的一生。[661]無論西鄉受放逐後的內在影響為何，其深刻程度必然非常顯著，在往後幾年，他不時避免公開活動，並進入某種自我放逐的狀態。毫無疑問地，放逐使他成為異議武士中偉大的尊王攘夷派，這個男人為了帝國理想而受苦，這是許多務實的政治人物設法避免的。在西鄉的事業裡，一如甘地（Gandhi）、尼赫魯（Nehru）、甘耶達（Kenyatta），以及其他民族英雄，不公的囚禁是他剛毅性格與真誠信仰的無價見證。

西鄉自放逐後歸來的四年，是事業急速起飛的時刻，如同源義經戰勝平氏以及楠木正成對抗鎌倉部隊的早期光輝戰役。此時幕府垮臺、以明治天皇作為名義上的當權者所建立的新政權，成為了時代的高潮。一八六四年，時年三十六歲的西鄉隆盛被任命為薩摩藩戰爭部長以及氏族駐京都的主要特使，因此成為顛覆江戶政權最後一擊中的的中心人物。他將大部分精力奉獻在與其他「外部」氏族協商，特別是位於本州最西邊，好戰、反幕府的長州藩。雖然他第一次的實戰經驗，就是以薩摩藩部隊指揮官的身分成功擊敗叛變的長州，然而西鄉總是不願與此堅定的尊王攘夷派氏族作戰。他堅持饒恕主要被捕者的性命，此為日本戰爭中少見的仁慈舉動，最後促成「薩長同盟」，並在四國土佐藩的支持下，成功推翻虛弱的幕府。[662]這是西鄉的事業中典型的尖銳諷刺之一：他如此努力與強盛封地的代表建立同盟，但是對方日後將成為主導明治政府的集團，並且追求他所厭惡的政策。西鄉也致力外交談判，特別是英格蘭。一八六六年，他在鹿兒島安排接待第一位英國駐日公使巴夏禮（Harry Parkes）爵士，並且說服他日本未來將掌握在帝國政府手中，幕府已無力執行與外國強權的締約。[663]接著他在神戶的小旅館中，與傑出的年輕英國祕書翻譯薩道義（Ernest Satow）會面，並且禮貌地回絕了對方提供的英國援助，因為他害怕將令薩摩藩捲入不受歡迎的條款之中。[664]

高潮於一八六八年初到來，在一場關鍵性的戰役中，四千多名主要來自薩摩藩與長州藩的尊王攘夷派部隊和兩萬名幕府軍隊作戰。他們這場大勝，導致江戶城內的幕府總部正式投降——戰前所有的小學教科書中都描繪了此知名的「無血開城」（明け渡し），作為激發年輕心靈民族主義熱誠的生動故事。幾個月後，西鄉趁勝追擊，清除北部與東部殘留的幕府支持者。

傳統頌文除了歌頌西鄉的軍事才智，並將他再現為維新運動唯一不可或缺的人物（兩者皆是可疑的主張），也強調他在勝利之中的高尚品德。[665]這不容苛責。西鄉不只為他的敵人，也就是戰敗的征夷大將軍與高階幕府官員祈求赦免，也採取每一個可能的方法，讓無辜的民眾免於過去相似騷亂後的大屠殺。雖然有大批部隊投入江戶的戰鬥（幾乎與日清戰爭的男丁數相當），實際犧牲的數字卻很小。確實，在歷史上，死亡數如此少的劇烈轉型並不多，即便是西鄉的毀謗者，也必須承認如此仁慈的結果部分得歸功於英雄。[666]

維新最明顯的影響是終結軍事政府，自從七世紀前源賴朝的勝利後，維新派便以各種形式持續活動。一八六七至六八年的起義，是自十四世紀楠木正成時期之後，第一次全力「恢復」天皇的行動。以天皇之名而行的幕府統治制度持續時間甚長，特別是德川期間，更是相當有效。雖然我們知道幕府最終在一八六八年垮臺，但絕不能低估幕府在一八五〇與六〇年代依舊擁有的力量，以及擅自挑戰幕府的尊王攘夷派所承受的風險。他們真正的目標是什麼？由薩摩藩與土佐藩代表（包括西鄉隆盛）於一八六七年七月簽署的協議（編按：《薩土盟約》），包含了清楚的聲明：

> 我們的目的是恢復天皇統治並處理國家事務，將世界局勢納入考慮，以合理的方式讓後人無可覬覦。改革主要重點是將行政與司法權交由天皇。雖然我們的國家一直沿襲天皇制度，但在很久以前，當封建制度被採納時，政府的統治便落入將軍政府手中。理應統治土地的君權遭到忽略，這是

與其他任何國家相異的事務狀態。因此，我們必須改革政治系統，王政復古，舉辦大名會議，並且配合其他足以讓國家重回世界強權的目標工作。我們要能夠建立帝國的基本特質……[667]

事實上，真正的目標不是將權力交還手握君權之人（一八六七年時，明治天皇只是十五歲的年輕人，不太可能有能力宣稱自己國家在世界中的威望），甚至也不是交還給天皇一家與朝廷貴族，如果日本要避免西方強權施加於印度、乃至於晚近中國的命運，就得要施行似乎是迫切必要的改革。因此，新政府的實際權力並非交還天皇，而是交予一群年輕的武士，來自包括薩摩藩的四個「外圍」氏族，並代表領導階層的均衡，他們決心實行為了日本民族生存，以及成為現代強權的重大復興舉措。過程中，他們施行了不在預先目標之內的許多改革。日本向西方世界打開大門；分割國家的封地制度消失；戰士階級傳統聲望不再；原先支配封建社會的組成結構被工業資本主義取代；建立強而有力的國家軍隊——由被徵召的農民而非武士所構成的軍隊，並以新的國家稅制支持。上述重大的改變以及民眾參與的事實，讓許多作家將明治維新形容成一場「革命」。[668]當然，這是我們如何定義革命的問題；然而，因為維新並未根本改變財產持有制，因此我們很難以現代的定義視之為革命。[669]

一八六八年尊王攘夷派勝利之後，西鄉堅持回到原先的省分，並在接下來的三個月內，在鹿兒島附近的鄉下度過了和平、近似修道院士的隱居生活。不只在薩摩，他的聲望與受歡迎程度在江戶與京都也達到高點。為了肯定他對朝廷的貢獻，西鄉被贈與豐厚的金錢，更重要的是正三位的位階。西鄉因拒絕榮譽而驚動了政府，如此行徑等同於英國將軍拒絕君主提供的鄉村邸宅與爵位。在他的拒絕信中，西鄉暗示對他而言，收受超過他所服侍的氏族當局的殊榮並不恰當。一如以往的謙卑，他補充道，正三位位階對於首都的廷臣而言顯然很重要，但是對於像他這樣的鄉村農民卻沒有意義。西鄉被要求再次考慮，但是最後政府必須接受他的拒絕；此舉讓他更是廣受歡迎，但卻很難得到東京官員的喜愛。[670]

幾年後，大久保與其他高階官員造訪鹿兒島，一起努力勸誘西鄉加入中央政府。西鄉的弟弟西鄉從道如今已是成功的建制派人物，並剛從歐洲完成任務歸來，他眼中噙滿淚水，懇求哥哥接受邀約，最終西鄉同意了。[671]離開薩摩前，他寫了一首詩完成預測自己犧牲的死亡。他在一八七一年回到東京，數月後成為政府的領導成員，擔任「參議」，近似政務委員的官職。[672]新政權的實權如今掌握在一小群能幹且充滿活力的男性手中，他們屬於薩摩藩與其他「外圍」氏族較低的武士階層。[673]

對於傳統上視年齡等同於智慧的日本而言，維新領袖不可思議的年輕，其中最年長的（西鄉隆盛）也僅有四十三歲。除了他的文官職位，西鄉也在新政府裡行使最高的軍事權力：一八七二年他成為全軍隊總司令，一八七三年被任命為特殊的「陸軍大將」職位，相當於馬爾博羅公爵（Duke of Marlborough）勝利後所得位階。在如此燦爛的時刻，西鄉彷彿對過多的世俗成功感到尷尬，再次表示自己命中注定會被殺害。[674]

近一八七一年末，包括大久保在內的約五十名高階政府官員離開日本，展開歐洲與美洲之旅，也就是所謂的岩倉使節團。西鄉與其他兩位領袖留在東京領導非正式的看守政府。此時西鄉對於政權與其領導者的不滿已經成形。在岩倉使節團缺席期間，看守政府實際上沒有權力做出重要決定。西鄉顯然不滿於前往西方國家旅遊的政治人物把他當作某個無足輕重的人物留在國內，在橫濱送別他的同僚時，據說他以典型直言不諱的方式說道，希望他們的船在中途沉沒。[675]

西鄉對於他所協助執政的政權感到不滿，之後與明治政府澈底決裂，並進行最終的造反，其主要原因來自道德天性。雖然他是熱情十足的讀者與學生，卻從未把自己當成學者。他寫下豐富的詩、散文與通信，但是唯一完整的著作卻是死後才出現的五花八門語錄。[676] 他人生主要的智識影響，毫無疑問地來自年輕時即景仰的王陽明的新儒學。[677] 當西鄉離開氏族學校並擔任郡方書役助後，他與其他年輕武士定期會面，並且研究王陽明與其追隨者的寫作。[678] 特別相關的便是在十年前自殺、出身大阪的聖賢暨英雄大鹽平八郎；直到生命將盡，西鄉藉由閱讀大鹽的哲學教訓鼓勵自我，而這些影響也可見於他的著作。三島由紀夫強調上述兩人的哲學對於西鄉事業的影響，並且暗示他設想的太虛可能為真正造反的理由。[679]

一如大鹽，西鄉充滿活力地教授其年輕門徒，行動比任何藉由學習或觀察獲得的知識更重要，而「真誠」一詞悲切地反覆出現在他的寫作。

無論制度與方法如何被嚴肅地討論，如果沒有對的人加以行動，便不可能實現。沒有實踐者便沒有作為。若有對的人存在，將是最大的幸福。人應該立志成為這樣的人。[680]

他的哲學詩強調培養「單純的心」的重要性，在其名言中，他指出我們不應找尋他人的過失，而是持續發現自己的缺陷。「倚賴能力達成的事，」他寫道：「是如此不確定，我們無法滿足地看待它。[681]只有真誠才能成就事業。」[682]為了說明如果沒有道德力量的支持，僅靠身體力量是不足的道理，他以相近的普法戰爭為例，三十萬名法國士兵在擁有豐富糧食供應的情況下向敵人投降，「僅僅是因為他們的心靈過於唯利是圖。」

西鄉經常表達對於「人性（的）智慧」（Ningenteki no chie）的厭惡，即僅關切世俗的成就；雖然真實的智慧可能造成當下的不幸，卻以另一種更重要的方式獲得成功：[683]

一個真誠的人即便逝世，也將成為世界的典範……當不真誠的人被讚美，可以說，他得到的是意外之財；但是深切真誠的人，即便在世時不為人所知，也將得到永恆的獎勵：後代的尊崇。[684]

顯然如此的成功，也源於世俗的失敗，是西鄉在世時苦苦追求，並在死後得到豐厚報償。

對於自身的愛是對真誠最大的危險，而個人人生、家庭關係與官場處事中至關重要的原則，便是褪除自己天性中的自私。[685]西鄉最有名的一段話，可說是獻給民族救星的處方：

不在乎生命、名聲、位階與金錢的人，這樣的人是最難對付的。然而，也唯有這樣的人，才會為了國家的重責大任，甘願一路吃盡苦頭。[686]

在之後名為〈示子弟〉的詩中，他再次討論自我犧牲的主題：

世俗相反處
英雄卻好親
逢難無肯退
見利勿全循[687]

要克服自我並且獲得真誠，就必須實踐最大的自制。根據西鄉，第一個必要條件是「克己」：「為了獲得神聖的真誠狀態，必須開始『慎獨』，意思是在獨處且無人見著或聽聞的狀況下，注意行為舉止。」[688]在此，他引述了儒家訓誡；但是為了掌握自我，特別是抑制「過多的同情」，[689]西鄉也求助於佛家戒律，並且經常自活躍的生活引退，學習並實踐禪學。[690]

西鄉一次又一次將主要的哲學口號寫入其筆力剛健的書法之中，複本展示於他贊助的各私塾中，徹頭徹尾的儒家方式。其四字箴言「敬天愛人」對於其正直運動的重要性，等同大鹽平八郎的「救民」。西鄉的哲學也許會令某些讀者感到模糊不清。他寫道，道理，是「天地」的道理，我們的責任便是盡力追隨之。與此同時，我們不應將人當作我們的夥伴，而是將「天」當作夥伴，我們的人生目標便是敬天。[691]然而，因為上天平等愛人，我們也應愛戴他人就如愛自已一般。毫無疑問地，上述觀點美好且無懈可擊，但它們同樣模糊，以至於像是內村鑑三與新渡戶稻造這樣的作家，能夠將他們與「法律與預言」以及基督教教規的「愛鄰如己」連結。[692]

西鄉的「愛人」如何轉化為具體實踐呢？在他人生的大部分期間，相當程度地展示了「勇士的悲憫」，一種對於弱者與世上不幸之人的真正同情；這是他作為民族英雄能持續受歡迎的原因，因為他展示了極具人性的才能，日本自古以來便相當珍視這種特質，意即深入理解他人的感受。[693]作為郡方書役助，他第一時間理解薩摩勞苦大眾的處境，後者的生活僅比動物好一些；他看到大眾苦況因為貪婪的官員而惡化，於是試圖緩和。[694]在他遭流放期間，也對甘蔗農場的工人展現了真正的關心，並將自己的稻米配給分給了為貧窮所苦的島民。[695]之後，西鄉作為一名軍事指揮官，盡力將平民在交戰中所承受的傷害最小化。

然而西鄉的人道主義情感，亦受到社會態度的限制。其一，他們的對象幾乎全是農民，他的口號「愛人」其實等同於「愛農民」。在他的觀點中，民眾的社會被分為兩個無法改變的階級：運用身體勞動與運用心智工作的人，也就是農民與他們的武士主人。雖然新的國家領袖逐漸意識到日本未來的生存取之於其工業化，而西鄉也承認工業與貿易的重要性，卻仍持續認為農業是該國經濟基礎，而農民則是其主要支柱。武士官員的責任為提供仁厚的社會領導：他們應該關愛並且保護農民，一如君主之於封臣，父親之於兒子。毫無疑問地，社會必然得改變，讓農民能與官員平等或是成為後者的夥伴，最後階級障礙將完全消失。西鄉的家父長制根基於傳統的儒家觀點，基本上與大鹽談論的「救民」一樣。而日後將西鄉塑造為基進改革者，或是平等主義者的人，則恍若對其社會思想中的保守本質視而不見。[696]

他除了不斷強調農民的重要性，大體而言也反應了日本傳統鄉村的社會風氣。他熱愛土地與鄉村生活，以及與自然親近的人，不信任並且鄙視城市與其所代表的意涵。他在一首經典的詩中抱怨首都生活，城市交通的喧囂驚動了人的靈魂，街道的塵土汙染了人的服飾，同時他也讚揚鄉村生活，讓人重新獲得純淨與天真。[697]

鄉村武士精神的主要層面是強調節儉，以及厭惡奢華與炫耀。傳統武士重視簡樸，不僅是經濟上的意義，也是實踐節制，並表明比起追求與享受物質，其生活已奉獻給更重要的價值觀。眾所皆知，西鄉毫無個人貪念與利欲之心；斯巴達式的生活方式與許多明治建制派領袖的奢侈形成對比，也是他受歡迎的另一個理由；[698]後者利用與商業鉅子的關係，沉溺於最新的西方奢侈品。西鄉來自嚴格的武士家庭，自幼便養成對金錢相當淡泊，他的事業正好處於金融活動對日本越來越重要的時期，然而，他顯然未受汙染。[699]他的物質需求極低，即便成為東京政府的高級官員，他還是能以十五圓度過一個月，以任何標準來看，這個數字都相當節制。[700]有一段時間，他曾經因為麻煩而不願領取參議薪水，當某位焦慮的官員提醒他的疏忽時，他回答自己上一份薪水仍有剩餘，不需要更多。他痛恨為了自己或家庭累積存款的想法，他只要有盈餘就會贈與朋友或是鹿兒島的私塾。[701]

當西鄉在明治政府的同僚盡情享受伴隨著政治勝利而至的特權時，他住在以每月三圓租來的簡樸住所。某次他聽聞昔日同窗、目前擔任財政部長的大久保訂購了一把華麗並鑲有珠寶的軍刀，西鄉成功取得此貴重的武器，並且贈與某位年輕學生。當然，西鄉的目的是告誡其同僚不宜鋪張。然而大久保是否感激如此教訓，則令人懷疑。[702]

他對政府領袖與快速崛起的三井家族及其他財閥之間形成的親密關係感到特別厭惡。某次他受到知名的長州藩尊王攘夷派分子，時任明治政府副財政部長井上馨的邀請，參與岩倉右大臣（編按：岩倉具視）的派對，他以典型的粗魯無禮表達情緒：他倒了一杯清酒，拿給主人並說：「這是給你的，井上，你這三井的番頭（banto）。」井上似乎未被冒犯，但這番言論卻驚動了其他人……[703]

即便達到權力高峰，西鄉仍穿著簡單的鄉村服飾，厭惡許多同僚偏好的大禮服與禮帽。即便造訪皇居，他也身著典型的薩摩袍衫——以斑斕絲線（薩摩藩絣）編織而成的棉製服飾，大腳則踩著涼鞋或木屐。某次在雨中離開皇宮後，他甚至脫下木屐赤腳行路；這樣缺乏禮節的態度前所未見，甚至驚動了守衛的猜忌而不肯放行，直到岩倉右大臣的馬車恰巧經過，才得以認出這位入侵者原來就是元帥及參議本人。[704]

他對於食物的品味也很平凡。相較於精美的西式餐宴或是有藝伎在場的高雅娛樂活動，他更偏好與祕書及軍中同袍共餐，分享麵條與盛在大陶鍋內的簡單食物。[705]整體而言，他避免過分講究與拘謹，在面對侍從與其他社會較低階的人時，也不會展現其他同僚常有的傲慢。「他有某種天真、好相處的特質，」某位親近的夥伴寫道：「令人聯想起孩童。」西鄉確實相當自豪，但往往來自其理想主義的內在精神。[706]

上述對於西鄉哲學與生活方式的總結，暗示了他為何遲早將與明治寡頭發生衝突。他對於新政權的反對，多半模糊且未經闡釋，源於心理層次的反感而非客觀的政治理念。然而他也有許多具體不滿，最重要的一點與武士的待遇有關。在維新之後，武士——日本傳統統治階級，被系統性地取消擔任公職的特權。政府命令取消各階層武士的薪餉，大名獲得債券以換取其祖先留下並統治數世紀之久的封地。他們並未自政治權力移除，因為新的明治政權大部分仍由前武士所掌控；但是作為特定階級，他們不再享有統治的世襲權利。[707]一八七二年，全面軍事徵召法使武士喪失對於軍事職務的獨占權，幾年後，政府更布告命令取消他們長久以來佩刀的特權，此舉也彷彿象徵對於武士的全面剝奪。[708]

上述措施帶給武士階級痛苦的一擊，並且導致普遍的貧窮。徵召法以及招收一般民眾創立新的國家軍隊，取消了武士特別地位的合法性；廢刀令則是極致的侮辱，閹割了「武士精神」（武士の魂），以狠毒的形式激發武士本能的猜忌與敵意，一如美國槍枝管制在保守派傳統人士心中所可能產生的激憤。[709、710]

舊武士無力遏止未來的浪潮，轉而尋求能代表他們不滿與失望的有力人士，就各方面而言，西鄉隆盛似乎能回應此需求。雖然他同意成為新政府成員，但從他的文章與聲明能清楚看出他相信內戰的理想正在變質。他反對日本社會極度迅速的改變，特別對武士階級遭受的吝嗇待遇感到困惑。他懷疑新的官僚資本主義結構以及其代表的價值觀，希望權力留在負責任、愛國、仁慈的武士管理者手中，後者將在天皇之下統治國家。[711]他加入中央政府是因為上述原因，而非期待武士階級的正式解散。不管是禁止攜帶刀或是傳統頭髻的禁令，看起來等同於一系列不必要的挑釁；而且，雖然西鄉理解日本需要一組有效率的常備軍以抵抗西方的壓力，但他無法贊同軍事改革的社會意涵。因此，西鄉雖然參與大久保政府，卻在薩摩與其他地區的前武士階級之間持續發揮巨大吸引力。[712、713]

除了反對貶低武士階級，西鄉也嚴重質疑政府實施中央化與西化之關鍵政策的做法。關於廢藩置縣，以及其他由中央直接任命的官員（這是他成為參議僅一個月後生效的政策），西鄉的反應似乎相當模稜兩可。就性格而言，他一直是保有最傳統觀念的日本民族領袖。在他年輕的歲月中，就像絕大部分的武士，情感上他的忠誠對象是氏族與大名，而不是名為日本的某個抽象實體，或是遙遠且模糊、理論上的統治者天皇。[714]在維新之前的騷亂期間，許多最強的反幕府分子期待以新的封建制度取代德川統治，在武士聯合委員會之下維持地方自治，委員會直接對天皇負責，而所有氏族都有代表出席；西鄉本人設想的政府或許是由氏族藩主組成的委員會（當然，薩摩藩在其中將扮演主導角色），而非動手廢除氏族的東京中央化官僚機構。715

到頭來，大久保與其他新寡頭成員認為必須澈底施行中央化的廢除封地政策。大久保知道西鄉為武士群起反抗的主要核心，也是任何可能的起義之爆發點，因此大久保努力說服他為了國家利益，廢除封地有其必要性；他以獨有的政治敏銳，利用西鄉本人推動備具爭議的措施。既然薩摩藩是反對明治中央化政策的溫床，說服與地方關係密切的西鄉，以帶動氏族成員放棄抗爭、扛起這難以承擔的責任，必然有其邏輯性。因此，當他以中央政府代表之姿在一八七二年的薩摩藩展開勝利巡迴之旅時，試圖讓氏族領袖心甘情願地接受有限的自治。幾年之前他本人也支持如此的自治。西鄉的角色雖然矛盾，但他仍成功完成任務，當他返回東京時，原本的地方反對勢力已被消解。716

西鄉對於西化的觀點同樣模稜兩可，但最終導致了他對於新政權的不滿。在他早年，最迫切的問題是日本是否應對西方國家開放，以及在何種條件之下開放。無法以令人滿意的方式解決此問題，為德川政權垮臺的直接原因。身為反幕府運動的領導成員，西鄉在事業開啟之際是為堅定的仇外者，他幾乎把握住所有機會，痛批政府對「外來野蠻人」卑躬屈膝的態度。觀察到西方帝國主義國家的掠奪，他痛批西方大加擁護文明的主張：

文明是維護正義；它與外在的顯赫、富麗堂皇或是華麗衣裳或對於浮淺外表的泛泛炫耀無關……我曾經與某人爭辯，他駁斥我認為西方人尚未開化的論點……要求我對自己的信仰提出理由。我向他解釋真正文明的國家將採用仁慈的政策，以及善意的教導來領導未開化國家，但是他們遠非如此，而是以如此野蠻的方式，使用武力征服較弱小的國家來使自己獲利，被征服者越無知，他們就用越粗暴的方式對待他們。[717]

極為諷刺的是，一八六三年，英國海軍懲罰性地轟炸西鄉的家鄉，迫使他改變立場。[718、719]即便懷抱理想主義並且堅持傳統，作為實用主義者的他也知道，日本在某些時刻必須使用西方的方式對抗他們。因此他不情願地接受如果自己的國家要挺過外來的猛烈攻擊，那麼就得採用現代工業技術。幕府政權已經過時，顯然無法應付如此挑戰，因此必須被掃除至一旁，在薩摩與其他尊王攘夷派氏族武士的支持下，實施必要變革。

事情便這樣開始了。新的天皇政府以類似一九五〇與一九六〇年代日本「奇蹟式」經濟復甦的速度及堅定效率接受了新科技。然而，對於西鄉與其他武士同僚來說，西化的過程則過於快速且盲目。西鄉雖然完全承認對於外國科技的需求，但他仍有堅定的日本魂，在快速變遷的時期，他越來越顯得過時，甚至到了匪夷所思的地步。

明治政府內數十位領導人物之中，西鄉是唯二從未造訪西方或對此展現任何興趣的成員，的確，除了流放期間，他一次也未曾離開本島。直至生命將盡，西鄉的文化傾向完全是亞洲的，他以閃躲的姿態抗拒西方創新，除非他們對於民族生存有其必要性。不只是因為創新與他所鄙視的商業、都市價值觀相關聯，而且也涉及有失尊嚴地模仿外國人，更重要的是日本精神的敗壞。他的「遺訓」總結了他對政府屈服於外國影響而日益增長的不信任感：

關於採納其他各國的系統以改善我們的生活方式，首要之急是建基於堅定的基礎，發展公德心，之後才是考量外國的優點。另一方面，如果我們盲目追隨外國，我們的國家政策將會衰弱，而我們的公德心也會敗壞到無可救藥的地步，最終我們將落入他們的掌控……

發展人類理解力的意思，是對愛國主義、忠誠與孝順敞開心胸。當我們清楚地理解了服務國家，以及為了家庭努力的方式，各種事業也將據此展開。為了發展人際交流而設立電報、鋪設鐵路以及建造蒸汽引擎，這些令人吃驚的事物造成了轟動。但是，如果世人不問自己為何電報或鐵路服務是不可捨棄的，相反地，反而揮霍國家資金、沉溺於奢侈品，或是從建造房屋乃至連選購玩具都模仿歐洲風格，而不考慮其優缺點，只是覬覦外國的強盛，那麼國力勢必將會衰弱，公眾將感受其輕佻，而最終日本勢必破產。720

西鄉對於過度西化的懷疑，與他對貪婪的政治人物感到憤怒有關，他相信後者背叛許多勇敢的人犧牲自己生命所追求的理想。在某個場合中，他眼中帶淚地宣稱（在西鄉的案例中，西方認為日本人從不顯露情感的陳腔濫調尤其錯誤）：那場（對抗幕府的鬥爭）看來只是為了政府官員的私利而戰，這不但有損我們的尊嚴，不僅是對於人民，也愧對那些在戰爭中犧牲生命而離世的靈魂。」[721]

傳統武士鄙視金融活動的價值觀，讓他憎恨商業與其他企業形式。他對腐敗及道德敗壞特別憤怒，視此為政府官員與商人關係密切而導致的必然結果，他也攻擊「強盜的會面點」（他對明治政權的稱呼），這種內心憤怒宛如大鹽平八郎在四十年前對於大阪地方政府的忿忿不平。[722] 一八七〇年，一位薩摩的愛國武士在全國議會大樓前切腹自殺，抗議中央政府的腐敗，並且公開張貼進包含十點的諫信，包括「德川政府盛行的敗壞習俗，到了新政府也沒有得到改變，即分別是非，政府並非根據理性與正義而為，而是個人感覺與利益」，還有「注重感官歡愉卻忽略責任感」。[723] 受到此氏族同袍「真誠」行徑所感動的西鄉，以典型的儒家風格寫下墓誌銘：

> 許多政府官員浪費與揮霍成癮，生活是如此鋪張，以至於犯下了錯誤，並引發輿論的騷動。[724]

西鄉對於中央政府官僚的猜忌——或許源於年輕時期對於薩摩藩貪婪地方官員的不滿——隨時間日漸增長，當他提及「一群名為人類的野獸」時，他心裡所想的是（在他看來）野心十足的文官與政治人物，他們以不正當的方式掌控明治政府。[725]在一封寫給北方氏族的長信中，他將當時日本政府比喻為因生鏽而卡住的車輪，僅是潤滑車輪是不夠的；首先需要用鐵槌敲擊讓它開始轉動。西鄉清楚表示，一待時機成熟，他將準備好給予迎頭痛擊。無疑地，他的個人事業完全沒有汙點，死後他成為人類純淨的象徵，這是世人在現實政客身上完全不可能看到的。[726]

西鄉的想法充滿許多矛盾，毫無疑問地，他自己渾然無覺。雖然在情感上忠於氏族與其自治傳統，但他仍堅定認為薩摩藩必須接受中央化的新政策。雖然他自己堅信以武士、傳統武器為基礎的傳統軍事實力，但又毅然支持現代化薩摩藩與其他地方軍隊，如此一來日本便無須對外國人卑躬屈膝。雖然深信農業是國家經濟唯一值得重視的基礎，但他也慢慢支持仰賴快速工業發展的「富國強兵」官方政策。最重要的是，這位熱烈的尊王攘夷派，將他人生的上半部奉獻給「恢復」天皇的事業，最終卻成為新天皇政權的批評者，導致反對皇室政權的最大叛變。一位最著名的西鄉仰慕者稱他為「無知的英雄」，若說智慧的標準是邏輯、遠見與合理計畫，那此評論毫無疑問的正確。[727]但是西鄉就像其他所有失敗的日本英雄一樣，活在不同的情感氛圍中，在那裡，真誠比邏輯一致重要，而世人則受到另一種形式的智慧所牽引。[728]

◆

一八七三年是西鄉人生第二個轉折點。正當其他政府領袖仍因岩倉使節團而滯留外國時，日本與朝鮮的關係迅速惡化。韓國發布禁止與日本貿易的命令，並且拒絕接受日本官方文件新的頭銜格式而加深羞辱。西鄉與看守政府的部分成員選擇將此視為不可容忍的挑釁，而必須採取武力行動。[729]主戰派傾向立即入侵朝鮮半島，但是西鄉堅持先從日本派遣高階官員，並讓倔強的韓國屈服，如果任務失敗再發動侵略。事實上，他深知外交手段將會失敗，而入侵是必然結果。陸軍高階官員反對直接攻擊朝鮮，但是這並未能夠阻止西鄉，因為根據他的計畫，入侵武力將由近衛師團與薩摩藩尊王攘夷派武士組成的軍營構成。選擇使者也不困難，因為他選擇自己擔任此犧牲的角色。他不但將以橫渡日本海向朝鮮表達抗議，也堅決接受這份危險的任務，並且不帶任何隨扈士兵。[730]

歷史學家對於為什麼西鄉偏好對朝鮮採取強硬政策提出許多說法。經常被提及的原因是他將入侵朝鮮視為對遭罷黜、士氣低落的軍事階級的最後良方。[731]在亞洲大陸上作戰，能轉移失業薩摩武士與其他大名的目光、遠離棘手的國內事務，並且提供他們榮譽的工作以及存在理由。此外，一場對外戰爭將團結國家，阻止因氾濫的物質主義所導致的道德低落，以及傳統價值觀的喪失，並且應對當前政府無力，或是沒有意願施行改革的根本對策。[732]

西鄉也被視為極端愛國主義者，因為岩倉使節團無法修改與西方強權的不平等條約而懊惱，他決心藉由一場光榮勝利重振日本民族驕傲。[733]根據此論點，在一八七三年時，他的好戰態度來自他相信時機已經到來，軍事階級應展示其秉性，並以直接行動懲罰傲慢的朝鮮半島。此外，抱持擴張主義的日本政策，將有助於抑制西方強權對於亞洲大陸的持續入侵。[734]事實上，雖然西鄉日後的仰慕者中，不少是徹頭徹尾的軍國主義者，在他的寫作或是聲明中，卻沒有任何跡象顯示他本人也有類似的傾向。至少在兩次場合中，他堅決反對入侵朝鮮的計畫；若說為何他現在支持強硬的入侵政策，這並非來自沙文主義的傾向，而是因為對於國內局勢惡化的擔憂。此外，通常忽略一點，西鄉的決定顯然有強烈的心理動機：他希望透過朝鮮一行，獲得十五年前在鹿兒島灣溺水意外中失去的死亡機會。

西鄉的文章清楚表示，無論對錯，他深信派赴朝鮮的使節都會遭殺害。因此，在一八七三年七月，寫信給某個具影響力的同僚時，曾要求同僚為了此任務說項。他的信中結尾道：

如果決定正式派遣使節，我堅信他將會被謀殺。因此我懇求你派遣我。我雖然無法（像總理那樣）成為顯赫的使節，但是如果這問題關乎生死，那我可以向你保證，我已準備好了。[735]

除了任務提議的實際價值，西鄉顯然渴望像烈士般死去。他在早期的詩中寫道：

我正如惡水上的船，
為了我的國家，

若風激盪，則激盪罷，

若浪陡升，則陡升罷。[736]

西鄉的企圖再度受阻。朝鮮議題儼然成為重大的政府危機，岩倉使節團成員也被立即自歐洲召回。[737]結果他們一致反對西鄉的政策，最猛烈的反彈來自其老友大久保。他與同僚最近才剛第一手見識西方強權的科技力量，如今全然相信在投入有風險的外國戰爭前，日本必須堅決貫徹「富國強兵」政策。[738]明治領袖原則上並不反對入侵，二十年後，當日本武力完整，寡頭的繼承者此時已準備好出擊；但在一八七三年，他們知道自己的國家尚未準備好發動如此重大的軍事行動。大久保以一貫的睿智主張入侵過於倉促，即便成功占領朝鮮半島，也無法彌補行動的巨額花費，或是日本面對俄國與其他強權時將引發的風波。岩倉右大臣在一封寫給天皇的睿智信件中，總結了反對意見，強調入侵的時機尚未成熟，因為軍隊尚未準備好，而最迫切的需求則是強化國內改革。[739]

上述冷靜的主張並未影響西鄉，他預備前往朝鮮並「一心赴死」的決心，如今已變得偏執。[740]八月，即岩倉右大臣自俄國返國前數週，西鄉的努力有了成果：某個參議會議決定他應以大使的職稱短暫前往朝鮮。聽聞新聞時，感到狂喜的他致信給某同僚，表示此決定瞬間治癒了讓他長久以來感到痛苦的疾病。[741]

儘管年輕天皇同意派遣西鄉前往朝鮮，然直至岩倉右大臣返國前，政府都沒有正式宣布此決定。大久保與其他反西鄉派系的成員則施展所有的政治長才，試圖反轉看守政府的決定，最後成功延遲了任務。西鄉與大久保之間醞釀已久的敵意如今全面爆發，數年來累積的不滿在朝鮮議題中成為焦點。大久保公然批評昔日友人在岩倉使節團缺席的期間，決定了外交政策的重大事務；西鄉為自己辯護表示，某些迫切議題不容拖延；在盛怒之下，他甚至稱呼大久保懦夫，在武士的詞彙中，這是最高等級的羞辱。在岩倉右大臣回國後，權力的天秤決定性地偏向了大久保。[742]明白自己已敗下陣的西鄉寫了一封瘋狂的信給總理，並怒以最後通牒作結：

> 您已批准派遣我擔任使節的決定，如果隨之而來的背信導致已經發布的指令被更改，等同於視敕命為無物。雖然我深知您對此事的態度必然堅定，我必須提出我的恐懼，讓您注意到我謙卑的要求，一如我聽聞如此謠言在某些部門流傳。我滿懷敬畏地將醜話說在前頭，如果該決定被否決，我對於自己的別無選擇感到遺憾，也應該以生命為代價，為自己未能履行對國家的責任而道歉。如果真是這樣，我請求您的理解。[743]

在此關鍵時刻，總理因為健康惡化而辭職，並由岩倉右大臣接任，後者是西鄉政策的堅定反對者。無論這是否為大久保宏大計畫的一部分（一如某些西鄉信徒所暗示），情勢迅速解決了問題：派遣使節前往朝鮮的決定於十月十四日遭到廢止。

大久保大獲全勝，而西鄉遭遇無法平撫的政治挫敗。十天後，他放棄除了陸軍大將以外的所有官職，並且憤恨地回到鹿兒島，告知天皇他將不會重返政府職位。為了保留西鄉的顏面，政府「同意」西鄉以健康惡化為由辭職。[744]

西鄉離開東京的衝動決定不只意味政治事業的終結，也代表他與明治寡頭的最終決裂，如今，他認為後者無可救藥地腐敗、迷惘，並再也無法違背良心與他們合作。西鄉辭職後，他的主要支持者也離開了政府。至此，朝鮮危機的結果是大久保派及其代表的中央權力的全面勝利。在日本悲劇英雄的典型模式中，西鄉在最高權力機關中的漫長鬥爭中，產生了與他預期相反的結果，思及西鄉的個性與想法，這樣的結果無疑難以避免。[745]在一八七〇年的政治氛圍中，這位維新英雄成為某種過時而不合時宜的人物，如果沒有發生朝鮮危機，必然也會有其他議題促使他與東京政權決裂。

就心理層面而言，西鄉回歸薩摩單純的鄉間生活，標誌著他定期淡出公眾生活的習慣，並對比著由野心十足的人物、政治的爾虞我詐，以及吵雜的城市街道構成的殘酷現代世界。回到出生地鹿兒島的他，褪去一切世俗成功的外表，重新成為謙遜的農夫，在田間工作並且漫步於鄉村。西鄉在這段時期寫下的詩，表達了回歸鄉下生活的喜悅。以下是在他退休後不久寫下的：

自古名聲多作累，
不如林下荷鋤歸。[746]

幾個月後，他以類似的心境寫道：

我已抖落世俗的塵土，
我已遠離官位與名氣。
如今我全心將自己投入自然的喜悅，
（萬物的）偉大創造者。[747]

在西鄉表面的歡愉之下，有一股孤獨的氣質存在於他的天性之中，與東京政治家之間的紛亂狀態，讓他的狀況惡化至厭世的程度。在城市嘈雜之後，他品嘗了自然的靜謐：

鄰近古老的池塘是山丘深處，
寂靜更甚深夜。
我沒有聆聽他人的聲音，而是凝視天空。[748]

他花在與狗相處的時間越來越多，開心地與這些真誠、熱情的動物分享他的孤獨。[749]在這個未曾（也不會）因為政治人物收受貴重禮物而生氣的國家，西鄉清楚表達拒絕接受除了狗以外的金錢。在他家中，有一大箱動物的照片與平版印刷品，他選擇了動物作為一生的伴侶。在此期間，他並未寫下提及家人的詩，卻有不少談到他的犬類朋友，其中一首有名的漢詩如下：

驅犬衝雲獨自攀，
豪然長嘯斷峰間，
請看世上人心險，
涉歷艱於山路艱。750

西鄉的一位夥伴，曾描述與他和狗兒漫步鹿兒島附近田間及山丘的一天。傍晚，他們在某個農舍停留；洗完澡後，西鄉舒適地坐下，表示目前寧靜的感覺必然與聖人的感受相近。751

西鄉在鹿兒島的新生活不全然僅是愉悅的鄉村生活，他也設立許多獨立的「私學校」，給予薩摩男兒關於軍事、農業與道德原則的訓練。為此，他拿出他與夥伴累積的政府津貼，還有因過去職位而得的年金。這些私學校的規模與性質不同，最終學生高達數千人。有些學校專注於火炮與軍事技術；有些則更像鄉村群體，（通常在西鄉的協助下）成員在白天農作，下午閱讀或是聽課。

大久保政權或許曾一度希望密切監視這位無法掌握的前同僚，因此邀請他回到東京，並暗示他可以前往歐洲進行正式參訪。此時仍然澈底對統治寡頭作嘔的西鄉拒絕了邀請，更偏愛薩摩的單純生活，協助年輕男孩準備好未來的發展。當三条公卿的特使抵達鹿兒島，要求西鄉回返並與中央政府合作時，據說他送來了唐突的訊息：「三条公卿，你真是個笨蛋啊，不是嗎？」使節責罵西鄉，指出他不應如此不敬地回覆其主人，但是西鄉堅持他的職責就是如實傳遞訊息。

西鄉在薩摩過著退休生活的幾年間，全國各地都有劇烈的暴動，許多起義由反對政府廢刀令以及減少津貼等措施的前武士所發起。首次重大暴動發生於一八七四年佐賀縣九州北部，暴動特別針對政府面對朝鮮時的「軟弱」政策而起，當時的起義領袖為江藤新平。這位年輕的官員與西鄉同時退休。兩千多位武士叛徒成功奪下前封地首都，但是政府隨即強硬地以軍力鎮壓。江藤新平本人逃到鹿兒島，希望西鄉將協助他繼續造反。雖然他們的觀點有許多相似之處，西鄉仍試圖勸退江藤。不久之後，這位傳奇領袖被政府部隊擒拿，並在大久保特別堅持下，被懲以斬首並將頭顱公開示眾的羞辱性處罰，以嚇阻其他潛在造反者。[752]

但警告的效果似乎很小。幾年之後，最戲劇性的叛亂發生於九州中部的城下町，熊本。兩百多位前武士對廢除日本習俗的政策，以及犧牲本地神道教和鼓勵外國思想的政策感到不滿，成立了神風連，並且攻擊衛戍部隊，屠殺指揮官與許多手下。他們迅速被兩千多名皇軍摧毀，幾乎所有倖存者都寧可選擇切腹自殺，也不願接受被俘的恥辱。[753]與神風連之亂同時發生的，則是本州西部長州舊城下町荻市的起義。他們的努力更難稱得上成功：其領袖（同時也是昔日高官）被捕且處決，絕大部分的追隨者選擇自盡。

一連串的武士起義，加上許多農民造反，驚動了中央政府，並使他們密切監視鹿兒島，害怕此地將成為重大叛亂的中心。[754]他們的猜忌不無道理。當荻市起義時，某些西鄉好戰的支持者試圖說服他：此時正是打擊政府的理想時刻。他憤憤不平地拒絕如此愚蠢且不負責任的提議，但是鹿兒島的氛圍顯然越來越躁動。[755]

在此階段，東京政府在大久保與山縣將軍的敦促下，派遣警察間諜前往鹿兒島，觀察西鄉的追隨者是否真的在醞釀武裝起義。學院的成員很快就發現特務的身分，並且成功引誘出驚人的資訊（而且非常有可能是正確的）：中央當局不只要解散學院，更意圖暗殺西鄉與他的主要顧問。[756]部分學生對此計謀感到震驚，開始守護他們的主人。西鄉有一陣子並未察覺此事，但是不久之後便發現自己正受到守護。以下事件頗有預示的意味：

某天……（看護主人的）學員前往西鄉的住宿，其中一人正把玩雙管散彈槍，粗心地扣下板機，原以為沒有裝彈，但是，突然之間，槍枝發射，一發停留在槍管內的子彈射穿天花板。受驚嚇的學員告訴他的主人，想要切腹自殺彌補自己的過錯。西鄉笑著說，他將會發現切割自己的肚子是世界上最痛苦的過程。[757]

之後西鄉告訴決定要處決政府間諜的學員，他一點也不在乎自己是否會被暗殺，而且「殺掉來自東京的警察也沒有意義」。因為真正的罪人是中央政府的領袖。正當張力逐漸於西鄉的追隨者之間積累時，（一八七七年一月）政府決定先發制人，包下一艘三菱企業的船，趁著黑夜將武器與彈藥運出鹿兒島。[758]這關鍵的決定不但沒有消滅困境，反而引發災難。西鄉當時正與狗兒出遠門狩獵，學院裡的學員聽到關於政府計畫的傳聞。新聞證實了他們對於政府意圖的擔憂，一群盛怒、暴躁的年輕人攻擊了鹿兒島近郊的天皇火藥庫，並且移除火藥與其他補給品。這是公然的造反，也已沒有回頭的路。

當西鄉被告知發生了什麼事，他簡短地大吼「Shimatta」（しまった），意思類似「糟了！」「完蛋了！」或是「該死！」他立刻返回鹿兒島與學院代表開會。在默默地聽完他們的報告後，他突然盛怒地嘶吼。五十年後，西鄉的兒子已七十歲，他在家中回憶起這段往事，表示一生之中從未聽聞任何人的聲量像他父親那天一樣大，西鄉痛罵學生的不負責任，並且對他們吼道：「你們做了什麼荒唐可惡的事！」[759]然而，當他怒氣漸消後，也接受了這件不可避免的事實，並且告訴助手應該繼續從事必要的軍事行動，因為如今他已準備好奉獻生命。彷彿他再度理解到自己再次獲得死亡的機會。[760]

西鄉成為重大叛變的領袖，他雖然為事件爆發帶來深刻影響，卻從未真的寬恕過它。他知道最終結果是絕望的；不過，一旦木已成舟，他也會以絕對的氣魄投身冒險，毫無疑問地擁抱與大久保、岩倉與其他長期輕視他的政治人物展開公開軍事對決的機會。[761]他從未視自己為反抗明治天皇的叛徒，而比較像是一九三〇的極右翼造反者，作為忠誠的臣民，試圖從「邪惡的議員」手中救回主子。在寫給有栖川宮熾仁親王的信中，他指出陛下必須被保護，免於受到「世界大罪犯」的執政者之侵害。[762]

雖然對於事態終於演變至此鬆了一口氣，大久保與其政府仍舊知道他們正面臨明治維新以來最危險的挑戰。[763]他們以拔除這位昔日同僚的所有軍階以及勳章作為回應，並且宣布他如今已是朝廷公敵。當時正造訪京都的明治天皇，在聽聞此重大新聞後，發布布告明令迅速鎮壓叛變。有栖川宮熾仁親王與山縣將軍被任命領導皇軍，他們立即前往九洲北部總部。特別諷刺的是，如今以摧毀西鄉這位前尊王攘夷派英雄為責任的軍隊，是由十年前與他並肩作戰對抗德川幕府的夥伴所領軍。

顯然，早已為軍事危機做好準備的政府迅速動員四萬人軍隊，之後更增加至六萬人。這批軍隊由國家警察部隊、近衛師團（之前直接聽命於西鄉）與十一艘軍艦組成的海軍部隊所支援。約八成的軍隊由農民應徵兵組成，五年前通過全國徵召法後便由山縣將軍組織。西鄉與其將領嚴重低估農民應徵兵，認為他們無法在戰場上對抗有著數百年軍事傳統的專業武士。造反軍儘管一開始士氣高昂，並且取得在家鄉領土作戰的優勢，然在人數上卻位居劣勢，最高峰時也沒有超過兩萬五千人；此外，在彈藥、金錢與補給品上亦有嚴重差距。雖然一開始的情勢出乎意料，但皇軍絕對的武力已讓結果顯而易見。

西鄉行動一開始出現重大的策略錯誤，那就是在政府主軍隊好整以暇地從本州出發，抵達當地之前，決定拿下九州中部的關鍵地點——熊本市。二月十七日，他與部下在暴風雪之中離開鹿兒島。在日本，雪象徵了純淨、英雄的冒險事業（「四十七士」在暴風雪中展開他們的復仇，近日則有一九三六年二月年輕軍官在大雪中宣布叛變）。薩摩藩軍隊在雪中動身必然像是某種天啟，確認他們的目標是正當的。由學院學員攜帶的橫幅上頭印有令他們感到自豪的紋章，「尊重美德！改革政府！」當西鄉行進至熊本市北部數百哩的時候，來自九州各地不滿的武士蜂擁而至，同時，來自日本遠方地區的支持者也加入行列。[764]

熊本城是他們一開始的攻擊目標，此城堡在十七世紀初期建成，被列為日本三大宏偉的堡壘之一。熊本城相當堅固，莊嚴地俯瞰城鎮與四周區域。城堡的設計以及陡峭的坡度，對於擊退入侵者再理想不過。一開始被西鄉軍隊圍攻時，城堡由四千多名當地衛戍部隊守護，他們試圖抵抗一波接著一波的瘋狂攻擊。在兩百五十年前島原之亂所使用的「矢信」被發射至城堡內，呼籲守衛者投降，並且強調他們人數澈底居於劣勢，但是皇軍決心抵抗。

政府軍隊主力終於抵達熊本市。此刻是轉捩點。圍城解除，歷經兩十天的苦戰，西鄉折損一批最優秀的軍官，薩摩藩軍隊不得不自熊本城撤退至南方。[765]這場所費不貲、歷時漫長的圍城對於叛軍而言是災難一場，也奪去西鄉最後一點殘存的成功機會。[766]

西鄉專注力氣攻擊熊本，讓自己的大本營鹿兒島呈現不設防狀態，這是另一嚴重的計算錯誤，最後鹿兒島被皇軍與軍艦攻擊，落入政府手中。薩摩藩軍隊在自熊本市撤退後仍激烈戰鬥，並且移往南部的小林，接著前往九州西部海岸，在此地發生了一連串的血戰，但是政府軍隊在人力、武器與運輸上的優勢，顯然毋庸置疑。西鄉殘餘的部隊在延岡市遭到包圍，他帶著一小撮追隨者成功突圍封鎖線，讓敵人損失慘重。九月一日，他與部下硬是殺出一條血路回到熊本市，受到一群既害怕又迷惘的群眾歡迎。767

截至目前為止，西鄉的軍隊僅剩下悲慘的數百人，其中只有三分之一的士兵武器齊全。在絕大部分的內戰中，雙方的死傷人數都很慘烈。在對抗皇軍的七個月鬥爭中，西鄉損失約一半的手下，包括絕大部分的學院學員。政府的傷亡率約在百分之二十五，包括六千三百人被殺，九千五百人受傷。因為這場叛亂犧牲的人總計達三萬人。

雖然西鄉與殘留的部隊成功回到熊本市，但是他們的軍備狀態卻糟糕地無以復加，彈藥與補給品匱乏，如今更被三萬名政府軍所包圍。不可避免的，誘敵的圈套正準備封閉。在圍城持續了數週之後，西鄉將總部移往城山後方的小山丘，也就是城市北邊的山丘。在這裡，他與部下可以享受鹿兒島灣以及著名火山島櫻島的燦爛景色。皇軍已準備好最後一擊，西鄉與親密的追隨者在洞穴裡度過最後的五日，準備迎接他們的生命盡頭。歷經過去數月的精疲力盡與失望，對於西鄉隆盛而言，現在正是寧靜的時刻。他似乎興致高昂，全然相信總是躲避著他的死亡如今即將發生。他將大部分時間用於下圍棋，與同伴交換詩歌及開玩笑。

在九月二十三日這最後一天，一名信使帶著山縣皇軍總司令與西鄉昔日的東京同僚之訊息來到洞穴。這封感人且極具日本特色的文件曾為學校教科書引用，理由在於其優美的散文形式，並且展示了何謂「真誠」。這封信以「君」這個僅用於好友的詞開頭，向叛軍領袖喊話：「你的密友山縣有朋有此殊榮致信於你，西鄉隆盛君。」768 山縣的來信強調他理解西鄉的處境，並且回憶持久戰的徒勞，以及暗示他馬上停止抵抗，以避免無謂的大屠殺（從未提及「投降」這個恥辱的字）。

……你的處境多麼值得同情！我對你的不幸越來越感到悲傷，因為我能同理你……

戰爭展開已有數月時間。每天的傷亡數高達數百人。親友互相殘殺，朋友互相戰鬥，從未有一場戰鬥如此血腥且違反人性。沒有任何一位士兵怨恨對方。陛下的士兵說他們為了履行其軍事責任而戰鬥，你的薩摩部下，用他們的話來說，是為了西鄉而戰……

但是顯然薩摩人不能期待他們能實現目標，因為你最勇敢的軍官已經被殺或受傷……我誠摯懇求你盡早在悲慘的處境中做出最好的決定，並且證明目前的騷亂並非你的意圖，以及立刻中止雙方的傷亡。如果你能成功採取補救措施，交戰很快就會終結。

這封信以傳統日本式的呼籲相互理解作結：「如果你能稍微理解我的感受，我會非常高興。我壓抑淚水寫下這封信，儘管寫信不能完全表達我內心感受。」令人懷疑的是，如此熟悉昔日同僚的山縣將軍，是否期待這封信能起到任何實際作用。這場戲如今必須進入傷感的結尾。西鄉默默閱讀完長信之後，告訴信使他不會回信。

二十三日的夜晚掛著滿月。西鄉的同伴利用月光以薩摩琴彈奏音樂，演出劍舞（一種傳統舞蹈），並且寫下最後的詩句。最經典的詩句被小心翼翼地保存如下：

如果我是一滴露水，我可以藏身於葉片尖端，
但是作為一個人，這世界卻沒有我的容身之處。

還有更充滿愛國情懷的詩句：

為了天皇而戰，
（我知道自己生命盡頭將至）
像色彩斑斕的葉片落在龍田是如此喜悅，
在它們因秋雨腐敗之前！[769]

最後，西鄉與他主要的軍官及其他追隨者交換訣別的清酒。

政府軍的總攻擊在二十四日早晨四點開始，雙方激烈交火，西鄉與同伴開始步下城山。不久，西鄉被流彈擊中鼠蹊部而無法行走。他最忠誠的侍從別府晉介，得此殊榮將主人沉重的身軀扛在肩上並揹下山。[770]當他們在島津城門外停留休息時，西鄉道出遺言：「我親愛的晉介，我想，這個地方可以。」他接著向皇居的方向鞠躬，切開自己的肚子，站在他身後的別府晉介拔出刀子，以乾淨利落的一刀砍下他的頭顱。[771]剩下的一小撮人繼續往下走。絕大部分的人被殺，只有一些人成功抵達山下。其中一人便是別府晉介，他大聲哭喊主人已死，想與他一起赴死的時候到了，接著衝向敵軍，然後被步槍射殺。

單方戰鬥持續至早晨九點。政府軍很快發現西鄉的屍體，但是卻遍尋不著他的頭顱。由於指認敵軍將領的頭部在日本戰鬥中有其傳統的重要性，他們仔細搜尋，最後在別府晉介斬首後指定埋葬的地方挖出。[772]政府軍以非比尋常的尊敬對待叛軍領袖的遺體，其中一名政府將領向他的軍隊吼道，命令不得對西鄉屍體無禮，而命令也受到嚴謹地遵守。[773]巨大的頭部被以來自山泉的純淨泉水洗淨，接著帶往總司令山縣將軍的面前以供檢視。山縣將敵人的頭部捧在手中，尊敬地鞠躬，輕聲細語地說道：「啊，你的臉是如此祥和呀！」[774]據說受命部署發射致命一擊的士兵無不哀悼，並在西鄉下葬時泣不成聲。

知名的西鄉墓地（南州墓地）位於鹿兒島，是世上最悲切的墳場之一，早在這位叛軍領袖被恢復官階前就已完成。各種大小與形狀的七百四十九顆墓石，聚集在平實的橢圓形紀念碑上，這是在他死後不久為了紀念他而豎立的。兩千零二十三位追隨者的遺體與他一同埋葬。在石碑上紀念的名字包括別府晉介與西鄉的兄弟小兵衛、那些從東北省分千里跋涉加入行列的人、兩名最年輕的追隨者——他們年僅十三歲就在叛亂之中被殺害。

政府獲得完全勝利。幾乎每位叛軍都被殺害或自殺，戰鬥之後，許多人遭到監禁或處決。在城山淪陷一週後，一篇刊載於報紙頭版的文章以下列頌歌起頭：

西鄉隆盛已死，西南部的戰爭結束。士兵凱旋歸來的時刻已到。位在西方的諸多麻煩已被政府睿智且充滿能量的措施，以及軍隊的勇氣與熱誠所驅散。775

之後文章強調整場叛亂的徒勞：「……唯一的結果……就是人命與財產的巨大損失，以及雙方的花費不貲。除了這些悲傷的結果，沒有達成任何事。」

事實上，西鄉的努力帶來了許多重大成果，然都與他的意圖恰恰相反，其中之一便是對抗統治寡頭的叛變實際上不再有可能。未來沒有任何反對明治政府的團體得以使用天皇或傳統價值之名訴諸武力。「如果此後發生任何對於至高權力的新示威，」一位現代日本觀察者寫道：「都必須訴諸其他理由，因為昔日凌駕於憲法與法律之上的武力法則已經不再有用。」往後衝突以個人行動的形式出現，主要是暗殺「邪惡的政治人物」，或是以西方模式組織反對派政黨，這也是西鄉必然所厭

惡的。[776、777]

薩摩的叛變，事實上為一九三〇年代前以武力反對政府的最後嘗試。其中一個原因便是一八七七年的對抗展示了徵召士兵的力量。在一場接著一場的戰鬥中，大部分由農民組成的新皇軍擊敗了仕紳、武士組成的菁英部隊；他們的勝利象徵長久以來武士時代的終結。西鄉的叛變是以武士追隨者的鮮血打造而成，他本人則被形容為日本歷史上最後一位真實的武士。更深一層的象徵，是薩摩作為抵抗新國家秩序之大名的最後堡壘，被由徵召農民組成的中央軍隊擊潰。[778]

薩摩叛亂摧毀了前武士階級作為組織性抵抗的潛在分子，此後明治寡頭能夠毫無顧忌地追求「富國強兵」政策，而無需擔心來自保守死硬派的內部抵抗。西鄉戰敗後，東京寡頭與財閥以及其他大企業利益密切合作，便能加速重工業化與其他像是西鄉等人懷疑的西化政策。[779] 薩摩的起義如同兩百五十年以前的島原之亂，讓政府占盡便宜，辨識、集中火力，最後殲滅主要的反抗來源。

在東京，所有樂見於西鄉戰敗的政治人物中，沒有人比大久保利通更愉悅的了，如今他已成為實際的政府首長。大久保在本章經常被論及，先是作為西鄉的幼年同伴與同學，之後成為薩摩藩封建政府的同僚官員，並為他堅定的支持者，大久保利通曾揚言，如果他的朋友不能免於流放，就要切腹自殺；接著兩人開始對峙，在兩人事業尾聲成為難以和解的敵人。他們複雜的關係與各自的名聲，相當程度解釋了成為日本英雄的要件。晚西鄉三年出生的大久保利通，同樣成長於鹿兒島鄰近地區的低階武士家庭。雖然兩人在年輕時候關係密切（舉例而言，兩人都屬於學習王陽明哲學的年輕武士團體），事業也有許多相似之處，然大久保通常居於上風，因此他成功避開西鄉與新大名發生衝突時所遭遇的流放與其他困境。

兩位兒時玩伴因為推翻德川幕府的共同決心而關係密切，但是明治維新最初的成功改變了他們的關係。個性與觀點的固有差異必定導致兩人的意見不合，加上西鄉不妥協的天性，最後的決裂更是難以避免。大久保務實地看待未來，他的前同僚卻視之為無用或虛偽。[780]

情感上的邏輯不只決定了西鄉的事業，最終也帶領著他領導反明治政權的最大規模起義，正是他的昔日同僚大久保，位居京都的特別總部，指揮對抗叛軍的戰爭。在這場冒險中，他展示了一如往常的技巧與效率，而且也毫無意外地取得成功。

大久保的事業在西鄉自殺後不到六個月後戛然而止。一八七八年的春天早晨，乘著馬車旅行的他被一小群瘋狂的前武士攻擊並殺害，這些人決心為西鄉復仇。這場突如其來的挫敗，讓大久保無法完成他為自己設定的偉大任務。[781] 然而，幾乎從任何實際層面來看，他的事業都是成功的。他是廢除封地與其他封建機構，同時在現代官僚體制下強化有效率之中央政府的驅力。他致力於科技現代化，如此一來日本才能快速地從落後的農業封地集合體，轉型為足以與強權對抗的工業化國家。他追求嚴謹的法治政策，以打擊維新時期的無政府趨勢；一八七五年，他公告了關鍵的審查法，並且嚴苛地壓制反抗明治政權的對敵。他的後繼者承襲了上述政策，日本驚人的成就在一九〇五年擊敗俄國時達到高峰，種種可以視為他死後對於其才智及眼光的證明。

然而，即便深遠影響日本現代化，並讓國家得以生存，大久保卻從未得到人民的心。他被尊敬而非愛戴，其中一個重要原因在於他的個性與風格。他穿著西式服裝，小心翼翼地梳理髮型與俐落的連鬢鬍子，配戴獎章、飾帶、肩帶與其他代表世俗成功的獎章，對於日本人而言，他代表官方、大都會以及種種令人恐懼的形象，並且完全缺乏西鄉之所以如此吸引人的熱情與純樸。[782]我們很難想像他穿著木屐造訪皇居，更遑論離開皇居時在雨中打著赤腳。[783]

他的實用主義以及對於政治目標的審慎實現，是他無法達到英雄高度更重要的原因。在學校的辯論中，他條理清晰且富有技巧，相較之下西鄉則顯得遲緩而寡言。數年後他成為一個精明且實際的政治人物，比起手段更重視實際結果，並且總是準備好為了達成他的野心而妥協。[784]大久保不斷進步，他成為明治官僚優點的化身，與西鄉狂野、不切實際的「真誠」呈現完全的對立。雖然兩人的事業都被突如其來的死亡中斷，但大久保在傳說中的角色更像是個陪襯，他實際的成功強化了英雄慘敗的壯麗。

歷史上的某些時刻，許多國家因為內部紛爭以及害怕來自外部的危險，因此創造出某種特別需求，以民族英雄作為團結象徵的形式，讓人民在面對共同困難時，給予他們驕傲與凝聚力。一八九〇年代初期的日本，這樣的需求變得至關重要，當時正是國內與國際緊張達到尖銳的時刻，政府領袖與能夠影響公眾意見的人物也承認這樣的需求。一如在一八九一年，某位報紙作家直言不諱地表示：「我們都受夠了『聰明的人』。我們需要的是勇敢、精力充沛的人物……」[785]由於推翻德川時代的偉大事件，以及「恢復」天皇一舉，在全國記憶中仍然鮮明，也由於目前的東京天皇政府為上述事件的歷史性結果，象徵全國自尊與團結的至高人物應是致力讓新秩序變得可能的維新英雄，此觀點似乎相當合乎邏輯。

因為需要建立特別的歷史人物作為團結的象徵，導致圍繞在此人物的傳說被大量創造出來，而任何尷尬的事實都將遭到遺忘，如此一來，容易犯錯、曾經活在這世界上的人物才能成為合適的人選，並毫無疑問地被尊敬，甚至崇拜。製造這種傳說的過程在世界各地、每一時期都很類似，例如十七世紀阿拉伯的穆罕默德（Mohammed），十一世紀西班牙的熙德（El Cid），十五世紀法國的聖女貞德（Jeanne d'Arc），以及十九世紀日本的西鄉隆盛。在時間演進的過程中，歷史上的大人物為了符合傳說的條件而被形塑；最後事實的扭曲都相當有效，它們皆無意識地回應了某個特別的民族性。

◆

大西鄉在死後不到十五年成為民眾敬仰的目標，但是當局面臨相當尷尬的事實——他在官方紀錄上仍是叛國者。政府需要正式恢復他的官階，一如我們所見，一八九一年時，他在死後被明治天皇赦免並被任命正三位，此為屬於高階貴族的位階。他自殺後的半個世紀間，關於他的傳說急速增加，在我記述其一生的過程中，時常得澄清英雄廣為人所相信的事蹟，可能是傳說化過程中遭扭曲的結果。[786]

因為英雄是根據世人的理想形象所創造，他的一切會逐漸符合所有人的期待與想像。這現象在西鄉的案例中特別顯著：他同時是日本政治光譜兩個極端以及中間溫和派的效法典範。為了回應世人深層需求而創造的傳奇英雄，在他死後仍然存在好一段時間，事實上，直至其歷史事業終結之後，他才開始完全以英雄之姿存在。彷彿要讓維持英雄存活的需求更誇張一般，即便他的肉體已死、即便各種證據也都這麼顯示，但世人仍經常相信他並未死去，而是暫時離開，並會在適當時機歸來，拯救他的人民或是全人類。因此我們有了不可思議的生還傳說，據說，西鄉會在一八九一年時乘著俄羅斯軍艦重返，將日本從海外危機中拯救出來。這樣的心理基礎，與中世紀晚期相信查理曼將死而復生參加十字軍東征，以及基督徒核心信仰中的耶穌第二次到來——「末了必站立在地上」相同。

在英雄的人生與其個性的積極面受到強調（或甚至憑空創造）的同時，較不吸引人的特質則默默遭忽略或遺忘，直到幾個世代之後，揭穿事實的歷史學家最終將其陰暗面挖掘出來。在馬丁．路德（Martin Luther）的傳說中，未被提及的是他強烈反對農民起義，儘管他本人因此受到相當深遠的影響；在西鄉的例子中，我們聽聞他為了受苦的甘蔗農場工人請願，卻未聽說過當他實際掌權時如何幫助他們。製造傳說的結果之一，就是在複雜的增添與刪減過程中，製造了某種心理上不完整而且難以令人信服的個性。因此，西鄉本性中「黑暗的一面」，包括罪惡感、對於自我放逐的需求、被壓抑的憤怒，以及不只將憤怒導向「腐敗」的敵人，更以主動促成自我毀滅的方式將怒火導向自己，都在他的傳說或是相關歷史中遭到忽略。但是證據切實可信。

即便日本歷史的特定時刻需要能夠團結彼此的民族英雄，英雄很快也成為傳說的素材，關鍵問題仍在於：為什麼在所有維新時期的偉大人物中，一位被擊敗的造反者最能滿足這個需求，又是為什麼像西鄉隆盛這樣代表前現代、「封建」價值觀、受過時的日本主義者與沙文主義者所崇拜的人，經歷過去幾十年時代精神的變化之後仍受到歡迎？主要原因當然不在於他實際的才能。西鄉缺乏大久保或是木戶孝允那樣的政治與經濟敏銳度，也沒有山縣將軍或是乃木將軍那樣的軍事技巧。在對抗幕府的成功戰役中，他僅是其中一位令人印象深刻的領導者，像他一樣擁有強而有力個性的同僚，在明治政府中也有許多人選。當他最終與同僚決裂、決定獨自出走時，結果是災難一場，並與他原先的預期完全相反。然而正是西鄉，而非任何一位現代日本國家的成功創立者，成為了這時期的偶像，以及對抗不公義強權的象徵。787

也許楠木正成的人生提供了最有力的類比。根據傳說，楠木與西鄉都領導了推翻邪惡幕府的戰鬥，並且成功「恢復」各自的天皇（後醍醐天皇與明治天皇）應有的權力。然而，之後兩人都與昔日同僚發生衝突（尊氏與大久保），並被其邪惡的手段全面擊潰。值得注意的是，西鄉與追隨者使用的暗號菊水，漂浮的菊屬植物正是楠木五百年前使用的紋飾。西鄉英雄在出發前往最後一次致命的冒險前，與其子告別的傳奇場景，堪比楠木正成與楠木正行之間的離別。櫻井歌使此場景化為不朽：

當西鄉動身出發，街上擠滿了人。絕大部分的人堅信他終將勝利。西鄉十二歲的兒子寅太郎被帶來與父親離別。西鄉看到他說：「喔，你在這裡。」寅太郎跟著走了幾百碼，然後西鄉說道：「回家吧，我的好孩子。」寅太郎只能遵命。準備赴死的西鄉，似乎未被一生中最感人的場景所動搖。[788]

有言薩摩藩叛亂是最後一場有純粹民族英雄人物投入的戰爭，標誌日本歷史英雄階段的尾聲；西鄉隆盛本人被形容為日本最後的英雄。[789]當然，現代社會的改變，讓日本英雄式失敗的傳統形式看起來有些過時，而且也很難想像古老情節會出現重大復甦。然而許多心理基本原則延續至二十世紀：太平洋戰爭神風特攻隊的自殺飛行員被賜予菊水之名，這些年輕男子將「不畏死的西鄉」奉為他們的精神先驅。[790]

577 建立雕像的計畫最初制定於一八八三年，即西鄉自殺後第六年，主要的贊助者是福澤諭吉（一八三四至一九〇一年），他在自己的報紙上寫了一篇說明書並且公布了計畫。計畫因為政府的畏懼（對於政府而言，西鄉仍是被禁止的叛國者）而被棄置，直至一八八九年《明治憲法》公布後，該計畫才重新開始。向公眾募款的行動獲得超過兩萬五千名捐款者支持，因此大獲成功，建造雕像的任務交付給皇室藝術家高村光雲（一八五二至一九三四年），並在一八九八年完成作品。

578 坂元盛秋，《南洲翁》（請見本章註五八四），頁四六。

579 此極具現代感的稱號（大西鄉）與西鄉的身形以及他的英雄地位有關；該稱號也被用來區分他與其兄弟西鄉從道（一八四三至一九〇二年），雖然後者的政府事業以傑出的世俗成功作結，卻從未被後人以「偉大」來形容。

580 天地不容的朝廷之敵。板垣退助（一八三七至一九一九年），引述自河源博史，《西鄉的傳說》，東京，一九七一年，頁六八。

581 根據川上武的說法，引述自武者小路實篤，《西鄉隆盛》。由坂元盛秋翻譯及改編於《大西鄉，西鄉隆盛的一生》（東京，一九四二年）。我引述自坂元的版本，由此之後簡稱為「武者小路」。

582 請見本章。

583 《報知新聞》的文章，引述自《東京時報》，頁一八〇，一八七七年九月二十九日。《東京日報》是一份美國週刊，也是日本最早的英語報紙。在報導薩摩藩叛亂時，立場強烈地反對西鄉。對比之下，其英國對手《日本郵報》總是支持西鄉的目標；這反映了巴夏禮爵士一八六六年造訪鹿兒島後，英國與薩摩藩發展出的特殊連結，以及西鄉個人傾向英國的情感。

584 此段副島種臣（一八二八年至一九〇五年）關於采邑事蹟的序言被坂元盛秋引述於《南洲翁（西鄉隆盛）遺訓》，未公開手稿（由此之後稱為坂元的《南洲翁》），頁二三。我感激坂元盛秋（前鹿兒島大學教授）提供大量關於西鄉隆盛的素材，他的家族與西鄉隆盛的關係密切（他的父親與三個叔叔在一八七七年的戰鬥中成為叛軍，其中兩位叔叔被殺害）。有關西鄉在包括庄內氏在內的敵人之間的受歡迎程度，坂元教授寫道：「在世上任何一個國家，還有類似的案例嗎？被拿破崙征服的國家，會將拿破崙死後的作品編輯成書嗎？遭

（希特勒）迫害的猶太人會為希特勒編輯死後的作品嗎？」（寄給作者的未公開筆記）。

585 我發現左右分際在日本政治中顯得過分簡化，此兩種極端在許多地方有相似之處，日本人時常由「左」轉「右」，或是反之亦然（請見我的《日本民族主義與右翼》，倫敦，一九六〇年，，特別是附錄五〈日本的政治態度〉）。然而，要研究西鄉的影響，根據其追隨者的看法，他們將他視為民眾的、自由價值觀的象徵，還是以傳統的、日本主義的方式看待他，如此分類尚且有效。我並非藉由這樣的分類，例如「人民權利」（people's right）運動（請見第八章註四八一），暗示認為他屬於「左」翼。

586 河源，《西鄉的傳說》，頁七九。因此，創辦《自由新聞》，以及將盧梭《社會契約論》引進日本的卓越作家與編輯中江兆民（一八四七至一九〇一年），公開呼籲英雄應領導對抗政府的「人民權利」運動——這顯然澈底違背西鄉的政治觀點。而發言贊成西鄉引領人民運動的倡議者，都被大久保政府及後繼者監禁並殘酷對待。

587 福澤諭吉，《丁丑公論》，坂元引述於《西鄉的傳說》，頁七二。根據福澤所述，直至數年前仍被崇敬為楠木正成第二的西鄉，如今已被官方視為平將門般的大叛徒。

588 坂元，《南洲翁》，頁四與頁三一。也請見本章註五七七。

589 「西鄉的對手怎敢稱他為叛國者？……他對於天皇的崇敬，與政府高級官員無異。自從薩摩藩叛亂後，他的對手便極盡羞辱，但是無人認為他狡猾或是不誠實：當論及誠實，他們無法在西鄉身上挑出毛病。因此，西鄉不是天皇的叛徒，這是顯而易見的，相反的，他比世上任何人還尊敬陛下。西鄉對大久保政府的行為也許不恰當，但是對於國家整體卻忠心以對。」福澤，由河源引述，《西鄉的傳說》，頁七二。

590 坂元，《南洲翁》，頁四。

591 內村鑑三（一八六一至一九三〇年），《代表的日本人》，東京，一九〇七年，也請見河源的《西鄉的傳說》，頁一四四。

592 內村鑑三，《代表的日本人》，頁一七至二〇。

593 例如，內村鑑三，《代表的日本人》，頁五〇。皈依基督教的名人新渡戶稻造（一八六二至一九三三年），為國際聯盟（League of Nations）的官員，並且善於鼓吹世界和平，即便如此，新渡戶稻造也受到誘惑，將西鄉再現為一位基督徒。《武士道：日本的精神》，拉特蘭市，佛蒙特州，以及東京，一九六九及一九七二年；第一版為一九〇五年。新渡戶稻造於其鏗鏘的維多利亞式散文中寫道：「我可以從西鄉引述另一個例子，在他突出的眉毛之間，寫道：『恥辱是羞於坐下』。『道即是天地之道；人的職責便是遵守天道；並將敬天當作人生的目標。上天愛我並以同等的愛愛其他人；因此以愛你自己的愛，愛其他人。將上天當作你的夥伴，而不是人，並盡你所能讓上天成為你的夥伴。不譴責他人；但是一定要努力成就卓越。』如此言論令我們想起基督教教誨，並且透過實際行動，我們得以目睹自然宗教能夠如此接近神啟。這些言論不只是話語，更體現於（西鄉的）行為之中。」新渡戶稻造，《武士道：日本的精神》，東京，一九七二年編輯，頁七八。

594 河源，《西鄉的傳說》，頁八七至九一。幸德秋水於一九一一年遭處決，享年四十歲。對於日本左翼的成員而言，幸德秋水自是英雄。由於他的事業終止得如此悲慘，所帶來的後果是社會主義運動的崩盤。幸德秋水也可以被歸類為世俗的悲劇英雄。

595 同前，頁八九。

596 關於頭山滿（一八五五至一九四四年）的評論，請見河源，《西鄉的傳說》，頁一〇八至一一〇。

597 河源，《西鄉的傳說》，頁一四〇至一四二。雖然北一輝（一八八四至一九三七年）從未獲得民族英雄的地位，研究其個性與一生將發現他與西鄉某些有趣的相似之處。兩人都具備顯而易見的單純、真誠的動機，以及對於「腐敗政客」的憎恨：由於腐敗政客太過膽怯，以致於無法在外交事務上採取強硬立場；兩人都極為活力十足且積極，但是卻在實際事務上缺乏判斷力，並且被捲入由其狂熱年輕追隨者發起、計劃不周全的叛亂，最終導致兩人的毀滅。

另一位熱忱的崇拜者為右翼政治人物中野正剛（一八八六至一九四三年），他是東方會的創辦人以及大政翼贊會的總書記，他與東條英機將軍長期爭鬥，最後選擇切腹自殺。當他的屍體被發現時，其書桌上一本西鄉的書兀自敞開著。

598 河源，《西鄉的傳說》，頁一四五。西鄉在軍隊皇道派的異議軍官之間特別受歡迎。他的反叛、不服從的天性，對於敵對的統制派建制軍官而言則有些可疑。其領袖東條英機將軍，為一九四五年前日本少數幾位強烈不贊同西鄉反抗當時合法政府的卓越人物。坂元，《南洲翁》，頁四九。

599 尚．斯托特澤爾（Jean Stoetzel），《沒有菊花或軍刀的青年：日本戰後青年的態度研究》（*Jeunesse sans chrysanthème ni sabre: Etude sur les attitudes de la jeunesse japonaise d'après-guerre*），巴黎，一九五三年，頁二三三。民調在一九四九年舉行。

600 統計數理研究所，《日本人的民族性》，東京，一九六一年。毫不意外地，西鄉隆盛與楠木正成在五十歲以上的民眾之間排名最高，在二十歲的民眾之間排名最低（此年齡層的第一名是細菌學家野口英世）；他們在勞動者與農民之間的排名最高，在老師與其他職業人士之間排名最低（他們之間的第一名同樣也是野口博士）。儘管態度上有所轉變（戰前像西鄉這樣的英雄排名必定更高），名單中卻不包含任何女性。

國立國會圖書館館長曾經根據出版數量，發表關於十六世紀以前日本政治與軍事人物受歡迎程度的研究。在一九四五年後的出版品中，西鄉以六十四本相關出版品遙遙領先（緊接在後的競爭者是西鄉的崇拜者中江兆民，請見本章註五八六）。西鄉所擁有的一九四五年前相關出版書籍也是最多的（一百五十三本，居於其後的競爭者乃木將軍一百一十本，請見本章註七六五）。小山綱島，《工進》，第二二五號，一九七三年四月；以及國立國會圖書館編輯的《人物文獻索引》，東京，一九七二年。

601 請見坂元盛秋的〈現代日本的悲劇英雄：人道主義者西鄉的真正面向〉，未發表手稿（之後簡稱為坂元的〈西鄉〉）。最近另一位權威寫了一本名為《（大）西鄉的人道主義》的書，將英雄對比林肯及甘地等傑出的「人道主義者」，與田典隆，《南洲翁的人道主義》，東京，一九六五年。

創作者不斷地將西鄉與在戰後日本備受尊敬的林肯做比較，令人想起狂熱的出版商也曾寫下吹捧性質的介紹，將旗下作者與梅爾維爾、卡夫卡以及其他時髦作者相提並論。坂元教授（請見本章註五八四）多年以來撰寫名為《西鄉隆盛，日本的林肯》之書，其中他企圖證明，西鄉的垮臺是因為他鼓吹中央政府廢除封地政策而惹怒了薩摩藩當局，以及大久保的「專制」，此為一九四一至一九四五年太平洋戰爭的遠因。

602 坂元，《南洲翁》，頁四六。作者是知名歌舞伎劇作家河竹默阿彌（一八一六至一八九三年），作品名稱是《雲層散去與西南（九州）早晨微風》。首演時間為一八七八年六月七日，政府官員、外國代表與其他知名人物都到場與會。若考量到西鄉叛變僅在九個月前終止，而他在明治政府的主要敵人大久保利通也在幾週之前被暗殺，如此的觀眾組合令人印象深刻。西鄉是由偉大的團十郎親自演出。

603 〈拔刀隊〉這首知名歌曲的作者是外山正一（一八四八至一九〇〇年），他是東京帝國大學的教授，之後成為教育部長，在眾多值得一提的成就中，也包括引進了愛國主義的「三呼萬歲」，相當於日本版的「歡呼三聲」（hip hop hurrah）。「天堂或人間沒有容身之處」這裡指的是板垣退助的斥責（請見本章）。

604 由河源引述，《西鄉的傳說》，頁四六。無法確認詩人的身分（河源認為可能是西堂或夫寬），但必然不是如當時大部分人所相信的，由西鄉本人所寫。

605 這首琵琶歌由前幕府官員與明治政治人物勝海舟（一八二三至一八九九年）所寫，他在叛亂前五年被任命為海軍卿。據說他花了四年時間寫下此歌謠，並獻給西鄉隆盛。這首歌被收錄在《志魂》（意為武士精神），鹿兒島，一九七〇年，頁一〇五至一〇七。

606 然而沒有任何一張照片或第一手雕像或肖像（請見本章註六二二）。

607 河源，《西鄉的傳說》，頁二七。美國動物學家愛德華．摩斯（Edward Morse）在薩摩藩叛亂期間居住在日本，他在日誌中如下陳述：「在我步行途中，發現人們擠在畫像店前，那裡掛著許多顏色繽紛的戰爭畫像……其中一幅畫中，一顆星星（火星）懸掛於天空，西鄉將軍就在畫中。將軍是叛軍首領，但是所有日本人都愛他。當鹿兒島被占領後，他與一眾徒弟（離開政府的官員）切腹自盡。許多人相信西鄉就在那個近來開始閃閃發亮的星星之上。」《每日日本》（*Japan Day by Day*），波士頓，一九一七年，頁六六。

608 請見第五章，關於源義經的例子。還有另一相似的例子，豐臣秀賴（一五九三至一六一五年）雖然不是英雄，仍然因為其不幸的一生與悲慘的結局而獲得歡迎。據說他逃出大阪城，並且躲開了德川軍隊的環伺，最終與一小群堅定的追隨者抵達薩摩。

609 河源，《西鄉的傳說》，頁二八至三二。

610 詳情請見河源，《西鄉的傳說》，頁二八。根據另一個理論，就在俄國王儲抵達後不久，西鄉將乘日本戰艦畝傍號回國。福澤諭吉在一八九一年的一篇諷刺文章中評論道，如果西鄉大王真的回到日本，它可能將因國務混亂而感到驚嚇，並隨即離去至另一個世界耕作他的農地！引述自《歷史研究》，一九七二年六月，坂元盛秋教授翻譯。

611 河源，《西鄉的傳說》，頁二八至二九。在他的《自由新聞》（請見本章註五八六），剛從帝國議會辭職的中江兆民宣稱，如果關於西鄉回國的傳言為真，這對日本而言將是最大的福音。《日本的歷史》第二十期，東京，一九六六年，《對談》，頁一。

一八九一年四月，《西鄉隆盛生平實錄》（*Saigō Takamori Kun Seizon Ki*）提供了在當時相當全面的論點與說法。該年年尾，有傳言認為政府將贖回西鄉隆盛在叛亂期間所發行的私人紙幣，這掀起了一陣騷動。當時西鄉隆盛的紙鈔仍然以非常大量的方式存在。然而，這則謠言如同其他千萬個謠言般，也被證明為不實之說，令紙鈔持有者大感失望。更多細節請見河源，《西鄉的傳說》，頁二六、頁三七。

612 《北辰新聞》（新瀉縣），一九八一年四月九日，由河源引述，《西鄉的傳說》，頁三八。

613 井上清，《明治維新》，（東京，一九六六年），頁四四〇。

614 河源，《西鄉的傳說》，頁一二二。

615 同前，頁一二三。

616 一般而言「隼人」一詞的起源為「隼」（hayashi，敏捷、靈巧之意）。

617 如此的社群自豪感與西鄉可能的「反動」傾向有關。請見田中，《西鄉隆盛》，東京，一九五八年，頁三。

618 下列年表是西鄉一生主要事蹟與現代日本歷史重要事件（以＊標示）：

一八二八年（一月二十三日）・出生於鹿兒島

一八三九年（十一歲）・進入氏族學校

一八四四年（十六歲）・離開學校並被任命為郡方書役助，擔任該職至一八五三年

＊一八四九年・島津氏繼承危機；西鄉支持齊彬

＊一八五一年・島津齊彬成為薩摩藩大名
一八五二至五三年（二十四歲）・西鄉父母與祖父去世
＊一八五三年・海軍准將培理抵達日本
＊一八五四年・日本首次對西方開港
一八五四年（二十六歲）・以齊彬隨從身分共同前往江戶
一八五五至五八年（二十七至三十歲）・擔任齊彬於江戶及京都等地的特務
＊一八五六年・湯森．哈理斯（Townsend Harris）被任命為駐日公使
＊一八五七年・《下田條約》制定美國貿易關係的規則
＊一八五八年・德川幕府簽訂另一項對外條約
＊一八五八年・島津齊彬去世，由其異母弟久光繼承薩摩藩藩主
一八五八年（三十歲）・企圖與朋友月照一同自殺
＊一八五八至五九年　安政大獄
一八五九年（三十歲）・第一次被流放
＊一八六〇年・幕府大老井伊直弼遭暗殺
一八六二年（三十四歲）・從第一次流放中歸來
一八六二年（三十四歲）・第二次被流放
＊一八六三年・英國海軍轟炸鹿兒島
一八六四年（三十六歲）・被特赦並從流放中歸來；被任命薩摩藩駐京都主要特使以及大名副官
＊一八六四至六五年・成功擊敗異議的長州氏族

＊一八六五年・巴夏禮以首位英國部長身分抵達日本；與薩摩藩建立密切關係
一八六五年（三十七歲）・與正房糸子結婚
＊一八六六年・薩摩藩與長州藩結盟對抗幕府
一八六六年（三十八歲）・於鹿兒島接待巴夏禮
＊一八六七年・孝明天皇去世；明治天皇繼任
＊一八六八年一月三日・明治天皇宣布王政復古
＊一八六八年四月七日・江戶城向尊王攘夷派軍隊投降；德川幕府垮臺
一八六八年（四十歲）・回到鹿兒島，在當地政府擔任氏族參議
一八七一年（四十三歲）・前往東京加入中央政府，成為參政
＊一八七一年・政府宣布廢藩置縣與中央集權：封建制度正式終結
＊一八七一年・岩倉使節團前往歐洲；西鄉、大隈與板垣成為「留守政府」的領導者
一八七二年（四十四歲）・被任命為近衛師團總司令與陸軍元帥
一八七二年・與明治天皇凱旋回到薩摩
＊一八七三年・政府宣布全民徵兵令
＊一八七三年・岩倉使節團歸國
一八七三年（四十五歲）・朝鮮危機後自政府辭職；回到鹿兒島並在一八七四年（四十六歲）建立私塾
＊一八七四年・佐賀武士起義
＊一八七六年・政府宣布廢刀令並廢止其他武士特權
＊一八七六年・熊本與荻市武士起義

一八七七年二月十七日（四十九歲）・率領薩摩藩叛亂（西南戰爭）

一八七七年九月二十四日（四十九歲）・戰敗並於鹿兒島自殺

＊一八八九年・明治憲法公布

一八九〇年（死後十三年）・追敘正三位

一八九八年（死後二十一年）・銅像豎立於上野公園

619 西鄉家族源於菊地氏，十四世紀時，菊地氏效忠南方王室並為後者作戰，並與楠木正成同屬戰敗的一方。西鄉隆盛的父親是第九代，其祖先在十八世紀時成為島津氏的家臣，後者是薩摩藩的世襲藩主。他屬於平侍（中階武士），根據畢司禮的定義：「保有完整武士地位，顯然高於足輕（步兵），但是不屬於與大名親近的上層武士小團體。」畢司禮，《明治維新》，史丹佛，一九七二年，頁四二八。

簡化版的系譜請見〈圖表九〉。

620 請見本章。

621 薩道義，《明治維新親歷記》（*A Diplomat in Japan*），倫敦，一九二一年，頁一八一。

622 田中，《西鄉隆盛》，頁一。這份關於西鄉生殖能力天賦異稟的非正式報告，應是英雄傳統的一部分（請見第五章註二一四），其假設關於西鄉的外觀描述是傳說誇飾的一

〈圖表九〉

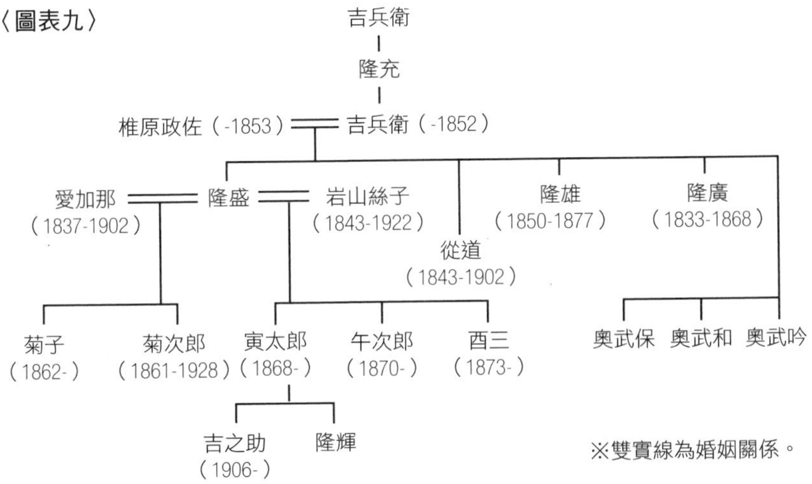

※雙實線為婚姻關係。

部分，但是他鬆垮、特大號的軍服（曾收於靖國神社博物館，目前為私人收藏）則可準確地測量並且確認屬於這位英雄。

一個值得注意的事實增添了西鄉隆盛的傳奇特質，並且讓他更接近源義經與正成，而非木戶與大久保等知名當代人物，即他從不願入鏡，無論是團體照也好，或是獨照也罷，他甚至拒絕與明治天皇合照。在他生活的時代，日本人對於相機的狂熱早已經展開，其他知名的明治人物都出現在各式各樣的相片中。西鄉因為不在一八七一至一八七三年間政府領導人物的團體大合照而引人疑竇。他的醫生也沒有保留任何個人肖像、速寫或是雕像。所有關於西鄉隆盛的當代圖畫與雕像，包括耶多阿多．奇歐索聶（Edoardo Chiossone，一八三二至一八九八年；在日本推廣油畫技巧的義大利藝術家）的著名作品，都由與他相識的人所創作，但他從未為任何人擺姿勢。因此我們甚至不知道西鄉是山羊鬍或八字鬍。他在絕大部分的明治圖畫中，臉部甚多毛髮，但是在官方的肖像與雕像中則沒有鬍子。

為什麼西鄉如此奇特，不願被保存在任何視覺媒材中呢？僅是謙虛並不足以解釋，因為他從不迴避大眾關注。很有可能是因為他對自己的身形感到尷尬，或者他偏好自己是以成就與個性為人所知，而非他的外觀特徵，或者他受到「無私」信仰的影響（請見本章）。也許還有更細微且未被察覺的因素，即深層的道德羞恥感，與自慚形穢——相同的動機讓他拒絕頭銜、獎項與其他世俗榮耀。確實，相同的動機也激發他死亡的念頭（請見本章）。

623 內村鑑三，《代表的日本人》（東京，一九七〇年）頁二一，將他描述為「愚鈍、寡言的青年」，他的許多同學則認為他是「阿呆」。他的綽號是「Udo」，意思是大而無用的傢伙。

624 田中，《西鄉隆盛》，頁二九六，以及馬厄利爾．詹遜（Marius Jansen）的《坂本龍馬與明治維新》（*Sakamoto Ryōma and the Meiji Restoration*），普林斯頓，一九六一年，頁一八九。關於路德的「口齒不清的倔強」與「神祕且強烈的不容侵犯」，請參見愛利克．艾瑞克森（Erik Erikson）的《青年路德》（*Young Man Luther*），紐約，一九六二年，頁八三。

625 在關於大久保的「心理歷史分析」中，埃博特．卡拉格指出，在薩摩青年武士之間，喧鬧的惡作劇像是男子氣概的象徵。（卡拉格與史佛利編輯的《日本史中的人物》，頁二六九、頁二七四與頁二七八）。理想中的九州戰士會因為正當的理由而準備好打破規矩。

626 武者小路，《大西鄉》（*Great Saigō*），頁八六，並請見後方的註六三八。這個特別的事件（令人想起大鹽吃魚的故事，請見第八章）或許是杜撰的，但是卻是關於這位英雄熱情本質的典型軼事。

627 武者小路實篤（一八八五年生）。《大西鄉》，頁三四一。

628 此外交官為薩道義，他對西鄉的印象引述於《對談》（請見本章註六一一），頁六。

629 克雷格與史佛利，《日本史中的人物》，頁二七四。

630 內村鑑三，《代表的日本人》，頁二一。

631 武者小路，《大西鄉》，頁八。

632 詩句出處：

(1)高崎五郎右衛門（一八六五年）（第一至二句）

(2)愚生（約一八七〇年）（第三至四句）

(3)愚生（一八七四年）

633 一八六三年四月四日，致信德都廳。

634 由田中引述於《西鄉隆盛》，頁二九八。

635 武者小路，《大西鄉》，頁四。

636 西方人對於西鄉的英雄——島津齊彬（一八〇九至五八年）的評價，請見威廉·埃利奧特·葛里菲斯（William Elliot Griffis）的《皇國》（*Mikado's Empire*），紐約，一九一三年，頁一三七至三七：

「就個人特質、能力、活力與遠見而言，南方大名之中，最為卓越的當屬薩摩藩王子（島津齊彬）了。在所有大名之中，他的富有程度也僅次於加賀。如果他仍在世，毫無疑問地將帶領一八六八年的革命運動。除了鼓勵所有古文學與歷史的學生，他最積極從事的，便是發展自身藩地的物質資源，並且精進軍事組織，如此一來，當突襲幕府的時機成熟時，他將為天皇提供軍力，讓政府獲得完全的成功。為了執行計畫，他鼓勵人民學習研究荷蘭語以及英語，如此一來才能學習現代戰爭與改進科學的技巧。他根據國外的原則建立火炮鑄造廠與磨坊。薩摩藩王子的名聲擴及整個帝國，來自全國各地的許多年輕人競相想要成為他的門徒或學生。他的首都鹿兒島，成為繁忙的手工業與智識活動的中心。與這股心智及手工能量同時高漲的，是相信幕府終結的時刻指日可待，幕府必然將垮臺，唯一的權威來源是天皇。令所有人無比悲傷的是，一八五八年，當薩摩武士與學生都將王子視為帶領人民度過往後危機的領導者時，他卻因病逝世了。」

637 西鄉與水戶學大師藤田東湖的首次會面，是在一八五四年的五月。東湖在隔年去世，享年四十九歲。

638 齊彬主要的目標是確保德川慶喜的繼任。計畫在一八五八年失敗，但是在一八六七年時，慶喜成為第十五任也是德川最後一任將軍。值得注意的是，在此階段，幕府政府的主要政治權力並不是掌握在將軍而是大老（攝政）手中；自一八五八年起，此重要職位便由井伊直弼（一八一五至六〇年）擔任，井伊直弼的暗殺也激發西鄉發動激烈的起義（請見本章）。

639 舉例而言，一八五八年他曾旅遊至下列各地：

一月：（自下田）抵達江戶

四月：江戶至京都

五月：京都至江戶

六至七月：江戶至鹿兒島（二十天）

七至八月：鹿兒島至福岡（八天）、大阪（十天）與京都

九至十月：京都至江戶（十天）再至京都

十至十二月：京都至伏見、大阪、京都、大阪、鹿兒島（十一天），之後被流放。

西鄉移動的詳細紀錄，請見坂元盛秋，〈西鄉隆盛生平年表〉（未公開手稿）。

640 武者小路，《大西鄉》，頁四七至四八。月照（一八一三至五八年）是佛教法相宗門派成員，也是（京都）

清水寺的住持。他是忠誠的尊王攘夷派，並與王室貴族成員合作推翻德川幕府，「恢復」天皇。這導致他被下令逮捕，最後逃往薩摩並且戲劇性地死亡。

641 坂元盛秋，《南洲翁》，頁一〇、頁三九。西鄉隆盛的後人保存了月照兩首詩，與西鄉所作關於自殺的詩，並且每年在溺斃週年時舉辦紀念活動，向文稿致敬。

642 氏族當局臣服於幕府的壓力，拒絕在薩摩提供月照庇護，並將他流放至該藩的西方邊境；抵達日向市邊界之際，他肯定會被其護衛殺害（詹姆士．穆朵克，《日本史》，倫敦，一九二六年，第三部，頁七一六），或是被幕府警察逮捕處死。根據坂元（《城山陷落》，第二部〈鹿兒島，一九六三年〉，頁三六）所述，他決定自殺，因為他無法實踐對月照資助者近衛王子的承諾，拯救住持的性命。

643 內村鑑三，《代表的日本人》，頁二二、頁二八。

644 請見本章。

645 三島由紀夫，《王陽明思想作為革命哲學之法》，收錄於《諸君》月刊，一九七〇年九月，頁三八。

646 由坂元引述於《南洲翁》，頁一八。西鄉定期造訪月照位於鹿兒島的墳墓。

647 絕大多數撰寫西鄉隆盛的作家，傾向避談英雄自殺未遂的內在意涵，通常此事件遭到完全抹除。令人驚訝的是，在日本有許多人甚至不知道西鄉曾經企圖自殺。當然，對於三島由紀夫而言，西鄉自殺的嘗試極為重要，在他最後的文章中，他將此事的精神重要性與大鹽平八郎幾乎在琵琶湖溺斃的事件相比。

648 三島由紀夫，《王陽明思想作為革命哲學之法》，頁四三；河源，《西鄉的傳說》，頁九六。神風特攻隊生還者也曾表達「已經離世」的類似感覺（請見第十章）。

649 所謂的安政大獄，從一八五八年持續至一八五九年，由幕府攝政井伊直弼下令，目的為抑止各藩地日益壯大的異議運動。齊彬若非舊疾復發離世，也許也會被迫辭去大名一職。（參考畢司禮，《明治維新》，頁一三七）。西鄉被流放為薩摩藩當局的決定，即島津久光與他的同夥。將麻煩的年輕武士與其同路人自公眾生活中除去，其主要壓力確實來自江戶，但正如畢司禮所說（同前，頁一四一），許多大名早已準備好仿效攝政，懲罰幕府的敵人；此外，西鄉與他的新領主之間也存在著強烈的敵意。

650 久光（一八一七至八七年）是島津齊彬的弟弟，自一八五八至一八六八年間，以其子（忠義）之名統治薩摩藩。在關於西鄉生平的傳統故事中，相較於正直的兄長，久光的形象通常是「壞蛋」。

651 西鄉第一個流放（一八五九年）地點是大島。一八六二年，他被送往德之島，之後又被移往沖永良部島。琉球島鏈在十七世紀時曾為薩摩藩的領土。

652 武者小路，《大西鄉》，頁一一六。

653 同前，頁一一六至一一七。

654 田中，《西鄉隆盛》，頁一三六。

655 武者小路，《大西鄉》，頁八八。

656 同前，頁八八至八九。

657 當他前往大島時，據說帶了超過一千兩百本書，其中絕大多數都是中國歷史與哲學。他在一八六三年五月致信給一位友人：「因為我是囚犯，許多人顯然認為我處境堪憂。並非如此，我將投身書海，讓自己成為一個『有用的學者』。」由坂元盛秋引述於《西鄉隆盛》，東京，一九七一年，頁一〇。

658 「縱不回光葵向日，若無開運意推誠。」坂元，《南洲翁》，頁一四。這首詩是西鄉於一八六二年所寫，並由勝海舟（請見本章註六〇五）刻在東京洗足池附近的石碑上。

659 系譜請見本章註六一九。西鄉最大的兒子菊次郎（一八六一至一九二八年）於一八六九年離開鹿兒島，十一歲時曾於美國讀書兩年。在一八七七年的叛亂中，他為父親作戰，並在最終的城山之戰中失去了一條腿。當西鄉死後恢復職位，政府指派菊次郎擔任京都市長六年，藉此紀念他。
在流放前，西鄉娶了第一任妻子，但是很快就離婚了，我們甚至不知道她的名字。他在島上的妻子地位過低，因而無法獲得正式認可，在一八六五年，當他自流放後歸來時，大久保說服他迎娶某位薩摩藩官員的女兒，而他們也生下三名男孩。整體來說，他似乎對妻子或孩子不感興趣，在少數幾篇提及家庭的詩中，最有名的便是〈感懷〉（一八六八年），他確認了自己的真誠與正直，表明自己將不會像當時絕大多數成功的人物，購買優良的稻田贈與兒孫（不為兒孫買美田）（坂元，《南洲翁》，頁一九），並堅決將此決定付諸實踐（請見頁二四六）。作為典型的悲劇英雄，西鄉直至生命盡頭，都埋首於自己人生劇烈起伏的動能，而沒有時間享受家庭溫暖。在猛烈的英雄氣概之外，西鄉人生的其他部分注定淡然無味。

660 坂元盛秋，《西鄉》，頁一六。

661 〈別土持成照〉，坂元，《南洲翁》，頁一五，這首詩的開頭是：

別離如夢又如雲
欲去還來涙紛紜
獄裡仁恩謝無語
遠凌波浪痩思君

十年後，他在最後一次辭去官位之後，寫下著名的詩句：「**雖然在囚，我知道天意；但在朝時，我卻喪失了道德感。**」（意即真心的作法）。

662 畢司禮在他重要的明治維新研究中指出薩摩藩與長州藩的最終結盟，澈底擊敗了德川幕府：「一八六六年初期兩個領土的聯手完成了這樣的再結盟，象徵『打倒幕府』與『富國強兵』的聯姻，也是反幕府政治與追求民族力量的結合。」畢司禮，《明治維新》，頁四一〇。

663 為了準備巴夏禮的到訪，西鄉致信給他位在京都的朋友大久保，緊急要求他找尋麥考利（Macaulay）《英格蘭史》（*History of England*）第一、二卷，並將它們寄給島津久光，如此他才能在與這位外國訪客會面時，準備得更加完善。武者小路，《大西鄉》，頁二一八。

664 薩道義對於西鄉隆盛的印象請見本章。薩道義在神戶會面時的建議，是英國對於薩摩藩的支持將抵銷法國對於幕府的協助。

665 例如，請見內村鑑三，《代表的日本人》，頁二七。

666 雪爾登（Sheldon）教授猜測在戊辰戰爭的二十四場主要戰役中，共計有一萬人被殺。《亞洲事務期刊》（*Journal of Asian Studies*），一九七四年二月，頁三一五。

667 由武者小路引述於《大西鄉》，頁二四六。

668 保羅．赤松之研究，《明治一八六八：日本的革命與反革命》（*Meiji 1868: Revolution and Counter-revolution in Japan*）（倫敦，一九七二年），為「大革命系列」（The Great Revolution Series）的第三部。我的評論文章挑戰《今日歷史》（*History Today*，倫敦，一九七二年七月）將明治維新歸類為革命的概念。

669 畢司禮教授以下列文字總結他的想法（請見本章註六六二）：「……就『革命』的完整意義而言，我不願稱呼維新是一場革命。一部份是因為日本所發生的事件缺乏公開宣示的社會目的，而歷史上『偉大』的革命往往擁有共同的社會目的。不過也是因為維新之所以發生的社會本質，『封建』與『資本』元素以共生方式合作，致力於獲得民族力量……當這些標準的分類無法充分套用在維新活動之上時，該怎麼辦呢？也許只能稱維新為民族主義革命、並承認維新之所以可以實現，背後有其所隱藏的情緒意義罷了。」《明治維新》，頁四一〇。

670 「位階對於像我這樣的鄉村農民沒有意義。」由田中引述於《西鄉隆盛》，頁二七四。

671 根據田中（《西鄉隆盛》，頁二七八），與其說官方承認他的才能，不如說是希望將他趕出薩摩藩，因為他在那裡有可能成為反政府異議分子的核心人物。這顯然也是西鄉自己的理解。他在幾個月前的信中（請見本章註七二六）表示只要自己過著自在的退休生活，政府就會害怕他正在進行某個危險的計畫，因此試圖以「金線」（薪餉）綁住他。

672 這首詩的結尾是「犧牛繫杙待晨烹」。西鄉在此詩引述了即便被賜與豐厚獎賞，莊子仍拒絕為楚王做事的典故。如果他傻到接受邀請，就會像犧牲的牛，在被像是國王般對待了多年之後，等待的是即將到來的宰殺，並希望自己只是隻年輕的豬（然而西鄉不像莊子，他並未拒絕如此犧牲的角色）。

673 其他主要成員有：三条王子（總理）、岩倉王子（右大臣）、大久保（財政部長）以及木戶、大隈與坂垣（參議）。

674 坂元，〈西鄉隆盛生平年表〉，頁二八。

675 田中，《西鄉隆盛》，頁二八七至二八八。

676 《南洲遺訓》（請見本章註五八四）。

677 內村鑑三，《代表的日本人》，頁二二。關於王陽明宋明理學形式與對日本的影響，請見第八章。

678 坂元盛秋，《西鄉》，頁四。

679 三島由紀夫，《王陽明思想作為革命哲學之法》，頁三八至三九。關於太虛與其在王陽明哲學的重要性，請見第八章。

680 坂元盛秋，《南洲翁》，頁二八。

681 「……只有真誠才能成就事業。」河源，《西鄉的傳說》，頁一七五至一七六。

682 坂元盛秋，《南洲翁》，頁三二。

683 內村鑑三，《代表的日本人》，頁四三。

684 坂元盛秋，《南洲翁》，頁三一。

685 內村鑑三，《代表的日本人》，頁四四；以及武者小路，《大西鄉》，頁一二三。「自戀導致失敗」（內村，出處同前）。這裡指的當然是道德上的失敗。

686 由內村鑑三引述於《代表的日本人》，頁四四。

687 〈示子弟〉的頭四句，由坂元引述於《南洲翁》，頁二〇。

688 坂元盛秋，《南洲翁》，頁三三。

689 源自《大學》：「誠於中，形於外。故君子必慎其獨」，《四書》，香港，一九五七年，頁九。

690 禪學與王陽明哲學的關聯，請見第八章。

691 「不與人爭，誓與天鬥」，由河源引述於《西鄉的傳說》，頁一七五至一七六。更令人印象深刻的維多利亞式譯文，請見本章註五九三。

692 內村鑑三，《代表的日本人》，頁四三，論及律法與先知。新渡戶稻造的評論請見本章註五九三。

693「『武士的同情』有一種聲音，能夠立即喚起我們（日本人）內心的高貴情懷；不是因為武士的慈悲，與其他任何人的慈悲有所不同，而是因為它意味這樣的慈悲並非盲目的一時衝動，而是承認對於正義應給予恰如其分的尊重，慈悲不只是某種心理狀態，而是願賭注生命，以進行支持……對弱小、對被踐踏或對被擊敗者的仁慈，對於武士而言，總是特別被稱頌的。」新渡戶稻造，《武士道：日本的精神》，頁四二至四三。

694根據現代的敘述，他們的茅舍不到二十平方呎，看起來更像是馬廄，而非人類的住所。《薩摩藩慶喜》，由河源引述於《西鄉的傳說》，頁一二三。

695在西鄉其中一篇意見書中（對於武士官員而言，可說是絕對直言不諱的文件），他批評當局的殘暴，並且觀察到許多工作繁重的居民試圖逃跑，捨棄了自己的牛隻與農具，最後仍被數百人強迫帶回。河源，《西鄉的傳說》，頁一二三。

696參考赤松，《明治一八六八》，倫敦，一九七二年，頁三〇四至三〇五；田中，《西鄉隆盛》，頁一三六至一三七、頁二二八；河源，《西鄉的傳說》，頁一二六；以及井上清，《明治維新》，東京，一九六六年，頁四至六、頁一四六至一四七。根據井上清教授與其他現代學者的看法，西鄉在維新後成為「反革命分子」。該詞在歷史脈絡中完全不恰當；但是西鄉確實反對社會革命，他後來對於薩摩農民的態度，令人想起路德對於一五二四至二五年農民起義的反對。

697由河源引述於《西鄉的傳說》，頁一三三。

698集所有西式奢華於大成的象徵便是鹿鳴館——一間位於東京，以十八世紀德國皇宮風格設計而成的俱樂部。明治的領袖在如此不協調的場合為外國賓客舉辦派對、接待與舞會。對於民族主義者西鄉的後繼者而言，鹿鳴館特別成為憎恨的目標，就如索多瑪與蛾摩拉，理應保護日本精神的人卻在那裡模仿外國舉止，而損害了日本。福澤諭吉於一八九一年寫道：「在鹿鳴館的派對上，一位賓客的花費，或是帝國飯店的一餐，就超過西鄉大王一整個月的生活開銷。」引述自《歷史研究》，一九七二年六月（坂元盛秋教授翻譯）。

699「……孩子在成長的過程中，被教導應完全無視經濟情況。談論這個議題咸認是品味欠佳，無法區辨硬幣的個別價值，是良好教養的象徵。」新渡戶稻造，《武士道：日本的精神》，頁九八。與大鹽對於金錢的態度之比較，請見第八章註五四五。

700 內村鑑三，《代表的日本人》，頁三九。採用金本位後，日圓價格是美元的一半。

701 同前。根據他的原則（請見本章註六五九），西鄉沒有給予妻子或孩子任何物質享受，死後也未留下遺產。

702 河源，《西鄉的傳說》，頁一三二至一三三。

703 羅伯茲（Roberts），《三井：三個世紀以來的日本企業》（*Mitsui: Three Centuries of Japanese Business*），紐約，一九七三年，頁九六。

704 內村鑑三，《代表的日本人》，頁四一。

705 一八七二年，當西鄉正與近衛師團在越中島參加作戰演習，發生了一件與午餐有關的插曲。午餐時間時，所有將領拿出各自精緻的漆器餐盒。此時，西鄉的副手知道自己的主人品味簡樸，遞給他一顆大飯糰。當西鄉打開包裝紙後，不小心讓飯糰掉到地上並滾入沙中。西鄉毫不在乎地拾起飯糰，拭去沙子，並且開始津津有味地咀嚼。據說目睹此景的士兵都對自己將領「謙遜的行徑」感到印象深刻。故事由名為山本家慶的目擊證人所述說，收錄在《南洲翁逸話集》，東京，一九〇三年，頁八七。

706 內村鑑三，《代表的日本人》，頁四二。

707 請見本章。

708 一八七一年，武士「獲准」剪去傳統頂髻並且不帶刀出門；五年後一項法令禁止除了軍事官員與警察外的所有人攜帶刀劍。

709 請見井上清，《明治維新》，頁四二八；以及田中，《西鄉隆盛》，頁二一四。

710 三島引述以下某位九州武士於一八七六年時遞交給政府的激昂辯詞，該辯詞為〈關於宣布禁止帶刀的請願〉的一部分：「就我看來，佩刀為遠古神話時代以來神武天皇領地的特色。佩刀與我們的民族起源密不可分，強化皇位尊嚴、慶祝眾神儀式、驅逐惡靈，並且平息混亂。刀不僅維持了民族的寧靜，更保衛個別市民的安全。確實，對於如此敬神的戰鬥民族而言，絕對必要，而且一刻也不容忽視的便是刀。那些承擔制定國家政策，以榮耀上天與神之領地的人，怎麼會如此不注重刀呢？」《奔馬》，麥克．蓋勒（Michael Gallagher）翻譯，紐約，一九七三年，頁七五至七六。

711 井上清，《明治維新》，頁三四四、頁三四六。

712 畢司禮，《明治維新》，頁三六三。西鄉一如往常地堅持，軍隊的精神比人數或技術更重要，而維繫如此精神，端賴諄諄教誨傳統武士價值觀：「常備軍的數量必定受財政所限制。不應白費力氣展示軍力。培養一隻精挑細選的部隊，並且鼓舞他們的軍事精神，即便只是一小支部隊，也足以抵抗外來攻擊，以及外國的輕視。」武者小路，《大西鄉》，頁九。

713 井上清，《明治維新》，頁一四四、頁三四〇。

714 田中，《西鄉隆盛》，頁二六三。

715 畢司禮，明治維新，頁二五九；桑塞姆，《西方世界與日本》，倫敦，一九五〇年，頁三三九至三四〇；赤松，《明治一八六八》，頁二九五。

716 根據福澤諭吉，若非西鄉同意，廢除封地政策不可能如此輕易達成。《丁丑公論》，收錄於《福澤諭吉全集》（東京，一九二五至二六年），第六部，頁五三四。

717 坂元盛秋，《南洲翁》，頁二六。

718 轟炸是英國不滿理查森（C. L. Richardson）遇害的合理結果，後者在橫濱市附近遭薩摩侍從殺害。轟炸摧毀三分之一的鹿兒島市，也包括島津齊彬的工業建設集成館。集成館是薩摩現代化推動者的驕傲與喜悅。詳情請見畢司禮，《明治維新》，頁一九九至二〇〇。

719 同樣地，美國對於日本的攻擊，特別是一九四五年八月的原子彈轟炸，雖然幾乎摧毀日本，卻沒有讓日本遠離西方與其價值觀，反而開啟了自明治時代初期以來，最劇烈的西化與效仿一切外國事物的時期。

720 坂元盛秋，《南洲翁》，頁二四至二五。

721 同前，頁二四。

722 坂元盛秋，《西鄉隆盛》，頁九三。這位高尚的武士是橫山安武，他的弟弟（森有禮）後來成為日本首任教育部長。

723 武者小路，《大西鄉》，頁三一二、頁三一三。

724 同前，頁三一四。

725 請見本章。

726 「……當矯正（政府）弊病的時機到來，我絕不會當個無所事事的旁觀者」，接下來西鄉將中央政府官員形容為「竊賊」，並表示任何建議他加入政府的人，必定認為他也是竊賊的好夥伴。這是西鄉在一八七〇年時寫給庄內大名家臣的信，被坂元盛秋詳細地引述於〈年表〉，頁一九至二一。就實際狀況而言，西鄉對新統治者的抨擊有些誇張，第一個真正的醜聞，其實一直到他死後幾年才發生。

727 陸奥宗光，由河源引述於《西鄉的傳說》，頁一二六。陸奥（一八四四至九七年）是紀伊藩的武士，活躍於明治維新時期，並被新政府賜與許多官職。不過，正如西鄉，他對政府的政策逐漸感到不滿，並在薩摩藩叛亂之際資助了土佐的起義。他的行徑被發現及懲罰，但在後來修改不平等條約時，成為政府的重要成員。他的事業以成功作收，因此也顯得不那麼英勇。

728 傳奇的西鄉，基本上以**非政治**人物受人尊敬。政治是一個基於冰冷事實、現實主義、妥協與物質成功的世界（請見第二章註七十八）；西鄉占據了完全不同的領域。一般來說，好的政治人物被認為是「聰明人」（利口者），與英語一樣，這個詞在日語也有貶抑的意涵。就此方面而言，西鄉絕對不聰明；單純的本性，讓他在政治之中注定被像大久保利通般如此小心翼翼、算計的領導者擊敗。

729 在德川時期，日本外交公文通常會署名大王或大君。在王政復古後，日本開始使用天皇陛下（皇上），但除了中國統治者以外，傳統上韓國不會收到來自其他國家使用此詞的公文。武者小路，《大西鄉》，頁三四三。

730 坂元盛秋，《城山陷落》，第二部，頁九。

「……他在幾個犧牲任務中冒著生命危險，包括一八六四年時造訪長州藩，當時他被那裡的人視為是最大敵人，以及在一八六八年時沒有攜帶武器進入江戶城。有時候西鄉必然認為死亡有意在閃躲他。」坂元，〈年表〉，頁三四。

731 例如井上清，《明治維新》，頁三四三至三四四。

732 同前，頁三四六。

733 在久遠的過去，比起北海道甚或本州西北部，朝鮮半島的南部地區反而與日本在政治與心理上的關係更近。在歷史的不同時期，特別是十六世紀晚期，日本統治者嘗試收復他們深信曾是其王國的一部分，此外，此處也是面對大陸時的天然屏障。

734 內村鑑三，《代表的日本人》，頁三二及三三。也請見河源，《西鄉的傳說》，頁一三四。河源形容西鄉是「大陸擴張主義的不屈象徵」。

735 貝里等人所編輯，《日本傳統之根源》，紐約，一九五八年，頁六五六。此信的收信人是同為參議的板垣退助，後者猛烈批評政府對朝鮮的態度懦弱。在數週後，他致信給板垣並寫道：「假使我們派遣特使前往韓國，告訴他們我們至今從未懷有敵意，斥責他們破壞兩國之間的關係，同時要求他們修正昔日的傲慢，並在未來努力改善關係，我很確定朝鮮輕蔑的態度將會顯露無遺。此外，他們絕對會殺了這位使節。」貝里，頁六五六。

736 《大西鄉全集》，第三部，頁一二〇一。

737 三條王子是處事優柔寡斷的總理，他反對對朝鮮宣戰，但又不想在沒有岩倉使節團成員的支持下與西鄉正面衝突。大久保在（一八七三年）五月、木戶在七月，岩倉王子與伊藤則在九月自歐洲歸國。

738 主張對朝鮮宣戰（或是逐步導致戰爭）的主要支持者有：江藤新平（佐賀）、佐藤象二郎（土佐）、板垣退助（土佐）、西鄉隆盛（薩摩）以及富島種臣（佐賀）。主要的反對者有：伊藤博文（長州）、岩倉王子（公卿）、木戶孝允（長州）、大久保利通（薩摩）、大隈重信（佐賀）以及三条王子（公卿）。值得注意的是岩倉使節團的所有成員都反對宣戰。

739 井上清，《明治維新》，頁三五二至三五三。

740 同前，頁三六三。

741 寄給(板垣)的信是由井上清引述於《明治維新》,頁三六〇,以及內村鑑三,《代表的日本人》,頁三四。西鄉長期以來困擾的絲蟲病復發,因此備受折磨。

742 坂元盛秋,〈年表〉,頁三〇。

743 武者小路,《大西鄉》,頁三五九。

744 坂元盛秋,〈西與隆盛的施與遺訓〉(未公開手稿),頁八。

745 「(一八七三年的)危機決定了明治政府未來二十年的本質與政策。首先,它標示了鬆散而廣大的維新聯盟瓦解的最後階段,此聯盟由公卿、藩主、各地各階層武士組成,取而代之的是對於國家未來有著相對一致觀點的核心集團。西鄉的辭職分裂了薩摩代表團,超過一半以上的人退回至鹿兒島。由於其中包含許多士兵,軍事便成為長州所司之事。」畢司禮,《明治維新》,頁三七六。

746 坂元盛秋,《南洲翁》,頁一八。

747 同前。

748 內村鑑三,《代表的日本人》,頁四八。

749 「西鄉不喜歡與叛國的日本人交談。」三宅雪嶺(一八六〇至一九四五年)寫道。他是極端民族主義記者,也是西鄉的崇拜者,「並且喜愛他忠實的狗。」由坂元引述於《南洲翁》,頁二二。

750 坂元盛秋,《西鄉》,頁四七至四八。

751 坂元盛秋,《南洲翁》,頁三二。

752 全國各地政府辦公室被要求展示江藤的首級照片。坂元盛秋(〈年表〉,頁三八至三九;《西鄉》,頁四三至四七)詳細描述審判與處決的事件,根據他的描述,此為卑劣的大久保公然煽動下所造成的司法不公。

753 神風連在三島最後作品之一的《奔馬》(請見第五章註二三〇)中扮演重要角色,他在小說裡頭安插關於一八七六年叛亂的詳細描述,作為小說中的小說。三島的紀錄惟妙惟肖地模仿明治風格的,根據此紀錄,熊本市的愛國者將一切外國創新,甚至是電報纜線,都視為對神聖土地的玷汙。當他們不得不走在電纜線下時，會以白色扇子遮住頭部，或者看到身著西式服飾的男子時，他們會撒鹽潔淨自己。他們的名字是紀念十三世紀時拯救日本免於蒙古入侵的「神風」，另一方面，他們也準備在外國侵犯的某日拯救自己的國家。最後一根稻草則是政府禁止武士帶刀。

對衛戍部隊的攻擊行動中，神風連成員拒絕使用槍枝或其他西方武器，最後被政府火炮迅速殲滅。三島對於這樣自殺式的決定有如下解釋：「……神風連願意放棄使用火炮的決定說明了他們的意圖。神將會幫助他們，而他們的目的正是單憑著刀，挑戰神痛恨的西方武器。隨著時間推移，西方文明將會發明更可怕的武器，並瞄準日本。屆時為了抵抗攻擊而焦慮的日本人，難道不會因陷入殘忍的打鬥，而喪失古老崇拜的希望嗎……？只帶刀參與戰鬥甚至甘願承受潰敗，這只能說明每位神風連男子表達的熱切期盼。此乃英勇大和精神的精髓。」

以神風連作為象徵代表的「純淨的決心」，是三島小說中的犧牲英雄——無庸置疑，也是三島本人的強烈靈感。

754 當然，這些農民起義更多是因為對於經濟的不滿而非意識形態，並且屬於百姓一揆的傳統（請見第二章）。政府的鎮壓相當殘暴。一八七五年三重縣農民叛亂失敗後，至少有五萬名參與者遭懲罰。井上清，《明治維新》，頁四三五。

755 武者小路，《大西鄉》，頁三九三至三九四。

756 井上清，《明治維新》，頁四四一。

757 武者小路，《大西鄉》，頁四〇七。

758 坂元盛秋，《城山陷落》，第二部，頁一五，與〈年表〉，頁五二。

759 武者小路，《大西鄉》，頁四〇八。兒子是菊次郎（一八六一至一九二八年）。西鄉理解到他對災難束手無策，是日本悲劇英雄事業中的典型處境（請見第八章）。

760 「我會為你們奉獻生命」，由井上清引述於《明治維新》，頁四四二，以及武者小路，《大西鄉》，頁四〇九。

761 根據內村鑑三（《代表的日本人》，頁三七），叛亂出於沮喪與絕望，原因是西鄉理解到明治維新產生的結果與他預期的正好相反。當然我們必須記得西鄉從未計畫這場叛亂，儘管其爆發滿足了心理與意識形態的需求。根據坂元教授的觀點（〈年表〉，頁三一及各處），戰爭的政治基礎是薩摩藩兩個主要派系長久以來的不和，即以島津久光親信大久保利通為核心的高階「保守」團體，以及由久光夙敵西鄉隆盛所領導的低階「改革主義」團體。根據此陰謀論，西鄉的政治挫敗是久光操弄的必然結果，後者（透過大久保）利用朝鮮危機作為拔除西鄉的藉口。

762 天地的罪人。這封信寫於一八七七年三月三日，收信人是擔任征討大總督的有栖川宮親王。坂元，《南洲翁》，頁四九至五〇。坂元教授寫道，西鄉的信中清楚表明他不期待贏得戰爭，「但他認為，為了人性的良善，他有責任讓帝國政府分辨是非。」坂元盛秋，《城山陷落》，第二部，頁二六。同樣地，西鄉在三月三日致信鹿兒島縣長，表示如果攻擊他的政府軍是由皇室王子領軍，他將擊敗他並繼續往東京前進。（出處同前）顯然西鄉的「真誠」高於對於皇室人員的尊敬，也讓他面對不敬罪的指控時無所畏懼。

763 二月七日，大久保致信伊藤博文表示，當聽聞薩摩藩起義時，「他暗自歡呼」，因為「對於皇室而言是件值得開心的事」，坂元，〈年表〉，頁五〇。

764 前進，而不是行進：因為西鄉的肥胖，他整段路程都乘坐椅子。坂元，〈年表〉，頁五四。

765 在熊本的戰鬥中，政府的損傷之一是十四聯隊的皇旗。十四聯隊由乃木少校（後來成為將軍）所率領。二月二十二日，薩摩藩軍隊奪下軍旗，並將它們送往西鄉的總部。儘管乃木戰績彪炳，據說這個恥辱深深影響他之後的人生。一九一二年，乃木將軍自殺，其中一項原因是他對三十五年前喪失皇旗感到有責任，而明治天皇並未懲罰他，讓他想要表達對於天皇寬大仁慈的感激。

766 當時人們也意識到西鄉失誤造成的嚴重後果。以下是《報知新聞》的文章，被收錄在一八七七年九月二十九日的《東京時報》：「薩摩藩（前武士），這個西鄉挑選的隊伍，是舊政權之中最令人敬畏的勇士。因此當他帶領他們前往熊本……許多人都質疑哪方會成功：帝國軍或是叛亂者。但是西鄉在圍攻熊本城上浪費許多日子，那些懂得戰爭知識的人開始說：『啊，他犯了一個錯誤，並且做了不應該做的事。』毫無疑問地，這個錯誤成為最終所有災難的基礎，也導致他遭擊潰及死亡。如果他完全不顧熊本城，直接前往福岡或筑前，派遣另一隻軍隊進入豐後；如果事件如此開始，又在之後的對抗中展現叛亂最後幾週那樣的英勇與能量，今日結果可能將大不相同。但不幸的是，西鄉的策略顯然有誤，全國最好、最勇敢的士兵在他的指揮之下、在他的出生地展開行動，然叛亂甚至無法延伸至九個省分中的其中四個。」

作者總結道，雖然西鄉「某方面而言是個出色的人」（在當時這是相當大膽的宣言），但是叛亂「充分證明他缺乏技術與將才」。

767 武者小路的敘述（《大西鄉》，頁四五七至四五八）或許誇飾了民眾對於這位戰敗將軍歸來的歡欣鼓舞。我們應該謹記西鄉的私學校與日常百姓並沒有密切關聯，而且無論他們如何讚揚雖敗猶榮的西鄉，但很少有市民膽敢接近這位被皇軍視為叛徒並加以攻擊的人物。

768 這封信被武者小路詳細地引述於《大西鄉》，頁四七一至四七六。

769 這些詩（作者為中嶋竹彥與橋口春峰）被武者小路引述於《大西鄉》，頁四七七。對於西方讀者而言，一位帶領軍隊反抗皇軍的將領認為自己是為天皇而戰似乎很奇怪，但是對於作者與他們的同伴而言，他是受到「純粹的真誠」所驅使，因此也許並未注意到如此細微的矛盾。

770 他應該是被擊中鼠蹊部沒錯（井上清，《明治維新》，頁四四七至四四八），但是傳統敘事說他受傷的部位是大腿與腹部，是被認為較不丟臉的身體部位。

771 這段遺言有眾多版本，並不令人意外。我查閱的大多數書籍都記載為「晉兄，在此處即可」。晉是晉介的簡稱，兄（どん，don）則是薩摩方言表示親近的稱謂。（《明治維新》，頁四四八，以及武者小路，《大西鄉》，頁四七九）。此情境與中將尼爾森（Admiral Nelsons）離別之詞並未有太大的不同：「吻我，哈迪」（Kiss me, Hardy!）。別府晉介對主人最後的行動也不可能有所動搖。

772 例如，請見第五章。

773 即三好重臣將軍。請見內村鑑三，《代表的日本人》，頁三八。

774 「啊，你的臉是如此祥和呀！」，由內村鑑三引述於《代表的日本人》，頁三八。

775 《報知新聞》（請見本章註七六六）。

776 同前。

777 施樂伯（Robert Scalpino），《戰前日本的民主與政黨運動：首次嘗試的失敗》（*Democracy and the Party Movement in Prewar Japan: The Failure of the First Attempt*），柏克萊，一九五三年，頁六一。

778 請見本章的例子。

779 畢司禮總結政府「富國強兵」政策（《明治維新》，頁四一二）解釋（對於政策的）反抗程度（薩摩叛亂當然是最高潮），並指出「領導階層成功抵抗挑戰，也奠定未來幾個世代日本歷史的模式」。

780 「（大久保）只有在妥協是唯一替代方式時才會妥協，甚至連原則也可以放棄。他在一八七三年寫道：『忍受恥辱，放棄正確的事物，只要能達成目標』。」克雷格，《日本史中的人物》，頁二九一。很難想像有任何主張比這個能夠更令西鄉隆盛厭惡的了。

論及西鄉為何在朝鮮危機時遭遇失敗，以下是大久保的一貫主張：「如果我們允許進行如此巨大的冒險事業，毫無牽掛且不加思索（其後果），我們很有可能在未來懊悔……我完全無法理解這樣的冒險，它完全無視日本民族的安全，並且忽略人民的利益。這是由對於後果或其意涵缺乏嚴肅評估的個人念頭所引發的意外。這是我無法接受此冒險的原因。」貝里等人所編輯，《日本傳統之根源》，頁六二二。

781 請見第八章註四八一。

782 請見井上清，《明治維新》，頁三五三。大久保利通典型的官方描述，請見克雷格的《日本史中的人物》，頁二九一至二九六，其中描述他的個性與外觀。

783 畢司禮提及大久保個性中「冰冷的內心」（《明治維新》，頁一五六），並得到當代書寫充分地支持。福地源一郎是岩倉使節團的成員，他寫道，與大久保會面像是「遇見北極海中的冰山」，而且「我所有朋友都有相同感覺」。山本權兵衛同樣寫道：「我們被他的尊貴所征服，變得沉默而且感到渺小。」據說大久保進入國務委員會時，其他參議會「降低音量，整理儀容」。克雷格，《日本史中的人物》，頁二九三。

784 請見本章。

785 《雷新聞》，一八九一年四月四日，由河源引述於《西鄉的傳說》，頁四五至四六。河源博史討論對於民族英雄的需求：「……明治政府從事的事務以全國為範圍……需要強化全國統一與團結。就此目的而言，象徵人物有必要性。他們（例如伊藤或是山縣這樣的領袖）需要找到一個象徵性的人物，出身氏族政府（藩閥），並超越氏族和階級，成為代表全國更密切團結的象徵。」河源，《西鄉的傳說》，頁一二八。

786 河源強調傳說的價值，認為傳說隱含世人的文化與政治個性，他對於西鄉隆盛的研究特別關注於其傳說，及傳說在理解日本傳統中扮演的重要性。河源，《西鄉的傳說》，頁一三與各處。

787 西鄉隆盛恰正屬於傳統中的反抗「志士」，即「英勇之人」，這些人因為一八六〇年代時「尊王攘夷」運動的運動者而變得著名。（貝司禮，《明治維新》，頁四三〇）。明治志士的原型是尊王攘夷派的武士吉田松陰（請見第二章註七十一）。根據過於理想化的形象，早期的志士為年輕熱情的愛國者，準備為對抗不公義的當局而犧牲生命。他們的情緒高漲（例如神風連的成員），其訴求也十分浪漫。河源（《西鄉的傳說》，頁一〇五至一〇六）追溯自維新時期志士以來的心理脈絡，之後是「人民權利」運動的「庶子」（暴徒）、右翼吹牛者，最後則是一九三〇年代的「年輕軍官」。雖然這些團體有諸多相異之處，他們共同的英雄都是大鹽平八郎、吉田松陰與西鄉隆盛等造反者，這些英雄都在與政府對抗時慘烈遇害。西鄉是他們的最愛：愛國社團的成員時常以他為名，頭山滿則被形容是「現代西鄉」（河源，《西鄉的傳說》，頁一三七）。後來許多庶子與右翼流氓——西鄉必然會澈底鄙視這些人，都以所謂「西鄉姿態」在東京街頭大搖大擺，或是以有失體面的方式，效仿英雄的穿著與習慣。

788 武者小路，《大西鄉》，頁二三。

789 河源，《西鄉的傳說》，頁二三。

790 貝里等人所編輯，《日本傳統之根源》，頁六五五。

第十章

神風特攻隊

如盛開櫻花般墜落……

倘若我們能
如春日裡凋落的櫻花般——
如此地純潔而又燦爛！

以上神風第二七生隊飛行員所寫文字。[791]該名飛行員喪命於一九四五年二月的戰役中，得年二十二歲。

……飛機的設計相當簡單，機體結構沒有進行任何改良，適合其用途。三枚固態燃料火箭安裝在機身後方，並在飛行的最後階段開始運作。這種飛機通常由雙引擎的三菱轟炸機運載，並在離攻擊目標一定的距離外從高空投放。在進入攻擊範圍後，會點燃火箭推進器，讓飛機能高速通過目標的防線。

描述：單人座，中單翼機。以木頭和低碳鋼打造。翼展十六呎十五吋；全長十九呎十八又二分之一呎；自重九百七十磅，最大負重四千七百磅；可承重二千六百五十磅的高爆彈。

性能：當該飛機在兩萬七千英尺的高空中被母機投放後，能以每小時兩百三十英里的速度滑行五十英里。在引擎運作後，速度能拉升至每小時五七十英里。

引擎：三枚固態燃料火箭引擎，能帶來一千七百六十四磅的總推進力長達九秒。[792]

上述文字是拜訪倫敦科學博物館的遊客，對戰爭史上最奇特也最慘絕人寰的武器所得到的資訊。由三條繩索懸吊著的飛機，毫不起眼地隱身在三樓的後方，在雄壯威武的颶風戰鬥機（Hawker Hurricane）、噴火戰鬥機（Supermarine Spitfire）和格羅斯特噴射戰鬥機（Gloster Turbojet，精緻的綠色繭型機身，儘管機身較小、較脆弱，與旁邊的德國V-1飛行火箭相比構造也較簡單，但格羅斯特和V-1不同，能運送一名人類士兵到戰場）[793]身旁，顯得黯然失色許多。

櫻花攻擊機（Ōka）的名稱，源自於日本櫻花，也是自古以來純潔與倏忽即逝的象徵。[794]美軍身為此種小型飛機對付的目標，戲謔地稱其為「笨蛋炸彈」（baka bomb），彷彿透過貶低此種令人不寒而慄的武器，就能撫慰自己被挑起的心神不寧。[795]

就尋常的角度來看，這確實是極為荒謬的事物。上千名年輕的飛行員就這樣鑽進一架配備粗短機翼和猶如玩具般的單薄木製魚雷裡，企圖憑著此新奇的玩意，來抵抗美國海軍那碩大的航空母艦與戰艦。對許多不熟悉日本古老英雄傳統，以及不熟悉何以將高貴讚譽獻給滿懷真摯、奮死一搏的傳統的人而言，自然會認為這確實是愚不可及的想法。[796]

此一戰術的道理再簡單不過：隨著傳統空戰方法已驟然失效，日本不得不依賴此種能載到敵方目標高空中投放、再以高速俯衝撞向敵軍軍艦並引爆彈頭的單程滑翔機。利用這種可操控的手動炸彈，能確保用於運輸的母機安全返回基地，並進行下一次任務。載著大量三硝基苯甲醚的自殺機，能讓此刻正緩慢地扼殺日本本島的敵方海軍軍艦沉沒，或至少失去行動能力；除此之外，這種新祕密武器的登場，還能震懾敵軍，讓那些對此方法毫無準備的外國士兵在士氣上備受打擊。

櫻花攻擊機的設計，使其能夠緊密地被安置在母機機身之下。母機的選擇通常為三菱轟炸機（G4 M.2e），也就是美軍以自己家鄉風味所命名的「貝蒂」（Betty）。在飛往攻擊目標的行程中，神風特攻隊的飛行員在絕大多數時間裡，都會和母機的飛行員坐在一起。直到他們接近美軍軍艦被目擊的區域後，攻擊隊的飛行員才會飛快地敬最後一次禮，互相致意，接著爬過母機的彈艙，鑽進飛天棺材那狹小的駕駛艙中，度過人生的最後時刻。在飛行員被簡化到僅剩最低限度的裝備中，包括了操控設備和一條在被投放出去前能與母機飛行員進行溝通的通話管。當目標經過確認後（通常在距目標二十五英里的距離外），神風特攻隊的飛行員會拉下投放的把手，他的飛機將因此從母機的機腹落下，以平緩的角度向下滑行，並逐漸加速度到每小時兩百三十英里。隨著他們朝敵軍軍艦──海平面上的一個黑點迅速靠近，飛行員會啟動位在駕駛座後方、與其座位間沒有任何防護隔離的火箭推進器。推進器會立刻給予機身極大的加速度，讓飛機以每小時六百英里的速度前進（就當時而言，已是相當驚人的速度），並保護其躲過敵方的轟炸機或高射炮。作為自殺俯衝的最後準備，飛行員會拉大下衝的角度至五十度左右；隨著他們朝獵物猛然逼近，理論上飛行員應該睜大雙眼、進行最終調整直至最後一秒，好讓自己的犧牲迸發出最大的效果。

櫻花攻擊機的首次出擊，是在一九四五年的三月底，當時美國海軍正準備大舉入侵日本的最後防線——沖繩島基地。二十一日清晨，大批敵方軍力（包括成為神風特攻隊主要目標的七艘航空母艦），在九州東南邊三百英里的海外被人目擊。狂熱的第五航空艦隊司令、打從神風特攻隊創立之初就與此戰術有著密切關係的海軍中將宇垣纏認為，派遣新武器「神雷部隊」執行第一次任務的時機成熟了。[797] 在決定該由誰來領導攻擊行動的討論上，幾乎立刻出現了武士戰爭史中相當常見的爭執。在經過一番激烈的爭吵後，領導攻擊的榮譽落到了魚雷轟炸專家、海軍少校野中五郎的肩上。該部隊共擁有十八架雙引擎三菱轟炸機，除了其中兩架轟炸機以外，其餘轟炸機的機腹皆安置了一架櫻花可操控式炸彈，並由五十五架零式戰鬥機護送（對於這樣一場如此重要的任務而言，如此薄弱的防禦簡直過於荒謬）。[798] 很快地，在轟隆的鼓聲中（傳統上用於宣示英雄即將登上戰場的樂音），意味著飛機已經準備起飛。轟炸機的機組人員迅速奔向跑道，十六名櫻花攻擊機的飛行員也朝著運載自己那架小型飛機的母機奔去。身著統一飛行服後代裝的飛行員，綁著白色領巾，並仿效武士在準備進行最後一戰時的習俗，在頭盔外綁上了白色一字巾——用來表示心意已決和奮不顧身的傳統象徵。印著「非理法權天」口號的部隊旗，在他們的上方飄揚著。這段文字是出自英雄楠木正成最受歡迎的一段話：

「非」不能勝「理」，
「理」不能勝「法」，

「法」不能勝「權」，
「權」不能勝「天」」。[799]

在野中登上軍機的那一刻，楠木正成悲劇性的最後一戰、也是天皇勢力被敵軍殲滅的那一戰，顯然深深刻在他的腦海裡。「這裡，」他帶著笑容說道：「就是我的湊川。」[800]站在司令臺的宇垣司令，親眼看著年輕的櫻花飛行員爬上母機的駕駛艙、大聲向所有人告別，並為自己有幸成為此重大任務參與者表示感激。在野中駕駛的飛機領導下，所有的轟炸機於十一點半後開始升空。隨著最後一架飛機離開地表，悲壯的鼓聲戛然而止。

而局勢也幾乎立刻讓這場攻擊淪為湊川之戰。此戰爭階段下的軍備實在是過於殘破，導致只有近一半的護送機能成功陪同全程，有些飛機根本無法起飛，有些則因為引擎問題而被迫返航。緊接著，透過偵查報告，他們得知敵軍的勢力遠比他們預想的還要龐大，因此要突破其防線變得格外困難。當時，海軍中將宇垣仍可以立刻召回自己的軍機，但他顯然認為在經歷了數個月來的瘋狂籌備後，倘若於此刻終止櫻花攻擊行動，可能會對士氣造成嚴重的打擊。

於是下午兩點，關鍵時刻來臨：距離目標還有約莫五十英里遠的母機，突然遭遇五十架格拉曼（Grumman）戰鬥機攔截。為了提升飛行速度，母機的飛行員投放櫻花攻擊機；但他們仍沒有獲得足夠的靈活性，能給予其保護的戰鬥機數量又過於稀少。美軍瘋狂射下一架又一架的轟炸機，隨著巨大的軍機陷入火海、飛行陣式也被打破後，飛行員對自己的指揮官野中少校行最後禮，旋即墜落海面。很快地，每一架轟炸機都被摧毀，僅有少數的零式戰鬥機逃過一劫，並將災難般的消息帶回基地。野中的轟炸機消失在雲層中，但一名飛行員回報自己看到該架飛機陷入火海，並如流星般墜入海平面。對此一用於拯救日本的最後武器而言，三月二十一日就像是陰鬱的徵兆，沒有任何一架櫻花攻擊機成功接近目標，更遑論對敵軍造成傷害。據傳宇垣中將在得知此一消息後公然落淚。[801]

在美軍對沖繩展開入侵後，沖繩空軍基地又發動了更多次的櫻花攻擊行動，迫切地渴望著——或許這一次，新戰術能證明確實值得耗費如此大的心力。被命名為「菊水二號作戰」的重大作戰（菊水源自於楠木正成的家徽），日期定在四月十二日，一共動用了三百三十三架軍機。載著櫻花攻擊機的八架轟炸機朝著沖繩南方前進，每架飛機沿著不同的航道飛行，企圖從四面八方逼近敵軍，從而擾亂對方。在基地總部內，高階將領焦慮地聽著來自母機的無線電回報。神風特別攻擊專家中島司令，對剛從大阪師範學校畢業的土肥中尉的命運格外關心。[802]當時，為了改善軍營內的惡劣環境，土肥中尉自發性地展開積極的清掃行動，並因此獲得極高的讚譽。在他得知自己即將在明天出任務時，他的第一反應是對著中島司令官說道：「我已經訂了六張床和十五張榻榻米，預計今天送達。能否請您留心這件事，並確保它們被送進軍營？」[803]

此刻，載著土肥和那枚綠色飛彈朝目標靠近的母機，迅速地回報著一條條的消息：「敵軍戰鬥機出現」是第一則訊息，緊接著是振奮人心的消息：「順利通過敵方戰鬥機」；再來，「準備好投放櫻花……目標為戰艦」，在幾秒鐘之後：「投放完畢」。「我想像著那瞬間的場景，」中島司令寫道：「土肥朝著龐大的軍艦猛力衝刺，火箭推進器給了他一臂之力，然後成功地直接撞上目標。」然而，現實卻有些不同。[804]八架母機之中，僅有一架成功折返基地。而這架母機恰巧就是載著土肥中尉的那架，因而機組人員才能將他的最後時刻回報給基地。[805]在飛機起飛後，這名年輕的飛行員就表示自己想小睡一會兒，並請求他們在進入目標範圍的半個小時前，將他喚醒。他在臨時搭建的帆布吊床上躺下，無視周圍震耳欲聾的噪音和令人緊張萬分的情勢，酣然入睡。[806]在被喚醒後，他笑著說道：「時間過得真快，可不是嗎？」接著，土肥中尉和母機上的指揮官握手，穿過彈區，爬進自己的櫻花攻擊機內。在靠近被選中作為目標的軍艦後，他等待著進入最佳位置（高度兩萬英尺，距離五萬英尺），然後拉下把手。根據櫻花戰術的規定，母機必須立刻從投放現場撤離，但該機的機組人員回報他們目睹土肥的飛機朝著目標俯衝，接著該軍艦的船身衝出一道約莫高達一千五百英尺的濃煙。這並不是成功的象徵：根據美國海軍的官方報告，我們知道土肥中尉錯失目標，因為當天並沒有任何一艘軍艦被櫻花炸彈擊中。然而，這場襲擊仍舊帶來了一絲希望，因為一艘美國驅逐艦確實受到傷害。[807]驅逐艦自然不夠格成為自殺炸彈的頭號目標，但倘若沒有這微薄的鼓勵，日本帝國最高統帥或許會澈底拋棄櫻花計畫。

儘管櫻花炸彈確實為日本自殺戰術在二戰中最富戲劇性的表現，但並非神風史詩下一枝獨秀的主角。早在首度使用櫻花炸彈的半年前，日軍就已組織自殺部隊，並將其視作重要戰術。[808]

一九四四年十月十七日，日本位在菲律賓的軍力，準備正面迎擊傾巢而出的美軍，而來自東京的海軍中將大西瀧治郎，也在此刻接手馬尼拉的第一航空艦隊。[809]兩天後，他前往西北邊五十英里遠的小鎮馬巴拉卡特市（Mabalacat），以及二〇一航空隊總部。而此位於馬巴拉卡特市的基地，成為太平洋戰爭中死傷最慘烈之地。

此戰役的核心人物大西瀧治郎，早在戰爭爆發之初，就因為和傑出的海軍上將山本五十六共同謀劃了珍珠港偷襲而聲名大噪。在日本帝國海軍中，他和山本為兩大航空狂熱代表人物，也對日本的太平洋戰爭策略有著極關鍵的影響，且一直到山本於一九四三年意外離世前，兩人都有密切的合作關係。[810]大西本人能駕駛各種飛機，並在戰爭初期、日本處於領先的階段裡，親自擔任參謀長，指揮菲律賓地面基地的對空作戰及馬里亞納海戰。在日本於一九四四年陷入不利的局面時，他被指派擔任軍需省航空部門的重要職務，很快地就體悟到與敵軍那能夠永無止盡製造飛機的產能相比，自己國家的產量是多麼地令人絕望。如同山本，他也擁有靈活且想像力豐富的腦袋，而這一次，毫無疑問地，他開始思索全新的對空戰術，企圖弭平日本與美國間不成比例的物資差異。

考量到他在日後戰爭中所發揮的關鍵角色，我們對大西中將的理解可謂少之又少。在少數公布的照片中，我們可以看到頭型渾圓、臉頰有些浮腫，但容貌看上去和藹可親的大頭照。他和其他那些不帶情感、面容嚴肅、透過照片直瞪著我們的日本軍官確實非常不同。在帝國海軍裡，他就跟山本上將一樣，是經常引起爭議的「異端」。他是最拙劣的政治家，直率、坦白、永不妥協，他擁有日本歷史上那些不願服從的英雄所具備的率真性情。如同西鄉隆盛和早期代表傳統的人物，他強調果斷行動而不是紙上談兵的重要，以及靈魂更重於「體制」的必要性。[811]他也和西鄉隆盛一樣，是出色的書法家；還是俳句作家（儘管並不是特別有才氣）。

大西溫和的外表，掩蓋了他實際上是個對他人要求極高、對自己更是絕不手軟的人。他以精力充沛和近乎於有勇無謀的大膽聞名：大西中將是日本第一位學會操作降落傘的軍人，在戰爭中也從不畏懼各種肉體傷害。就各方面而言，他確實是組織神風特攻隊的最佳人選。

儘管公認大西是日本軍隊中最重要的人物，但他並不受政府高層的喜愛。他敢於直言到近乎不得體的性格，讓不少人認為他過於激進、傲慢，甚至是危險——是那種必須用鎚子用力鎚一下的「強出頭的釘子」。[812]

儘管如此，在自己人——尤其是年輕的飛行員之間，大西卻備受愛戴。而作為回報，他也稱這些男孩為「國家的瑰寶」，並以自己剛健的書法字書寫，宣稱他們為「在神風中飄揚著的純潔青春」。[813]

讓這些年輕人進行蓄意和系統性的犧牲，正是他在十月十九日會議中所提出來的計畫。大西中將抵達馬巴拉卡特市時，他已經非常疲憊且身體狀況並不理想，這場特殊的會議也勢必加重了他的壓力。在聚集所有官員後，他先從聆聽那千篇一律的軍需短缺開始。[814]在知悉那些看似已無力解決的問題後，他提出了過去幾個月來一直深埋在他腦裡的想法：「我認為，只有一種方法能明確地將我們那微薄的戰力最大化。以零式戰鬥機組織攻擊部隊，並在每架戰鬥機上裝載兩百五十公斤的炸藥，然後直接撞向敵軍的航空母艦……你們覺得如何？」[815]

在場的資深軍官豬口上校，描述了當時的場面：「上將的眼神銳利地掃視著桌前的每一個人。有好一陣子沒人敢出聲，但大西中將的話在我們心底掀起了巨浪。」[816] 情勢非常緊迫，他們必須立刻做出決定。責任落到了第二〇一號航空隊指揮官玉井淺一司令的肩上，他在獲得准許後與副官一起離開，前去了解飛行員對此的反應。很快地，玉井回來了，並表示：「全權交由我們的指揮官做決定，我們願意追隨上將所做的任何決定。第二〇一號航空隊願執行計畫。能否請長官將此一毀滅性的任務，交給我們？」在場軍官無人反對。[817]

儘管採取組織性自殺戰術的決定發生在短短的幾分鐘裡，但執行此任務的心理建設，卻用了幾個世紀的時間來醞釀。在不到一個星期內，第一架神風特攻隊的飛機就從馬貝拉卡特起飛，朝美國海軍前進。豬口上校如此描述會議的最終情況：「我清楚記得大西中將點頭默許的動作。[818] 他的表情看上去像是鬆了一口氣，卻又帶著悲傷似的抑鬱。」大西確實是神風特攻隊之父，但他對自己一手催生的產物抱持著複雜的心情。他當然清楚知道，利用普通的戰術已經完全不可能抵擋敵軍。除此之外，他也將注意力尤其著重在該任務的「精神」層面，而不是其可能帶來的實際效果。數個月後，在他對臺灣第一支神風特攻隊成員所發表的演說中提到：「即便我們失敗了，神風特攻隊的偉大情操也將保護祖國免於毀滅。倘若沒有這樣的精神，戰敗勢必會導致國家的滅亡。」[819]

在「失敗主義」被視為罪大惡極犯行的時期內，一名指揮官有著這樣多愁善感的性格，著實令人吃驚；但此感觸毫無疑問地源自於日本的英雄傳統，將真摯的精神視為遠高於現實考量。與此同時，我們也明白了比起自我滿足，大西在更高的程度上，視神風特攻隊為一種必須存在的悲劇。很快地，在第一支隊伍成立後的清晨，和豬口上校一起躲在防空洞裡的大西，回想著在戰爭較早期階段曾有人提出此一構想，卻被他否決了。「在機關槍不斷掃射的同時，他直直盯著牆壁繼續說道：『我們（此刻）必須重新採納（此種戰術）的事實，指出了我們的戰術打從一開始就很糟糕。』」[820] 大西停頓了一會兒，卻又突然著急地下了結論，「你知道，這已經完全踰越了（恰當的）命令。」[821]

倘若大西這個連必須為日本發起自殺攻擊負起全責的男人，內心都尚存一絲猶豫，那麼想法較傳統的軍官對此戰術會抱持懷疑，就更不令人訝異了。儘管東京的帝國大本營正式授權成立神風特攻隊，但他們最初仍對此計畫抱持疑慮。當然，這絕對不是出於人道方面的考量，而是因為他們單純對大西及其新戰術抱持質疑，此外更重要的，該戰術顯然也背離了當時的主流原則與作法、亦即「大艦巨炮主義」原則。[822]

一個月過去了，神風特攻隊漸漸成為既定的作戰方式，日本的將領開始大幅接受此戰術的必要性。實際的優點顯而易見。此刻，帝國海軍已經如同被廢，空軍戰力更在急速萎縮，此種方法能讓經驗淺薄的飛行員駕駛任何一種飛機，破壞、或甚至讓美國那看似無堅不摧的航空母艦（也是日軍最大威脅）沉沒。駕駛著拋棄式飛機的年輕人，只需要接受這項單程任務，跟著自己的飛行指揮官，駕駛致命飛機朝目標撞去即可。不需要特殊技能或繁複的訓練，這些飛行員的條件只需要是年輕、反應靈敏，且最重要的——充滿忠誠。對此種破格方法毫無準備的美國，並未研發出能有效防禦飛機全速衝撞的高射炮臺，只能臨機應變地想出之字形戰術和其他閃避的策略（儘管這些方法絕對稱不上萬無一失）。此戰術也涉及了心理層面。日本的軍隊將領試圖說服自己，美軍絕對會因為神風特攻隊的勇敢而嚇破膽。然而事實證明他們嚴重誤判美國人的反應，更高估了櫻花與其他自殺武器對敵方士氣造成的打擊。[823]但在戰爭進入最後那令人絕望的階段，深信大和魂能成為扳倒物資豐沛敵軍的最後王牌，已經成為一種信仰。因此，當牛島滿上將對著沖繩的部隊發表演說時，能夠繼續堅信日軍終極力量的原因，當屬道德優勢。那些急於獻出自己性命的年輕神風特攻志願者，其懷抱的熱情也成為此種「優勢」最戲劇化的證據。[824]

高層人士最初所抱持的懷疑，自然沒有感染到菲律賓年輕的飛行員，他們似乎以自發性的熱誠來回應大西提出的挑戰。我們被告知，二〇一號航空隊的全體成員，興高采烈地志願加入新的神風部隊；儘管外人或許可以去猜測少數那些寧可執行正規任務的飛行員下場會如何，但毫無疑問地，這確實是多數人的反應。在志願犧牲的候選者出現後，軍隊必須為這史上頭一遭的任務選出一名領導者。[825]豬口上校和第二〇一航空隊的指揮官，選中了一名經常志願參加危險任務的年輕熱情海軍大尉——關行男，並召見他。豬口的描述讓人深深感受到當時氣氛的高度緊繃：

菲律賓的夜晚既漆黑且安靜。我們靜靜地坐在軍官休息室裡，聽著井然有序的腳步聲漸漸消失在樓上。我想到沉睡中的關，不知道他會夢到些什麼。樓梯上傳來倉促的腳步聲，高個子的中尉出現在門口。他來得非常匆忙，連夾克的鈕釦都沒全部扣上。他向司令官玉井淺一問道：「您找我嗎，長官？」

年輕人面對著我們，在得到示意的某張椅子上坐了下來。玉井輕拍他的肩膀，說道：「關，大西中將帶著對日本而言極為重要的任務，前來拜訪我們二〇一航空隊。此任務需要操控載著兩百五十公斤炸彈的零式戰鬥機，冒死撞向敵方航空母艦的甲板……我們考慮讓你來領導這支攻擊隊。你覺得如何？」

在玉井司令官講完的同時，他的眼睛已經泛著淚光。

關並沒有立刻答覆。他用手肘撐著桌子，雙手扶著頭，緊閉著雙眼與雙唇，面無表情地進行沉思。一秒鐘、兩秒鐘、三秒鐘、四秒鐘、五秒……終於，他動了，手指慢慢地滑過長長的頭髮。接著，冷靜地揚起頭並說道：「請務必讓我執行此任務。」他的聲音裡沒有半點的猶豫。

「謝謝你。」玉井說道。[826]

在接下來兵荒馬亂的一週裡，馬巴拉卡特共組成了四隻神風特攻隊，並策劃了十月二十五日首次出擊的細節。隨著消息在飛行員間散播開來，有更多單位迅速成立——多由第二航空艦隊的成員所組織，而他們也在不到一個星期的時間內，成立了數個自己的特別攻擊單位。在早期，多數的計畫和行動都是出自於飛行員自身，高階軍官的職責只是負責指導和協調這些新戰術。

二十五日的一大早，被選中從馬巴拉卡特出發、執行首次任務的二十四名飛行員，快速地吃了一頓早餐，接著在飛機場上排成一列（關大尉站在他們一步距離之前），聽著大西中將對他們發表首次、也是最後一次的命令。[827]根據豬口的描述，中將的面色慘白，在開始說話後，語速緩慢且憂心忡忡：

「日本正面臨滅亡的危機。如今單憑內閣、軍令部或我們這些低階將領的能力，已無力拯救我們的國家。只能靠你們這些熱血的年輕人。因此，作為一億百姓的代表，我請求你們犧牲，並為你們的成功而祈禱。」他停頓了一會兒，試著讓自己冷靜下來，並繼續說道：「你們已經是神明，了斷俗世的欲望……我將目送你們直到最後一刻，並將你們的遺願傳達給天皇。你們可以毫無牽掛地走。」他的雙眼噙滿了淚水，並如此作結：「我命令你們全力以赴。」[828]

起飛前，關大尉從口袋中掏出一把皺巴巴的紙幣，交給留在後防的一名軍官，請求他將這些錢寄回日本，以繼續生產新飛機。幾分鐘後，二十四名飛行員踏上了自己的單程之旅。[829]關的飛機位在最前方，並第一個撞上目標。美軍的護航航空母艦聖羅號（St. Lo），成為第一號不幸的受害者。

在另一架自殺攻擊機撞上飛行甲板後，聖羅號內部發生一連串猛烈的爆炸，接著沉沒。在首次出擊的當天、也是整個神風行動史上最令人振奮的一天裡，還有另外六艘護航航空母艦被自殺飛機擊中而損毀。[830]此一令人興奮的攻擊成果──對處於逆境的日本而言無疑為非常有利的發展──立刻被傳回東京，稟告天皇。[831]而大西和神風特攻隊員得到的天皇回應，就跟往常一樣，模稜兩可。中島司令描述了他在馬巴拉卡特的司令臺前，召集軍隊全員的情況：

在全員集合後，我能看得出來所有人的士氣和精神都很亢奮，儘管經歷了夜以繼日的操勞。我手裡握著（來自大西中將的電報），向他們宣布道：「我要朗讀陛下在收到神風特攻隊戰果後的回應。」每個人都全神貫注，於是我念著來自大西的電報：「在聽到特攻隊的事情後，陛下說道：『**真的必須採取此種極端的手段嗎？但他們確實表現得極為出色。**』這番言語顯示了陛下極為憂慮……我們必須付出兩倍的努力，消弭陛下的憂慮。我發誓，我們將為此目標拼盡全力。」[832]

顯然大西認為天皇對新戰術的反應，是抱持批判的。[833]他從天皇反應中所解讀出來的遲疑，呼應了他最早對特殊攻擊手段的猶豫，當他不得不在最終時刻執行自己那場漫長而痛苦的自殺時，這段話想必鮮明而殘酷地浮現在他腦海。[834]

無論天皇對神風特攻隊抱持什麼樣的疑慮，在此階段，日本沒有放棄此一嶄新（且充滿希望）

手段的道理。在第一次出擊的數個星期後，位於菲律賓的飛行員建立了一套有規律的神風攻擊程序，也是在這段時間裡，才終於定下這種新形式交戰手段的名稱。提出來的許多名稱，值得我們好好研究其背後所帶有的象徵意義。在此之前，戰爭中所發生的自殺攻擊多屬於個人、自發性的行為，在命名上也經常使用「肉體撞擊」、「人肉炮彈」、「自爆」等不太文雅，甚至有些粗暴的詞語。[835]然而現在，大家認為需要更難忘且激昂的手段，以讓自我獻祭的行為獲得正式認可，成為日本尋常戰術的一部分。在馬貝拉卡特那場歷史性會議發生後的不久，一天晚上，大西中將的兩名副官來到他的房間。其中一人為豬口上校，他描述了當晚的情況：

我走上樓，準備到大西中將休息處，報告該單位已經組織完畢的消息。我敲了敲門，然後推門進去。

房間裡沒有任何燈光，但透過窗外的星光，我能看見門的附近有一張帆布吊床。在會議結束後的幾個小時裡，大西中將就這樣一個人置身在黑暗中，獨自與自己的思緒和焦慮奮戰。

他站起身聆聽我的報告：「這次特殊任務共有二十三名人員，並選出關大尉這個軍校畢業生來領導行動。由於是一場特殊任務，因此我們希望您能為該小隊（命名）。玉井司令和我認為，可以稱其為神風隊。」[836]

「神風」（shimpū）一詞，是指那場發生在一二七四年至一二八一年間，（傳統上認為）拯救日本遠離蒙古人入侵的超級大颱風。這場發生在十三世紀間的入侵，也是日本遭遇過最可怕的一次海外威脅。但在一九四四年，日本面臨的是前所未有，且更為致命的危機；因此，如同當年的日本人祈求神明保佑、讓上天降下來的颶風吹毀入侵者的軍艦，在六百多年後的此刻，他們再次尋求神明的力量。而這一次，神明的力量將透過願意自我犧牲的年輕飛行員展現，讓他們用自己的肉身與飛機衝向敵方軍艦，讓受圍困的祖國免於落入敵軍之手。[837]認同該名稱所具備的歷史性及激勵意味後，大西立刻採納了這個名字。最初，神風名稱僅使用在由他率領的菲律賓空中襲擊行動之上，但隨著新戰術的普及，此名字也被更廣泛地使用。在當時，自殺飛行員並未被稱為神風特攻隊（訓讀：kamikaze）。[838]「神風」（音讀：shimpū）這個被現代西方所熟知、當代日本也經常用來指稱那些不怕死如極速滑雪者、計程車司機等輩的名詞，來自日文漢字的早期讀音。「Kamikaze」缺乏日文漢字那層莊嚴、肅穆的光環，因而不適合用來稱呼一九四四年與一九四五年發生的英勇事蹟。[839、840]

此新名稱也正式出現在十月二十日的命令中：「二〇一航空隊將組織一個特殊攻擊小隊，並在十月二十五日裡摧毀、或致使敵方位於菲律賓海東方水域的航空母艦喪失行動能力。該部隊將被稱為神風特攻隊……」[841]該小隊的正式名稱為「神風特別攻擊隊」（Shimpū Tokubetsu Kōgekitai），「特攻隊」（Tokkōtai）為常見的簡稱。此處的「toku」（特），是避免使用「自殺」的委婉用法。[842]

為空軍四個攻擊部隊所選的名字，帶有非常強烈的象徵意義，且如同「shimpū」（神風）般，強調了此種非傳統戰術所具有的情感與文化精神延續。「特別攻擊隊，」十月二十日的命令寫道：「將分成四個單位，名稱分別如下：敷島隊（Shikishima）、大和隊（Yamato）、朝日隊（Asahi）、山櫻隊（Yamazakura）。」敷島隊（關大尉所屬，以及擊沉聖羅號的分隊），為日本古老且具有詩意的名稱；大和則為日本的傳統稱呼，並具有強烈的愛國聯想（舉例來說，也反映在英雄原型——大和武尊的名字）；朝日的意思是旭日；山櫻則是野生櫻花，在武士的象徵主義中格外重要。這四個詞為十八世紀知名民族主義作家某首詩的基本架構：[843]

若問敷島大和心？

朝日爛漫山櫻花。[844]

「山櫻花，」神風特攻隊志願者長塚中尉評論道：「揮灑自己的燦爛，在無悔中飄落；如同我們應該準備赴死，為大和魂死而無憾，這就是這首詩的真諦。」[845]

櫻花盛開的傳統形象，也被用來描述幾個月後開始出現的人肉炸彈。[846]自殺戰術所使用的名字與詞彙帶著歷史性關聯，尤其是十四世紀的皇權派悲劇英雄楠木正成。因此，楠木的菊花家徽——

菊水，被用在數個特攻隊的名稱之上，也成為數個特別行動的代號；後來更成為沖繩之戰裡，所有水、陸、空作戰的代名詞，並因此越來越帶有自殺爆炸的含義。[847]

◆

神風特攻行動在菲律賓以極驚人的速度標準化，且直到戰爭結束時，作戰程序大致上都沒有什麼改變。儘管神風戰術在本質上非常瘋狂，在執行上卻絕不混亂或馬虎。根據規定，被選中執行特定自殺任務的飛行員，會在前一天得到通知，有些時候收到通知的時間則更早。名單的宣布，往往會引起強烈的情緒反應。被選中的少數人明白自己的關鍵時刻終於來臨，也終於能以合格的英雄身分而驕傲——「無世俗雜念的神明」；其餘那些為著同一場自殺任務而興奮、卻被告知必須要等到下一次任務的飛行員，則經常表現出痛苦，甚至有些歇斯底里的失望。[848]一般而言，出任務的飛行員都接受過短暫的訓練及技術準備，在最後一天（或數天）裡，他們會安靜地待在自己的軍營、看書、玩牌、聽音樂、寫下自己最後一封信或詩句。這些飛行員鮮少已屆適婚年齡，少數的已婚人士則多半會被剝奪進行自殺任務的資格。這些人的最後訊息往往是寫給父母；有些時候，他們會附上一些非正式的遺囑，仿效武士在準備進行最後之戰時的傳統，在信封內附上一綹頭髮或指甲——以供下葬時使用。

長塚隆二中尉（少數倖存下來的人），描述了他和同伴收到翌日早晨必須出任務的命令後軍營內的情況。在輕鬆地和大家討論等到他們死去，事情會變成什麼樣子以後，隆二走回自己的床位，試著寫下最後一封信。他的生命僅剩下九個小時——至少他是這麼認為的。有那麼一段時間，太多過去的事情湧上心頭，導致他無法好好整理自己的思緒。終於，他拿起了筆：

「我親愛的父親母親，一九四五年六月二十九日（明天早晨）七點，我將永遠地離開這個世界。你們用無窮盡的愛，栽培我全部的肉身，乃至一髮一膚。而這也讓以下事實更難接受：隨著我的肉身消逝，你們的愛也將一併消失。但我受自己的職責所驅使。我希望您們能原諒我未能履行自己對於這個家的責任。

請將我的感激之情，傳遞給所有曾給予我友情與善意的人。親愛的姊妹們，永別了。如今，我們的父母再也沒有我這個兒子了，請妳們在他們有生之年，好好地照顧他們。請永遠做一個善良且可敬的日本女子。」

我很想要永無止盡地寫下去，但相反地，我只是簡單地簽下了自己的名字與日期：一九四五年六月二十八日，晚上十時。我將自己的遺囑和包著頭髮與指甲的紙，一同放進信封裡。在我封好信封後，我才感受到事情結束了。[849]

就寢之前，飛行員會先收好自己的錢、書籍和那些執行飛行時不會用到的個人物品，並轉交給留下來的朋友。多數飛行員在最後一晚都睡得很香甜。太陽剛升起，他們就從床上爬起來，仔細盥洗，並最後一次穿上自己的飛行服；他們在自己的頭盔外頭，（根據其部隊）綁上一條印有菊水、旭日或具有號召力標語（如**七生**）的白布條。[850]「在我們的最後一次出擊裡，」林中尉寫給自己的母親：「我們將穿上平常的制服和印著旭日的頭巾，雪白的領巾讓我們的外表更猛健。」有些時候，飛行員會在起飛前將自己的領巾摘下，作為給同伴的告別紀念品。[851]許多神風特攻隊的飛行員會穿著「千人針」；這些腰帶通常是由充滿關愛的飛行員母親所準備，她們會站在路邊請求一千名年輕女性（且必須為處女，因為她們的純潔能強化該腰帶的儀式性價值），在布條上縫一針。在飛行員生命中的最後時刻，千人針會成為具有安撫性質的護身符。因此，撞毀自己那架「櫻花」炸彈、得年二十二歲的飛行員松尾登美雄中尉，在最後一首詩中寫下：

現在，準備進行最後攻擊的我，
再也不會孤單，
母親的腰帶
緊緊裹在我的腰上。[852]

簡短的告別儀式，往往就在軍營外或「降落」（編按：原文可能意指特攻隊有起飛、無降落）跑道上舉行——長長的桌子，鋪上白色的桌布，上面擺著冷冷的清酒和簡樸的酒菜如烏賊乾等等。該部隊的指揮官會輪流為每位即將離開的飛行員斟滿儀式用的酒杯。飛行員拿起自己的酒杯時，會深深地一鞠躬，捧著酒杯的雙手齊舉到與唇一樣高的位置，然後將酒一口喝下；比起西方世界的餞別酒，飛行員得到的更像是最後的聖餐。[853] 此外，飛行員還會得到小小的便當帶上機——與其說是提供最後一餐，更像是給予一種心理上的慰藉。「我們會拿到一包豆腐和飯，」林中尉解釋道：「能帶著這麼豐盛的午餐，著實讓人欣慰。我想，我應該還會帶上護身符及立石先生給我的鰹魚乾。鰹魚將助我從大海裡復活，然後游回妳身邊，媽媽。」[854]

一九四五年，飛行員間開始流傳關於最後一餐的故事，儘管該故事很可能是偽造的，但其內容仍深深地觸動了他們。下面為長塚中尉聽到的版本：

我們的指揮官告訴我們，今年，天皇拒絕像慣常一樣慶祝新年的到來。往年總會穿著光鮮亮麗制服到天皇官邸參加慶祝典禮的政府官員與高級將領，今年都沒有收到陛下的邀請。中午時分，侍從為陛下端上了一個白色木盤，裡面盛著一碗白米飯、紅豆、烤過的海苔及一壺清酒。多麼地粗劣呀！「陛下，」侍從尊敬地說道：「這就是神風特攻隊飛行員在執行其光榮任務前，所得到的膳食」。天皇看著侍從，眼中噙著淚。接著，陛下突然站起身，離開了房間，留下不曾碰過的餐盤。

他在花園裡走了一個小時，那個如今已經荒廢、雜草叢生的綠地。是的，他正在思考自己國家的未來，以及那些忠誠愛國的神風特攻隊飛行員命運。「今年，」司令官這麼對我們說：「只有神風特攻隊的精神能撫慰天皇陛下……」855

在飛行員登上飛機並起飛前，指揮官會進行一段簡短的演說，最後則以勉勵大家全力以赴作結。目送著他們離開的其餘飛行員同袍，則會開始唱起軍歌，如：856

若我往海裡去
我願為水中浮屍857

看著神風特攻隊飛行員爬進自己的駕駛艙，地面人員會揮手並致敬。這些人往往在夜裡頂著極惡劣的環境趕工，準備好即將出任務的軍機。由於美軍不斷轟炸，因此飛機經常會藏在森林內的掩蔽場所裡，直到時機成熟時才會褪去偽裝，迅速拉出來以執行任務。

中島司令描述了馬貝拉卡特空軍基地內一名忠誠的飛機技師所展現出來的態度，在日本情緒高漲的那幾個月裡相當常見：

有一名技師在處理神風特攻隊的飛機時，總是堅持精心打理並擦亮每個駕駛艙。他認為，駕駛艙就像是飛行員的棺材，因此必須是無垢的。一名得到此待遇的飛行員非常訝異且感動，特地找來該名技師，向他表達自己的感激之情，並表示這對自己意義重大。眼睛因淚水而模糊的技師說不出任何話，只能趁飛機在跑道上滑行、準備進行最後一次起飛時，用自己的手摸著機翼。[858]

飛行員從駕駛艙內朝著眾人揮手後，飛機便緊湊的依序起飛。一般而言，神風攻擊行動共包含了五架飛機——三架自殺機、一架護送機、一架「偵查機」。護送機的任務，是利用一切手段（如閃躲或虛張聲勢）讓自殺機遠離敵軍的攔截，並安全抵達目標地點。在攻擊者接近美軍軍艦後，他們的炸彈還不會啟動，好讓最終沒能找到自己目標的飛行員返回基地，等待更好的機會；然而，在戰爭進入末期後，此種可能生還的情況也被阻斷，所有的炸彈在飛機一飛離地面後就立即啟動，且飛機也無法在不引發爆炸的情況下著陸。[859]

在靠近敵軍後，攻擊者會撒下錫箔紙片擾亂對方的雷達，並按下按鈕，讓螺旋槳進入準備轟炸的高速旋轉。[860]在清楚看見敵軍軍艦後，領頭的飛機會微微傾斜，飛行員會舉起手臂並打出信號：「所有的飛機，攻擊！」所有人會確認自己的目標，以極高或極低的高度發動攻擊。[861]試圖精確操控飛機方向的飛行員，將視線定在船隻最脆弱的地方上。對目標為航空母艦的幸運飛行員來說，關鍵性的地點就是飛行甲板上的升降機，但最終能做到如此精確的撞擊，則是少之又少。

死亡就發生在撞擊的瞬間，飛機機身與飛行員一起在爆炸中灰飛煙滅。這就是光榮的烈焰，「燦爛的死亡」（立派なし），此一詞彙也經常出現在飛行員的日記及家書中。[862] 然而，實際的下場卻沒這麼美麗。以蒙特佩利爾艦（Montpelier）為例，一九四四年十一月二十七日，這艘輕型巡航艦成為至少八架神風特攻隊的目標，但最終卻還是能夠留在海面上，而發生在攻擊後的可怕光景是這樣子的：在警報一解除後，船員就開始清理狀態駭人的甲板。

士兵在將攻擊機遺留下來的大片金屬拋入海裡後，開始沖洗甲板，很快地，海水就被鮮血染紅。到處都是肉片以及日本飛行員殘留下來的碎屑——舌頭、一片帶著黑髮的頭皮、腦漿、一部分的手臂、一條腿。一名士兵興高采烈地砍下一支手指，將手指上的戒指摘下。不久之後，甲板又恢復了整潔。[863]

與此同時，盡力確認攻擊狀況的護送機，必須全速通過高射炮的彈幕和攔截機的阻擋，返回基地。關於任務的報告，則會再從基地被火速送往聯合艦隊的總司令手中，而司令官（無論攻擊結果為何），會上報請求為死去的飛行員晉升。就西方觀點而言，用身後的榮譽來交換一條性命是絕對無法令人滿足的，尤其考量到所有神風特攻隊飛行員生前都沒有得到任何形式的獎勵或勳章。[864] 然而，這些年輕飛行員知道自己死後會獲得認可的事實，讓他們確信自己的行為是英雄的，毫無疑問，這在最後關頭的時刻發揮了額外的激勵作用。

馬貝拉卡特和菲律賓等空軍基地所發起的神風特攻行動，延續到了一九四五年一月——直至所有可操控的飛機都消滅了為止。從十月二十日到一月六日為止，每天都有自殺攻擊，參與的飛機總數更高達五百多架。留下來的飛行員在得知自己再也沒有任務可以執行，只能和尋常的步兵在荒野間進行最後的決一死鬥時，都陷入了極端痛苦的精神狀態。然而，就在六日的清晨，於夜間不斷趕工、努力將田野間各飛機殘骸拼湊起來的維修部隊，奇蹟般地交出五架零式戰鬥機。必須挑選飛行員來執行最後一場任務的中島司令，描述了面對煎熬抉擇的情況：

有鑒於第二〇一號航空隊實際上已經解散的特殊情況……比起簡單地決定指派誰出任務……我決定徵召志願者。

我要求所有飛行員在避難處前集合。等到所有人集合後，我開始說話，並解釋了維修部隊是如何了不起地為我們準備了額外的五架飛機。

「這些飛機的狀況並不完美。」我指出：「事實上，其中兩架甚至無法負荷兩百五十公斤的炸彈，因此分別安裝上了兩枚三十公斤的炸彈……在這些飛機出發後，我們的空戰就結束了，其餘人等必須加入地面部隊作戰。在擬定這場最後攻擊計畫的時刻，我想聽聽你們的心聲。」

講到這裡，我停頓了一會兒，給眾人思考的時間。在確認所有人都明白我的訊息後，我繼續說道：「任何想要加入今日這場最後之戰的人，請舉起你們的手。」

話還沒說完，所有人已經爭相舉起手，一邊喊著：「我！」一邊擠向前……我深吸一口氣，板起面孔，試圖掩飾自己內心激動不已的情緒。

「既然所有人都如此渴望出任務，那麼我們將按照以往的程序來挑選飛行員。全體成員，解散。」

在我準備轉身返回掩蔽場所時，幾名飛行員走過來拉著我的衣袖，並說：「請派我出去！拜託！請派我出任務！」

我轉身大喊：「所有人都想去。不要這麼自私！」

這讓他們安靜了下來，於是我走進掩蔽所，和航空團指揮官討論最終名單的成員。

對於該讓誰來領導這場攻擊，我們有一致的共識。中尾中尉最近因為結核病而在馬尼拉住院。在他出院時，他對我說：「我現在復原了，但他們沒有告訴我什麼時候會復發。如果這次能完全康復，那麼自然可以按一般時間等待任務來臨。但倘若疾病再次找上我，我將不可能出任務。因此，請務必盡早讓我出任務。」

我惦記著他的請求，讓他執行了一些短期而不會太費體力的任務。這趟飛行的路途不會太遠，而這也是最後一次機會。在考量了所有因素後，我認為中尾是領導此任務的最佳人選……

敵人的空襲已經持續了一整天，因此我們根本不敢冒著出發的風險。敵方的軍艦擠在林加延灣

（Lingayen Gulf），我們必須快點在那裡降落。

為了準備在下午四點四十五分起飛，五架分別隱藏在馬貝拉卡特各處的飛機揭下了偽裝，預熱著引擎。此刻證明了熱忱進行訓練是非常有用的，飛行員的動作相當流暢。隨著第一架飛機啟動，其餘飛機也緊跟著發動。

戰場上布滿了炸彈炸出來的坑洞，但飛行員在我的手勢指揮下，平順地將飛機駛到起飛跑道上。我用右手比出起飛的手勢，中尾中尉從自己的駕駛艙內站起，並大聲喊著：「中島司令！中島司令！」

我擔心有事情出錯，趕緊跑向他的座機旁，想知道哪邊出了問題。他的臉上滿是笑容，並對我喊著：「謝謝您，司令。真的非常感謝您……」在明白敵方軍機可能隨時出現，且我軍已經危及到刻不容緩的情況下，我不發一語地比著起飛的手勢。

中尾的飛機在引擎的怒吼聲中，開始前進。隨著第二架飛機從我面前通過，引擎轉速在一瞬間慢了下來，飛行員大喊著：「司令官！司令官！」我用力地揮舞著手臂，然而飛行員的聲音穿透過引擎的轟隆聲傳來：「謝謝您選了我！」我假裝沒聽到這些話，然而這些話語簡直讓我撕心裂肺。同樣的場景隨著每一位帶著笑容的飛行員通過我面前，不斷上演，我對著下一個人揮手：第三……第四……第五——每個人都一樣……[865]

這就是菲律賓神風特攻隊的最終場景。五架飛機都成功地突破敵軍的攔截，並接近林加延灣武力強大的美國海軍。陪伴他們的還有一艘偵察機，並為他們拍了許多照片。然而，這些證據消失了，帝國最高統帥讓自己相信這是一場成功的出擊；事實上，中尾及其同伴只傷害到一艘美國軍艦——而且還是小小的隆格號掃雷艦（DMS Long）。

數百名神風特攻隊飛行員的犧牲，並沒有成功保住菲律賓，此時大西中將收到命令，必須將總部轉移到臺灣。他將所有與神風特攻隊相關的資料帶在身邊，以期能保留給後代子孫。隨著敵人的勢力越來越逼近家鄉，大西下定決心，他一定要以更強大的決心，確保臺灣絕不能落入跟菲律賓一樣的下場。[866]危機感日益增加：在短短兩天後，第一批從臺灣出發的神風特攻隊就起飛了，且攻擊也以極高的頻率接續發生。為自殺攻擊而進行的訓練，更縮短到十天。[867]現在，所有的注意力都轉移到如何起飛和進行撞擊，已經沒有時間好整以暇地學習如何降落飛機。[868]

如同瀕死的病人，病弱的軀體受到一波又一波的新攻擊圍剿般，日本快速地失去了最後那道能防止自己免於崩潰，或至少苟延殘喘一陣子的防線。傾巢全出的神風特攻隊，是一種澈底絕望的手段。大西中將的菲律賓特殊攻擊隊，為第一個由官方所組織的自殺部隊，但在戰爭早期階段，也出現過許多刻意為之的自殺性毀滅戰術，最著名的，莫過於在珍珠港偷襲行動中，由山本上將派出，作為十二月七日攻擊行動一部分的五艘袖珍潛水艇。儘管這五艘迷你潛艇並未被稱作自殺武器，但船上全體成員的命運可想而知。五艘袖珍潛水艇之中，有四艘很快就被擊沉，且（就結果來看）並未發揮任何效果。袖珍潛水艇也參與了失敗的雪梨港攻擊行動，這次行動的失敗，也讓帝國海軍決定放棄海底自殺潛艇。然而，隨著日本戰況瞬間陷入極為不利的處境，他們再一次尋求自殺戰術與武器。起初，這些行動是出於個別行為，且經常是因為傳統戰術已經失效、而不得不順勢而為之的即興行動。早在神風特攻隊的概念出現以前，帝國海軍的飛行員就會在空戰中，以「肉身衝擊」的戰術來對付B-24等類型的敵軍轟炸機。第一場有紀錄的肉身衝擊事件，發生在一九四三年五月，當時操控著輕型Ki-43戰鬥機（編按：一式戰鬥機）的小田中士，直接撞向B-17，並以自己的犧牲成功（據說如此）拯救了日本護航艦隊，而他的英勇事蹟也讓他於死後雙重追晉。[869]

在正面衝撞的攻擊看似失效後，海軍飛行員開始憑自己的想法，用自己飛機上的螺旋槳，直接攻擊敵方大型軍機的方向舵。儘管在閃躲敵軍炮火與螺旋槳的情況下，要高速衝撞對方的舵非常不容易，但此種「切割」戰術也確實讓日軍擊落了幾架敵方轟炸機。

用自殺式墜機來攻擊美軍軍艦的行為，最早出現在一九四二年九月的聖克魯斯群島戰役（Battle of Santa Cruz Islands）中，當時日本轟炸機的指揮官故意朝著航空母艦大黃蜂號（Hornet）的煙囪俯衝，撞擊到飛行甲板，機上的兩枚炸彈也因而爆炸；數個小時後，大黃蜂號沉沒（儘管沉沒主因或許是因為魚雷攻擊，而非自殺飛機的攻擊）。[870] 第一樁有計畫的自殺攻擊，一直要到兩年後（一九四四年九月十二日）才真正發生。當時，一群日軍飛行員擅自決定以自己的軍機去撞擊內格羅斯（Negros）島附近的美國航空母艦。一對裝載著兩百磅炸彈的戰鬥機於黎明前升空，但從此再也沒有傳來他們的消息，據推測，此兩架飛機應在靠近目標前就被擊落。[871]

並不是只有飛行員或軍人，才會利用絕望的自殺來回應艱困的局勢。從阿留申到瓜達爾卡納爾，在一場又一場的戰鬥中，日本軍人為了避免成為俘虜，進行了許多猛烈的自殺式攻擊，被美國稱為「萬歲衝鋒」（banzai charges）。最可怕的一場血戰，就發生在一九四四年七月的塞班島。當有組織的軍事抵抗已經變得無望時，三千名——多數僅佩戴著刺槍或棍棒的日本軍人，朝著美國海軍陸戰隊密集部署的機關槍陣地衝鋒，最後無人生還。[872]有時日本軍人的屍體堆得實在太高，導致美國海軍陸戰隊不得不將機關槍移動到視線更開闊的新據點，以對付前仆後繼的日本軍。其中最令人毛骨悚然的景象，發生在一群受傷的傷兵身上，許多還包著繃帶、靠在戰友肩膀上的傷兵，蹣跚地從醫院或醫務室裡衝出來，就是為了參與最後一場自殺攻擊。之後，整支日本軍隊的士兵一排排地跪下來，讓指揮官執行斬首，指揮官最後則切腹；上百名士兵朝著自己的頭部開槍，或以手榴彈自爆身亡（後者更為普遍）。當海軍陸戰隊踏進血流成河的小島時，他們目睹了一樁又一樁的大型自殺，讓人毛骨悚然的最後一幕，就發生在上百名的日本居民身上——包括大批抱著自己孩子的女性，為了避免成為階下囚，而從懸崖上一躍而下，或從海邊的洞穴裡衝出來，將自己活活溺死。這場自猶太人在馬薩達（Masada）進行集體自殺後，堪稱史上最可怕的自我毀滅行為持續了三天三夜；在美國海軍上將斯普魯恩斯（Admiral Spruance）終於能宣布「拿下」這座島時，島上最初的三萬兩千名日本人，也已經只剩下不到一千人，被俘虜的日本軍人幾乎為零。[873]

塞班島的慘劇，也導致東條將軍——可謂親手導致日本踏入如今這般艱困險境的唯一領袖，辭去了內閣總理大臣的職務。繼任者為另一名軍隊將領——小磯國昭將軍。幾個月以後，新任總理以典型輕描淡寫的態度，針對戰況發表公開聲明：「太平洋戰區的軍事發展，已經陷入了不容我們過分樂觀的狀態。」[874]然而，為了避免此番言論被視為失敗主義，他也急忙補充道：「敵方在各個前線大幅拉長的補給線，也已經暴露在我方的攻擊線下，因此，我深信，這將是我們奪取成功的黃金時機。我們的時機已然降臨，我國一億人口的熾烈之情，以及特殊攻擊隊的驍勇奮戰，在在證明了我們必定會拿下各戰區的必勝之心。」[875]

◆

為了應付告急的軍事戰況，日本設計出許多新型武器並進行生產，但這些武器都必須依賴自殺戰術。在新設計的軍艦之中，有一款名稱相當氣派的「震洋」（shinyō）小型軍用船，其船身以木頭打造，並配置了普通的汽車引擎。每艘船都由一名年輕軍官負責使舵，而他的目標就是用載了約莫二百五十公斤炸藥的船，撞擊敵方軍艦。此種迷你小艇於一九四五年一月首度執行任務，然而，被雷達偵測到的小艇就如同一群討人厭的蚊蚋般，被美軍以猛烈的炮火澈底殲滅，任務於是以悲劇告終。在戰爭的最後時期裡，日本打造了約莫六千艘的小艇，載著海上神風特攻隊員踏上慷慨激昂卻渾然無用武之地的死亡之旅。[876]

海上神風特攻隊最有潛力的武器，莫過於全長五十呎的手動操控魚雷——「回天」（Kaiten）。回天魚雷和櫻花攻擊機非常相似，先以「母船」載運四至六枚魚雷到離目標相當近的位置後，再進行發射。回天魚雷的舵手必須透過小小的潛望鏡來操控方向，並試著用三千磅的炸藥撞向敵人。負責操作回天魚雷的部隊（回天的名稱源自於「天を回らし、戰局を逆転させる」，奮力一搏以扭轉局勢之意），深受大西中將在菲律賓的特殊攻擊隊所感動。儘管根據規定，舵手可以在撞擊目標前進行彈射逃生，但此種保護措施根本不夠現實，因為舵手生還的機率與他們的空中夥伴一樣低。[877]

載著人肉魚雷的母船在啟航時，也會經歷與神風特攻隊飛行員離開基地時一樣的儀式與情緒。當巨大的潛水艇開始慢慢地朝開放海域前進時，掛著各種愛國標語的小艇和汽艇會聚集在船身附近，護送潛艇離開港口。小船上的成員揮舞著太陽旗，並在最後的告別中逐一高喊每位回天舵手的名字；在念完一遍全員名單後，他們會再次複誦名字，這奇異的朗誦會一直持續到潛水艇慢慢滑出視線為止。[878]與此同時，擠在魚雷船艙內的年輕舵手，將披著白色頭巾的頭從艙口探出來，並在自己的名字被念到時，鞠躬並揮舞著劍表示感謝。

等到母船上路並潛進水底後，回天魚雷的舵手會和一般船員待在一起，研讀掌舵的程序並經常表示願意幫忙執行一般事務——但這樣的事務被認為不配讓「活神」來做，因此予以謝絕。在母船接近目標前不久，潛艇的艦長邀請舵手共進簡單的最後一餐，並端上一杯清酒。[879]在進入自己的魚雷前，資深舵手會發表簡短的演說，感謝艦長將他們安全送抵目的地，並祝福他們能活得長長久久且幸福。[880]

一九四五年一月十一日晚上，六艘載著回天魚雷的潛水艇艦隊以全速在水面上行駛。其中一艘大型潛艇I-58的艦長，告知自殺攻擊舵手他們已接近位在關島附近的美國目標船隻。在進行了儀式性的最後一餐與告別後，兩名舵手走上甲板，鑽進那個猶如雪茄形棺材的艙房中。[881]剛過十一點後不久，關島朦朧的影子陰森地出現，所有的艙門立刻緊閉，潛艇猛然下沉。凌晨兩點鐘，剩餘的兩名舵手透過特殊通道，爬進自己的回天魚雷內，攻擊的準備工作於是完成。此刻，所有防水門窗都已經關緊，回天魚雷舵手與母船間僅剩一條通話管線相連。隨著回天魚雷一號即將在三點鐘發射，舵手透過話筒大聲喊出自己的最終遺言：「天皇陛下萬歲！」接著，通話被切斷，只剩一片死寂。其餘的回天魚雷也魚貫地發射出去，而母船仍躲在深海裡。不久，潛艇上的船員聽到駭人的巨響，艦長立刻下令將船浮出水面。他們航行了數個小時，卻找不到任何美軍軍艦遭受襲擊的證據；顯然，有一枚回天魚雷「自發性地」爆炸了。[882]而他們也找不到其他三枚魚雷的下落。在歷經了數個小時漫無目的的搜索後，該潛艇收到折返日本的命令。此次令人灰心的聯合行動成果一直狀態未明，直到數天後，才終於確定所有的回天舵手都在沒能傷害到美軍一分一毫的情況下，命喪海底；而更讓情況雪上加霜的是，其中一艘潛水艇在返航時沉沒，全員犧牲。

儘管形式多樣且深具獨創性，海上自殺武器「並不必然帶來樂觀的發展」，雖然直到戰爭的最後一刻，日本仍不斷派遣出此類海上武器，但越來越多的心力投注到看上去更有希望的空中作戰。在眾多專門為自殺任務而設計的飛機中，僅有櫻花真的被派上戰場，其餘的都只停留在計劃或甚至生產階段。在幾乎所有原物料都短缺（有時根本沒有）的情況下，經濟因素成為首要考量，因此某些為了自殺隊員所東拼西湊出來的新玩意兒，簡直粗劣到荒謬的程度。舉例來看，被命名為「劍」（Tsurugi）的飛機，不過是一架脆弱的木製單翼機，可以承載一千磅的炸藥，其設計讓飛行員在起飛後能立刻將起落架彈射出去，因為儘管這架飛機已經再也不需要降落，但如果這個起落架能夠再撿回來，就可以裝到其他飛機上。[883]

其中一支誕生於戰爭末期、專門用於抵禦美軍入侵日本本島的空中特殊攻擊單位，留下來的資料異常稀少。[884]嬌小、只能出一次任務、裝備了大量火藥的飛機，從蓋在山上的彈射器內彈出，在飛行員的駕駛下，衝向那些假設已長驅直入日本內海等海上領域的敵軍軍艦上。此任務的主要訓練場所，就在京都附近的佛教聖地——比叡山山頂。為了如此格格不入的訓練營地，日軍幾乎淨空了周遭的僧侶，原本的佛寺也成為自殺飛行員的大本營。由於戰爭在預期的入侵行動發生前就已結束，因此這些年輕人根本沒有機會將自己所學到的奇特技術付諸實踐。

一九四五年三月，隨著戰爭進入最後階段，自殺戰術與心態失去了原有的「特殊」光環，已被視為一種尋常的日本抵抗手段。如同大西中將的預測，最初主要只與帝國海軍息息相關的神風戰術，如今成為所有武裝部隊的核心；在傳統交戰方法帶來了一場又一場的失敗後，幾乎所有部署於太平洋的部隊，在某種程度上都採用了神風特攻隊戰術。[885]尤其在沖繩遭入侵後，日軍開始大量採用此種自殺攻擊。此時，沖繩基地成為保護日本本島免受入侵的唯一防線，其能否守住陣地，更是日本接下來以獨立國家身分存活的關鍵。當美軍終於在四月一日展開最後攻擊時，遇到的傳統防禦手段少得令人驚奇；相反地，帝國海、陸、空軍大量依賴自殺戰術，也讓日本在戰爭中的最後一個重要據守地——沖繩，成為神風特攻隊的代名詞。主要的標誌便是楠木正成的菊水徽章。

一開始對組織神風特攻隊做法抱持懷疑的帝國陸軍（或許是基於其與帝國海軍間的競爭意識），此刻卻迫不及待地擁抱此戰術。陸軍航空部隊於三月開始組織特殊攻擊隊，並首度使用在沖繩的防禦上。而最戲劇化的，莫過於步兵團為了抵抗美軍的推進而採取的自殺攻擊。成千上萬名的士兵違背自我保護的本能，成為「人肉手榴彈」，朝敵人衝過去。當日軍終於明白沒有任何的自我犧牲或決心能抵擋美軍獲勝時，為了避免成為戰俘，他們用槍和手榴彈自我毀滅。在一樁令人印象深刻的事件裡，首都淪陷後不久，一名日本代表請求美國先停火，給予日本軍官足夠的時間進行傳統自殺儀式。[886]在沖繩發生的成千上萬起自殺事件中，最後兩起的主角為指揮官牛島滿與長勇，兩人於六月二十二日切腹，為這場漫長的戰爭劃下象徵性的句點。該據點被攻克，防守者遭澈底殲滅，而他們也未曾打算投降。

作為拯救沖繩的菊水戰略之一部分，帝國海軍在四月初決定派出最後的頂級戰艦攻擊敵方特遣隊，其中包括日本海軍最重要的戰艦大和號，此艦象徵著帝國海軍的驕傲和希望。菊水任務的自殺性質相當明確。因此，小村上將告知團員，駛往沖繩島的第二艦隊，包括此艦在內，將在沒有空軍防禦的狀況下進行攻擊，此外，亦沒有足夠燃料予以返航。他指出：「總而言之，我們參與了神風襲擊，只是我們與空軍不同，沒有絲毫機會摧毀重要的目標。」我將坦白地向聯合艦隊參謀長龍之介報告，此為純粹而簡單的自殺任務……[887]

此次行動以大屠殺告終。幾乎所有重要的船艦都沉沒了，包括大和號，大和號司令官伊藤海軍上將倒下，所有人命喪於此。此關鍵的坊之岬海戰，幾乎掐斷了帝國海軍僅存的餘息，而美軍僅僅折損十二名士兵。帝國海軍的最後一場任務不但是自殺性的（如同小村上將的預言），更可說毫無意義。[888]

直到戰爭結束前，海軍和陸軍飛行員依舊繼續進行個人自殺式襲擊，摧毀美國轟炸機。一九四四年十一月下旬開始，塞班島淪陷後，東京和其他城市開始受到大規模轟炸，日本飛行員因而有了新的目標。此時幾乎任何常規攻擊都已無法攔截凶猛的B-29戰機，它們咆哮著衝往都市目標，迷你的日本戰機企圖透過阻斷、截切或其他臨機應變的方式，阻止戰略性轟炸。然而，甚少日本軍機能成功延遲攻擊，更別說是毀滅敵軍了。唯一帶來希望的，是沖繩全面鬥爭中從九州發動的聯合自殺式攻擊。四月六日時發動了第一次重大攻勢，海軍和陸軍派遣數百架自殺式飛機進行戰鬥。在接下來的數週內，高級指揮官下令進一步執行大規模菊水襲擊。[889]當戰機和燃料逐漸減少，神風特攻隊的規模也不得不縮小；但是自殺式攻擊已成為日本在垂死掙扎之中唯一能表現抵抗意志的手段，並得以延續行動。隨著神風特攻隊的行動終止，太平洋地區的戰役也就此完結。

◆

在戰爭的最後幾個月，飛機變得極為稀少，因此飛行員只能駕駛著經過修繕、搖搖欲墜的飛行器進行自殺攻擊。然而即便此刻，沒有任何飛行員是在強迫或受命令之下，違背己願進行神風攻擊。如此的強迫不僅毫無意義（很難想像受迫的自殺攻擊飛行員該如何進行任務），此外，帝國軍隊向來沒有招募自殺攻擊隊員之困難，在戰爭末期，志願者的數目早已超越可駕駛飛機的數目近兩倍。進行著五花八門自殺攻擊的都是什麼樣的人呢？對外界來說，最不可思議的莫過於他們的年紀。只有少數自殺攻擊者的年齡在二十六歲以上，不少任務的領導者僅約二十歲出頭。這絕非偶然。由於實際的自殺任務需要培訓的技術相對較少，因此，讓年輕飛行員進行攻擊，而由技術較好的資深飛行員繼續訓練未來飛官、駕駛護送機，顯然是比較實際的選擇。心理因素也格外重要。[890]自菲律賓的自殺行動開始，大西中將就堅持道：「若日本能夠得救，那肯定出於年輕男人之手——那些三十歲，甚至更年輕的人。唯有透過他們自我犧牲的精神與決心，才有可能（拯救日本）。」

通常被選入神風與其他特攻任務的隊員，年紀多半在二十歲至二十五歲之間。[891]典型的神風特攻隊隊員為大學生，他們受到軍隊徵召，暫停學業，並且投入特攻行列。相當特別的是，多數參與敢死隊的學生來自法律或人文學系，而非工程、科學以及其他較與「實務」相關的科系。大部分的隊員都沒有軍事背景，儘管他們一心一意地投入嚴苛的訓練，但是許多人仍舊懷念已經不可得的學校生活。好比在訓練營的幾個月裡，甚至在執行最後任務時，長塚中尉都緊緊抱著兩冊喬治·桑（George Sand）的《搖鈴師》（*Maître sonneurs*）不放，這也讓我們聯想到長塚中尉或許更為浪漫的學生時期。[892]神風特攻隊隊員的「書蟲」氣質與相對鬆散的態度，時常讓專業軍人感到不滿，只要思及眼前毫無經驗的學生即將升任軍官，甚至成為神祇般的英雄角色，就會讓士官反彈。

雖然以單一刻板印象概括上千名自殺飛行隊員，實為相當不智的舉動，但是關於神風特攻隊的資料多半顯示，他們並非如西方世界所想像的為個性凶猛、迷信的狂熱分子。從現有的紀錄、日記、書信與照片看來，特攻隊隊員們多半相當安靜、嚴肅，甚至具有高度文化與感性特質；日本往往頻繁以「冷靜」一詞來形容上述特攻隊隊員，若用較為現代的字眼，大概是「酷」吧。[893]

這些神風戰士是真正的志願者，還是他們（如同多數非日本人所猜想的）被以某種方式誘惑或「洗腦」加入了自殺小隊？要回答這個問題恐怕不容易，但是至少在菲律賓與臺灣的初期自殺任務裡，所有的飛行員都為絕對的志願者。[894]或許有些猶豫不決的年輕男子受到同儕飛行員的心理壓力，以及戰時的激情氣氛所影響，但是他們從未受到軍隊招聘官或高階官員的施壓。相反的，年輕飛行員反而擔憂自己**不會**被選入自殺任務，因此往往以極端激烈的書信央求長官，甚至以日本傳統方式，用血書簽結。895

當海軍與空軍越來越頻繁運用自殺攻擊時，原有隊員可自由選擇要參與「常規」任務，或是新的自殺攻擊。此時不管是誰都不會受到來自官方的壓力強迫自願參與；拒絕參與相關任務的人，似乎也不會受到任何不平等對待。因此，在下關附近的魚雷艇訓練中心長官向四百名新兵表示，一九四四年十月末將發動新型海上自殺戰：896

因為任務特殊，我無法給你們任何命令……你們在此接受基本魚雷艇操作訓練，然而，此任務與你們的專長相異，因此我無法要求你們參與任務。你必須操作震洋或是伏龍，你也可能繼續操作普通魚雷艇。你們有絕對的選擇自由，我也保證，拒絕進行新式攻擊的成員，將不會受到任何壓力或影響。你們可以分別到我的辦公室，報告自己的決定，而我保證不會質疑此決定，或要求你進行解釋。

從下午至第二天凌晨四點，年輕人各自進入長官辦公室。有一半的學生選擇死亡，一百五十名學生選擇震洋，五十名選擇擔任自殺蛙人隊，此報名人數遠遠超過進行兩次自殺任務的數量。

由於神風特攻隊空中襲擊的規模日益擴大，因此菲律賓的非正式志願者數量已漸趨短少，也因此，沖繩戰的士兵被「要求」加入自殺部隊。中島司令如此描述此時的特殊「志願」方式：

一開始，許多新人似乎不僅缺乏熱情，更為自己所處的情況感到焦慮。有人焦慮了數小時，有人持續了數日。他們必須經歷一段相當憂鬱的日子，最終進入靈魂的覺醒。接著，就像生命獲得了智慧一般，他們的焦慮消失了，當死亡與永生出現於眼前，他們感受精神上的寧靜。

海軍久野中尉（Kuno）就是一個例子。當他抵達基地時，顯得非常困擾。接著在持續數天的悶悶不樂後，他步履蹣跚地走來，眼中閃耀著火花，他詢問是否可將自己飛機上所有不必要的裝備撤離，他表示，要求家鄉的工人為自殺飛行員準備不必要的裝備，實在顯得非常不體貼。[897]

陸軍所發起的自殺攻擊任務遠較海軍晚，畢竟尋覓合適的飛行員需要更多的時間，也對尋覓志願者感到更有壓力。[898]然而，即便在如此情況底下，軍方仍舊確實遵守徵募志願者的原則。長塚中尉描述一九四五年三月三十一日，他與其他約二十多名飛行員被指揮官召喚至總部的情況：

他輪流看著我們的雙眼，然而溫柔的眼神，似乎可以穿透我們的心。「你們都知道，」他以肅穆的語調說道：「我們的軍隊缺乏飛行員、燃料、飛機、子彈，事實上，什麼都缺。我們已經戰無可戰，唯一剩下來的方法，就是駕駛飛行器撞擊另一艘飛機。這就是你們的同僚飛行員正進行的任務。兩個小時前，我們的基地收到命令，必須組織特攻小隊。我有責任詢問你們……」他似乎有點猶豫，接著往下說：「是否可自願參與任務。但是你擁有選擇的權利。你們有二十四小時考慮，並請在明日晚間八點前給我答覆。請個別進入我的辦公室進行報告。」[899]

讓長塚中尉感到訝異的是指揮官使用「請求」的字眼，他指出：「在軍隊裡，長官只**下令**，從不**請求**。」隔天早晨，長塚中尉在食堂與同僚共進早餐，其中一人脫口而出地說：「我們所有人都會接受任務吧？對吧？那我們不如一起去辦公室，給他我們的答案！」所有人點頭同意，但其中一人輕鬆地建議，不如先把早餐吃完。[900]

為什麼有那麼多認真、受過高等教育的年輕男子，願意做出如此戲劇性的犧牲？我們主要透過信件、日記與詩句來理解自殺攻擊隊員的性格，並看見其中原因；儘管有些例外，但是上述研究，有助於我們更靠近日本歷久彌新的英雄傳統。[901]

對敵人的仇恨，與對死去戰友的復仇之心，往往被用來解釋（或包容）戰爭中士兵的激憤，但這原因似乎不是影響自殺攻擊隊員心理狀態的主因。從信件中可以得知，他們往往表達了必須保衛日本免受外國勢力汙染的責任，以及保護家庭的決心。然而，他們從未展現對西方國家的種族仇視，或對外敵的醜陋厭惡感。對國家的感恩之情，以及願意以身相報的情感，似乎為日本數個世紀以來在戰爭與和平時代所共有的道德標準。在太平洋戰爭期間，這樣的動機並非神風特攻所獨有，只是他們採取了最激烈的手段，並以全然的犧牲表達內心的感激之情。

首先，他們感謝孕育自己生命的國家，也就是日本；以及代表日本獨特國體與美德的天皇，儘管天皇的個性稍嫌平淡，但是他是日本大家族的父親。下面書信來自第十二航空戰隊山口輝夫中尉，他在自殺任務前，寫給父親的最後一封信件摘錄：

……再怎麼解釋也無濟於事，在二十三年的生命裡，我創造了自己的哲學。

當我想到日本醜陋的政客如何玩弄無辜的人民時，我就感到口中一陣酸苦。但是我願意接受軍隊最高統帥的指令，甚至接受政客的指令，因為我深信日本國。

日本人的生活方式確實很美，而且我也為此感到驕傲。我來自日本歷史與神話，並代表祖先的純潔，以及他們對於過往歷史的信念……這便是我們自祖先身上所承傳下來的生活方式。皇室正是日本過往美好的實際體現，這更包含了日本及其人民的美麗與輝煌。為了美好的生活與事物，貢獻自己的生命，是我個人的榮耀。902

通常，自殺攻擊隊隊員也展現了對家人的實際責任，特別是應當報答父母給予自己的恩惠，讓自己擁有近二十年的美好時光，而非更為遙遠的皇室與國家等概念。903

許多人在信件中表達無法回報父母恩慈的懺悔，以及為如此離世感到抱歉。下方信件由野元純於第二護皇白鷺隊出發前寫就：

親愛的父母：

請原諒兒只能請朋友轉達遺言，兒沒有時間寫遺書了。

兒沒有什麼特別想說的，但兒希望您都能知道，直到此刻，兒仍然身強體壯。兒為自己能被選上並且執行任務，感到無比驕傲。兒的小隊裡的其他駕駛員已經翱翔在空中。兒的朋友在兒駕駛的飛機機身上抄寫遺言。兒不感到悲傷或遺憾。兒的初衷未變。兒會平靜地完成任務。

三言兩語無法表達兒對您兩位的感激之情。兒希望自己能以擊潰敵軍的行動，回饋您如泰山般深重的恩惠……

如兒最後的努力能夠報答祖先們的恩澤，兒將不愧此生。

再會!!

淳[904]

通常，神風特攻隊隊員對父母與天皇懷以同等的感激之情，而他們的奉獻可被視為對家人與國家的報答。如同一篇由神風特別攻擊隊足立中尉撰寫的遺書寫道，正因爲父母給他的愛，讓他能為天皇犧牲奉獻，而他很開心自己能在最後的任務中與父母的精神同在，並一同作戰。[905] 同樣的，七生隊的嘉日進（Kajiitsu Susumu）這麼寫給家人：

再多的言語都無法表達我如何感激父母的養育之情，我希望我能以微小的行動，回報天皇賜予我們的恩典。906

神風特攻隊隊員松尾功（Matsuo Isao）也在最後的遺書中表示，自己的死，正是對家人與全國人民的報答，他甚至還表達了對長官的感激：

親愛的父母親：

請為我祝賀。我擁有美好的機會赴死。這是我人生中的最後一天。我們國家的命運就繫於此關鍵戰役，而我將於南方海上，如同燦爛的櫻花一般墜落……

我珍惜自己能如此死去！我感謝父母以虔誠的祈禱與溫暖的愛養育我，讓我的心能有如此細膩的感受。而我也特別感激小隊長官與指揮官，將我視若己出，並給我最完善的訓練。

感謝，我的父母親，在這二十三年之中，你們關心我，並啟發我。我希望自己微小的行動，能回報父母之恩……907

另一個時常出現在自殺攻擊隊隊員遺書的主題則是「真誠」，這正是圍繞著日本英雄史最重要的傳統概念。長塚中尉紀錄下兩位空軍軍官的談話，他在志願加入特攻行列後，無意間聽到如此平常的對話。第二空中攻擊隊領導者佐中上尉（Sanaka）想說服指揮官，由於Ki-45攻擊機短缺，因此飛行員應使用規模較小的Ki-27攻擊機，攻擊B-29轟炸機：

「但是Ki-27的速度與攻擊性，如何能與B-29轟炸機相比呢？」

「我請求你，長官，」佐中上尉如此答覆：「在現在的狀況下，我覺得我們必須使用基地內任何的飛行器來摧毀美國戰鬥機，越多越好。」

「那我們的飛行員怎麼辦？他們的訓練不足啊。」

「長官，真正重要的，絕非我們飛行員的技術或是戰機的性能，而是戰鬥員的道德與精神。那才是真正重要的啊。」[908]

自殺攻擊隊隊員一再反覆強調，自殺戰術是唯一僅存的反擊方式，並能保護日本免於摧毀。不管是我從信件與日記中所能解讀到的，或是與二戰生還者的討論，都顯示僅有極少數的人相信在此時期的任何戰鬥，還有可能能扭轉戰爭的結果。特別是在沖繩自殺隊的悲劇後，特攻隊之中，尤其是頭腦最為清醒的人，都知道如此犧牲已經沒有任何榮耀可言，也沒有任何希望。長塚中尉回憶起自己坐在Ki-27戰機內的最後念頭：

我真的相信自殺攻擊會有效嗎？事實上，我們根本沒有護衛機與武器，這也顯得如此愚蠢……難道唯有透過自我犧牲才能死得有意義嗎？身為戰士，我們必須回答：「是的。」儘管我們深知自己的自殺任務沒有任何意義。[909]

然而，如此遲疑並未減損他們的士氣，自殺隊隊員仍舊前仆後繼地將自己與戰機炸毀於空中，儘管這番行動相當無用。如此的猶豫不決，或許僅證明了年輕志願者的氣魄。流行的神風特攻隊歌曲如此讚頌他們的精神：

不用想是否會贏！
如此心思只會帶來敗戰。
當我們失敗時，請讓我們向前推進，永遠向前！[910]

儘管誠意比勝利或失敗更重要，但這並不意味著志願者認為他們的努力最終毫無意義。儘管他們的犧牲可能無法挽救日本免於戰敗的命運，但是或可帶來精神的重生。一名京都大學文學系學生的飛機在戰爭結束前的兩星期的月夜被擊落，他的最後一首詩如此寫道：

停止樂觀，
張開你的眼睛，
日本人啊！
日本注定要被擊敗。
那就是我們日本人
必須注入這片土地
開創新生活。
復興的新道路
將會由我們來開拓。[911]

本章開頭所節錄的櫻花詩作作者，第二七生隊的岡部平一，曾在最後一篇日記中討論，當犧牲之舉不會帶來對戰爭的任何影響時，是否有可能創造珍貴的精神重生？

一九四五年二月二十二日

我將在死前目睹日本可憐的掙扎。隨著我的青春和生活逐漸接近尾聲，我的生活將在接下來的幾週飛奔。

……計劃在接下來的十天內進行出擊。

我只是一個人，並希望自己既不是聖人也不是無賴，既不是英雄也不是傻子，而只是一個人。我曾在生活中尋覓與渴望，並期望在我死後，我的生命將成為「人類文獻」。

我所生活的世界充滿太多混亂。

作為理性的人類，我們應當創造更好的世界。因為缺乏好的指揮家，因此我們每個人都發出嘈雜的聲響，並以噪音破壞和諧與節奏。我們應拯救日本於水火之中。

我們應衝向敵艦，並深信日本將成為一個，可以能容納美好家庭、勇敢的女性與燦爛的友誼之地。912

戰爭中的物質勝利遠非首要目標，甚至可能成為靈魂重生的障礙。「假如出乎意料的，」岡部平一寫道：「日本突然贏得戰爭，那麼對國家的未來可說是相當不幸。假如我們的國家與人民能夠得到戰敗的磨練，那將會更為堅強。」另一名操作回天（自殺魚雷）的軍官也曾聽聞年輕志願者希望日本戰敗：913

我不敢相信將士竟然如此說話！「您說什麼呢？」我問。

「日本會戰敗的，橫田。」他告訴我。

我很震驚，實在不知道該說什麼，我從未在軍中聽見任何人討論過戰敗可能。因此我再一次問道：「那麼您為什麼志願求死？」

「人必須問自己能為國家做什麼。」他簡單地回答。他的死亡或許毫無意義，他又說：「日本會戰敗，我很確定。但是她將會重生，並成為比以前更偉大的國家。」他再進一步解釋，一個國家必須經過好幾代的淨化，才能洗滌罪惡。我們的國家正在燃燒，他說，而她將變得更為美麗。914

在遙遠的日本古代萌芽的想法與感性，經歷漫長的軍事霸權時期，於一九四四年時，仍舊鮮明並啟發著世人。上述想法反覆出現於神風特攻隊隊員的談話與寫作中。因此，當長塚中尉冒險質疑同僚是否該以Ki-27攻擊機摧毀美國B-29戰鬥機時，年輕的男子以極具武士道榮耀的方式回答：

你把生命看得過於崇高。想像全世界將消失而獨留你。你還願意繼續活著嗎？假如人的生命有任何意義的話，那必定與其他人息息相關。這正是榮耀的源頭。生活以此為基礎，我們古代武士的舉止正是明證。這正是武士道的精髓。如果我們只在乎自己的生命，將會丟失自我的尊嚴。

在這世界上有兩種存在：動物，牠們依照本能行動；人類，他們有意識地希望可以超越自我的

生命……如果人類只求**生存**，那就太無聊了吧！這將無法教導我們生命或死亡的意義……[915]

長塚的同伴，如同其他年輕的神風志願者，以帶點抽離現實、天真的方式表達自己；但是其精神根源於武士道哲學脈絡，此哲理正是現代國家主義者的「修身」之道。[916]在所有的神風隊員之間，最受敬重的為愛國戰士楠木正成，他於一三三六年代表後醍醐天皇對戰，並在遭受到預期的戰敗後，立即切腹自殺。[917]不管是在書信、日記以及日常對話中，神風隊員時常提及楠木正成，並將他視為高貴舉止的模範，而相當激昂的「七生」一詞，更是被一次又一次地引用。「我將成為殿下之盾，」一九四四年十月二十八日，松尾勳如此寫道：「並與中隊長與其他隊友一起死得乾乾淨淨。我希望可以轉生七次，每一次都將擊碎敵人。」[918]中島司令回憶在宿霧基地時，曾經聽見如此輕鬆的閒聊內容：

有一飛行員正在喝著酒，他走向我，並且說出讓人吃驚的話：「我什麼時候可以參與特攻？為什麼你不讓我早點出發？」

另一士兵也湊過來說道：「我從一開始就是特攻隊隊員了，但是其他志願者都比我先早投入任務。我還要等多久？」

一時之間我實在不知道該如何回答這樣的問題，但是有個想法突然浮現腦海：「你記不記得，在日本偉大戰士之中，最傑出的楠木正成？在他進行最後決鬥的前晚，與同為戰士的兒子告別，並囑咐他回到媽媽身邊？不久後，會輪到我們每一個人的。直到世界取得和平以前，我們都將進行各式各樣的特攻行動。你們得自己身先士卒，而不是在這抱怨晚了幾天又如何什麼的。」

他們點點頭，第一個士兵又說話了：「是的，我明白你的意思，但我還是寧可早點追隨楠木的腳步。」[919]

神風特攻隊員孤獨地擠進了櫻花炸彈或回天魚雷艇之中，將自己投向暴烈的敵軍，這象徵了自古以來日本英雄對自身的真誠信念，以及，不管自己的行動多麼無謂，都代表了真實。他憑藉著自由意志，承擔了「超出極限的任務」，而此任務若以標準觀點來看，勢必相當荒謬、瘋狂。有史以來最有名的武士道論述《葉隱》，將死與狂兩字合併，成為「死狂」（死に狂い，shiniguri）一詞，並叮囑遠離如此的狂熱狀態，畢竟武士必須先「超越自己」，才能割捨常理與自我利益，以達成偉大目標。[920]從年輕詩人宮之尾的書寫中，我們可窺見一心一念的神風隊員的孤獨狀態，宮之尾加入空中特攻隊，並於一九四五年四月於沖繩附近引爆而死。[921]在他死後的詩作合集《孤星》中，宮之尾已預視了自己的死亡，雖然他與葉慈筆下的空軍擁有截然不同的傳統：

孤獨的喜悅衝動，

> 飛行在雲端動盪。[922]

宮之尾也擺脫了仇恨（我並不恨眼前敵人），並且得以用類似的抒情主義和純粹的觀點觀察自己的內心狀態：「當我想到死亡，」他在詩前寫了一段前言：「我打了個冷顫……（不久後）我將澈底消失。我會安靜地變為不存在者，就像一顆無名的恆星在黎明時消失。」[923]

神風特攻隊的志願者，受到來自傳統武士哲學與宗教所建構之死亡形上學的制約。自中世紀以來，武士就知道「生活必須輕於羽毛」，並捨棄所有的個人求生私欲，以追求大義。[924]在短暫的訓練期間，神風特攻隊的志願者沒有太多時間接受理念的灌輸。但是這並不重要，因為自從他們加入自殺單位以後，即抱持著日本武士精神的死亡意識形態。在他們在軍營的幾個月中，死亡意識被戲劇化，因為**死亡**不斷地出現在他們的眼前。在《葉隱》書中，作者雄辯如何面對艱困的前景：

> 我們必須天天期待死亡，如此當死之將至，心中將充滿平靜。當死亡來臨時，唯有寧靜在心中，而非恐懼。徒勞地幻想死亡，是愚蠢的……每天早晨，滌淨心靈，並想像你將被箭、槍、長矛和劍所刺傷；被巨浪沖走、扔入火中、被雷電、地震動搖、從懸崖上掉下，死於疾病或因意外事故喪生。你必須每天早上在心裡死一次，你就不會再害怕死亡！[925]

對這些年輕志願者而言，死亡不是來自外在的偶然或不幸，而是出於自我意願的縝密行動。自從捕鳥部萬的黑暗時代以來，英雄就隨時準備好了結自己，而非冒險地以羞辱自己、家人與封主的方式死去。自殺並非「弱者的逃避手段」，而是英雄以極端的方式展開尊貴的行動。自殺並不來自渴望的本能，而是仔細推敲與準備的驕傲之舉。

佛教強調無我與克己，教導我們若能擺脫自我與其欲望的幻覺，尤其是生存的欲望，就能從固有的苦難中逃脫。這加強了武士精神中的犧牲概念，並幫助武士接受嚴苛的身體訓練，以及最終的自毀。對於許多自殺任務志願者而言，一開始都會有種不安感，接著慢慢地被佛家的覺悟（精神覺醒）給取代，並對即將來到眼前的死亡感到滿足。神風特攻隊的志願者，不同於其他大多數國家的飛行員，並未擁有特權或物質享受，在軍營的待遇也沒有特別之處，直到起飛之前，他們都如同苦行僧一般生活著。然而在他們的書信和日記中，完全看不見任何不滿，也沒有任何字句表達對最後幾個月的生活，因為多了些食物或舒適而感到欣喜。如此斯巴達式的生活方式，並非痛苦地剝奪其權利，而是幫助他們得到「沒有內在波動的平靜」，唯有透過否定自我與其欲望，才能為最後的任務，進行無我的準備。926

雖然宗教的力量對神風特攻隊隊員的心理準備相當重要，但是這不代表如非日本讀者所可能想像的，他們會因為死後得道，或是因其犧牲進入天堂、萬神殿而感到滿足（甚至被激勵）。佛教雖然提出了澈底殲滅的目標，但是作為和平的教義基準，佛教很難對自己或他人發動暴力行動者提供任何形式的讚賞。神道教確實承諾為天皇捐軀者將成為神靈，並且回返到靖國神社接受崇拜。然而神道教僅有模糊的死後概念，並且自始至終都排斥形上學式的臆測。根據神風特攻隊隊員，也就是大學生志願者所遺留的書信，我們可見他們對承諾信徒來世幸福的主流宗教感到懷疑。即便他們即將面對死亡，也僅有極少數的人願意相信死後世界。如同長塚與朋友藤崎（Fujisaki）的對話，他在發動攻擊前兩小時與對方碰面。藤崎微笑地問他是否相信死後還有另一個世界。

「不，」我答道：「我應該算是個無神論者。」

「我想你是對的。」藤崎說道：「我們死後，只有虛空……所有事物都到了盡頭，連我們的精神也將不復存在。正是如此。」他開心地回答道：「在長達二十年的時間裡，我們從家庭中得到幸福與快樂。這絕對夠了。我對死後的世界一點也不在乎。我不相信我們還會見到彼此，也不相信我們的精神還會存在……所以，現在我將向你永遠地道別了。」927

儘管民族主義式的愛國宣傳向來讚揚靖國神社中光榮戰死英雄的精神，但是世人對神風特攻隊飛行員似乎抱持著些許的懷疑。在宿霧空軍基地聚會期間，其中一人問及中島司令靖國神社的處置，是否會因為軍銜而有任何分別。

我回答：「靖國神社沒有分別。安排順序完全由到達神社的時間而決定。」

「那麼，我的階級將會比你高，指揮官，因為您必須派出更多的飛行員，然後才能上路。」

「那麼，要是司令官被安奉在靖國神社時，該怎麼辦才好？」

「讓他在食堂當個士官吧！」其中一個回答引來的歡呼聲震耳欲聾。

「你就不能再對我好些嗎？」我抗議。

「那好，讓你在食堂當個軍官吧。」最後一名士兵說道。大家再次歡聲雷動。928

身而為人，許多神風特攻隊的戰士面對即將來臨的毀滅，一定會在某些時刻產生疑問，甚至感到恐懼。但是日本傳統與文化將協助他們抵擋自然的本能反應。929出發作戰前一天，長塚隆二在沉思自己的毀滅時，經歷了靈魂的黑夜，但他相信自己行為所含有的積極意義，這使他振作起來：

我必須為自己迅速到來的死亡找到一種說法，如此，我才不會否認人類生命的價值。我知道我在做什麼。此外，我的死亡與好比疾病引起的死亡完全不同。我（現在）必須做到……要全力以赴、保持清醒，如此一來，我才能控制自己的行動，直到最後一刻；相反的，垂死的患者必須被動地在床鋪上等待死亡。我的死亡具有意義、價值。隨著時間的流逝，我驚訝地發現，內心中的反省使我恢復了平靜。930

儘管處境極為嚴峻，但自殺飛行員從未（除了在某些特殊情況下，我將在下面篇幅解釋）沉迷於歇斯底里的瘋狂表現中。人們普遍認為，自一九四四年神風特攻隊成立以來，即成為日本武裝部隊中士氣最高昂的隊伍。[931]即使是經驗最少的飛行員，他們在執行永不回返的任務時，也充滿了熱情；如此快樂的氣氛，彌補了訓練的不足。不管是神風特攻隊基地的日常生活，和個人書信寫作中，都很少帶有悲觀情緒或消極主義。在他們離開的那天，當他們準備像伊卡洛斯（Icarus）一樣朝著太陽飛翔時，他們的心情充滿了渴望和興奮，以至於所有關於生存的本能都喪失了。[932]在一張典型的神風特攻隊照片中，一名飛行員為即將起飛的夥伴綁上象徵帝國的頭巾，照片中的年輕人帶著輕鬆的微笑，彷彿他和他的同伴正在準備婚禮或畢業典禮。第一正氣隊的須賀芳宗（Suga Yoshimune），描述了他為能夠證明自己的真誠，成為保衛日本的「最後王牌」而感到驕傲。[933]「現在我對生活感到全然滿足，對我們來說，在春天進行特攻，是多麼地溫柔？相比之下，外面的世界是何等悲傷啊！」他說道。另一名回天（自殺魚雷）駕駛員描述了他在出發前的心境：

（一九四五年）四月二十日，當神劍隊預備出發時，我們六個人都像新生兒一樣，抱持滿滿的信心。我們每人手中拿著一枝櫻花，拍下紀念照片，此時我看著樹梢上燦放的櫻花，並對自己說：「你真幸運吶，橫田寬，你生而為男子，如果你是女人，恐怕就無法踏上這樣的冒險之途了吧！」我和新海（Shinkai）互相發誓，將擊沉最巨大的船艦。我想到自己才十九歲，因此說道：「必須在世人尚且哀嘆你的死亡、哀嘆你在如此純潔與單純時消逝，選擇離世而行；這正是武士道精神。」是的，我信奉武士道精神。當我再一次踏上I-47時，我的眼睛閃閃發亮。我記得安齋信男（Anzai Nobuo）少尉用一首詩告訴我，我將「如盛開櫻花般墜落」。這正是我的使命。大家高呼「萬歲」，護送我們離去。我心裡默默記起土浦來的藤村貞夫（Fujimura Sadao）中尉，之前一直耳提面命地說：「永不迴避死亡。如果不確定是要死還是要生，那麼死總是更好的……」我們再次站上了回天魚雷艇，揮舞著手中的劍，直到歡送的船隻掉頭離去為止。接著，我爬進回天艇，並將矢崎的骨灰與那隻櫻花放在座位旁邊。[934]

神風特攻隊隊員往往以沉穩、愉快的筆調撰寫訣別書，以安慰父母感受。林市造中尉希望父母能在自己身後，依然快樂地生活下去。他寫道：「母親啊，我希望妳不要為我的死亡而感到哀傷。我不介意妳哭泣。哭泣吧。但請明白，我的死亡是為了最好的未來。請不要為此感到痛苦。」[935]當自殺任務遭延期一日時，他再度動筆寫了一小段話，描述傍晚時自己在附近的農田愉悅的散步，聆聽蛙鳴，並且躺在三葉草的草地上回憶起故鄉。「櫻花已經墜落了啊……看來我們明日得出發進行攻擊。因此我的忌日將是四月十日。如果你們想紀念我，那麼請與家人們一起愉快地晚餐吧。」[936]松尾勳的遺書則請求父母為他的決定感到歡欣，並希望當他們看見自己與其他義烈隊隊員近日被拍攝下的影帶時，能夠面露微笑。他在結尾時寫道，如同其他的飛行員一樣，他祈禱自己會燦爛地墜落。「希望我們的死亡能夠快速而純淨，如同冰晶之玉碎。」[937]

自殺特攻隊隊員間不常發生衝突，僅有在當他們發現自己並未依照預期被選入特定任務，或他們竟然結束任務，甚至在相當反高潮或令人震驚的狀態下平安返回基地時，才可能出現緊繃的氣氛。對於神風特攻隊指揮官而言，選擇飛行員自是相當困難、痛苦的過程。[938]當然多數的志願者都已經決心盡早出發，因此當少數幾人心懷感激地被派遣任務時，不免引來其他人內心中隱藏的埋怨。這絕非因為他們希望可以盡早完成工作（儘管心裡或有如此打算），但是真正的原因在於，他們已經全然地為如此艱鉅的工作做好準備，並且擔憂假使神風任務遭到取消、或對戰狀況突然解除，那麼他們將背棄數千位前行者的足跡，並滿懷失敗之感。[939]海軍司令宇垣纏就流露出了典型的「遺棄感」，他負責規劃九州自殺任務，並在戰爭的最後一日啟動自己的自殺攻擊計畫。第五航空艦隊的資深軍官與宮崎艦隊長（Miyazaki）試著說服宇垣纏，如此的自殺任務根本毫無必要，但是對方堅決地期望自己遵守命令。不久後，宇垣纏帶著自己的武士短劍與航空鏡，準備飛向青天：

宮崎艦隊長一直安靜而肅穆地站在一旁，但是，最後他無法抑制情緒，走向宇垣纏並說：「請你帶著我一起走吧，司令。」

宇垣纏堅定地回答：「你還有未完成的事。你留著吧。」

此番拒絕讓隊長無法接受，他愣住並大哭起來；他毫不羞愧地在其他人眼前哭泣了起來。[940]

在數千名志願加入自殺戰鬥的隊員中，僅有少數幾人倖存下來。他們的微妙心情，更讓我們足以窺探神風特攻隊的心理狀態。一九四五年五月某日清晨，發動十二架固定起落戰鬥機進行自殺攻擊的桂隊，徒留數名生還飛行員。此時的飛機已是搖搖欲墜的狀態，任務可說是完全無望。只有三架飛機稍稍逼近了攻擊目標，其他的九架飛機則紛紛被迫降落，當戰爭於八月結束時，飛行員仍舊等待發派新的飛機，已完成未了的任務。其中的七名飛行員在戰爭結束二十一年後，聚集在原軍機場附近的寺廟。[941] 他們吃了標準的神風式最後晚餐，嚥下米飯與墨魚乾，並以清酒向過往的英雄時光致敬。其中一名生還者，現已中年的農業官員嘆道，這個聚會讓他懷念起「當年的純真，當時我僅僅想要為國家壯烈犧牲」。他甚至以渴望的語氣表達「希望能回到過去」。

當神風特攻隊戰士意識到自己的任務已經流產，或者說他們根本沒有機會執行任何任務時，通常感到澈底的失望和自卑，如此的感受往往需要數年才能克服。他們並沒有因為保全性命而感到歡愉，許多人甚至透過自殺逃避毫無預料的倖存命運。一名受命攻擊硫磺島的頂尖飛行員坂井三郎，形容某次遇見在自殺任務後生還的飛行員的遭遇：這名年輕人一個人躲在黑暗中的跑道旁，最後不得不走向指揮官的辦公室。當渡邊誠被告知消息時，距離他發動烏利西自殺任務僅有兩日之遙，然而戰爭已經結束，他們得以安全地回到家裡。[942]「我哭了起來，感到受傷。我被剝奪了死亡的機會。」渡邊誠向新聞記者報告志願飛行員的反應：「我們感到震驚，根本說不出話來。許多人都哭了。我們為任務進行了多麼辛苦的準備，但是現在卻取消了。」如同他在二十五年後的觀察一樣，戰爭終止，保全了他的性命；但是如果今日他能再次成為神風特攻隊隊員，他將無所遲疑。943

人體魚雷與震洋炸彈客的生還率則近乎於零。然而一名美國海軍軍官回憶起自己在一九四五年一月曾經拯救三名自殺任務隊員，當時他們的魚雷艇遭遇引擎問題，並漂流在馬尼拉灣外海。944過了一陣子之後，一位美國飛行員發現了這只奇怪的小艇，他向附近的驅逐艦報告定位到敵船。由於魚雷已經失效，當美軍逼近小艇時，神風隊員正準備切腹自殺。但是他們已經沒有足夠的力氣進行此儀式。美國軍官設法卸除他們的武裝，將他們帶上驅逐艦；他照料此三名自殺隊員，並說服他們不要輕生。另一名二十二歲的海軍飛行員青木泰憲（Aoki Yasunori）也有同樣的故事。一九四五年五月，青木企圖駕駛破舊的飛機撞向位於沖繩的美國驅逐艦時落水。美國軍方搭救了他，但是青木毫不領情，並且拒絕對方贈送的食物與香菸。945由於逃脫已不可能，因此青木知道只有咬斷舌根，並讓自己的鮮血淹沒喉頭致死，才可能保全珍貴的節操。當行動證明無效時，他試圖用一串扭曲的繩子勒死自己，但卻被警衛阻止。如今情況已經很明顯，死亡拋棄了他，他必須留在這個世界上。其他奇蹟般從墜毀飛機生還的神風特攻隊隊員，往往拜託敵軍殺了他們，或是成全自己求死的意願，當然，幾乎所有的類似請求都遭到拒絕。946

不難想像神風特攻隊隊員的反應。在他們放棄生命，並做好心理準備追隨前輩被殲滅以後，卻（實際與象徵性皆然）感覺到自己像是錯過了登船的時刻，這勢必相當地反高潮與屈辱，等待另一個進行「最後」任務的機會，想必也非常地難熬。所有認真嘗試自殺但未成功的人，往往都有如此感受；但是對神風特攻隊隊員而言，他們更是受到武士道傳統與該國的英雄歷史所驅使。這些飛行員在做好了萬全的自毀準備，以及經歷了激昂的離別儀式後，卻在無法找到攻擊目標的狀況下，被迫重返基地，他們必定感受到了萬重的精神挫折；可想而知，許多人即便在沒有迫近目標的情況下，也會刻意選擇撞毀戰機，以避免痛苦的折返。我們可以設想日常生活中，如果有人以華麗的方式告別，卻因故突然地折返，這將造成多大的失落感。最糟的是，他竟然再也無法成行。那麼，在戰時日本的活神，又該有著何等的感受啊！

長塚隆二曾經記述自己在一九四五年六月二十九日預備攻擊美軍時，任務慘遭取消的失敗經過，他是神風特攻隊生還者中，唯一願意分享任務取消經過，以及內心所感受到的痛苦狀況的人。[947] 當時濃厚的雲霧與暴雨，讓他們絕無可能見著任何美軍艦隊，於是分隊指揮官決定趁還有足夠的燃料時返回基地，等待更有利的機會重新發動攻擊。當長塚看見命令折返的信號時，心中的情緒相當矛盾：

> 在雲霧之後，死亡已經等待著我；雲霧一再地阻擋我們進行最後的飛行。現在，我又得以多活在這世界上更久一點。我該感謝蒼空，還是詛咒祂為何阻撓我的任務呢？

儘管其他的戰機都已追隨領導者準備返回基地，或許長塚應該獨自奔向自己的命運？但這有多麼可笑啊，他根本不可能在濃厚的雲霧中，單憑一己之力找到美國軍艦。但如果他掉頭呢？

我還會有獲得任務的機會嗎？我知道基地已經缺乏燃料，我們根本不知道補給何時會來……這是我最初也最終的攻擊機會。當我離開基地時，早已準備好犧牲自己的性命。如果就這樣返回基地，該是多麼地可恥啊！

大約一會兒之後，他看到前面編隊的第二和第三架飛機，已跟隨領導者並轉向。長塚像是不聽使喚地用左腳踢了操縱桿，右手移動方向桿。當他回到本島時，他感到更深刻的質疑：

我該怎麼做呢？……直到我再有一次出任務的機會之前，不管是自己或別人，都會讓我感到莫大痛苦。既然我已決定犧牲自己的生命，就應該一直走到最後。聲稱自己看不見美國軍艦只是個藉口。人們會說我寧願屈辱而生，而不是英勇赴死。真可恥啊！

長塚對返回基地一事的擔憂，證明並非多慮。當他與隊友安全降落後，立刻前往指揮官辦公室報告剛才情況。當他們得知同一攻擊小隊的另外六名飛行員，在天候不佳的狀況下仍舊執意進行無用而英雄式的墜落，並掉入日本海的洶湧波濤中時，原先的痛苦、不幸與憤怒立刻加劇。長塚陷入了相當罕見而劇烈的「神風特攻隊生還者」的特有抑鬱之中。

我沒有任何僥倖逃出生天的真實感受。我對自己能夠返回基地，沒有任何喜悅之情。我的靈魂空空蕩蕩的，如此走向位於地下室的兵營。我沒有避開水坑，而是一路踩著，像醉漢一般地走著、拖著步伐。溼漉漉的玉米田綿延無盡。我看著綠色田地，但又像是沒看到一般，我從未想過還會再一次目睹這片田地。昨日的氣氛友好而熟悉，但今日變得相當惡意。當然，這與我的失敗任務有關吧。此時我的胸臆間滿是悲悔：玉米可以繼續生長，至少在隔年秋天以前吧，但我的存在卻是不應該而突然的。

在田間失魂落魄了許久後，長塚返回基地。他碰到了一群尚未受派任務的志願者：

我無語地向他們敬禮，他們也安靜地回敬。或許他們不想打擾我，讓我繼續沉浸在困惑之中，也或許不想面對我的懦弱。我企圖從他們臉上找到一絲憐憫……

為了躲避他們的目光，長塚跑到軍官禮堂。

這只是一個寫了名字的洞穴而已。事實上，更像個骯髒的地洞。我的劍、裝在信封裡的遺書，都放置在寫了長塚的行軍床上。我寫了「已故的長塚隊長」。[948] 現在那張紙反倒令我厭惡，它反抗了我，侮辱了我。我憤怒地拿起信封，將它撕成碎片。然後，我把所有的東西都扔掉了。沒有人敢說一句話。連總是喋喋不休的田中（Tanaka）中尉也默默不語。我們所有人都被羞恥給粉碎，被悔恨折磨著。我躺在行軍床上試著入睡，但是頭腦太過清醒。我的激動狀態讓身體和精神都承受著極大的疲勞。

直到目前為止，長塚與其同儕所感受到的不安，多半為內在的罪惡感。但是最糟糕的往往來自公開的羞辱。在他躺在行軍床上不久後，他與其他攻擊部隊的十一名隊員，被要求集合起來，而指揮官以非常空洞的語氣對他們說道：

「你們是本隊特攻部隊的首批飛行員。有六名成員……儘管無法擊沉任何敵艦，但仍舊選擇澈底執行任務。很明顯的，在他們起飛前，就已經做好了死亡的準備。但是你們，你們沒有做好準備，因此你們會因為天候不佳而折返。糟糕的懦夫啊！你們永遠都不可能成為真正的軍官。你們只是一些學生罷了……我們已經燃料不足，你們竟然還浪費了僅存的一點燃料……你們為什麼不選擇勇敢地死去呢？」他的嘴唇顫抖著，並結束道：「你們太可恥了！這就像是你們當著敵軍面前逃跑一般。你們讓隊伍受辱、讓隊員受辱，我命令即刻逮捕你們，直到陛下親自發落聖言為止。」[949]

當指揮官大步地走出房間時，上原（Uehara）中尉起身，他早對神風特攻隊不可一世的態度感到厭惡，他面露嫌惡地走向每位隊員，並給了他們每人一巴掌。

接下來幾日，長塚抄寫著《軍人勅諭》，天氣逐漸轉晴，他開始受到鼓舞，並幻想還有可能再被分派任務，但他的希望很快落空。七月八日，消息傳到長塚的基地，美軍已經離開。「不久，（船艦）就會離我們太過遙遠，其他的基地則會接手進行自殺任務。我感到心灰意冷，作為一個飛行員，我已不可能死亡。」從此刻一直到戰後，甚至更久遠以後，長塚以及其他成員，都漫長而緩慢地體驗生還的痛苦。

自遠古時代以來，無數人在戰鬥中刻意犧牲生命；但至少在理論上來講，總有些緣故會讓他們保留活命。如果沒有希望的火花，犧牲將等同於預謀的自殺，並可能受到某些國家文化與宗教的譴責（好比西方世界的基督教）。但對日本來說，自殺已成為戰士生命的一部分，士兵不僅在戰鬥中冒著風險，也毫無顧忌奔向死亡。[950]

一九四〇年，帝國海軍上將東鄉平八郎要求他的敢死隊包圍亞瑟港時，我們已經可以預示自殺戰術在現代戰爭中的角色。但是至少當時軍方仍舊為參與者提供了可能的生還機會。當太平洋戰事每況愈下，日本開始頻繁運用特攻隊隊員**個人**刻意的自毀作為攻擊手段；不過，一直要到大西中將抵達菲律賓基地後，此戰術才正式成為官方策略。[951]他所組成的自殺特攻隊不僅在日本歷史上是首次出現，在人類戰爭史裡也是絕無僅有。

在他最後一次拜訪家人時，長塚試著解釋神風特攻隊的邏輯：「仔細聽好了，你手中只有一塊石子，什麼都沒有。如果你想要打中一棵樹，那最好的方法是什麼？是用石頭丟樹，還是用你的身體？」[952]問題在於，當日本軍隊正式採用自殺攻擊戰術時，不管投擲的是石頭還是人命，都已經不可能成功。戰爭的結果早已底定，假如以為新策略可以帶來可觀的影響，那麼理當在開戰初期，也就是一九四二年始，即採用如此自殺戰術，如今早就為時已晚。

神風特攻隊自殺策略的有效組織與運用，確實令人震撼和驚奇，但是若以實用眼光看來，仍舊為無可辯駁的失敗。諷刺的是（尤其是此戰術之命名），一九四四年十二月十八號，當美國第三艦隊在菲律賓東海遭遇颱風時，所損失的士兵、船艦與飛機，遠遠超過規模最龐大而成功的自殺攻擊行動所帶來的損傷。[953]

為了要在每況愈下的戰爭時期提升士氣，日本政府竭盡所能地把握任何有勝利感的時刻，大肆宣揚神風特攻隊的英勇。官方宣傳不僅強調帝國發展出了關鍵性的新策略以對抗敵人，甚至用如此薄弱的證據，再次證明日本魂的崇高性。因此，有關美國船艦於菲律賓自殺攻擊中所損傷的報導，竟將實際數值膨脹了兩倍。數個月後，沖繩行動的相關報導甚至將數值誇大了六倍之譜。[954]

報導神風特攻隊的難處在於無法描述飛機墜毀的過程；事實上，所有的特攻隊隊員也都無法得知他的犧牲會帶來何等結果。因此，日本官方報導極度仰賴「偵查機」的回報，然而這些回報往往缺乏精準性，並且過度樂觀。大部分的時候，飛行員僅憑著唯一的證據——大量水柱與煙霧——回報（並且深信）敵機或敵艦遭擊沉，但那很可能根本是在敵艦附近爆炸墜毀的自殺飛機製造出來的。[955]由於沒有任何方式得以驗證報導的準確性，日本特攻隊指揮官往往接受偵察機的特報，並將光彩的消息傳回東京。

日本官員對神風特攻隊的樂觀情緒源自十月二十五日，敷島隊隊長率領僅二十四名日本飛行員與戰機，就擊毀美國航空母艦，並毀損另外六艘船艦。最初的成功往往是英雄生命拋物線的典型特徵，並且即將迎向不可避免的失敗。自太平洋戰爭初始，這就是一場大衛與巨人之間的戰鬥；而巨人顯然會贏得勝利。當至少五千名自殺特攻隊隊員在戰鬥過程中死去後，日本在八月得到了令人相當詫異的結果。[956]在瘋狂的一連串神風攻擊之下，隊員僅僅毀掉了三艘主艦，但其中並無航空母艦或戰艦。在沖繩任務中，沒有任何美國船艦因櫻花炸彈而沉沒，僅有四艘船艦因此損傷。[957]雖然確實有近三百架船隻在神風特攻隊攻擊中受損，並且必須自戰鬥區域撤回進行修繕工作，但是它們很快就能回返戰區，神風特攻隊絲毫沒有影響美軍進攻的速度。在無條件投降之後，不管是自殺任務或是整場戰爭都就此停止，並成為日本史上相當不光彩的時刻。神風特攻隊的努力可說是這場徒勞無功的戰爭的縮影，最終神風成為了不可避免的失敗之象徵。[958]

特攻隊戰術不僅未能實踐其軍事目標，更為日本的苦難人民帶來更巨大的災難：原子彈首次

（也是唯一一次）被用於戰爭中，落在廣島與長崎兩地。這恐怕絕非空軍武士奉獻生命後所料想到的結果，但如同日本歷史上的英雄，其努力結果往往與所預期的相反。自殺策略並沒有如他們自信滿滿地所預言的，讓美國人大感驚嚇，反而導致了實際重要性不成比例的憤怒與激動，而自殺策略所帶來的心理影響，更近似於德國對英國發射的V-1與V-2火箭，世人視之為「不公平」的武器；雖然當時日本已經處於投降邊緣，並有機會展開和談、結束交戰，但自殺策略的舉動，讓總統哈里・杜魯門（Harry Truman）及其夥伴不再有疑慮，決定就在日本人口眾多之地投下原子彈。[959] 此外，神風特攻隊的策略之殘暴，似乎也配合了日本戰爭時期的「狂熱風潮」，並且警告美國人，若不打消在一九四五年秋天進攻本島的念頭，美軍將付出極大的傷亡代價。[960] 在同時面臨原子彈攻擊與蘇聯加入戰事的雙重威脅下，日本很可能在沒有遭受入侵的情況下投降，因而廣島與長崎的毀滅，不僅不道德，還白費精力。[961] 而我們永遠無法得知，但是很明顯的，美國決定運用核武器替代實際入侵日本，因為後者可能引發日本更甚於以往的大規模自殺策略。

當然自殺策略與核武器之間的關聯乃軍事臆測，我們永遠無法得知事實會如何發展。然而毫無疑問的是，兩種策略同時出現在太平洋戰爭末期，擁有毫不相稱的關係。自殺策略的心理意涵源自日本遙遠的歷史，但卻被最現代與最缺乏人性的自動武器給澈底殲滅。

八月九日早上十一點，B-29轟炸機博克斯卡（Bock's Car）於長崎上方投下「胖子」（Fat Man）炸彈，日本死傷人數約為七萬五千名；同日早晨，日本政府收到消息，蘇聯正式宣戰。[962] 六日後，裕仁天皇發表日本君主有史以來第一次的公開演講，數百萬人民（以及數百位準備聆聽自殺任務的神風特攻隊隊員）首度得知令人震撼的消息，那就是日本正準備投降，人民「必須忍受難以忍受的痛苦，遭受苦難」：

朕深鑑世界大勢與帝國現狀，欲以非常措置收拾時局，茲告爾忠良臣民：朕使帝國政府，對美、英、中、蘇四國，通告受諾其共同宣言旨……

……然交戰已閱四歲，朕陸海將兵之勇戰、朕百僚有司之勵精、朕一億眾庶之奉公，各不拘於盡最善；而戰局必不好轉，世界大勢亦不利我。加之敵新使用殘虐爆彈，頻殺傷無辜，慘害所及，真至不可測。而尚繼續交戰，終不招來我民族之滅亡而已，延可破卻人類文明。如斯，朕何以保億兆赤子，謝皇祖皇宗之神靈？是朕所以使帝國政府應共同宣言也……963

在天皇發表演講的傍晚，甫受命擔任軍令部次長的大西中將，邀請數名官員前往他在東京的官方宅邸。在過去的四天內，大西動用所有力氣說服政府領導者放棄投降的念頭，不管結果有多麼地無望，都得持續戰鬥，不管得動用多少自殺式攻擊，如此至死方休，才為高貴的舉止。當他與海軍大臣米內進行最後的會議時，據說大西在對方面前痛哭，敦促大臣必須堅持下去。最後一天時，就在宣布無條件投降後不久，大西中將企圖說服高松親王，必須前往伊勢神宮報告情勢；他期望能藉此拖延一點時間。[964]經過一次又一次的努力，大西中將開始感到沮喪。「他深知時間已經來不及了，」豬口上校寫道，他與大西中將曾一起共度那狂熱的戰爭時期：「他是在和並不打算赴死的人打交道，他必然為這些人接受戰敗恥辱的想法所激怒，大西感到痛苦萬分。他們的自滿必然讓大西惱火，畢竟他已下定決心不能苟活於戰敗的日本。」[965]

十五日晚上，大西知道一切的努力已經前功盡棄。他與賓客聊天至深夜。當所有人都回家後，他回到二樓讀書。過了三點不久，大西拿出前晚向年輕友人兒玉借來的刀，以標準的十字切切腹自殺，二十五年後，三島由紀夫也以相同方式自殺而死。[966]當他結束切腹儀式時，他轉過刀身，刺穿自己的喉嚨與胸膛。但死神並沒有很快地將他帶走。或許（如同他隨後告訴兒玉的）是刀不夠鋒利，也或許他希望盡可能地承受痛苦，因此並未切得夠深。

凌晨不久後，一名官邸職員注意到書房所流洩出來的微弱光線。他打開房門，看見大西中將躺在濺血的榻榻米上。他立刻通知兒玉以及兩名助手，並要求艦隊外科醫師一起趕赴官邸。儘管傷口痛徹心扉，大西中將仍有意識。醫師為他的身體所能承受的痛苦感到訝異，但是他知道中將已經沒救了。不管如何，大西拒絕任何醫療照護。「不要阻止我赴死！」他看到醫師時，就立刻脫口而出。接著他轉向兒玉，他想必痛苦地知道正是因為兒玉的刀太鈍了，兩人才能再見上一面。[967]此時，狂亂的兒玉抓住了另一把劍，準備為長官殉葬，但出乎意料的，大西高亢地說：「別蠢了！把你自己殺掉有什麼好處？年輕人必須活著，重建日本！」

大西中將開始吐血，很明顯地承受了極大的痛楚，他拒絕以介錯的方式快速解決痛苦。不久後，兒玉提議把大西的妻子帶來做最後的告別，並請求大西能活到那一刻。「你這蠢材！」大西露出微笑：「讓軍人切腹，接著苦苦等待妻子到來才能死，有什麼事比這更蠢嗎？不如看看這首詩吧！」他指向自己最後的俳句，寫在厚重的方形紙上：

經過滌淨與清潔，月亮再次散發月光，
在恐怖的暴風雨之後。

「這對老男人來說，還不錯吧！」他作出評語，這也正巧是他的遺言。他在痛苦之中等待了數小時，直到凌晨六點才死去。[968]一直陪伴他到最後的兒玉，如此形容慘淡的葬禮：

裝載大西中將的棺材是由士兵親手打造的，但是由於木材缺乏，棺材比大西中將的身形還短了五吋。因為戰敗，海軍當局已經失去了所有的尊嚴與理智，甚至就連為那些承擔責任而自殺的指揮官準備棺材的心思都沒有。同樣的，他們也沒有為他準備葬禮柩車的度量。

卡車載著他的屍身前往火葬場，我看見一架飛機從厚木空軍基地飛往東京，在我們上方打轉，並輕點機翼。這是大西中將的一名屬下，他在做最後的致意啊。順便一提，這也是我最後一次凝視日本飛機。969

大西的其他兩封遺書，以狂放的筆觸寫就於自殺前晚，收於書房內。其中一封遺書簡短地與妻子告別，風格有點類似即將告別的神風特攻隊飛行員。在信中，他表達了自己最後的意念，並以俳句作結：

現在一切都完成了，
我可以瞌睡數百萬年。

另一封則是對神風特攻隊飛行員表示感謝，以及給日本年輕人的遺囑：

我希望向勇敢的特攻隊隊員表達深摯感謝。他們深信我們會取得最後的成功，並勇敢地戰鬥至死前一刻。我希望透過死亡，為從未取得的勝利，表達謝罪之意。我也為死去的飛行員，及其悲慟的家屬致上深深的歉意。

我希望我的死，對年輕人來說有道德意義。躁進，只會助長敵人。我們必須以最沉著的毅力，接受天皇的決定。不要忘記你作為日本人應有的驕傲！

你們是國家的寶藏。讓我們懷抱著特攻隊的精神，為日本謀福祉，為世界謀和平。

大西瀧治郎中將
死於五十四歲[970]

儘管作為指揮官，大西擁有絕佳的勇氣與效率，但是他從未妄想死後會得到榮耀或承認。中國有句古老諺語，「蓋棺論定」，但是大西曾經和屬下說過，就算自己的棺材闔上數百年後，也沒有人會相信他企圖達到的成就。儘管他相信神風特攻隊的嘗試有其尊貴性，但是他似乎對現實的無望有著深刻的理解。[971]不管從歷史、個人與美學角度來看，他的自殺是必然的結果。「如果僅視此舉為贖罪，必定是錯誤的。」豬口上校寫道：「我相信當他組織神風特攻隊時，就已經決定奉獻此生。最終，他了結了自己的生命，即便日本贏了，他也得死。他必然想像過自己伴隨著每一位特攻隊隊員，走向最終的任務。」[972]

今日之花
明日在風中飄零——
如我們生命之燦。
花之香氣何能永恆？[973]

791 《聽海神的聲音》，東京，一九六三年，頁三八。出自於隸屬第二七生隊（編按：「七生隊」源於七生報國典故，並編有第一、第二）的岡部平一（Okabe Heiichi）少尉。在本章後續內容中提到上萬名死於太平洋戰爭的自殺飛行員中，除特別註明者外，其餘人等皆有中將或少尉軍階。

(1) 安達卓也（Adachi Takuya），第一正氣隊，得年二十二。

(2) 有馬正文（Arima Masafumi），海軍中將，第二十六航空艦隊司令，於一九四四年十月戰死於菲律賓戰區。

(3) 土肥三郎（Doi Saburō），櫻花神雷部隊櫻花隊，一九四五年四月戰死於沖繩戰區。

(4) 林市造（Hayashi Ichizō），筑波隊，一九四五年四月戰死於沖繩戰區，得年二十三。

(5) 井口要之助（Iguchi Yonosuke），二〇一航空隊，一九四四年十二月戰死於菲律賓戰區。

(6) 石橋申雄（Ishibashi Nobuo），第一筑波隊，一九四五年四月戰死於沖繩戰區，得年二十五。

(7) 晦日進（Kaijitsu Susumu），第五七生隊，一九四五年二月（譯註：根據查到的名單，應為四月）戰死於沖繩戰區，得年二十二。

(8) 菅野直（Kanno Naoshi），二〇一航空隊（後為三四三航空隊），一九四五年六月（譯註：根據維基百科資料，應為八月身亡）戰死於沖繩戰區。

(9) 久納好孚（Kuno Yoshiyasu），二〇一航空隊，一九四四年十月戰死於菲律賓戰區。

(10) 松尾勲（Matsuo Isao），義烈隊，一九四四年十月戰死於菲律賓戰區，得年二十三。

(11) 松尾登美雄（Matsuo Tomio），櫻花神雷部隊攻擊隊，一九四五年四月（譯註：名單上是寫三月）戰死於沖繩戰區，得年二十一。

(12) Miyanoo Bumbei（譯註：根據後文出現的內容和附註，此人出自三島由紀夫的《英靈之聲》，但此書為虛構小說，因此，推測此人應為虛構人物。此外，根據神風特攻隊的死亡名單，確無此人。另外補充：Miyanoo 可翻為宮之尾，Bumbei 可能只能採取音譯，因為沒有可對應的日文名字），一九四五年四月戰死於沖繩戰區。

(13) 中尾邦為（Nakano Kunitame。譯註：應為 Nakao Kunitame），二〇一航空隊，一九四五年一月戰死於菲律賓戰區。

(14) 野元純（Nomoto Jun），第二護皇白鷺隊，一九四五年戰歿，得年二十三。

(15) 野中五郎（Nonaka Gorō），海軍少校，第五航空艦隊，一九四五年戰死於沖繩。

(16) 小田忠夫（Oda Hiroyuku。譯註：根據作者後文對此人的介紹，對照資料，發現名字應該為 Oda Tadao），第二飛行中隊，一九四三年五月戰死於新幾內亞。

(17) 岡部平一（Okabe Heiichi），第二七生隊，一九四五年二月（譯註：名單上為四月）戰死於沖繩，得年二十二。

(18) 關行男（Seki Yukio），敷島隊，一九四四年十月戰死於菲律賓戰區。

(19) 須賀芳宗（Suga Yoshimune），第一正氣隊，得年二十三。

(20) 宇垣纏（Ugaki Matome），海軍中將，第五航空艦隊司令，一九四五年八月戰死於沖繩戰區。

(21) 山口輝夫（Yamaguchi Teruo），十二航戰水偵隊，一九四五年戰歿，得年二十三。

(22) 大西瀧治郎（Ōnishi Takijirō）海軍中將，第一航空艦隊司令官，軍令部次長，一九四五年八月於東京切腹自殺，享年五十四。

792 位於科學博物館三樓的告示牌（Exhibition Road, South Kensington, London, S.W.7.）。

793 與櫻花攻擊機同年誕生的德國V-1飛行炸彈，是一款無人駕駛的中單翼機，翼展為十七呎八吋，全長二十五呎四又二分之一吋，彈頭重一千八百七十磅，射程可達一百五十英里。就技術上而言，遠比櫻花攻擊機來得精緻，但卻不像日本的小飛機那樣，具英雄主義象徵。針對其帶來的心理影響，請見本章。

794 「……**武士選擇了脆弱的櫻花來作為最貼切的自我表徵。如同花瓣在清晨的陽光間凋落，寧靜地飄向大地，**

他也應該在沉默和心無旁鶩下，無畏地迎向死亡。」奧根・海瑞格（Eugen Herrigel），《劍術與禪心》（*Zen in the Art of Archery*），紐約，一九七一年，頁一〇六。

「Ōka」為「sakurabana」（櫻花）的漢字讀音（音讀），並理所當然地成為所有自殺行動的普遍象徵。此種人為操控炸彈的全名為櫻花神雷（Ōka Jinrai），神雷也與神風（Kamikaze）的意象相呼應。

早在一九四三年，就已經有人開始討論製作手動操控炸彈來保護大型軍機的想法。同年夏天，可以透過三菱地面轟炸機運載、以火箭驅動的自動推進器，被送到橫須賀海軍航空司令部。一九四四年八月，櫻花攻擊自殺機的原型正式完成——比海軍中將大西瀧治郎於菲律賓開始組織神風特攻隊的時間還早了幾個月（請見本章）。基於測試與訓練目的，神雷部隊於一九四四年九月在（海軍）上校岡村基春的組織下成立，而該武器也於隔年三月首度使用。櫻花神雷共有幾款不同的型號（科學博物館所展示的模型為櫻花二號，橫須賀MXY.8）；絕大多數的飛機上半部會漆上淺藍色，下半部則漆上灰色，並以紅線勾勒的菊花來裝飾。

795 太平洋戰爭時期中，baka（笨蛋）、Banzai（萬歲）和harakiri（切腹）為美軍間相當流行的日文字彙，而這樣的流行別具深意。

796 請見本章的「狂熱」英雄主義。

797 關於神雷部隊，請見本章註七九四。攻擊的細節則請見豬口力平和中島正的《神風特別攻擊隊紀錄》（東京，一九六三年，後以《神風》簡稱之），並被羅傑・皮諾（Roger Pineau）翻譯為《神風：二戰時期的日本神風特攻隊》（*The Divine Wind：Japan's Kamikaze Force in World War II*，後以《豬口》簡稱之），安那波利斯，一九五八年，頁一四一至一四六；還有伯納德・米洛的《神風史詩》（*L'Epopée Kamikaze*），巴黎，一九七〇年，頁二二一至二二三。

798 《豬口》，頁一四二至一四三。

799 在本書較舊版本中，有一張該部隊與部隊旗的合照，但在本書所引用的版本中已被刪除。為確保連貫性，仍保留了附註。

800 《豬口》，頁一四四。關於悲劇性的湊川之戰，請見第六章。

801 關於日本傳統中流淚的弦外之音，請見伊文．莫里斯，《光輝王子的世界》，倫敦，一九六四年，頁一四五至一四六。

802 「在日本……哭泣是日本人纖細敏感性格最自然且最真實的表達。因此，淚水除了用來傳遞悲傷外，也能用於表達強烈的情緒，如不受動搖的決心和全然地冷靜（儘管聽上去有些矛盾）。」米洛，《神風史詩》，頁二九六。

803 第五航空艦隊司令官中島於四月十二日攻擊行動發生的當天，擔任鹿屋市（九州南邊）空軍基地的指揮。

804 《豬口》，頁一五二。

805 同前，頁一五三。

806 六架母機在投放後被擊落，一架據推測應是引擎出了問題，導致在返程中墜毀。

回天（自殺魚雷）駕駛員橫田寬，描述了攻擊前一晚登上母船的情形：「所有的細節都清楚地浮現在我腦中，就好像此刻此事已然發生般。現在，我要休息了，確保自己睡個好覺。明天才能活力飽滿。沒有任何敵人能擋下我。這一次，終於能安然入睡。即便床鋪再不舒服，也沒有絲毫的影響。明天的我將會精力充沛。」橫田寬，《自殺潛水艇！》（*Suicide Submarine!*），紐約，一九六二年，頁一七七。

為了讓自己能在決戰時刻全力以赴而進行小憩的習慣，在神風特攻隊隊員間顯然相當流行，並引導出某些有意思的推測——尤其是針對長期失眠的說法。米洛的《神風史詩》在頁二九八中這樣評論：「夜晚是如此寧靜，所有人都入睡了，就好像明天不過又是尋常的一天，而他們也只是必須執行尋常的任務一般。此種特異的性質在日本人身上相當常見，而這樣的習慣源自於日本人認為一旦下定決心後，就不該繼續折磨自己的心智。此一決定導致的後續與後果，都是出自於更高等的意志，人類不過是實踐此高等意志的工具而已。」儘管同意米洛對此種自我約束的讚嘆，但我也認為以平靜而愉悅的態度獻身給選中的任務，遠比任何「高等意志」來得重要。

年輕的神風特攻隊飛行員石橋中尉，在執行致命任務當天清晨寫了一封愉快的信給雙親：「昨晚我睡得格外香甜，甚至連夢都沒有。我的頭腦非常清醒，神智也無比清晰。」《神風》，頁一七七。

807 史丹利（Stanley）驅逐艦為四月十二日當天唯一回報被自殺炸彈擊中的船隻。《豬口》，頁一五四，以及約翰．托蘭（John Toland）的《帝國落日》（*The Rising Sun*），紐約，一九七〇年，頁七〇〇。

808 神風特攻隊在戰爭中所使用的飛機，絕大多數仍為傳統飛機。整體而言，僅有約莫一百架櫻花飛行炸彈被派上戰場（米洛，《神風史詩》，頁三五八），且其造成的心理影響遠高於實際影響。

809 早在十月六日的時候，日本就（透過俄羅斯）得知美軍的下一次主要攻擊目標為菲律賓，因而有充分的時間做準備。米洛，《神風史詩》，頁五八、頁九六。

810 在一九四一年至四三年間擔任聯合艦隊總司令的海軍上將山本五十六，為太平洋戰爭時期最受歡迎的日本軍隊將領（這與他成功策劃珍珠港事件並無太大關係，而是因為他具備激勵人心的特質，以及受眾人讚譽的純潔與真摯精神）。儘管他最初反對開戰（《神風》，頁一九一），但他仍被視為帝國海軍的表率，當他的座機於一九四三年四月在布干維爾島上空被美方戰鬥機射下來時，他的驟然離世無疑為劇烈凶兆。深怕此消息會嚴重打擊日軍士氣的當局，封鎖了山本的死訊長達一個多月。對日軍而言，山本的座機被擊中還意味著另一層更不祥的意義：美軍或許已經破解了他們的密碼。

儘管大西的名聲從未和山本並駕齊驅（無論是年紀、軍階和〔毫無疑問的〕就才華上，山本都更為優秀），然兩人的特質卻非常相似（請見本章）。

811 「他喜歡有行動力的人，」豬口上校寫道：「那些可以信賴、願意將言語化為行動者。他討厭那些只懂得紙上談兵、卻什麼都不做的人。在和他談話時，你往往會覺得他那銳利的眼神能看透你心底的想法。」《豬口》，頁一八二。

812 海軍少將高木惣吉戲稱他為「愚將」，直到戰爭結束前，這個難聽的稱號在反對他的海軍高層間相當流行。草柳大藏，《特攻的思想》，東京，一九七二年，頁二一。據傳大西無禮、特立獨行的舉動，也引起總理大臣東條英機的猜忌。草柳，頁二五。

813 《豬口》，頁一八〇至一八一。

814 對那些年紀太輕（或年紀太大），不記得一九四四年年底軍隊整體狀況的讀者而言，下面的筆記將非常有用。從最初的珍珠港勝利到中途島之戰（一九四二年六月）為止，戰況對日本而言簡直美好到不像真的（遠比他們自己最樂觀的預期還要理想）。在短短六個月內，日軍就控制了遠從北邊阿留申群島直至南邊的新幾內亞、西起印緬邊界直至東邊吉爾伯特群島的區域。

中途島之戰的失敗為一轉捩點（那地名真是貼切）。在單一次的交戰中，帝國海軍失去了四艘航空母艦，並從此一蹶不振。自此之後，敵軍取得一次又一次的交戰勝利（儘管付出了相當可怕的代價）。雖然日本政府和軍方領袖自始至終都沒有讓大眾得知真正的戰況，但他們顯然明白日本與敵軍之間的根本性物資差異，將帶著日本走向悲劇。隨著太平洋局勢逐月地惡化，所有人都明白遲早會迎來全面性的衝突。地點就發生在菲律賓，美國於一九四四年十月底，準備入侵菲律賓。菲律賓的防禦地位格外關鍵：日本將領正確地判斷後認為——失去戰略性島嶼，就等同輸掉太平洋戰爭。

十月十七日，也是大西中將抵達菲律賓的那一天，美國入侵部隊的先鋒小隊，從雷伊泰灣（Leyte Gulf）入口處的蘇盧安（Suluan）島著陸；與此同時，美國大批軍力也集結在菲律賓海上，企圖攻克該島。為了先發制人，一支由粟田健男中將掌管的強大特遣隊，對雷伊泰灣的美國艦隊展開攻擊。

這一場包括了四場大型交戰的馬里亞納海戰，為歷史上極為激烈的一場海戰。（賽謬爾．艾略特．莫里森〔Samuel Eliot Morison〕，《雷伊泰》〔*Leyte*〕，波士頓，一九五八年）。這場戰役開始於十月中旬，並帶來了始料未及的後果。粟田中將所率領的第二艦隊囊括日本海軍主要軍力，遭遇重挫。如同預示災難降臨的徵兆般，承載著眾人期待、日本兩大航空母艦之一的武藏號嚴重受創；隨著軍艦慢慢地下沉，司令官豬口敏平中將為了謝罪而切腹自殺。

這場史詩般的戰役成為神風特攻隊的首登場之作；然而二十五日從馬巴拉卡特起飛的特攻隊，已經完全來不及挽回戰況。二十五日的凌晨，日本再度失去兩艘戰艦，當天稍後，更失去了全部的航空母艦，以及數不清的巡航艦與驅逐艦。

日軍在雷伊泰灣的災難性挫敗，將帝國海軍的戰力推向終點，再加上石油庫存的短缺及少得可憐的飛機數量，讓日本本島自忽必烈後再度面臨被入侵的危機。同時也讓大西及宇垣等輩深信，只有具爭議性（如自殺）的手段，才有可能扳倒美國那驚人的武力。

815 《豬口》，頁七。關於特殊攻擊部隊的起源，請見林茂的《太平洋戰爭》，東京，一九六七年，頁四六三；以及米洛的《神風史詩》，頁一〇六至一〇七。

816 《豬口》，頁七。

817 同前，頁九。

818 同前。

819 一九四五年一月十八日，臺南。《豬口》，頁一二三。約莫在同一時期裡，他也對報社記者表達，即使日本最終戰敗了，這些年輕人為國犧牲的記憶將挽救日本與日本人，使其免於滅亡。草柳，《特攻的思想》，頁一一七。

820 《豬口》，頁七〇，以及米洛的《神風史詩》，頁一四三。

821 《神風》，頁九四。日文為「統率の外道」（tōsotsu no gedō，意指違背用兵之道），英文翻譯成「不正當的命令」（unorthodox command）（《豬口》，頁七〇），以及法文為更直白的「駭人聽聞的手段」（un procédé monstrueuse）（米洛，《神風史詩》，頁一四三）。

如同大西本人，豬口上校在戰爭稍早時期頭一次聽聞自殺戰術時的反應也是抗拒的，並宣稱「如此不人道的事情，死後會受到神明責罰的。」（《豬口》，頁一七〇）。然而此刻，他相信這樣的方法是必要的，因為已經沒有任何方法能解救日本脫離困境。

親自授權、多次命令馬巴拉卡特神風特攻隊進行攻擊任務的中島司令，永遠不會忘記此戰術本質上的異常。「我所下令的攻擊，」他寫道：「不過是出於體制內的職責，而我在體制內的角色就如同體制自身般，是一種對理性的蔑視。」（《豬口》，頁一一一）。但是透過日本的英雄史，我們可以得知，在危難之際，道理永遠不是最終的標準。

822 草柳，《特攻的思想》，頁三七至三九。在注意到最高指揮官對飛行員為神風特攻隊概念抱持如此高度熱情，所露出的百感交集的情緒後，米洛這樣評論道：「此種自發性行為儘管崇高，卻也讓人不安。之所以崇高，是因為他們展示了令人讚嘆的愛國情操與決心，而在此艱困時期下，此情著實令人感動。至於不安，則是因為他必須冒著踰越等級結構的風險。」《神風史詩》，頁二六四。

在一九六八年的一份報紙採訪中，曾經在戰時擔任海軍特別攻擊部隊少校的渡邊盛中將表示，最初軍隊非常反對神風戰術：「我們完全不明白為什麼要犧牲人命和裝備……神風特攻隊的飛行員是基於必要而誕生的。」──《星條旗報》（*Stars and Strips*），一九六八年七月二十日。

823 關於美國人的反應，請見本章註九五九。

824 米洛，《神風史詩》，頁二六四。

825 《豬口》，頁一〇。

826 《豬口》，頁一一至一二。

827 同前，頁六八，以及米洛的《神風史詩》，頁一二二、頁一四八至一四九。

828 《豬口》，頁一九，以及《神風》，頁四八至四九。「一億」已成為強烈愛國暗示的誇飾用法。參見，戰爭時期狂熱的荒木貞夫將軍名言：「一億一心」。

829 草柳，《特攻的思想》，頁一五至一六。當這些錢（總額約兩千日幣）被送回東京的軍需省時，據傳軍需大臣藤原銀次郎握著這些紙幣泣不成聲。

830 更多細節與照片請見莫里森的《雷伊泰》，頁三〇二和對頁。聖羅號上的魚雷和炸彈爆炸得極為猛烈，導致飛行甲板和整架飛機被衝上數百英尺的高空中。

831 更多描述與精采照片請見《豬口》，頁五七至六一。神風特攻隊在二十五日發動的攻擊，也是慘烈的雷伊泰灣之戰的一部分。在神風特攻隊的飛機於二十四日撞上敵軍之前，大西一直無力扭轉栗田中將特遣隊那注定失敗的命運；但隔日，局勢仍無力回天。（《豬口》，頁七一）。托蘭對雷伊泰灣之戰的描述裡（《帝國落日》，頁五四六至五七二）寫道（頁五六八）：「**大西的神風特攻隊是為了支援栗田突襲雷伊泰灣，而特別成立的。**」此內容某種程度上是錯的，因為大西成立了大量此類特攻隊，此外，他認為自殺戰術為日本僅存希望的觀點，遠比發生在菲律賓或任何一處的交戰造成的影響更深遠。

832 《豬口》，頁六四。我微微地更改了天皇言論的翻譯，因為在皮諾的翻譯中省略了相對重要的「但是」一字。《神風》一書中（頁九〇）所引用的天皇原句如下：「SONO YŌ NI MADE SENEBA NARANAKATTA KA. SHIKASHI YOKU YATTA.」（日文原文：そのようにまでせねばならなかったか。しかしよくやった）。

833 「那天晚上，」中島司令寫道：「剛從馬尼拉來到此地的友人豬口少校告訴我，人在馬尼拉的大西中將得知天皇的反應時，非常憂心。我覺得中將把陛下的反應，解讀成對採用此種戰術司令官的批判。」《豬口》，頁六四。

834 關於乃木希典將軍對明治天皇終生所抱持著的罪惡感，請見第九章註七六五。

835 Taiatari（体当たり）、nikudan（肉弾）、jibaku（自爆）。自殺飛行員早期的名稱為「jibaku kōgeki hikōshi」（自爆攻擊飛行士）。

836 該名稱是由豬口上校和玉井淺一所提出。《豬口》，頁一三。

837 一二八一年，忽必烈發動入侵（距上一次入侵失敗七年），並率領著當時世界上最強大的海外遠征兵力——十五萬大軍前來。此次東征的失敗原因很多（像是在登陸九州後，來自中國和韓國的軍隊無法順利組成單一戰線，以及強大的日本防線），但颱風確實成為吹翻蒙古的最後一擊。日本宗教單位，包括神道教和佛教，都立刻宣稱這股神風是他們這些年來在神社與寺廟內不斷向神明祈求所獲得的回應。但「狡兔死，走狗烹」，鐮倉幕府後來並未給予豐厚的獎賞。在最危急的時刻，前任天皇龜山天皇曾在伊勢神宮內進行祈禱，甚至說出願意犧牲自己，只求換取國家免於危難；沒有人提醒他應該實踐自己的諾言。

「神風」一詞的典故，來自於《日本書紀》（西元七二〇年，日本第一部編年正史）中，開國天皇——神武天皇所做的詩：

神風（Kamukaze）兮
神嵐所拂伊勢海
海上大石間

（日文：神風の／伊勢海の／大石にや）

其中的「kamukaze」（神風），是與伊勢相關的「枕詞」（makura kotoba，和歌的修辭方式）。十三世紀晚期，在祈求日本免受蒙古入侵的祈禱者間，伊勢神宮成為祈禱的核心，這或許也解釋了那場颱風為什麼以經常與伊勢一起出現的「神風」（kamukaze或kamikaze）為名。

838 在帝國軍（陸軍）開始組織自殺部隊時，是以「振武」（Shimbu）為名來區別自己與海軍特攻隊的不同。儘管兩個名詞的讀音非常近似，卻使用了完全不同的漢字。由於自殺小隊主要仍屬於日本海軍的武器，因此神風更廣為人知（編按：日語的兩種發音系統中，音讀源於古漢語；訓讀則為日本固有發音，多用於表意。神風之音讀為shimpū，しんぷう，訓讀為kamikaze，かみかぜ）。

839 這或許是對日本價值觀變化的一種評論，近期，「神風」（kamikaze）開始被用於指稱愚蠢、荒誕（而不是危險）的行徑上。一九七三年八月三十日，在《朝日新聞》一篇名為〈日本搜尋尼斯湖〉的社論中，批評為了確認尼斯湖是否有水怪而利用潛水艇、聲納、水下電視等器械進行大規模搜索的行動：「**倘若他們打算花一億五千萬日幣，就不能想出一些更聰明的方法嗎？對尼斯湖附近的居民而言，為了神風式的宣傳目的而千里迢迢從日本運送大批物資過去，想必非常令人苦惱且尷尬。**」

840 這樣的二分法，就跟「切腹」（seppuku，較為莊嚴的稱法）與「腹切」（harakiri，較通俗的用法）的差別，很類似。就我個人的文章而言，我傾向使用kamikaze和harakiri：因為西方讀者對這兩個字較為熟悉，且兩字彙甚至已經成為我們語言的一部分，因此堅持使用shimp　和seppuku反而顯得做作。

某些作家（如長塚隆二，《我是神風特攻隊》〔J'étais un Kamikazé〕，巴黎，一九七二年，頁二一五）認為，kamikaze一詞的流行，是源於美軍裡面的「日生」（日本移民第二代）軍人，但此論述缺乏證據。

841 《豬口》，頁一三。但我將「tai」（隊）的翻譯從「unit」改成「force」。

842 第一個使用「特攻」的人，為最早提倡自殺戰術的城英一郎上校。曾在華盛頓擔任海軍專員、後為天皇侍從的城上校，在航空母艦千代田號於一九四四年十月二十五日被美國戰鬥機擊沉時，擔任該航空母艦的指揮官。他最終與該船一起沉沒海底。

843《豬口》，頁一三。

844本居宣長（一七三〇年至一八〇一年）的短歌原文如下：「敷島の大和心を人問はば朝日ににおう山桜花」。

845長塚隆二，《我是神風特攻隊》，頁二一七。

846請見本章註七九四。

847米洛，《神風史詩》，頁二七五。

848請見本章。

849長塚隆二，《我是神風特攻隊》，頁二五八至五九。

850請見本章註八〇六。

851《豬口》，頁二〇四。林中尉的最後一封信也收錄在《神風》中，頁一七七至七九；翻譯請見《豬口》的頁二〇三至二〇七。

852神風，頁一八五。

853透過照片（《神風》中的第三張照片）可以看到，大西中將在為一名年輕飛行員斟清酒，該名飛行員尊敬地將手抬起，其他飛行員則肅穆地站在一旁，等著輪到自己。

在戰事進入最後一個月、情況也更為混亂的時候，此處的清酒經常改以清水來代替，且許多時候在時間的壓力下，甚至只能完全省略此步驟。《神風》，頁一八七。

854《豬口》，頁二〇三至二〇七。

855長塚隆二，《我是神風特攻隊》，頁二四五。

856例如，しっかりやってくる（Shikkari yatte kure），《神風》，頁一八〇。

857帝國海軍軍歌，其陰鬱的歌詞來自大伴家持（死於西元七八五年）的詩詞。請見《豬口》，頁五〇。

858 《豬口》，頁八五。

859 程序之所以有這樣的改變，是因為在最後關頭時經常來不及啟動炸彈機制；此外，也有一些飛行員因為對於即將發生的衝刺過於激動，而忘記啟動炸彈，導致飛機毫無意義地墜毀。（米洛，《神風史詩》，頁一六三）。……「很有可能，」豬口上校寫道：「飛行員因為過於全神貫注在讓自己撞上目標，而忘了最後的關鍵一步。」（《豬口》，頁九六）。此外，戰爭後期由於石油短缺，也讓上層決定神風特攻隊的飛機只需加足夠其進行單趟行程的燃油。

860 托蘭，《帝國落日》，頁七一六。

861 從高空進行攻擊的飛行員，其高度通常為兩萬英尺；低高度的攻擊，則會在離水面三十五英尺的高度飛行，再拉高至一千三百英尺，接著撞向目標。有時候為了混淆敵軍，在同一隊伍裡會使用不同的飛機來展開兩種攻擊。而能精確瞄準目標的中等高度，在攔截機及高射炮的存在下，往往是不可行的。《豬口》，頁九一至九二。

862 例如，《神風》，頁一七六。

863 米洛，《神風史詩》，頁一六三至一六四。

864 一九四四年十一月十二日，敷島隊全體成員獲得海軍上將豐田副武的冊封；自此之後，因為任務而喪命的神風特攻隊成員都會獲得死後的追封。而他們能自動獲得死後追封的事實，也明確地表達了：無論任務是否成功，**這些人**都是官方認可的英雄。

865 《豬口》，頁一一一至一一三。

866 米洛，《神風史詩》，頁一九二。多數文件（包括大西的個人文件），都在隨後的轟炸中被燒毀。

867 關於大西對臺灣神風特攻隊飛行員所發表的離別演說，請見本章。

868 儘管大西和其飛行員如此狂熱，卻沒有任何一艘美軍軍艦因為來自臺灣的自殺攻擊隊員被擊沉，或甚至是「宣稱被擊沉」，此外，僅有三艘船受到損傷。《豬口》，頁二二三。

869 長塚隆二，《我是神風特攻隊》，頁一四七至一四八。

870 托蘭，《帝國落日》，頁四〇六，以及長塚隆二，《我是神風特攻隊》，頁六九至七〇。

871 托蘭，《帝國落日》，頁五六八。帝國海軍第一位神風特攻隊飛行員的攻擊，也同樣沒能成功。一九四四年十月十五日，海軍少將有馬正文從菲律賓起飛，企圖以飛機撞擊美軍的航空母艦富蘭克林號（Franklin），但在成功前就被擊落。東京廣播電臺（Radio Tokyo）播報了有馬的英雄事蹟，且根據帝國海軍，這件事「讓同袍熱血沸騰」。參見莫里森，《雷伊泰》，頁一六六；長塚隆二，《我是神風特攻隊》，頁三五至三六；米洛，《神風史詩》，頁一〇一至一〇四。

872 擔心士氣遭受打擊的日本當局，拖延了九日才公布塞班島失守的消息。

873 在少數幾名「戰俘」之中，有些是與家人失散的孩子。在目睹了這些孩子的雙親以駭人的方式自殺後，美軍對待這些孩子特別地溫和。米洛，《神風史詩》，頁七三至七五。

874 小磯國昭於一九四三年一月二十一日，在帝國議會上發表此說，由托蘭引用，《帝國落日》，頁六三〇。參見（第十章）天皇的言論，認為戰爭「的發展並不一定對日本有利」。

875 托蘭，《帝國落日》，頁六三〇。

876 關於震洋和自殺蛙人（伏龍，fukuryū）的細節，請參見米洛的《神風史詩》，頁二六七至二七一。在岡本喜八的電影《肉彈》（*Nikudan*）中，身為九州最後一批神風特攻隊的主角，幾乎是「乘著浴缸出海」——根據命令，在戰爭的最後時日裡，主角必須在美國軍艦靠近海岸時，操控著一個用繩子拖著巨大魚雷的生鏽錫缸撞擊敵軍。陷入狂怒的主角，錯將日本的垃圾處理船視為美國航空母艦；更諷刺的是，那枚魚雷最終也沒能引爆。儘管電影中的武器純屬虛構，卻也代表了許多在戰爭最後時日所發明出來的自殺武器。

877 截止目前為止，橫田寬（Yokota Yutaka）所著的《自殺潛水艇！》提供了關於回天任務最詳盡的解釋。回天雷攜帶三千磅高爆藥，航程為四十海哩，航速為三十節。從任務初始，回天雷即面臨技術性的失敗，多數回天雷在尚未逼近目標前，就先行爆炸。日本帝國總部認為回天雷共計擊沉約四十艘盟軍艦艇，包括航空母艦與軍艦。但事實上，在此戰爭期間唯一被回天雷摧毀的為美國油船密西納娃號（Mississinewa），該船於一九四四年十一月於烏利西環礁遭擊沉。反觀日本幾乎失去所有的回天飛機，以及八架航空母艦與所有隨艦隊員。

關於回天雷「必死無疑」的說法，橫田如此解釋，「雖然回天的發明者海軍軍官黑木博司與仁科關夫在上層授意下，安裝了讓駕駛員能在距離目標尚有一百五十呎遠時成功逃脫的裝置，但從來沒有人用過。在所有執行過的回天任務裡，從未有人使用此裝置。唯有駕駛員深知難逃一死時，回天雷才有可能成功擊中目標。自回天雷逃脫有可能使它偏離軌道。因此最好的方法就是死守它。」橫田寬，《自殺潛水艇！》，頁五〇。

878 米洛，《神風史詩》，頁二五三、頁二六三；橫田寬，《自殺潛水艇！》，頁四五至四六、頁一三八。

879 米洛的《神風史詩》頁二五一中，描述了一九四四年十一月，當I-49潛水艇逼近烏利西環礁（Ulithi）的目標時，船上所舉行的告別儀式。關於「最後一餐」的細節，請見橫田寬，《自殺潛水艇！》，頁一七〇。

880 許多回天舵手擠在狹小的艙房內，閱讀和學習直到最後一刻。（橫田寬，《自殺潛水艇！》，頁一六一、頁一七〇）。在橫田諸多樸實的描述中，其中一段如下：「**回天隊員非常享受和織田艦長一起度過的時光，並對潛水艇上的廁所格外讚嘆，一個有著複雜的閥門與把手設計、讓不知道如何使用，或沒有留心使用方法的人，澈底陷入窘境的設計。**」橫田寬，《自殺潛水艇！》，頁四六。

881 橫田寬《自殺潛水艇！》頁二四五至二五五中，提及金剛行動。該船以楠木正成的山邊據點金剛山為名，成為戰爭時期內最活躍的回天戰力，參與了關島、烏力西環礁、霍雷迪亞（Hollandia）等島嶼的對美作戰。

882 橫田寬，《自殺潛水艇！》，頁二五五。

883 在一九四五年的三月至八月間，共製造超過一百架中島Ki.115B劍自殺攻擊機。更多詳情與照片，請見米洛，《神風史詩》，頁三四七至三五〇。

884 一九四五年十月，日本開始在從北海道至九州、面對太平洋的山上，設置彈射器的發射基地，正好趕上預期會遭入侵的時間。關於此一特殊神風特攻隊事蹟的細節，我必須感謝我的同事——著名的佛學學者Y.H.教授，他自己就曾接受過執行此一攻擊的訓練。在他於比叡山服役時，思考到戰爭可能在自己出任務前就已結束，因此決心成為僧侶；而後來也確實如此——我與他的諸多友人及學生，也因此獲益良多。

885《豬口》，頁一六九。

886 尚．馬比耶（Jean Mabire），《武士》（*Les Samouraï*），巴黎，一九七一年，頁三六九。

887 米洛，《神風史詩》，頁二九五至二九六。

888 米洛，《神風史詩》，頁三一一至三一二，作者強烈認為帝國海軍本知此任務毫無勝算，甚至預謀了此場屠殺。假如他的猜測為正確的，那麼帝國海軍的最後出擊更是澈底實踐了悲劇英雄之道。

889 四月六日的九州鹿屋基地進行的菊水一號任務計有：

海軍：八十架不同形式的自殺戰鬥機、八架裝載櫻花飛行炸彈的飛機、一百四十五架他型攻擊戰機、一百一十六架護送飛行員與「偵查機」、二十三架護送機。

陸軍：一百三十三架各式飛機，主為自殺攻擊戰機。

在擔任自殺攻擊的飛機中，有一六二架飛機沒有歸返。米洛，《神風史詩》，頁二八七。

890 米洛，《神風史詩》，頁一三七至一三八、頁一四七。資深飛行員不斷要求總部派遣自己進行自殺攻擊任務，但多半遭到拒絕，因其資歷對帝國部隊必有莫大作用。

891 由《豬口》引用，頁一八一。

892 長塚隆二，《我是神風特攻隊》，頁二六一至二六二。

893 在戰後時期，研究調查顯示，在擁有擔任自殺任務的兒子的家庭裡，其子幾乎都是家中「最傑出的兒子」，也就是最熱情、教育程度最優秀，以及最少惹事生非的兒子。簡單來講，即是最讓父母滿意的孩子。當然，我們也當小心過分地浪漫化與理想化形成此結論。

894《豬口》，頁四三；長塚隆二，《我是神風特攻隊》，頁二二四。

895 例如《神風》，頁一八六。申請者以血書方式簽名，以表達請求的誠摯，如此舉動讓長官難以拒絕。

儘管神風特攻隊飛行員的家人在收到最後通知時勢必承受極大痛苦，但是他們又同樣為自己的兒子們被視為活神而感到榮耀。當一名派駐於臺灣的指揮官，發現一自殺任務隊員乃家中獨子時，決定聯繫該隊員的母親；結果和多數神風特攻隊隊員的母親一樣，如同完美母親的化身，並以熱情語調回覆指揮官，請務必讓她的兒子獲此榮耀，以得償其願。《神風》，頁一八七。中島司令遇見相似的遭遇：

一九四五年初春，一名女士前往福爾摩沙第七六五海軍航空隊基地。部隊指揮官增田正吾負責接待該名女士後發現，對方為臺北高等法院法官草薙晉之妻。她把圍巾和一束髮絲遞給增田上將，請求對方讓神風隊員攜帶著此紀念物，飛往戰場。她的兒子，一名學生飛行員，不巧在訓練結束前因病過世。她相信若攻擊隊隊員能夠帶此紀念物奔往戰場，兒子的心願已當實現。她的絲巾上寫有一句話，並簽有慈母之名。

願能一擊中的。

草薙晉之妻

增田上將接受了紀念物，當他的特攻任務基地遷移時，他將此紀念物呈交給自殺隊的領隊，領隊者則親自帶著紀念物，飛向敵軍船艦。《豬口》，頁一二八。

896 米洛，《神風史詩》，頁二六六至二六七。橫田記錄了一名指揮官的類似演說，對方提供自己與其他隊員參與回天單位的機會：

如果你們中間有人願意為拯救日本而燃燒，參與操作此新式武器、抵抗來軍的偉大保衛任務，請向我報名。我不能透露更多訊息，但是此飛機將比你曾遇過的任何飛行器都更強大。現在請仔細聆聽我的說明。中隊長將給你們每人一張紙。如果你非常想要參與此任務，請在紙上寫下你的名字與編號，並在下方……畫兩個圈。我再重複一次，如果你非常想要參加，請畫兩個圈。假如你沒有特別渴望參與任務，但是為了日本，願意拋卻自我的性命，請畫一個圓圈就好。這點非常重要，我再重複一次，如果你極度希望參與任務，請畫兩個圈；如果僅是願意參加，請畫一個圈。如果有人不願意接此任務，但願意繼續接受戰鬥訓練，請把手中的紙撕毀……

最後，在我把紙張發下去之前，必須提醒，此武器的特性代表參與任務的人無法生還。他將在任務之中受到極大傷害，並且付出生命。因此，請你慎重考慮。在你自願以前，請確定你真的想參加。最重要的，請確保你不會後悔所付出的代價。你必須頭腦清醒，以便專心面對此任務。橫田寬，《自殺潛水艇！》，頁一一。

897 《豬口》，頁一五八至一五九。

898 米洛，《神風史詩》，頁三三〇至三三一、頁三六七。

899 長塚隆二，《我是神風特攻隊》，頁二三一至二三四。

900 關於自殺任務是否真的為志願制，長塚隆二如此表示：「我們經常被問到一個關於飛行員被編入自殺式攻擊部隊的問題：『他們真的是志願者嗎？還是只是被指派執行任務的？』……我以過來人的身分自證，我們自身的意願與最高指揮部的命令是完全相符的。至少，我自己是這樣的……而顯然由於這樣的緊急情況，整個飛行員團隊都參與了這些任務；另一方面，除非具有意願，沒有人可以解釋那樣的心理狀態……志願還是被迫，這個問題根本不存在。作為一名前神風特攻隊倖存的飛行員，我可以肯定，我所有的同志都是志願準備好接受命令或是請求任務的。」托蘭，《帝國落日》，頁二三四。

從一個事件的親身經歷者身上得到如此地回答，似乎也為這個問題提供了一個較平衡的答案。

901 太平洋戰爭後，近江一郎曾經徒步走遍全日本，拜訪自殺攻擊隊員的家，進行弔祭。在此為期近五年的旅程中，他收集了大量的信件與紀念物，信件多半由特攻任務隊員的海軍預備軍官所寫，隊員通常接受相當短暫的訓練。相關文件載於《神風》，頁一七四至一七八，並由《豬口》，頁一九六至二〇八提供相關翻譯。其中最著名的例子收錄於《聽海神的聲音》（東京，一九五二年），首先收錄的為死於沖繩之陸軍特攻隊隊員的遺囑，該名特攻隊員年僅二十二歲。此書在日本大受歡迎，而其書名甚至成為諺語，意味著：我們無法遺忘！一九六三年，當戰爭相關記憶逐漸遭到淡忘時，此書以同樣的名字出版第二輯。一九五一年，在戰爭中犧牲生命的大學生之日記集結後，以《遠山溪流》為名正式出版，其中包括了許多自殺攻擊隊員的物件。類似書籍一再出版，並往往成為暢銷讀物。

902 《神風》，頁一八三至一八四，翻譯於《豬口》，頁一九九。

903 舉例：「親愛的父親，當死亡來臨時，我僅遺憾沒有報答你對我的好。」山口輝男所寫，引用於《豬口》，頁一九八。

904 《神風》，頁一八一至一八二，翻譯於《豬口》，頁二〇二。

905 Watakushi wa kono utsukushii chichihaha no kokoro, atatakai ai aru ga yue ni Kimi ni junzuru koto ga dekiru. Kore de watakushi wa chichihaha to tomo ni tatakau koto ga dekimasu.（私はこの美しい父母の心、暖かい愛あるが故に君に準ずることが出来る。これで私は父母とともに闘うことが出来ます）。《神風》，頁一八三。

906 《神風》，頁一八一，翻譯於《豬口》，頁一九七。

907 《神風》，頁一七六，翻譯於《豬口》，頁二〇〇。

908 長塚隆二，《我是神風特攻隊》，頁一六二。

909 同前，頁二七二。

910 引自久藤洋，〈日本英雄形象與墜毀方式〉，《週刊朝日》，6–8 (1973): 114–17。

911 一九六八年九月二十九日刊登於《每日新聞》，該詩收錄於《我的生命於月光下燃燒》詩集。

912 《神風》，頁一八〇，翻譯於《豬口》，頁二〇七。

913 同前。

914 橫田寬，《自殺潛水艇！》，頁一六一。

915 長塚隆二，《我是神風特攻隊》，頁一四九。

916 闡述武士道最重要的哲學家為山鹿素行（一六二二年至八五年），他是儒學國族主義者、兵學者，並了解武士道真諦。山鹿素行最知名的武士道著作為全十一冊的合集《葉隱》，並於一七一六年出版，成為日本兵家必讀之書。若想參考《葉隱》對神風特攻隊的影響，請見三島由紀夫的《英靈之聲》，東京，一九七〇年，頁四八。

917 關於七生請見前面章節。七生一詞成為數個神風特攻隊隊名，而自殺隊隊員也時常在進行任務前，在額頭綁上「七生」布條。橫田寬如此描述他進行回天攻擊前的時刻：「我是最後一個被叫到的。維修部門的濱口（Hamaguchi）中尉負責叫名字，他將第六個頭巾綁在我的頭上。上面優美的鋼筆字跡寫著：『七生報國』，這句話來自數百年前，忠誠的楠木正成報效天皇之名句。我的頭巾寫著如此的標語：『轉生七次報國。』」橫田寬，《自殺潛水艇！》，頁一三七。

第十章討論了沖繩特攻隊使用楠木的菊水家徽作為象徵。菊水徽章也被繪於回天母艦的錐塔和船體上。橫田寬，《自殺潛水艇！》，頁四三、頁一二五。

918 《神風》，頁一七六，翻譯於《豬口》，頁二〇〇。關於天皇盾牌以及典型英雄捕鳥部萬，請見第二章。

919 《豬口》，頁七九至八〇。關於楠木正成與兒子的離別，請見第六章。

920 請見本章註九一六。

921 Bushidō wa shinigurui nari.... Heizei hito ni norikoetaru kokoro nite nakute wa narumajiku sōrō.（武士道は死に狂いなり……平生人に乗り越えたる心にて無くてはなる混じる滄浪）。三島由紀夫，《英靈之聲》，東京：一九七〇年，頁四八。

922 〈愛爾蘭飛軍預見自己的死〉（An Irish Airman Foresees His Death），《葉慈詩選》（*The Collected Poems of W.B. Yeats*），紐約，一九五六年，頁一三三。

923 《聽海神的聲音》，東京，一九六三年，第一卷：二三一。

924 請見第八章註五一六。司馬遷在公元前九十八年寫給任安的出名書信：「人固有一死，或重於泰山，或輕於鴻毛，用之所趨異也……夫人情莫不貪生惡死，念父母，顧妻子；至激於義理者不然，乃有所不得已也……」貝里編輯，《中國傳統之根源》，紐約，一九六〇年，頁二七二。

925 引自史華（J. Seward），《切腹》，東京，一九六八年，頁八六。

926 在《日本的寧靜崇拜》（*The Japanese Cult of Tranquillity*，倫敦，一九六〇年）中，卡爾弗里德·格拉夫·封·杜克海姆（Karlfried Graf von Dürkheim）將神風特攻隊飛行員描述為「日本真實面貌的最高表達」，以及「透過死亡重生」的當代偉大表現。「有一種死亡的方式，超越了對立的『生與死』，並可能『已經存在於另一種生活中』。這樣的思想框架以及身體框架也使特攻隊能夠面對一生最艱鉅的任務，甚至對死亡本身都毫不退縮。他獲得了完全的安寧，毫無內在抵抗，犧牲了自我，現在他只專注於當下，消融於當下。」

神風特攻隊飛行員的信件、日記和詩歌，當然都充滿了這種寧靜。然而，將其定義為「日本真實面貌」，肯定是誇大了。

927 長塚隆二，《我是神風特攻隊》，頁一九七。若對藤崎在進行沖繩攻擊前寫下的遺書有興趣，請見《我是神風特攻隊》，頁二四九。

928 《豬口》，頁八〇。橫田寬，《自殺潛水艇！》頁一一三也描述了一群回天志願者所說的關於靖國神社的類似笑話：**「我們之前常常開玩笑說：『我會比你早抵達靖國神社嗅，所以我是你前輩啊。』接著我們就會開始聊要怎麼欺負那些晚到的人。」**

929 打從他們進入特種攻擊部隊的那一刻起，所有人都知道自己是「活著的死人」。參與菲律賓特攻隊的菅野直，深知自己死後將得到的名譽，因此誇張地在飛行背包外寫上「指揮官菅野直之遺物」。《豬口》，頁三四。

930 長塚隆二，《我是神風特攻隊》，頁二五八。

931 米洛，《神風史詩》，頁二九九。有許多關於自殺飛行員必須仰賴酒精或毒物，以便勇敢面對最後一次飛行的臆測，甚至有說法表示他們必須被鎖在駕駛艙，以防在最後關頭逃脫——種種如此全為虛構之說。此類說法完全與神風特攻隊的心理狀態相反，多半來自企圖解釋（或詆毀）日本自殺策略的西方記者。

世人甚至對自殺飛行員的離別前夕有著許多荒謬幻想，他們認為年輕的無辜飛行員沉溺於酒精、女人與歌聲之中，以慰藉將到來的犧牲；甚至有些說法將他們描述為像牧師一般迎向戰鬥。約翰．托蘭，《帝國落日》，頁七一四。

神風特攻隊倖存者渡邊誠中將（Watanabe Sei）寫道：「我認為大多數美國人認為神風特攻隊隊員是有自殺傾向而膽大妄為的懦夫。事實恰巧相反。」對於美國人認為自殺特攻隊隊員們在離別前夕，必然需要酒精與藥物的麻醉以面對最後的任務的說法，渡邊誠認為是「一派胡言」。《星條旗報》，一九六八年，七月二十日。

932 橫田如此描述即將離去的自殺魚雷艇好友：**「他們（飛行員好友）對所有人都相當友善，彼此間也很和睦。**

沒有人看起來是悲傷的、或是過度自負，儘管你可能會想像他們都是最優秀的回天戰鬥員。除此之外，他們時常談笑，甚至逗對方開心。」《自殺潛水艇！》，頁一二一。

933 《神風》，第七號照片。

934 橫田寬，《自殺潛水艇！》，頁一五九。矢崎美仁為回天魚雷的發明者之一，他在訓練過程中窒息而死。橫田寬帶著矢崎的骨灰罈，準備進行自己的自殺攻擊。橫田寬，頁一一二。

935 Sukkari atarakaku natte, seikatsu mo jitsu ni raku ni narimashita……（すっかり暖かくなって、生活も実に楽になりました……）《神風》，頁一八二至一八三。

936 《神風》，頁一七七至一七九，翻譯於《豬口》，頁二〇五至二〇六。

937 《神風》，頁一七六，翻譯於《豬口》，頁二〇一。

938 對於駕駛如櫻花炸彈或回天魚雷艇等自殺武器的隊員而言，自然是冒著極大的死亡風險。但是在修改了常規飛機的武裝程式與燃料負載後，更加降低安全返回的「失誤」可能性。

939 「當夜晚來臨時，」中島司令如此描寫宿霧基地的最後派對（請見頁三一八）：「我離開派對。兩、三名飛行員跟著我來到了門外，懇求我選擇他們作特攻飛行員。其他飛行員們聽見如此要求時大吼：『太不公平了！太不公平了！不能有特殊待遇！』但是當我邊沉思邊走回宿舍時，如此怪異的言詞與派對的歡暢聲，都一併消失在耳際。」《豬口》，頁八〇。

940 《豬口》，頁一六四至一六八。宇垣纏於八月十五日，天皇宣布戰敗宣言後，發動自殺攻擊；當然此舉已毫無軍事意義，純然為真誠的挑釁。他率領的十一架轟炸機中，有四架因引擎問題而失敗；另外七架飛機成功進行轟炸攻擊，但是根據資料顯示，沒有任何美國軍艦遭到毀損。在撞毀自己的飛機前，宇垣纏發表以下遺言：

「無法保衛國土，並摧毀驕傲的敵人，乃我個人的失敗。我的指揮部全體官兵在過去六個月裡的英勇努力，受到了極大的讚賞。

我要發起進攻，在這個讓我方兄弟如櫻花般墜落的沖繩，發起進攻。

因此我將以武士道精神衝向敵軍，並求毀滅對方，以顯示我對日本皇室的忠誠與堅定決心。我深信所有隊員都對我的動機了然於心，他們將抵擋未來所有困難，並為我們偉大的國家進行重建，讓日本永存於世。

天皇萬歲！」《豬口》，頁一六八。

宇垣纏的日記如此作結：「我希望以楠木正成的精神，以自己堅定的決心，報效國家。」托蘭，《帝國落日》，頁八五三。

941 《時代》雜誌，一九六六年，八月十九日，頁二六。參與紀念會的還有五十名中年女性，在戰爭期間，她們為當地高中的女學生，負責清洗自殺特攻隊戰機。許多人都與年輕飛行員相當友好，其中一人回憶起當飛行員受命出發時，「我們內心就像是古代日本武士的妻子一樣。」

一群神風特攻隊倖存者發起了紀念會，每年都會在紀念日於東京一起共享晚餐。當我在一九七三年造訪日本時，當時為格蘭皇宮飯店（Grand Palace Hotel）經理的倖存者小野隆志（Ono Takashi）先生，誠摯地邀請我到他的辦公室。他生動地描述戰時的經驗與情感。當時他早已做好準備，啟動任務，但由於引擎問題，出發的時間一再延宕；一直到戰爭結束前，新的飛機都還沒有發派下來。他的飛行員友人。剛剛結婚，並且承諾妻子一定會讓她知道執行自殺任務的確切時間。當他接到飛行命令時，立刻通知妻子此事，但是由於他的飛機（和小野先生的狀況一樣）出了問題，就在等待新飛機來臨前，基地已經取消了自殺任務。他向妻子發了電報，隨後趕往妻子在大阪的娘家，但是當他抵達時，卻目睹了她的葬禮靈車離開前門。當妻子收到任務消息時，她獨坐在先生的照片與遺書前，並以刀切斷頸動脈。那封電報（如同勞倫斯神父發派給曼圖阿的羅密歐的信）來得太遲，無法避免悲劇發生。他對於自己的生還與妻子的離世感到震驚萬分，他的身體陷入了莫名的癱瘓，一直到數年後，才慢慢地恢復。

942 坂井三郎，《武士》（*Samurai*），紐約，一九五七年，頁三一九。

943 《星條旗報》，一九七〇年八月二十日。一九六八年渡邊誠成為日本空軍中將。這名說話輕柔的將軍喜好安靜的生活，並時常在家中的花園消磨時光。他描述自己現在只會因為要到東京而感到興奮，「你有看過那些瘋狂的神風計程車司機嗎？」他笑了笑並說：「我想只有美國人會這樣稱呼他們。」

944 《星條旗報》，一九六三年八月八日，報導了此位美國軍官和三名一心求死的神風特攻隊隊員重聚的經過。

945 關於青木得救，請見托蘭，《帝國落日》，頁七一四至七一七。

946 青木成為獄友模範，並於一九四六年遣返回日本；托蘭，《帝國落日》，頁七一七。年輕魚雷特攻隊隊員橫田寬的故事，也讓人對生還者感到尊敬。他曾經描述自己和同伴知道攻擊失敗的經過：

「我和新海都很難過。他向來很快樂，現在卻深陷憂鬱。我們倆都覺得自己被放逐了。我們害怕回到兵營。我們相信沒有人會和我們說話。六名回天隊員啟程，四名確實發動攻擊。新海和我卻兩次重返基地。別人一定會認為我們有問題，我們心中這麼想著，別人應該不敢正面直視我們。當我們離開了潛水艇，回到自己的舊房間，盡量不和任何人接觸。我們避免與他人互動。我們希望地面能夠突然裂開，將我們深深吞噬。」橫田寬，《自殺潛水艇！》，頁一九三。

後來他向指揮官尋求幫助：

「死亡拒絕看我一眼，打算讓我再活一次。我感到無助，沒有力量。我向園田（Sonoda）求助。『長官，』我問：『我該怎麼辦？我不可能再回到基地了。你知道的。』

他只回答：『你說得對，橫田。』他無話可說。」橫田寬，《自殺潛水艇！》，頁二一二。

戰爭結束沒有帶來任何好處：

「（我）無法面對世界，我早已至生命中抽離出來。敵對行動結束沒有帶來任何結果。（我無法）再次面對這個世界，我已經完全退出了世界。我很痛苦，想要自殺，但又太過驕傲而無法動手。我提醒自己，我的生命曾經等同於一艘美國大型航空母艦。現在我怎麼能死在一小顆子彈之下？……我的靈魂很痛苦，所以我在大島基地待了兩個星期，不過是活在謊言中罷了。我思考著天皇在投降後頒布給軍隊的詔書，天皇要求我們『克服千難萬難，承受不可承受之苦。』我無法這麼做。儘管我決定不死，但我無法再活一次。我感到毫無生趣，等待著未來的發展。我感覺就像是我們所養的盆景一樣，迷你的樹不會長大，只會衰老。」橫田寬，《自殺潛水艇！》，頁二五〇。

947 長塚隆二，《我是神風特攻隊》，頁二六九至二七九。當時美國敵軍約在基地外三百哩處，距離自殺攻擊隊隊員則有約一百五十哩。由於他們僅有足夠飛行三百五十哩的燃料，因此只得選擇掉頭，或是墜落於海面。長塚部隊的正常程序要求在飛機迫近目標物以前，才能發射炸彈，但是當飛機墜毀時，炸彈必然引爆。

948 請見本章，長塚前夜為出發所做的準備。如同菅野直（請見本章註九二九）一樣，長塚已經為死後的追授做好準備，但對後者而言，他似乎因面對命運的態度過於狂妄自大而受到懲罰。

949 聖言所指的是《軍人勅諭》（一八八二年），此段宣言對可恥的飛行員而言，特別能激起其羞愧之心：「你們一心只抱持著責任感與忠實，並請記得，軍責遠比遠山還沉重，而死亡則輕如鴻毛。你們絕不可以違背道德原則，並讓自己的名字受辱。」貝里等人所編輯，《日本傳統之根源》，紐約，一九五八年，頁七〇六。如此的公開羞辱不僅限於神風特攻隊生還者。橫田描述自己從失敗的回天任務回返時，所受到的屈辱：「新的指揮官把竹杖摔在桌上。『你該為自己感到羞恥，橫田！』他大吼道：『你們這些人，每次總有一、兩人從任務返回，根本沒有發動攻擊。你的頭巾是幹嘛用的？還有你的劍！它們在你心中一點意義也沒有嗎？還有離開基地時盛大的離別會，這些東西難道是為了你返回基地而準備的嗎？一旦身在海上，你就必須壓倒敵人！如果回天有問題，你就必須修好它。如果螺旋槳無法轉動，用你的雙手轉動它！擊向敵人，不論如何！這就是回天的意義！』橫田也感受到了長塚面對的羞辱感：『如果有人私下責備我任務失敗，我也許能夠忍受。假如有人友好地嘲笑我，我也或許可以接受。但是如此公開地指責我，以及其他願意為國捐軀的隊員，有時候甚至不只一次的羞辱，這實在太不公平了！大島對我而言什麼都不是，以前我以為基地有多麼地崇高。現在我只想出海去，永遠不回來。』」橫田寬，《自殺潛水艇！》，頁二二〇、頁二〇一。

950 「……在本質上來講，敵方士兵的英雄主義與我們截然不同，日本軍早已截斷了希望或逃脫的去路，這點美國人從未能及。對西方世界而言，總得保有生還的最後一絲希望；也就是說，就算其他傢伙都死了，你還是要想辦法活著回去。」美國海軍副上校布朗（C. R. Brown）如此認為。引自《豬口》，序章，頁五至六。

951 負責在中日戰爭中率領早期自殺任務魚雷艇敢死隊的鈴木貫太郎寫道：「日俄戰爭中，就算在企圖包圍亞瑟港的當下，也沒有放棄援救參與者。當時軍隊的唯一目標是擊沉港口船艦，但是指揮官拒絕發動任務，直到他親眼見到援救船已經來到，才願意發動攻擊……在對珍珠港的小型潛艇襲擊任務中，山本上將拒絕授權執行任務，直到他知道或許有機會將兩人潛水艇撤回，才發動任務。」《豬口》，頁一八九至一九〇。

政府宣傳部大肆宣傳「三炸彈客」事件，在中國事變中，三名士兵為抵禦敵人，將自己肉身炸碎，以製造防禦洞；但是如此舉動自然為意外的自我犧牲之舉，而非預先盤算的策略。

952 長塚隆二，《我是神風特攻隊》，頁二五四。

953 米洛，《神風史詩》，頁一七二。

954 菲律賓：

據稱六架運輸艦與戰艦遭擊沉，

實際僅有兩架運輸艦遭擊沉；

據稱三十一艘船隻遭擊沉，

實際僅有十四艘船隻遭擊沉；

沖繩：

據稱二十架運輸艦與戰艦遭擊沉，

實際並無任何運輸艦遭擊沉；

據稱七十七艘船隻遭擊沉，

實際僅有十六艘船隻遭擊沉。《豬口》，頁一一四、頁一六〇。

一名參與任務的主要海軍軍官在戰後承認，日方的數據「或許遠遠超過事實」。《豬口》，頁一六〇。

955 長塚隆二，《我是神風特攻隊》，頁一四〇；米洛，《神風史詩》，頁二〇〇。

956 我所掌握的大部分數據都估計約有四千名至五千名神風特攻隊隊員。其中四千六百一十五名因戰逝世的神風特攻隊隊員（二千六百三十名海軍神風隊員、一千九百八十五名陸軍神風隊員）的姓名，被刻在東京的觀音堂，通常稱為特攻觀音堂（觀音為佛教中代表慈悲的神祇，關於其中的意涵請見本章）。然而此數據並不包含「活炸彈」及其他執行陸上自殺任務的士兵，同時也不包含死於其他特攻任務的士兵，好比回天任務、海龍任務與震洋任務。

一九七三年十一月十八日，奈良附近的柏原神社，豎起了紀念一千名因擔任海軍自殺飛行員而喪生於太平洋戰爭中的戰士之紀念碑。在七百名儀式參與者中，包括了天皇的弟弟高松宮宣仁親王，以及死難者家屬。《法新社》，一九七三年，十一月十八日。

957 「如果我們以全面的觀點審視任務的話，」豬口力平司令在戰後的報告表示：「令人感到惋惜的是，不管是（普通的）神風戰機，或是飛行員炸彈，都沒有太大的實際功用。」引自《神風》，頁一九〇。美國海軍副上校布朗認為：「……對務實的軍事戰略者而言，真正的問題是，這是成功的策略嗎？答案是否定的。」《豬口》，序章，頁七。

概括一九四四年十月十三日至一九四五年六月三十日，神風特攻隊的空中行動共摧毀了三十四艘船艦，其中多數為護航艦：聖羅號／菲律賓海域，十月二十五日；奧曼尼灣號（Ommaney Bay）／菲律賓海域，一月三日至四日；布思莫肯海號（Bismarck Sea）／沖繩海域，二月二十一日。其中，被毀損最多的為驅逐艦（十三艘）。同時，約有二百八十八艘船隻於自殺攻擊中受到損害。

沖繩戰役中，約有十三萬名日本軍遭殺害，美軍則有一萬兩千三百名士兵死亡，兩國差距約十倍之譜。然而對於有多少特攻隊隊員死於戰爭，則難有定數。保守估計值為兩千名。同樣的，我們也無法得知於戰爭中派遣的自殺飛機總數。根據一日本官方資料，二千九百四十四架神風特攻飛機失事（二〇五五架為海軍航空隊、八八九架為陸軍航空隊）；而美國官方估計數值則較小。

958 根據三島由紀夫的說法，神風特攻隊的最終失敗，並非來自一九四五年日本投降，而是五個月後天皇宣布放棄神格的一刻。在《英靈之聲》中，三島強調如此「不合理的死亡」唯有在能將特攻隊英雄生命獻與如同神明的天皇時，才有獨特意義。如果此信念被推翻，那麼他們的死亡就成了「愚蠢的犧牲」。昭和天皇於一九四六年一月否定皇室神格：「朕與爾等國民之間的紐帶，始終由互相之信賴和敬愛所結成，而非單依神話和傳說而生；也不是基於『認為天皇是現世神、同時日本國民比其他民族更加優越，從而延及支配世界的命運』這種虛構的概念」，成為對神風特攻隊隊員的背叛。天皇的宣言比任何戰敗訊息都還重要，宣言代表了神風特攻隊的失敗無可挽回。他認為神風特攻隊受到「錯誤的迷思」影響而犧牲自我，這等同於詆毀他們的死。（三島由紀夫，《英靈之聲》，頁五九）。三島哀嘆作結：「為什麼陛下要成為人呢？」（三島由紀夫，《英靈之聲》，頁六二）。儘管我尊敬三島的看法，但是我用本章詳述特攻隊的可能動機，我相信他們的動機並非如此直白，並且遠遠更為複雜。

959 西方世界對神風特攻隊戰術的反應，遠比上述總結要複雜得多，他們不僅感到憤怒與噁心，也感到（特別在當驚嚇慢慢消退後）好奇、迷惑，甚至為（錯誤地認為）被拖入自殺任務的年輕戰鬥員感到不捨。當時我是名年輕水手（在一九四四年時很容易遇上自殺特攻隊隊員，並感到不愉快），並對此戰術感到驚嚇與萬分詭異。

許多知名外國學者試圖為自殺策略提供簡單的解釋；然而盧斯．班奈德克（Ruth Benedict）認為神風精神成為「心靈意志大於現實」的象徵。（引自《豬口》，頁一九四）。其他觀察者則認為此任務說明了年輕人能如何變成狂熱的自動武器，又或者成為日本「凶猛、殘暴性格」之化身，並與日本「有禮、細膩與感性的一面」共存。米洛，《神風史詩》，頁五四。

英國和美國與日本傳統英雄主義正面迎戰所引起的反應，或許可以成為文化差異的良好教材，但可能會超過本書所討論的範圍。不過若翻譯一九四六年三月美軍戰略轟炸調查成員與前日本海軍官員的對話，或可以理解何謂典型的西方誤解。此海軍軍官隸屬於臺灣第二〇五特攻隊（《神風》，頁一八六至一八八）：

問：您的國家與我們在思考神風特攻隊的策略方面時，似乎截然不同。在美國，個人的生命是極為寶貴的，但是在日本，您準備犧牲大量飛行員來執行自殺任務。這是什麼原因？

答：特種攻擊部隊背後的思想起源於古代日本傳統，它貫穿我們整個歷史。在最近的戰爭中，我們意識到，由於軍事原因，此類襲擊變得至關重要；長官從未強迫我們……

問：特種攻擊部隊的招募是志願的還是強制性的？

答：這完全是志願的。但是，在菲律賓和其他地方，或有可能全隊隊員都採取自殺攻勢，這得依照當地軍事情況而定……

問：假想二十多歲的美國人，他們應該完全不可能理解（日本神風特攻隊的精神）。我們很難想像，年輕的美國人願意為自己的國家或領導者那樣自殺。當然，您一定已經在特種攻擊部隊中使用了強大的教育方法，來訓練年輕人。

答：不，我們從未組織任何特定形式的教育活動……

問：會不會有特攻部隊的成員是為了想進入靖國神社，而加入自殺任務？

答：如果有人這麼想的話，那麼他實在不需要擔任特種攻擊部隊的志願者……

960 在質疑向日本投擲原子彈是否符合道德標準的人中，論述最充足的乃傑出的美國軍官威廉．里希（William Leahy），他認為原子彈為「不人道武器，並被用於已然潰敗，並且預備投降的人民身上；美國人的道德標準堪比黑暗時期的野蠻禽獸。」托蘭，《帝國落日》，頁七九八。

961 奧林匹克（Olympic）任務代表入侵九州的行動，而冠冕（Coronet）任務則代表入侵本州的行動。兩行動都為盟軍帶來無計可數的損傷。此外，傷亡的日本人數可能還會多於廣島與長崎的受害者，不過這並不在當時美國領導者所考量的範圍內。

962 雙方所估算的死亡數值有很大的差距，這或許是極少數攻擊方期望縮限自己「成功」程度的案例。根據美軍，「胖子」於長崎殺害三萬五千人；日本官方認為有七萬四千八百人。而三日前在廣島的轟炸，則造成更大規模的傷亡。根據日本專家的數值，艾諾拉蓋號（Enola Gay）轟炸機造成二十萬人死亡；同樣的，美方的數值遠小於日方。

963 引自伊文．莫里斯，《日本的國家主義與右翼分子》，倫敦，一九六〇年，頁二四。

964 關於大西如何努力避免宣布投降一事，請見《豬口》，頁一七一至一七四；托蘭，《帝國落日》，頁八二八；林茂，《太平洋戰爭》，頁四六三，以及米洛，《神風史詩》，頁三六四。

965 《豬口》，頁一七二。

966 莫里斯《日本的國家主義與右翼分子》頁二〇四、頁二二七、頁二五七、頁二六九、頁三〇七、頁三三〇、頁三七七中，曾經討論國族主義活動家兒玉譽士夫。關於他的生平可見頁四四三至三四四。兒玉譽士夫的自傳中詳細描寫了他偉大的海軍友人，此本傳記的英譯版名為《我被擊敗》（*I Was Defeated*），東京，一九五一年。

967 東京靖國神社博物館展示了這把不善之劍，上方則是大西中將的照片，以及他所寫的書法「和光」兩字。草柳，《特攻的思想》，頁九至一三，對大西的自殺有更詳盡的描述。

968 關於八月十五日或隨後，軍隊隊員所發動的切腹行動、或其他民軍所執行的自殺，請見莫里斯，《日本的國家主義與右翼分子》，頁二六至二八。

969 兒玉，《我被擊敗》，頁一七三。

970 若想見完整書法內容與重製圖像，請見草柳，《特攻的思想》，頁一二至一三；翻譯來自《豬口》，頁一七五。

971 「即便我的棺蓋闔上了，我的名聲仍舊飄散凋零。就算再過一百年，也沒有朋友（理解我）。草柳引述，《特攻的思想》，頁一九至二〇。也請見《神風》，頁一七二。關於日文的「蓋棺論定」（棺を蓋いて事定まる）請見《故事諺語辭典》，東京，一九五六年，頁二四一。

972 《神風》，頁一七三，《豬口》翻譯於頁一八七。

973 當大西中將第一次組織神風特攻隊後，他將此連歌呈交給部屬。引用自《由豬口》，頁一八七。

參考書目

- Abe Shinkin. "shio Heihachir." *Nihon Jimbutsushi Taikei* IV (1959).
- Akamatsu, Paul. *Meiji 1868*. London, 1972.
- *Azuma Kagami* [The Mirror of the East]. Nihon Shiry Sh sei edition. Tokyo, 1963.
- Beasley, W. G., ed. *Historians of China and Japan*. London, 1961.
- ____. *The Meiji Restoration*. Stanford, 1972.
- Borton, Hugh. *Peasant Uprisings in Japan of the Tokugawa Period*. New York, 1968.
- Boxer, C. R. *The Christian Century in Japan, 1549–1650*. London, 1951.
- Campbell, Joseph. *The Hero with a Thousand Faces*. New. York, 1956.
- Chadwick, N. *The Growth of Literature*. Cambridge, England, 1932.
- Craig, Albert, and Shively, Donald. *Personality in Japanese History*. Berkeley, 1970.
- Daidōji Shigesuke (Yūzan). *Budō Shoshin Shū* [Elementary Readings on the Way of the Warrior]. Tokyo, 1965.
- De Bary, Wm. Theodore, Chan, Wing-Tsit, and Watson, Burton. *Sources of Chinese Tradition*. New York, 1960.
- Dürkheim, Karlfried Graf von. *The Japanese Cult of Tranquillity*. London, 1960.
- Earl, David. *Emperor and Nation in Japan*. Seattle, 1964.
- Ebisawa Arimichi. *Amakusa Shirō*. Tokyo, 1967.
- Eliade, Mircea. *Cosmos and History*. New York, 1959.
- Erikson, Erik. *Young Man Luther: A Study in Psychoanalysis and History*. New York, 1962.
- Fairbank, John, Reischauer, Edwin, and Craig, Albert. *East Asia, the Modern Transformation*. Boston, 1965.
- Fujiwara no Kanezane. *Gyokuyō* [Leaves of Jade]. Kokusho Kankō Kai edition. Tokyo, 1906–7.
- Fukuda Kōson. *Arima no Miko* [Prince Arima]. Tokyo, 1961.

· Fukuzawa Yukichi. *Teichū Kōron* [The Discussion of 1877]. In *Fukuzawa Yukichi Zenshū* [The Collected Works of Fukuzawa Yukichi] , vol. VI. Tokyo, 1925–26.

· *Gikeiki* [The Chronicle of Yoshitsune]. Nihon Koten Bungaku Zenshū edition. Tokyo, 1966.

· Griffis, William Elliot. *The Mikado's Empire*. New York, 1913.

· Hall, J. C. "Japanese Feudal Laws." In *Transactions of the Asiatic Society of Japan* XLI, no. 5 (1913).

· Hall, John, and Mass, Jeffrey, ed. *Medieval Japan: Essays in Institutional History*. New Haven, 1974.

· Hayashi Shigeru. *Taiheiyō Sensō* [The Pacific War]. Tokyo, 1967.

· *Heike Monogatari* [Tales of the House of Taira]. Koten Nihon Bungaku Zenshū edition. Tokyo, 1966.

· Herrigel, Eugen. *Zen in the Art of Archery*. New York, 1971.

· *Hitachi Fudoki*. [The Hitachi Topography]. Musashi no Shoin edition. Tokyo, 1956.

· Ihara Saikaku. *The Life of an Amorous Woman and other Writings*. Translated by Ivan Morris. New York, 1963.

· Ikeda Kikan. *Heian Jidai no Bungaku to Seikatsu* [Literature and Life in the Heian Period]. Tokyo, 1967.

· Inoguchi Rikihei and Nakajima Tadashi. *Shimpū Tokubetsu Kōgekitai no Kiroku* [Records of the Divine Wind Special Attack Force]. Tokyo, 1963. Translated by Roger Pineau, as The Divine Wind: Japan's Kamikaze Force in World War II. Annapolis, 1958. Japanese edition cited in Notes as Shimpū. English edition cited in Notes as "Inoguchi."

· Inoue Kiyoshi. *Meiji Ishin* [The Meiji Restoration]. Tokyo, 1966.

· Ishii Susumu. *Kamakura Bakufu*. Tokyo, 1965.

· Jansen, Marius. *Sakamoto Ryōma and the Meiji Restoration*. Princeton, 1961.

· Joly, Henri. *Legends in Japanese Art*. Tuttle & Co. edition. Rutland and Tokyo, 1967.

· Kadokawa Genyoshi. "Gikeiki no Seiritsu" [How the Chronicle of Yoshitsune Was Put Together]. In *Kokugakuin Zasshi LXV*, nos. 2–3 (1964): 79–100.

- Kagoshima-shi Gakusha Rengōkai. [League of Kagoshima City Institutes]. *Shikon* [The Spirit of the Samurai]. Kagoshima, 1970.
- Kamo no Chōmei. *Hōjōki* [An Account of My Hut]. Yūseidō edition. Tokyo, 1963.
- Katō Genchi. *Shinto in Essence*. Tokyo, 1954.
- Kawabara Hiroshi. *Saigō Densetsu* [The Saigō Legend]. Tokyo, 1971.
- Keene, Donald. *Anthology of Japanese Literature*. New York, 1955.
- Kishimoto Hideo. *The Japanese Mind. Honolulu*, 1967.
- Kitabatake Chikafusa. *Jinnō Shōtōki* [A History of the True Succession of the Divine Monarchs]. Iwanami Shoten edition. Tokyo, 1936.
- Kitajima Masamoto. *Bakuhansei no Kumon* [The Agony of the Bakufu-Fief System]. Tokyo, 1966.
- Kitayama Shigeo. *Heian Kyō*. Tokyo, 1965.
- Kōda Shigetomo. *Ōshio Heihachirō*. Osaka, 1942.
- Kodama Yoshio. *I Was Defeated*. Tokyo, 1951.
- *Kojiki* [Record of Ancient Matters]. Nihon Koten Zensho edition. Tokyo, 1963.
- *Kokin Waka Shū* [Collection of Old and New Poems]. Nihon Koten Zensho edition. Tokyo, 1956.
- Kokkai Toshokan [National Diet Library]. *Jimbutsu Bunken Sakuin* [Index of Personality Documents]. Tokyo, 1972.
- Kudō Yoroshi. "Tenraku-kei no Nihon Eiyū-zō" (The Japanese Hero-Image [and] the Pattern of Falling). In *Shūkan Asahi* 6–8 (1973): 114–17.
- Kuroda Toshio. *Mōko Shūrai* [The Mongol Invasions]. Tokyo, 1965.
- Kuroita Katsumi. *Kokushi no Kenkyū* [A Study of History] , vol. I. Tokyo, 1936.
- Kusayanagi Daizō. *Tokkō no Shisō—Ōnishi Takijirō Den* [The Philosophy of the Special Attack Force: A Biography of Ōnishi Takijirō]. Tokyo, 1972.
- Legge, James. *The Four Classics. Hongkong*, 1957.
- Mabire, Jean. *Les Samouraï*. Paris, 1971.
- Maeda Ichirō. "Ōshio Heihachirō." In *Nihon Rekishi Kōza*. Tokyo, 1952.

· *Manyōshū* [The Collection of a Myriad Leaves]. Edited by Nippon Gakujutsu Shinkōkai. Tokyo, 1940.

· McCullough, Helen. *The Taiheiki*. New York, 1959.

· ____. *Yoshitsune, A Fifteenth-Century Japanese Chronicle*. Stanford, 1966

· Millot, Bernard. *L'Epopée Kamikaze*. Paris, 1970.

· Mishima Yukio. *Eirei no Koe* [The Voices of the Fallen War Heroes]. Tokyo, 1970.

· ____. *Homba*, Tokyo, 1969.

· ____. "Kakumei no Tetsugaku to shite no Yōmeigaku" [Wang Yang-ming Thought as a Revolutionary Philosophy]. In *Shokun* (September 1970), pp. 23–45.

· ____. *Runaway Horses*. Translated by Michael Gallagher. New York, 1973.

· Mitford, A. B. *Tales of Old Japan*. London, 1883.

· Mori Ōgai. *Ōshio Heihachirō*. Iwanami Shoten edition. Tokyo, 1960

· Morison, Samuel Elliot. *Leyte*. Boston, 1958.

· Morris, Ivan. *Nationalism and the Right Wing in Japan*. London, 1960.

· ____. *The World of the Shining Prince: Court Life in Ancient Japan*. London and New York, 1964.

· Morse, Edward. *Japan Day by Day*. Boston, 1917.

· Murdoch, James. *A History of Japan*, vols. II–III. Routledge & Kegan Paul edition. London, 1926 (reprinted 1949).

· Mushakōji Saneatsu. *Saigō Takamori*. Translated and adapted by Sakamoto Moriaki in Great Saigō, The Life of Takamori Saigō. Tokyo, 1942.

· Nagatsuka, Ryūji. *J'étais un kamikazé: Les chevaliers du vent divin*. Paris, 1972.

· Naoki Kōjirō. *Kodai Kokka no Seiritsu* [The Establishment of the Ancient State]. Tokyo, 1965.

· Naramoto Tetsuya. "Rekishi to Jimbutsu" [History and Personalities]. In *Mainichi Shimbun*, no. 5, 19 February 1971.

· Nihon Rekishi Shirīzu [Japanese Historical Series]. *Shogun to Daimyō* [Shogun and Daimyos]. Tokyo, 1967.

· Nihon Sembotsu Gakusei Shuki Henshū Iinkai [Committee to Edit the Notes of Japanese Students Killed in Combat]. *Kike Wadatsumi no Koe* [Hearken to the Ocean's Voice!]. Tokyo, 1968.

· *Nihon Shoki* [The Chronicles of Japan]. Nihon Koten Zensho edition. Tokyo, 1953.

· Nishimura Sada. "Shimabara Ran no Kirishitan Jinchū Hata to Yamada Emonsaku" [Yamada Emonsaku and the Banner in the Christian Camp during the Shimabara Rebellion]. In *Nihon Shoki Yōga no Kenkū*. Tokyo, 1958.

· Nitobe Inazō. *Bushido: The Soul of Japan*. Tuttle & Co. edition. Rutland and Tokyo, 1969.

· Nogami Toyoichirō. *Yōkyoku Zenshū* [Collected Nō Plays] , vol. V. Tokyo, 1935.

· Ochiai Naobumi. "Aoba Shigareru Sakurai no" [At Sakurai's Leafy Ford]. In *Nihon Shōka Shū*, pp. 60–61. Tokyo, 1953.

· Okada Akio. *Amakusa Tokisada*. Tokyo, 1960.

· Ōoka Shōhei. *Fires on the Plain*. Translated by Ivan Morris. Penguin Books edition. New York, 1969.

· PagÉs, Leon. *Histoire de la réligion Chrétienne au Japon depuis 1598 jusqu'à 1651*. Paris, 1869–70.

· Reik, Theodor. *Masochism and the Modern Man*. New York, 1941.

· Riess, Dr. Ludwig. "Der Aufstand von Shimabara, 1637–1638." In *Mittheilungen der Deutschen Gesellschaft für Natur- and Völkerkunde Ostasiens* V. no. 44 (1890).

· Roberts, John. *Mitsui: Three Centuries of Japanese Business*. New York, 1973.

· Sakai Saburō. *Samurai*. New York, 1957.

· Sakamoto Moriaki. "A Tragic Hero of Modern Japan: The True Phase of Saigō the Humanist." Unpublished manuscript.

· ____. "Chronological Table of the Life of Saigō Takamori." Unpublished manuscript.

· ____. "Nanshū-Ō's (Saigō Takamori's) Posthumous Words." Unpublished manuscript.

- ____. *Saigō Takamori*. Tokyo, 1971.
- ____. "Saigō Takamori's Poems and Posthumous Words." Unpublished manuscript.
- ____. *Shiroyama Kanraku* [The Fall of Shiroyama]. Kagoshima, 1963.
- Sakamoto Tarō. *Sugawara no Michizane*. Tokyo, 1956.
- Sano Mitsuo. "Hōki" [The Uprising]. In *Rekishi to Jimbutsu*. March 1972
- Sansom, George. *A History of Japan to 1334*. London, 1958.
- ____. *A History of Japan, 1334–1615*. London, 1961.
- ____. *Japan, a Short Cultural History*. New York, 1962.
- ____. *The Western World and Japan*. London, 1950.
- Satō Shinichi. *Nambokuchō no Dōran* [The War between the Northern and Southern Courts]. Tokyo, 1965.
- Satow, Ernest. *A Diplomat in Japan*. London, 1921.
- Scalapino, Robert. *Democracy and the Party Movement in Prewar Japan: The Failure of the First Attempt*. Berkeley, 1953.
- Schneider, Irwin. "The Mindful Peasant: Sketches for a Study of Rebellion." In *Journal of Asian Studies* (August 1973): 579–89.
- Scott-Stokes, Henry. *The Life and Death of Yukio Mishima*. New York, 1974.
- Sei Shōnagon. *The Pillow Book*, 2 vols. Translated by Ivan Morris. London and New York, 1967.
- Seward, John. *Hara-Kiri*. Tokyo, 1968.
- Sheldon, Charles. Review of *Boshin Sensō* and *Boshin Sensōshi*. In *Journal of Asian Studies* (February 1974): 314–16.
- Shimazu Hisamoto. *Yoshitsune Densetsu to Bungaku* [Yoshitsune Legends and Literature]. Tokyo, 1935.
- *Short Biographies of Eminent Japanese in Ancient and Modern Times*, 2 vols. Tokyo, 1890. (Anonymous.)
- Singer, Kurt. *Mirror, Sword and Jewel: A Study of Japanese Characteristics*. New York, 1973.

- Stoetzel, Jean. *Jeunesse sans chrysanthème ni sabre: Étude sur les attitudes de la jeunesse japonaise d'après guerre*. Paris, 1953.
- Storry, Richard. *The Double Patriots*. London, 1957.
- *Taiheiki* [The Chronicle of the Great Peace] , vol. I. Nihon Koten Bungaku Taikei edition. Tokyo, 1960.
- Tanaka Sōgorō. *Saigō Takamori*. Tokyo, 1958.
- Tōkei Sūri Kenkyūjo [Institute of Statistical Mathematics]. *Nihonjin no Kokuminsei* [The National Character of the Japanese]. Tokyo, 1961.
- Toland, John. *The Rising Sun*. New York, 1970.
- Tsuji Tatsuya. *Edo Bakufu*. Tokyo, 1966.
- Tsunoda Ryusaku, De Bary, Wm. Theodore, and Keene, Donald. *Sources of Japanese Tradition*. New York, 1958.
- Uchimura Kanzō. *Daihyōteki Nihonjin* [Representative Japanese]. Tokyo, 1970.
- Uemura Seiji. *Kusunoki Masashige*. Tokyo, 1963.
- Varley, H. Paul. *Imperial Restoration in Medieval Japan*. New York, 1971.
- ____. *Japanese Culture*. New York, 1973.
- Wakamori Tarō. *Yoshitsune to Nihonjin* [Yoshitsune and the Japanese]. Tokyo, 1966.
- Waley, Arthur. *The Nō Plays of Japan*. London, 1921.
- Watanabe Tamotsu. *Yoshitsune*. Tokyo, 1966.
- Watson, Burton. "Michizane and the Plums.", In *Japan Quarterly* XI, no. 2 (1964): 217–20.
- Yamamoto Ieyoshi. *Nanshūō Itsuwa Shū* [A Collection of Anecdotes about Saigō Takamori]. Tokyo, 1903.
- Yoda Noritaka. *Nanshūō no Hiyumanizumu* [The Humanism of Saigō Takamori]. Tokyo, 1965.
- Yokota Yutaka. *Suicide Submarine!*. New York, 1962.
- Yoshinaga Minoru. *Nihon Kodai no Seiji to Bungaku* [Ancient Japanese Politics and Literature]. Tokyo, 1956.

高貴的失敗者：日本史上十個悲劇英雄的殞落

The Nobility of Failure: Tragic Heroes in the History of Japan

作者　伊文・莫里斯（Ivan Morris）
譯者　李靜怡
特約編輯　沈如瑩
責任編輯　何韋毅
封面設計　莊謹銘
內頁排版　陳姿秀
編輯出版　遠足文化
行銷企劃　林芳如、余一霞、汪佳穎
行銷總監　陳雅雯
副總編輯　賴譽夫
執行長　陳蕙慧
社長　郭重興
發行人兼
出版總監　曾大福

發行　遠足文化事業股份有限公司
地址　23141新北市新店區民權路108之2號9樓
電話　（02）2218-1417
傳真　（02）2218-0727
客服專線　0800-221-029
Email　service@bookrep.com.tw
郵劃帳號　19504465
戶名　遠足文化事業股份有限公司
網址　www.bookrep.com.tw
法律顧問　華洋法律事務所　蘇文生律師
印製　韋懋實業有限公司

初版一刷　2022年9月
ISBN　978-986-508-151-5
定價　650元

國家圖書館出版品預行編目（CIP）資料

高貴的失敗者：日本史上十個悲劇英雄的殞落／伊文・莫里斯（Ivan Morris）著；李靜怡譯. -- 初版. -- 新北市：遠足文化事業股份有限公司，2022.09
544面；14.8×21公分（大河：57）
譯自：The nobility of failure: tragic heroes in the history of Japan
ISBN 978-986-508-151-5（平裝）
1.CST：傳記　2.CST：日本史
783.12　111011418